大森林

徐刚 著

北京出版集团公司
北京十月文艺出版社

太初，森林显现于天地之间。林中有草，有虫，有鸟，有潺潺流水。大地敞开，接纳根的游走深入；天空澄明，让站立的树舒展枝叶花朵。森林为大地拥抱，亦为天空召唤，森林为万有，要生养万类万物。人在万类万物、鲜花开放之后出现。折木为棍，人发明之始，器物也；岿然茫然，人感受之初，精神也。“它的繁花预示着我们从天而降的果实，神圣、拯救和对必死者的爱”（海德格尔语）。森林从大地涌出，词语也涌出，爱及诗与思涌出，森林是造物的全部神奇。此《大森林》之由来也。

——题记

目 录 | CONTENTS

目 录 | CONTENTS

引言

森林之门

朝晖鲜美，有飞鸟沐初阳而驻足于林冠，顾盼自乐，那是森林之门？月光如泻，蚯蚓从林地之下蠕蠕而出，寻找落叶，那是森林之门？面对一片偌大的森林，对于风来说，却无处不是门，没有生物学家可以肯定地说，当春风进入森林，先是唤醒冬眠的动物呢，还是吹开第一朵草花？林地上柔弱的花草，得风气之先，它们有紧迫感，它们要先开花，留给它们的时间十分短暂，而这一短暂的时间却与阳光有关——当高大树木浓荫覆盖几乎阻断阳光时——它们已经绚丽过了。

只要伐木声不是铺天盖地的侵扰，森林中的一切生物都会循大自然设定的规律，出现在应该出现时：林地下的各种小虫子因为土地不再冰冻板结相继钻到地表时，吃虫子的益鸟会及时飞落，继之者是林燕，因为有昆虫飞动了。在这之前，蚯蚓吐出的土粒土堆，是森林之春最早的瞭望台。各种树木的伸展绿叶却是不慌不忙的，其顺序由下而上，先是矮小的灌木，紧接着是中等树木，高大乔木。一片片紧卷包裹的冬芽，舒展而为新叶，由浅绿变作深绿，从容不迫，从早春到初夏。

春天的森林林地，丰富多彩，变幻莫测。无数种生命以各自的姿态，从林地下及林地上向上涌动，鸟鸣此起彼落，你可以说那是江河水以外的另一种春潮。

尽管森林学家告诉我，使秋天的森林烂漫多彩的，是树叶内部微妙化学反应的表征，我仍然想象，当秋风连绵不断地进入森林，揉搓每一片叶子时，秋风是带有各种色彩的，那些红色、金色、黄绿色、秋深以后的残红，先是摇曳于树后来铺满林地的美妙色彩，以及风中落叶的优雅，又何能只以科学做解释？

何谓森林？在我国传统的概念中，“独木不成林”，“双木为林”，“三木为森”，双木，三木，言树木之众也。“森林”这一词语，在中国汉字中少有地集象形、表意、指事为一体，可称美轮美奂。然“森林”一词由多木构成，象征树木众多的解释，“只能说明森林的外表形象，而不能说明森林的本质。从本质上来说，森林的概念应该是以乔木为主体，包括下木、植被、动物、菌类等生物群体，与非生物界的地质、地貌、土壤、气象、水文等因素构成的自然综合体”（《中国的森林》，丁建明、徐廷弼著，商务印书馆，1995 年）。

以上表述，如作为森林的范畴，准确而精当，倘言森林的本质，唯“自然综合体”一语差近之耳。

那么，森林之本质何在？笔者的体会是：

> 作为陆上生态体系的中枢，森林自然综合体彻上彻下、包罗万象。森林之所以能恒久大块地存在，首先因其自给自足，何能自给自足？循环不息故也；何能循环不息？看似平静的大森林，其实无瞬间不在劳作，且有生产、消费、分解者的明确分工。其默默无闻，人所不见的工作，使有生命的生物种群与无生命的山岩块垒、沼泽荒野、江河流水、风云变幻等自然环境密切勾连，使林地成为完整的大地，成为生生不息的能量转化、物质交换之森林生态系统，森林是能自给自足。

试从最渺小、最无光彩，几被我们完全忽略的森林底层的落叶及落叶下林地中的细菌、真菌即森林生态系统中的分解者说起。它们孜孜不倦乐此不疲地吞噬、分解林地中的枯枝败叶、腐尸残骸以及各种森林动物的排泄物，使之腐烂分解，成为富营养的有机物质，为一切绿色植物吸收利用。那些底层的渺小的分解者其实也是创造者，我们通常把“森林中的生产模范”这一称号给予乔木、下木、灌木等一切绿色植物，因为只有绿叶才能通过光合作用，利用光能，吸收空气中的二氧化碳、土壤中的水分制造糖和淀粉，供养自己。森林中的动物是逍遥自在又互相捕杀的消费者，食草动物因林草鲜美而鲜美，食肉动物则以食草动物为食，如是往复，循环不息。

能不能这样说：森林的本质是保守生命，并且保守生命的秘密，这里所说的生命广及万类万物（包括人类），人类是后来者，森林一旦为人类利用，是有文化的创造；森林一旦被人类破坏，灾难便从天而降，这是后话，“引言”不详写。

森林何能保守生命及其秘密？一曰：森林之大也；二曰：森林乃物种宝库也；三曰：森林之繁殖能力及方式之强大多样也。

森林之大，不仅在于立根之林地，首先是接天拂云获占空间之大，一树之林冠耸入空间，其占得之面积百倍、千倍于树木立地之所在。中国森林从整体而言，还有水平分布面积之广，北起大兴安岭，南及南海诸岛，东起台湾，西至青藏高原、喜马拉雅山。除去常见的水平分布，森林有地便可立，有山皆成林的特色，又能得垂直分布的妙处。西部大雪山，可以达到终年积雪的下限，若处低纬度地区，其分布可高达海拔 4300 米左右，自高而下，因着温度的变化，低树丛林、针叶林、落叶林、阔叶林各有其位，所谓高山仰止者，实为高林仰止也。森林群落在植物群落中是引领者，高度约为 30 米，有一些针叶林及热带雨林高达 80 米左右，有单株美木则高至 100 米以上。相比而言，草原群落的高度为 20—30 厘米，耕地群落多数为 50—100 厘米间。

> 森林之大之高，构建了大地之上最高大的第一道守护生命的自然防线：狂风其先折之也，暴雨其先受之也，山洪其先没之也，沙漠其先阻之也，水源其先养之也，如此等等，是我们可以见到的。而一样可以见到却未见得思及的，则是块垒嶙峋堆砌，冰川厚雪覆盖之极高山、高山、低山、丘陵，因有森林而成青山，而出绿水；巨岩坚硬之山，是有温柔，是有生命。是有青山绿水，生命蓬勃。

森林中以树木为代表的一切植物，皆为寿者。苹果树能活到一百年至二百年，梨树寿长三百年，核桃树四百年，榆树五百年，桦树六百年，樟树栎树八百年，松树柏树的寿命超过一千年。至于灌木野草，则自生自灭，灭而再生，生而再灭，在一片真正的原始森林中，几乎分辨不出孰为新草，孰为旧草，一切都是新的，一切都是旧的。时光之箭，在穿越森林时可曾徘徊？岁月的刻痕几乎不见踪影。多少次，我随着护林员在密林深处，在有路无路的树木藤蔓间小心翼翼地跋涉时，会生出崇高敬畏的溯源之想。

我的祖先是从哪一棵树上爬下来的？

人类对森林的认识，自告别原始森林崇拜起，便是功利的，实用主义的。

人类对所有草本植物的态度，从来都是轻贱的。

因此故，人类对森林保守生命，保守生命秘密之本质，时至近代，已无“运思”，中国古代先知曾经有过的闪烁辉煌的经典，亦已被遗弃。

森林对无限量之物种的保有、保守，于沉默寂寥中以或显或隐，昭示着包括人类在内的万类万物之生命的广大和美丽，我们看见了吗？看见了，其实我们有太多的看不见；我们听见了吗？听见了，其实我们有太多的听不见。我们怎能看见大森林中，又一细小物种的诞生？我们怎么能听见林地之下，蚯蚓与真菌的劳作之声？仅就可见者而言，地球陆地植物的 90% 在森林中，几乎百分之百起源于森林；森林植物之繁种类之多，动物的种类和数量也随之愈多愈活跃。多层次森林、混交林的生态功能即林分最高，植物与动物的种类，数量远比人工单一林多。“在海拔高度基本相同的山地森林中，混交林比单纯林的鸟类种类要多 70%—100%；成熟林中的鸟类种类要比幼林多一倍以上，其数量却要多 4—6 倍”（《中国的森林》）。

在历史的背景下，你看中国森林，会生出无比的自豪，同时也会有唏嘘。“中国是世界上森林树种，特别是珍贵稀有树种最多的国家。中国有种子植物两万余种，其中属森林树种的有八千余种，仅乔木树种就有两千多种，而材质优良，树干高大通直，经济价值高，用途广的乔木树种有千余种。针叶类的松杉种，是构成北半球的主要树种，全球约有三十属，中国占二十属，近二百种，其中水桐属、银杉属、油杉属、福建柏杉属和杉木属为中华特有，他国所无”（《中国的森林》）。更加丰富的是阔叶树种，多达二百属，其中如珙桐属、杜仲属、旱莲属、山荔枝属、香果树属、银鹊树属等均为特有树种。中国的珍贵稀有树种，绝大多数分布在中国南方林区，这些美木良材甚至可以勾连起中国历史，中国历史上从宫殿、名园到吊脚楼的木构建筑，木质拱桥，小舟大船，明清家具以及木雕工艺，都离不开这些珍贵树木。

中国林业，又称竹木业，它说明了中国森林的另一个特点，即拥有种类繁多的竹林。为中华特有，他国所无的竹材、竹制品到21世纪已有竹地板、竹纤维布、竹衣服等产品，均为世界之首。全世界竹子有五十多属，中国独得二十六属，三百个品种。竹林资源中，毛竹，亦称楠竹尤为佼佼者，毛竹生长快，产量高，材质佳，从出笋到成竹只需六十天，竹竿笔直，高达十米到二十米，胸径六到十五厘米。最大的毛竹胸径可达二十厘米，五六年即成材。五十根毛竹相当于一立方米木材。中国三大竹区，一为黄河、长江间的散生竹区；二为长江、南岭地域散生、丛生型混合竹区；三为华南丛生型竹区。毛竹凌云，丛竹与林木混生，能不使人生出岁月沧桑之叹？殷墟小屯有竹之遗迹，“箙”“第”“簋”等竹首字，甲骨文也。苏东坡爱竹、食竹、论竹、画竹，一笔或几笔墨竹，晃动、鲜活于几千年的历史文化中，竹有开辟之功焉！

况且林中有可食之物；

况且林中有可药之材；

况且林中有可啖之果；

况且林中有万类众生。灵猴上蹿下跳，攀枝缘木，寻叶摘果，行者小猴驮于母背，伫者搂抱于怀，眠者一家相拥……

森林是一个天地，森林是一个巨大的网络，感觉这一我们能见不能见的网络，只须从田野走进森林地带，林区与农区的边缘，深入几步，我们便跨越了两个世界的边界——农区的土地是相对干硬的，而林地则潮湿且富有弹性。但，森林之外的阳光普照也随即消失，森林是幽暗的、幽深的，大约只有田野上的1%的阳光，或者稍多一些，透过各个层次的青枝绿叶藤蔓呈线状坠落地面。那灿烂阳光的一部分被反射掉了，大部分为绿叶吸收开始繁忙有序的光合作用。如是夏日炙烤，不要说人在森林了，即使是在一棵大树下便会有凉爽之气。至于大风，它无法在森林中任性席卷，它只能在一层又一层的枝叶间穿行，做寻寻觅觅状，“也许林内的风速只有林外的十分之一”（彼得·法布）。如是雷鸣电闪，森林中会有老树因雷击而着火，这是森林自身代谢的一部分，不是森林火灾，我们甚至可以说这棵老树坐化成“佛”了。接下来的暴雨，在森林中亦无暴可言，你会听到“滴滴答答”的雨声，比雨打芭蕉还要细微的雨声，倾泻而下的大雨不得不在森林高大的树冠处却步，树冠的所有树叶全部湿透后，雨水再跌落至中等高大的树木，低林矮木，灌木丛，然后悠然到达地面。

太阳照耀，雨水倾盆的过程，正是森林之网劳作的过程，被称为森林生命链的这一网络的神奇从太阳开始。太阳赋予森林能量，森林唯太阳的能量而存在，有了太阳，有了光，森林中所有的绿色植物，经过光合作用把太阳能转化为糖能，由此生物链——食物链形成。然后进入森林中每一个活的机体，成为食料，成为森林生命中无分大小强弱互为依存不可分离的森林之网——生命之网——此一网络是由林中的树枝绿叶、地下庞大的根系组成。而林地之上的森林之网，使不少体形巨大的动物步履维艰，正因如此，号称森林之王的大型猛兽无法改变森林的网络架构，而且它们也不能如人类一样，借用机械和现代化工具伐倒树木，砍出一条道路来。动物学家鲜有提及的恰恰为：正是森林改变了某些动物的特征，促成了它们的进化，那些动物如象、野牛、熊、野猪等，均有一个特点：不以速度见长。它们坚强而沉重，四肢短，头部呈“楔”形，大象是一个行进的队列，其长鼻在通过林中下木时，也为开路者。以速度之迅疾而做捕食行为的，它们大多活跃于低树草原，有潜伏奔突之利，如马赛马拉。

林地上的一堆又一堆一层又一层的落叶、腐叶、枯枝、朽木、某种已经牺牲的动物生命的骨架，是不再有生机的，看起来也并不可爱的已朽将朽之物，实际上这是森林的又一个高度，与高大乔木之林冠风景全然不一样却又相关相连的另一种高度——林地土壤中隐秘幽暗世间的顶层，它所庇护的生物物种、各种生命，不仅比森林中任何地域要多得多，也是地球任一生态群落所不能匹敌，它们是藻类、细菌、真菌、放线菌、原生动物、线形虫环节动物、节足动物等。我们通常引用的数据是：一平方米的林地表土中线形虫数以千计，而细菌和真菌数以亿万计。迄今为止，我读到的林地生物最详细的统计是彼得·法布所记美国纽约州的实测：在2.5厘米深的林地中，平均每平方英尺——0.1平方米便有活生物1356个，其中螨虫865个，跳虫265个，千足虫22个，19个甲虫及12种其他生物。而在一汤匙4.9毫升的容量中，微生物群体的测算是：可能有二十亿细菌，数百万真菌、原生动物和藻类！

我要专门写几句森林林地中的另一种动物蚯蚓，在默默劳作、耕耘土壤，只知奉献、不求回报这一点上，可称森林生物的代表与典范。蚯蚓是一种柔韧的“管子”，其前端有突出的“唇”，在落叶垃圾进入“唇”内后即分泌酶以为初步消化，然后进入食道，在消化道中加工提炼，再通过蚯蚓的八十个环节，排泄出松软的土粒土丘。亚里士多德称蚯蚓为“土壤的肠子”，18世纪英国博物学家吉尔伯特则说：“蚯蚓在自然链中是一个小而卑下的环节。”但是如果没有蚯蚓，土壤“就会很快变成冷的、板结的和不发酵的贫瘠的土壤”。达尔文曾长期观察蚯蚓，认为，在一英亩（0.4公顷）的土地上，如有足够的落叶，蚯蚓将会排出6.8—16.3吨的排泄物——松软土粒和土堆。事实上这是个参照数字，后来的发现数量要多得多。蚯蚓不仅在林地，也在广阔的田野中辛勤劳作。这些土地，或者说我们借以农耕的所有土地的浅表层，都被蚯蚓吞咽过，然后吐出来，生土成为熟土，硬土成为松土，隔几年蚯蚓们再重复如是。达尔文感慨说：“耕犁是人类文明中最为古老也是最有价值的农具之一，但是在人类尚未出现的很早以前，这地乃实在已被蚯蚓定期地耕过了。世上尚有何种动物，如这低级的小虫在地球的历史上，担任着如此重要的使命？”

一切都是造物的安排，要松土，否则何解？造物知道人的出现，人的世界将是何等荣耀何等骄傲！但是这一切荣耀与骄傲，又怎能离得了山川森林、菌虫蚯蚓呢？在它们面前，人要低下高贵的头颅。

蚯蚓的耕作之后便是农人了，便是农耕了。古老农耕之国的中国农人遇见蚯蚓当在几千年以前，当时是何种感受，已不得而知。中国现代文人擅写“草木虫鱼”的周作人先生的《蚯蚓》，则是一虫通古今了。“忽然想到，草木虫鱼的题目很有意思，抛弃了有点可惜，想来续写。这时候第一想起的就是蚯蚓，或者如俗语所云是曲蟮。小时候每到秋天，在空旷的院落中，常听见一种单调的鸣声，仿佛似促织，而更为低微平缓，含有寂寞悲哀之意，民间称之曰‘曲蟮叹窠’”(《周作人散文》，浙江文艺出版社，1999年，下同)。蚯蚓的得名似非外来，但在中国另有他名，不仅多文人意，而且多文人的想象，或者限于古时人类的认识。《古今注》云：

蚯蚓一名蜿蟺，一名曲蟺，善长吟于地中，江东谓为歌女，或谓鸣砌。

《古今注》所记，至少说明：农人甚爱蚯蚓，且又更加古意的命名，蜿蟺也，曲蟺也，歌女也。周作人告诉我们：“由此可见蚯蚓歌吟之说古时已有，虽然事实上并不如此，乡间有俗谚其原语不尽记忆，大意云，蝼蛄叫了一世，却被曲蟮得了名声。”其实，蝼蛄歌而不耕，蚯蚓耕而不鸣也。蚯蚓在地球生命的大群中只是一种小虫，孜孜不倦耕耘的小虫，而屡见于中国的典籍，如《孟子·滕文公下》论陈仲子，以蚯蚓相比：“充仲子之操，则蚓而后可者也，夫蚓上食槁壤，下饮黄泉。”《大戴礼·劝学篇》：“蚓无爪牙之利，筋骨之强，上食埃土，下饮黄泉，用心一也。”关于蚯蚓的如何为打洞、碎土、掩埋之劳作，周作人先生有如下描写：

蚯蚓吞咽泥土，不单是为打洞，他们也吞土为的是土里所有腐烂的植物成分，可以供他们做食物。在洞穴已经做好之后，抛出在地上的蚯蚓粪那便是为了植物食料而吞的土了。假如粪出得很多，就可推知这里树叶比较的少用为食物，如粪的数目相对较少，大抵可以说蚯蚓得到了好许多叶子。在蚯蚓的洞穴里可以找到好些吃过一半的叶子，有一回我们得到九十一片之多。

在平时白天里蚯蚓总是在洞里休息，把门关上了（一堆细石子，一块土或几片树叶，即为门也，笔者附识）。在夜间他才活动起来了，在地上寻找树叶和滋养物，又或寻找配偶。打算出门去的时候，蚯蚓便头朝上的出来，在抛出蚯蚓粪的时候，自然是尾巴在上边，他能够在路上较宽的地方或是洞底里打一个转身的。

周作人先生的文字生动有趣。而关于蚯蚓如何碎土，则纯是先生自己的文字了：

碎土的事情很是简单，吞下的土连细石子都在胃里磨碎，成为细腻的粉，这是在蚯蚓粪可以看得出来的，掩埋可以分作两点，其一是把草叶树子拖到土里去，吃了一部分以外多腐烂了，成为植物性壤土，使得土地肥厚起来，大有益五谷和草木。其二是从底下抛出粪土来，把地面逐渐掩埋了。……这是很好的耕田。

周作人先生对蚯蚓的注重和赞语，为近代以来中国文人所仅见：

蚯蚓之为物虽微小，其工作实不可不谓伟大。古人云，民以食为天，蚯蚓之功在稼穑，谓其可以与大禹或后稷相比，不亦宜欤！

鲁迅先生写沙漠南迁及缺水的警告，周作人先生写草木虫鱼之蚯蚓与竹等，提醒我们：大作家要关注小事物、写小文章的，此题外之言也。回到蚯蚓的大本营森林、林地中——中国的四十三亿亩林地，蚯蚓翻耕了多少遍？四十三亿亩土地连同腐叶一而再再而三地为蚯蚓穿肠而过，滋养菌虫草木、昆虫鸟雀乃至大小走兽，使得中国保守着四十三亿亩林地。将来的大用之地，拯救之地。

我写大森林，眼前浮现的是各种景象，心中生出的是各种联想。各种猿猴，如长臂猴、灵猿等，那不是我们的表兄弟吗？它们集群于林中，腾挪跳跃，如有神助。当一只灵猴借助一根树枝的摆动力，而跃至另一棵树上，剥食果实，群猴相继而至，公猴且背负幼崽，让母猴先行先食，为助其哺乳多奶汁也。森林中的一棵树集合起飞鸟、昆虫、变色动物、猿猴、飞鼠、树蛙，而蜥蜴、蝙蝠脚上都长着黏膜，蛰伏于树之根部伏于树洞的是穿山甲等有甲壳者，豪猪浑身都是尖锐的长刺，就连狗熊和野猪乍见之下，也望而却步。我们对啄木鸟似乎知道较多，其实了解甚少。啄木鸟首先是爬树的高手，它的爪尖细而弯曲，两个趾向后生出，使其能牢固地把握树木；啄木鸟尾部羽毛异于他鸟，硬朗坚强，毫无柔软可言，这使它在啄木寻虫时获得更多的支撑，是它的“第三条腿”。我曾几次目睹啄木鸟的姿态：它用爪紧握树木，尾部有尾羽支撑，全身的上部向后弯曲，然后摆动发力实施打击。有护林员告诉我：啄木鸟劳作的艰难困苦远远超过古人类的开山凿道。

啄木鸟以嘴凿树，锲而不舍。每分钟连续打击一百次，持续时间一小时。可深入树木 0.3 米以上。啄木鸟脑壳极为厚重，嘴与头盖骨之间有海绵状组织相连接，每一次打击、钻洞时的震动，在到达大脑之前，均已先被海绵组织吸收，此种抗震结构，进化而成耶？造物所造耶？啄木鸟以嘴凿洞，以舌捕虫，其舌长有黏性，舌尖带钩，有一种啄木鸟其舌长约为嘴长的五倍。

啄木鸟有让人不解者：森林中，树木、草叶间最多的是昆虫，有以颜色伪装的绿叶虫，有在叶子的两层表皮之间游走取食的潜叶虫，它们把叶子钻出了许多通道、各种图案。啄木鸟食之不费吹灰之力，却何以不食？何以艰辛啄木？同是啄木鸟有五类：短茸毛，长细毛，柔软羽，腹部为红色的，穴居的，它们在同一处森林以啄食树木昆虫为生，但因为每种啄木鸟在树上啄食部位各不相同而友善相处。在同一片森林同一时间里，就连各种鸟捕食昆虫，也各不相同而各不相扰。林燕捕食正在飞行的昆虫，麻雀、金翅鸟在林地落叶间觅食，黄柳雀则在森林乔木最上层的林冠处觅食等。森林的每一层空间都有大量的鸟类和昆虫，它们知道自己的位置，生活在各自的区域，争强好胜在所难免，肉搏撕咬却只在食肉动物捕食食草动物时发生。但即便是这样的争斗，似乎也不会给森林带来动乱，此乃森林生命链之一端也。而在更加辽阔更多野性的非洲大草原上，更多的、更大型的哺乳动物，如狮子、猎豹、长颈鹿、马鹿及河流中饥饿的鳄鱼，其等待猎物时的沉着，动物迁徙时机的选择，弱肉强食的血腥淋漓，其场面的惨烈与壮观，其生命的智慧与坚忍，人只能为之感叹而望尘莫及也。

森林啊，当人类还是或猿或猴的动物时，那些树木便已经是纵跃攀援的技能练习处了，便已经是游乐园了，便已经是生死场了。人类从森林中得到了野性和理性，大森林始所未料的是，当人类野性无存，而理性的旗帜日渐高举时，作为森林自然综合体的一员、森林生命之网的最大受益者，却成了森林群落中最具破坏性、最典型的恩将仇报者。

大自然依然怀抱着我们。

大森林依然庇荫着我们。

我曾经想象：哪里是造物的作坊？其在伊甸园？其在大森林也。我们无论从上帝造人说，或是达尔文进化说，人皆出于森林。唯森林有草有树有花有果，有无限生命，能包容万物；唯森林才能显现植物永久的沉默，却把花朵展开，一任蜜蜂吟唱；森林动物的厮杀，为延续种族的交配，赤裸公开；每一根草、每一棵树、每一只小虫都是生命的本体，都有自己的使命，都知晓自己的位置。何等坦荡！何等独立！又何能有根？何能结果？又何以苦苦保守着仅剩的物种、生命的秘密？大森林啊，你有梦吗？但我已经感到了：“它的繁花预示着我们从天而降的果实，神圣、拯救和对必死者的爱。”（海德格尔语）

太初，森林显现于天地之间，天喜极而泣，林中有流水，森林是造物的神奇。大地敞开，接纳根的游走深入；天空澄明，阳光照耀树冠，让站立的树舒展枝叶并开出花朵。森林立足于大地，亦为天空召唤，森林为万有，要生养万类万物。在万类万物涌动，鲜花开放之后，始有人猿揖别，人类出现。

森林之门打开了。
一个史书无记的“木器时代”开始了。

第一章 木器时代

踏访荒野，枯坐斗室，遥想史前文明，恍恍惚惚地闪过的一律是石头，巨石，乱石，小石，嶙峋峥嵘，层层叠叠。石出何处？山也。山上有何物？不知也。在人类出现之后的漫长又漫长的岁月中，石器时代之前的大块空白，匪夷所思。

西方和东方的历史学家们，在已经载入史册的叙述中，囿于考古实物的缺失，或者是想象的贫乏，便把一块又一块的石头，堆筑于人类初生、人类原始文明的起步时刻，壁垒森严，坚硬冰冷，如封如堵。乱石之上，乱石堆中，人类也罢，历史也罢，何以生？何来火？何能生生不息？

当时大地之上，原始人的摇篮，森然伟岸，无所不在的森林被忽略了；开启人类历史之门的一个伟大时代——木器时代——被粗暴而简单地抛弃了。

地球上自江河海洋诞生，蓝藻登陆，然后有树木有森林，在地质演变中一次次埋没又重生，并广及大地，森林的存在，生物多样性的存在，又有谁能质疑呢？造物赋予森林的使命也约略可知了：护卫大地，滋养万物，以其亲切、柔和、博大，守望某一时刻的到来。

如同水和土地一样，森林是本原，是原始物质，具有母性；是创生者并涵括终极，指向起源。

木器时代始于何时？终于何时？

木器时代又是一个什么样的时代？

木器时代出现的背景大致如何？

古人类学家对于旧石器时代的年限已有大体共识，即距今约为 1 万—300 万年。旧石器时代之前呢？似人非人，似猿非猿，扶树而立，拄木学步，告别大森林的“人之初”，却是一派茫然！然而，这一较之于旧石器时代更早、更漫长的时代，是何等迷人的时代——人猿揖别，人猿何以揖别？最初的站立和行走，不再爬行之后所带来的视野的开阔、脑容量的发达，原始人的最初的工具又是什么？怎样觅食？怎样繁殖？怎样玩耍？如此等等，不一而足。

木器时代，既称时代，就必然与人、与最初的人相关联。但让笔者困惑的是，这一时代是怎样到来的？另：这是一个没有考古遗存可以证实的时代，木器易朽，何来实物？或许易朽而物证无存却有造物的美意在，当后来人遥想宇宙洪荒时，须得有想象力，想象原初，想象本源，倘非如此，人类的精神世界、思维活动将成为无本之木、无源之水。可以印证这一点的是，时至今日，在物质和技术的挤压下，想象、思想正变得越来越艰难。亏得爱因斯坦说，“想象比知识更重要”，还有人想象，当想象时便能感受到，那些看似空白、无人问津的史前年代是如此美好！有研究世界建筑史的专家告诉我，在非洲，几无建筑的历史古迹可考，何故？在历史时期，除去撒哈拉大沙漠，非洲所多的是森林、草原、荒野，人类的建筑均以木材架构，非洲多白蚁，群起而噬之，非洲的古建筑史便留在白蚁肚中了。可知，有无考古实物，不可一概而论。况且当白蚁、蚁堡，成为想象之物时，虽然虚空，却又何其饱满！

非洲，东非大裂谷，依西人所言、当今世界又大体接受的说法：此地非等闲之地，是古人类的发生之地，退隐并蛰伏于大裂谷幽暗深处的，是人类的起源故事。

荷兰古人类学家科特兰特率先提出了“人和猿在非洲分歧的裂谷假设”，继之，法国人类学家伊夫·柯盘斯发表了“人类起源的东边故事”，其指向一致：因为非洲地理环境的看似偶然的深刻裂变，东非大裂谷形成，始有人猿分途，原始人出现。

古人类学家探寻的脚步，深入到了一千五百万年前，当时非洲，为葱郁的森林覆盖，林中的灵长类动物，以猿的家族最为庞大。非洲大地及其上的茫无际涯的森林不再平静，猿猴们的心神不安，是在以后的几百万年中，非洲大陆东部地壳沿红海经今日之埃塞俄比亚、肯尼亚、坦桑尼亚等地一线开裂，有陆地抬升，形成海拔二百七十米以上的高地，由西向东的大片森林被分割。古猿们一定很困惑，潮湿多雨的环境从此不再。更加不可思议的时间点是在一千二百万年前，更加剧烈的地质运动在非洲大陆似乎是漫不经心而又举重若轻地撕开了一条更大更深的裂缝，这就是漫长曲折的东非大裂谷。在这惊天动地的巨变中，古猿们被一分为二，或在大裂谷之西侧，或在东边。分隔之初，大裂谷西侧的猿很可能暗自庆幸过，这里湿润的森林环境幸运地得以基本保持。而裂谷东边的古猿们所面对的是完全不同以往的地理环境：稀树草地，从高原至落差九百多米的干旱台地，无高树大木，无林可居，是完全陌生的辽阔与广大。伊夫·柯盘斯据此认为，“由于环境的力量，‘人’与‘猿’的共同祖先的群体本身就分开了，大裂谷西部的后裔生活在湿润的树丛环境，是为‘猿类’；共同祖先东边的后裔，为适应它们在开阔环境中的新生活，开创了一套全新的技能，这就是‘人类’”。伊夫·柯盘斯没有说及的是，当大裂谷形成，地裂林摧，有多少猿猴葬身其间，有哀鸣的大声，惜乎烟消云散矣！

人类起源的东边故事，始于生离死别，悲哀，惆怅，怀旧，迷茫而又罗曼蒂克。

凡此种种，成为人类生命的若干特质，
成为遗传基因，
流淌在我们的血液中了。

以造物的角度视之，大裂谷东边的猿是有使命的，冥冥之中有方向。当它们倚靠着一棵棵树不得不站立时，它们也将不得不行走。站立和行走都是艰难的，都需要时间，而且需要扶持，我们看摇篮中的婴儿从学会爬行，继之站立，然后行走，扶墙壁而站立，扶童车而学步，便可知：站立和行走，对于当时古猿而言，是一次艰难而又伟大的革命性变化。摇摇晃晃的蹒跚而行，必须要有可以支撑的工具，那最初的工具是什么呢？

恩格斯著《自然辩证法·劳动在从猿到人转变过程中的作用》其实已经论证了猿、人、劳动及石器时代的出现。恩格斯指出，“劳动是从制造工具开始的”。“没有一只猿手曾经创造过一把哪怕是最粗笨的石刀”。恩格斯关于劳动、工具之说的经典，不容置疑，或者稍可补充者有二：假如成为人是猿的使命的话，其劳动的训练漫长而艰难，且是从树上、在森林中腾挪跳跃寻找食物开始的，即便在从树上下来成为人，其劳动也首先是寻找食物。古猿在树上，类人猿在森林草地所能获得的食物大多是坚果，猿和人皆有坚强锐利的牙齿，为咬开坚果而食之也。有报道说今日之猿对实在咬不动的果实会以石将其击碎，况且古猿乎？如恩格斯所言此石乃石而非“创造的石刀”，然当一只猿手握石块砸碎坚果时，这块石头便已经是原初的工具，并且具有创造性了。但对古猿而言，因为生存环境的原因，它最能熟练地运用的是树木，古猿们手握树枝利用其摆动的力量跃至另一棵树，那一根树枝已经有了工具的雏形了。猿栖于树，猿以树叶遮风挡雨，如此等等成为猿利用树木的习惯乃至天性。

斯时也，当人之初，走出非洲的稀树草原，或一处丛林时，其随手可得、造物为之预备的工具，除去树枝木棍还有什么？开始是为了学步、行走；后来为了采集，原始人借助木棍，打击籽实和挖掘根茎；当野兽出没不期而遇时，木棍还是人类最早的防身武器。

无论如何，原始人，我们最早的祖先拄着或扛着一根木棍，开始行走了。当大裂谷东边稀树草地中的野果已无可采摘时，他们要走了。曾经眺望过西边的猿类吗？曾经以鸣号之声告别吗？人与猿总之是渐行渐远了。

人类行走之初没有目的地，不知道前方是山是河还是大片的森林、草原、荒野；目的也单纯，有食有水足矣。这是真正的行走，只有如此行走才成就了人类史上最初的也是最伟大的行走；没有目的地，所到之处皆是目的地；极为单纯的目的，却迈出了古人类地理大发现的第一步，并有了对大地的朦胧而不自觉的认识之初。在大森林及稀树草原的绿色背景下，最初的认识最深刻，也是千百万年人类血脉中相沿相传的印象为：森林是好的，绿色是美的。其时，开花植物尚未出现，有三种颜色成了古人类眼中当时大地的主色调：白天的白，夜晚的黑，森林的绿。我们无法推测距今千百万年时，原始人对太阳、星星和昼夜的认知，可以想见的应是可望不可即的忐忑、不知所措。但，唯森林草木是原始人最为亲近且与生存息息相关，于是因着行行复行行，因着手中那木器的撩拨，原始人类便有了点点滴滴、一闪而过，以他们当时的脑容量无法深究的疑问：树因何高因何矮？草因何枯因何荣？沼泽溪涧因何有水？或许他们根本不知道水是何物？何物是水？只是因为造物设定的天性，饿了要吃野果，渴了便去找水，这一延续生命的功能继承于猿猴，随着行走，必将发扬光大，还会有艰难困苦、斑驳陆离的生命故事。对行走的原始人而言，最令他们惊骇莫名的是或者独往独来或者成群结队的野兽，可以想见，我们的先祖曾被这些龇牙咧嘴的野兽追逐过，落荒而去，有的被血肉淋漓地撕咬，手中的木棍也曾施以反击，终于不敌，于是走避。

贾兰坡先生、陶炎先生有言，在石器时代之前，原始社会还应有一个木器时代。善哉斯言。按照西方史学家蒙昧时代、野蛮时代之说，木器时代是一个距今六七百万至近千万年的极蒙昧、极野蛮的时代。可以印证此说的中国典籍中有“夫赫胥氏之时，民居不知所为，行不知所之，含哺而熙，鼓腹而游，民能以此矣”(《庄子·马蹄》)。又：“昔者……食草木之实，鸟兽之肉，饮其血，茹其毛，未有麻丝，衣其羽皮。”(《礼记·礼运》)这些记述中，除去蒙昧少知、茹毛饮血，至少还吐露出先民之如下信息：行也，游也，以食为天也。当“文明人”尤其是西方的“文明人”，仅仅以蒙昧和野蛮标识最早的人类和那一个筚路蓝缕、风情万种、为人类文明史夯实基础、走向天下的年代时，笔者却要说，从历史学的角度视之，这是原始人开创的人类史上一个最早、最伟大的时代——以大森林为母体为背景的木器时代。人类的历史，至少在达至文明时期之前，是依靠行走点点滴滴累积而成的。那是为了生存而行走、而发现、而牺牲、而以渐变的方式完善人自身的年代。

夏日，惊雷暴雨之后，一处森林突然烧起熊熊大火，原始人惊惶奔逃。待火灭而回，但见林木成灰，冒着浓烟，以木棍拨开灰烬，其中有火星，有鸟兽的残骸，能闻见从未闻见的肉香味，犹如今日之烧烤也，群起而食之，大嚼。自此，发现火，再保存火，告别茹毛饮血为时不久矣。

采集之初，原始人的采集地似应集中在森林之中及林地边缘，无他，这些地域有水且为果实累累之地，所谓沿水草而行，其实也是在此一范畴内，之后因为人口增加而四处漫游，但仍然离不开别一处新的林地、新的边缘，因边缘之地，多荒草，杂而繁，有稀树沼池。荒草结出各种果实，其皮壳较之森林中的坚果轻薄而柔，并且原始人朦胧地观察到这些野草果实，应时而结，应时而谢，然后再结再谢。不知道在什么时候，大约应是木器时代的晚期了；不知道有意还是无心的采集时的撒落，那些果实——后来被称为种子——竟然在撒落之地长出青苗结出果实了。从此，我们的老祖宗，一改以往的习惯，不再采集多少吃掉多少，而是留下若干弃之荒地，能不能说这是播种初始呢？

野种与野性，人类发展史上最早的种子和基因，我们尚存多少？

另外一种场景是轻松愉快的，是原始人的玩耍。我们怎能认为人之初就没有过愉悦和玩乐，而完全彻底是苦难的呢？如是，今日之人还会笑，还会玩，还会男欢女爱吗？一处森林边缘，有野草丛生，有池塘水域。一群原始人手持木棍，茫然而行，先是撩拨草丛，继之撩拨池塘中的水，撩拨之下居然有水溅将起来，于是互相撩拨，有一点像打水仗了。有不玩水的便舞动木棍，有声音，惊动了草丛中的小动物，声音何来？小动物为什么闻声而去？他们甚至还以木棍互相击打，初识攻防。也许不能据此认为原始人有了太多的思考，但这样的玩乐肯定使他们很开心，开心时脸上的表情就会不一样。另一个发现看似简单，古人类学家却说是里程碑式的：池塘边上、草丛之中多有石块，用木棍一拨，这石块竟然会滚动，不仅滚动且与另一石发生撞击。石块使他们困惑，捡拾之，能感到石头的重量，比木棍重得多的重量。他们觉得石头也好玩，石头开始进入当时人类的视野，继续行走时，便可能一手持木棍一手持石块了，走啊走啊，我们的老祖宗将欲何往？

大约在借助木器发现石块的差不多的年代，某日，他们还发现了一个山洞，先是试着用木棍探测洞口，然后投石，看洞中有无他物，然后相拥而入。山洞带给原始人的是一次巨大的惊喜，他们不会去追究山何以有洞，和洞外相隔，可以遮风挡雨却是无疑的。便在山洞里睡觉，男孩和女孩睡得很香，男人和女人便在山洞里交媾，交媾时有一种从未有过的安全感。这个夜晚，假如风雨大作，他们可以得享安宁，但不知道会不会有猛兽闯入？或者这一洞穴原本就是猛兽早出夜归的藏身之所？原始人有梦吗？他们做过什么样的梦？……

木器时代——人猿分歧，人站立、学步、行走的漫长而又艰难的时代——行将结束。笔者勾勒了最早的原始人所依仗的最早的工具，所创造的人类史上一个最早的时代，其本意却是试图从“森林”这一由五“木”组成的词语中，借得一枝半节，敲打自己业已麻木的心灵，发出一声拷问：还用追思我们从哪里来吗？康南海在《万木草堂口说》中谓:“苔为人物之始”。苔，蓝藻也，苔藓也，草木也，森林也，人类创生之地也。

我在中国传媒大学讲学时，有一课为《森林与环境》，还记得开场白如下。假如我问森林是什么，各位即可回答：是树木，众多的树木；如我再问森林意味着什么，答案就有各色各样。而我给出的回答只是一句话：森林为开始，为架构者。然后板书一横、一竖、一撇、一捺，一个“木”字，我请同学诸子细看这“木”字，下课后回想这“木”字，没有奥秘，却有深意，一个如横竖相接的树干，加上“人”字，于是成木，木之众者为森为林，木之众者亦即人之众者，而人依木也。众木与众人何为？开创历史，开积文化也。

当地球形成，先有古海蓝藻，蓝藻登陆，然后万物滋生；这滋生的万物中最广大，同时且庇荫万物的是森林，是无边无际的草木。我们通常说的人类史，华夏民族五千年文明史，其实不单单是人类的活动史。人类的历史、人类的活动，必须而且只能在一定的环境中进行、展开。此一环境，推及远古便是森林草莽。一部人类史、人类文化史，实乃一部森林史。于是，我们可以这样说，森林的历史，是人类有史之初。何以见得？假如进化论依然成立，猿猴下树于非洲大裂谷东边而进化为人，那么森林便是人类的摇篮，猿猴或者初民下树落地的第一步，便是人类历史的第一步，这是一个极其遥远，遥远到百万年前的时代，关于这个时代的细节尽已消散，因为没有记录而无迹可寻。但，人天生的好奇性之一便是追问：祖上是谁？是什么样的？几千年来，人类一直在追寻这远去的时代，把口口相传中获得的一点有限而宝贵的信息，再传又传。这就是后来史学家所称的天地洪荒时的神话传说时代。

每一个民族的历史都是从神话传说开始的。

在这绿色遍布荒野、时空大尺度地宽阔尽可以驰骋想象的时代，我们当想象走出森林之始的最早的人类，其衣食住行、生存状态如何？其最初倚仗的工具为何？合理的推论是，古人类从爬行到直立所必需的辅助工器是木棍，折木为棍，拄棍而行，木器之初生也。木棍同时也是防身和击打果实的工具。从森林中走出来的古人类，只有以森林为生存的依托，才能得到遮身之衣——树木的叶片；有可食之物——粟果籽实；有可居之处——以树枝搭巢。并且从林火中得到了火，并发明了火的保存。这一时代，是人类和森林关系最为紧密而和谐的时代，发生于石器时代之前，又与后来的石器时代乃至铁器时代并存，我们可称之为木器时代。中国著名的已故考古学家贾兰坡先生在论述周口店猿人的生活和生产工具时说："在当时条件下，最得力的狩猎武器，还应该是木棒和火种。"（陶炎:《人类社会曾有一个木器时代》,《森林与人类》1991 年 1 期）

第二章 遥远的火光

这一史前文明中最早、人类艰难万般地起步的时代，却也是中国神话和传说最辉煌灿烂，并印迹于华夏社会心理几千年的时代。是时也，中国有了最早的“三皇五帝”，有了三皇之首的人祖爷伏羲，华夏民族第一个有名有姓的王，我们最早的父亲。在典籍史料中钩沉伏羲，《史记·太史公自序》中称：“余闻之先人曰：‘伏羲至纯厚，作《易》《八卦》。’”《竹书纪年》说，伏羲“以木德王，为风姓”；班固著《汉书·律历志》谓：“《易》曰：‘炮牺氏（即伏羲）之王天下也。’言炮牺继天而王，为百王先，首德始于木。故为帝太昊，作罔罟以田渔，取牺牲故天下，号曰炮牺氏。”类似史籍所载，举不胜举，一再提及“木德”“首德始于木”“木德王天下”“木德之帝”。《山海经·海内经》记道：“有木，青叶，紫茎，玄华，黄实，名曰建木，百仞无枝……大暤爰过，黄帝所为。”大暤，即太昊伏羲也。《易经·系辞》的文字，则是被引用最多、影响极广大的：“古者包牺氏之王天下也，仰则观象于天，俯则观法于地，观鸟兽之文与地之宜，近取诸身，远取诸物，于是始作八卦，以通神明之德，以类万物之情。”仅仅以上的史籍摘录，足可使人浮想联翩了：伏羲从森林中走出，伏羲经过建木，伏羲观法于地，一划开天，认为树木是最好的，以木德而为天下王。木有何德？纯厚，朴实，高也，大也，柔也，集群也。屹立于天地间而庇荫万物，庇荫万物而生生不息，生生不息而果实繁滋，果实繁滋而养我先民也。由木而风而德而观法于地而始作八卦，中国古老神话传说中的第一个王，已经有了深远而富柔情的文化指向了：华夏民族从开天辟地起，便是一个热爱森林，首重木德的民族。此后绵续几千年的物质与文化的发展，始终离不开森林以及森林的启示。如此说不谬，那么今日仍为中国文化宝典的儒、墨、道、法的种子，不正是早早由先民撒播的吗？或可说，华夏民族的历史与文化，正是借着森林而郁郁葱葱地铺展，并呈现出生机活跃的多样性：林在山间，山上是源，林中有泉；木者柔也，水亦柔，而柔能克刚；林中有果，果中有核，核中有仁，仁为生，生生不息也；林木千百，花有万般，飞禽走兽，自生自灭，相生相克也。古人类中，肯定有闻香而喜，拈花而笑者。

大木是栋梁。

林相乃国相。

除去森林，哪还有如此声色俱佳的人类历史与文化的结合点？

史籍的记载，从上古至夏，大体证实了人类利用森林，以为生存及开创文化的脉络。陈嵘在《中国森林史略》中记道：

有巢氏　混沌之世，草昧未辟，土地全部，殆皆为蓊郁之森林。自有巢氏构木为巢，而森林乃逐渐开发。

《古三坟书》：有巢氏生……俾人居巢穴，积鸟兽之肉，聚草木之实。

燧人氏　燧人氏钻木取火，森林已为人类所利用矣。

伏羲氏　太昊伏羲氏命栗陆为水龙氏，繁滋草木。

神农氏　神农氏兴，因天时，相地宜，斫木为耕，揉木为耒，

开木材制作农具之端，以教民树艺五谷，而农事兴焉。

《淮南子》：古者民茹草饮水，采树木之食，食蠃蠬之肉，时多疾病毒伤之害，于是神农乃始教民播种五谷，相土地宜，燥湿肥硗高下。

又辨百草之性以疗民疾，草根树皮始可以为药用。

黄帝　轩辕氏拔山通道，作宫室，制弓矢，造舟车，广辟森林之用途。

《史记》：（黄帝）顺天地之纪，幽明之占，死生之说，存亡之难，时播百谷草木。（五帝本纪）

陈嵘说：夏后之世，伐木火林之举益甚，乃知人类愈繁殖，而摧残之愈甚，森林行将日见减少矣。

商承夏后，因伐桀之战，而有摧残森林之举，但得天下后，亦多以提倡是务。

《书经》：贲若草木，兆民允殖。

《诗经》：陟彼景山，松柏丸丸。

上引史料，可谓微言大义，其实有深意，构木为巢，中国建筑之始也；钻

木取火，人类有火之始也；斫木为耒，农具之始也；百草疗疾，中草药之始也；刳木为舟，航行之始也。从伏羲而黄帝而尧舜时，已有专职的掌管山林的官员，但焚林伐木之举，自夏而盛。甚至有了后人总结的“理论性文字”，如胡渭《禹贡锥指》:“随山刊木，有五利焉，遥望山川之形势，规度土功，一也；往来之人，不迷厥道，二也；禽兽逃匿，登高避水者，得安其居，三也；奏庶鲜食，以救阻饥之民，四也；材木委积，可以供治洪水之用，五也。”刊木，孟子云“益烈山泽而焚之”也。

上述资料透露的信息，有三点十分重要，一是辑录者陈嵘先生的述评，“夏后之世，伐木火林之举益甚。乃知人类愈繁殖，而摧残之愈甚，森林行将日见减少矣”，人口与森林之关系也。二是材木堆积供治水之用，河患与森林之关系也。三是掌火而焚，森林与火之关系也。

燧人氏钻木取火，并不是火的开始。人类用火的过程，应是见火在前，取火在后。我们的老祖宗最早见到的火只能是雷击之后的林火。笔者在《追寻伏羲》（《荒门》，作家出版社，2013 年）中写过，雷雨之后一场森林大火，是伏羲及古人见到的最早的火，先是惊骇而逃，因为好奇，林火之后伏羲又巡视过火的山林，有残火有青烟有被烧烤而死的野兽，有肉香，第一次见到火的同时，也第一次吃到了熟肉。

袁珂先生在《中国神话和传说》中说，就史籍所载，先民取火、得火这一伟大事件的发生，并非独指燧人氏。袁珂认为应该归于三皇之首的伏羲:“伏羲对人民贡献最大的，恐怕是把火种带给人民，让人吃到烧熟的动物肉，以便使大家不生胃病、闹肚子吧。取火这件事，史传上有的载到燧人氏名下，更有的记载到黄帝名下，可是古来原无定论。伏羲又叫‘庖羲’或叫‘炮羲’，那含义就是‘取牺牲以充庖厨’（《帝王世纪》,《拾遗记》）的意思。要想达到上述目的，一定要有火才成。所以‘炮牺’（烧动物肉）的发明，其实也就是取火的发明……伏羲是神话中雷神的儿子，他又是管理春天的东方天帝，和树木的生长很有关系。我们想：雷碰着树木将会是怎样的景象？那毫无疑问，将会熊熊燃烧起来，发生炎炎大火。从伏羲的出生和神职联想起来，很容易得到火的概念，所以我们把取火的发明归于伏羲，似乎更为妥当。当然伏羲取得的火，大约就是山林里大雷雨之后燃烧起来的天然火。”

还有葫芦，伏羲与葫芦神话，一样可作钩沉。

古植物学家认为，野生葫芦曾经广布古中国，青葫芦可食，干葫芦可做日用器具，且是先民最早的渡河之舟，是以有葫芦崇拜，并由此一崇拜生出了创生神话。闻一多先生在《伏羲考》中，以西南苗族等少数民族流传几千年的伏羲、女娲借葫芦在大洪水中逃生神话为基础，以训诂结合民俗学指出：伏羲即“匏瓠”，葫芦也；女娲即“匏瓜”，亦为葫芦意。这一神话传说留迹于《诗经》中的便是“绵绵瓜瓞，民之初生”。《礼记》称：“陶匏以象天地之性”，“陶匏”，以陶烧制的祭祖用的葫芦，“天地之性”，阴阳相合也。刘尧汉先生认为：“中华民族各成员以开天辟地的盘古共祖——女娲和伏羲的合体葫芦为共祖。”此说的精当处，是说明了盘古与伏羲、女娲的关系，盘古即伏羲、女娲也。盘古之说出现在“三国”时徐整的《三五历纪》中，远在战国时盛行的伏羲、女娲传说之后。盘古说源出伏羲、女娲当无疑义，盘古这一名号也是因“匏瓠”“槃瓠”的一音之转而得名。“自从盘古开天地”，实即“自从伏羲开天地”也。

葫芦遍地的年代，是草木森林、神话传说一样繁盛的年代。

从历史、人类学的角度，我们应该如何看待上古这一神话传说时代？茅盾先生在《中国神话研究 ABC》中认为：“伏羲是中国‘可靠的’古籍上所载的一个最早的皇帝，据《易・系辞》的‘古者包牺氏之王天下也’一段文字而观，伏羲显然是中华民族文化的始神；由神话中的‘主神’变而为民族文化始祖，是合乎情理的。”中国近代史上更早、比较全面地论述上古神话与历史之关系的是梁启超。在《太古及三代载记》(《饮冰室合集・专集》之八）中说：“编史以史材缺逸为病，古代尤甚。孔子于夏商二代已叹文献无证，况立乎今日以指唐虞以上者哉。”接着，梁启超又引入西方历史哲学，推求溯源、人类初祖谓：“近世西方，有所谓历史哲学之派，推求进化之源，往往溯及各国神话。谓其言虽十九荒诞，然各民族最初之心理，恒于此表征焉，其宗教思想、文化思想多自此导发，故不可废也。”依梁启超之论，可知，吾族最早的民族心理，所寄托者口口相传之神话传说也，如何理解“民族最初之心理”的“心理”一语？心性理想也，先民当时对自然环境的认知极有限，而以所思所想所不解者托诸神话，“间涉夸诞，则古代神话之常，殆无足怪”（梁启超语）。极有兴味的是，上古先民的认知或窄而又窄，而其想象力却十分宽广，宽广到匪夷所思。梁启超实际上提出了一个至今令人十分困惑的话题：“中国史宜托始于何时耶？”又提出“粲然着之竹帛”之前的“无史时代”，而此一时代即太古时代，这是一个没有史实记载的时代，但“欲察进化之轨迹，必探其源。若于初民群聚之情状不加研求，则后此世运变迁之由来，未从考见”。进而，梁启超说：“我国为文化最古之国，故神话传说必极丰富，其中若言华胥言昆仑等，殊不能于史籍绝无系属。”华胥即华胥氏，伏羲、女娲之母也；昆仑，昆仑神话及西王母也。梁启超又在这一段文字后加注道：“若《楚辞》之《离骚》《天问》等篇，其半史的事实犹多。”非全史而“半史”，半史亦史也。

考古实物证实，新石器时代，森林的利用一为木质农具，耒耜也；二为距今七千年的河姆渡之悬虚干栏木屋，吊脚楼建筑之始也；三为距今五千年良渚文化之木屐，至今犹存于我国南部和日本。

梁启超写太古无史时代，落笔艰难，因为“神话与史实界限不明。一切舍弃，自淹文明之迹；稍涉博采，又动贻芜秽之议，此一难也”。我们特别要记取，“一切舍弃，自淹文明之迹”，即吾人若抹杀吾族“木德王天下”之太古文明的所有神话传说，则即为吾人沦丧吾族如此辉煌灿烂之集体记忆也，如是，情何以堪！罪莫大焉！无史时代，并不是无迹时代，从打制石器及有柄石锛，“断竹续竹，追土逐穴”，到以木材烧制陶器，陶器上手绘的树叶花枝纹及刻画符号，文明之迹也，星星点点，闪闪烁烁，乍显还隐，欲吐又止，一个新时代的朝阳，已经喷薄在东方春神的地平线上了。

就森林而言，随历史推进，遍地葱郁渐渐不再，开发与破坏并举。构木为巢，刳木为舟，林业开发之初也；焚山烧林，驱逐野兽，森林破坏之初也。大禹治水，功高盖世，然伐木火林，斯时为盛，《管子》有记：“有虞之王，枯泽童山，夏后之王烧增薮，焚沛泽”也。大禹在治水成功后，分九州，别草木，因地制宜，又有了一个森林恢复而渐至繁荣的过程，铸九鼎而号令天下。大禹去世前，首领会议推伯益继禹，伯益曾助大禹治水，焚林逐兽就是由他发起的。晚年的大禹已把“尧舜禅让”弃之脑后，让推举的伯益徒有继承王位的空名，而把治理国家的实权交给儿子启。大禹死，继承者不是伯益而是启，禹实为父死子继家天下世袭制度的开启者，由此开始，战乱连绵。先是，伯益与启大战，伯益败；又有有扈氏挑战启，要恢复禅让之制，会战于甘泽，启又胜。夏启王位坐稳，世袭制确立。

从历史进化的角度看，其时原始氏族社会已经支离，私有制正式确立，国家的雏形初现，生产力得以发展。或可认为，禹破禅让制，却是顺应了历史潮流。到夏禹的十四世孙夏桀继位，少康复兴后的夏国却走上了穷途末路。夏桀以征战为乐事，兵祸连年，民不聊生，山河破碎而荒淫无度。夏桀还是史籍有载的为供自己淫乐而大造宫室的一个王。宫在洛阳，宫名倾宫，占地方圆十里，高十丈，宫室中心处以汉白玉建一瑶台，奴隶万千，七年完工。这是夏王朝历史上最大的一次大兴土木，洛阳周边，几无大木，对森林的破坏，有夏以来，以此为最。继之商汤伐夏桀，又是兵火，《史记》：“成汤以攻伐得天下，必不逸焚毁林场以作阵地。”中原森林又遭受一次灭顶之灾。

商朝立国之后，专设管理土、木、水、草的官员，即司土、司木、司水、司草。以国家的名义管理土、木、水、草，初步确立林政制度，商为始也。

商朝是一个值得怀念的朝代，有青铜器，器上有铭文，有中国最早的成规模的文字——殷墟甲骨文。至此，梁启超所说的“文明之迹”，已成气象，但此一气象的渐渐显露而浩然，则由周而始，若方春之气，若方绽之花，若方兴之木，幽幽矣，夭夭矣，彬彬矣。

“子曰：‘周监于二代，郁郁乎文哉，吾从周。’”“周监于二代”是说周朝的礼仪典章制度，继夏商两代然后发展而成。孔子并由衷地赞美：如此丰富斑斓多彩多姿啊，我主张周礼。

周从何来？

商朝之末，渭水流域有名叫周的国家兴起。周祖姓姬，远祖后稷，是尧的农师，管理农田、水土、森林，是周人世代相传的事业。夏朝末年，气数已尽，周的祖先西迁，至甘肃东部、陕西西部，自成部落。商朝后期，又因为戎、狄侵扰，周族的首领古公亶父率部族由岐山之北迁往岐山之南，岐山南边为周原，筑城造宫室。古公亶父的儿子季历当政时，韬光养晦于岐山下的周日益强盛。商王有芒刺之痛，设计杀季历。季历死，姬昌继位，他重视农业，保护森林，创设制度，周原欣欣向荣。姬昌即周文王也。商朝至纣王时，酒池肉林已腐败至极，周文王卒后其子姬发继位，周武王也。武王誓师牧野，挥兵攻商，其时商纣王正和妃子们载歌载舞，大碗饮酒。闻报匆匆接仗。商亡，商岂有不亡之理？亡于腐败。

商亡周兴。

周何以兴？或曰：兴于《周礼》。《周礼》原名《周官》，详述各种官职及其责任。周的官员大小并不重要而以责任为重。《周官》并非为周朝的官员显赫扬名，而是载明文本，务须各司其职。改名为《周礼》，又有深意：使周朝的典章制度及百官行为达到“礼”的高度。周的重朝纲，重官制，可见一斑。《周礼》之官，冢宰即大宰、小宰是朝廷的主要官职，大宰卿负何责？《周礼》有记，“以九职任万民”，九职前四项为“一曰三农生九谷，二曰园圃毓苗木，三曰虞衡作山泽之材，四曰薮牧养蕃鸟兽。”可知周时之重森林。

陈嵘先生感叹说：“林政发达，于周已极。”其森林职官分工之精细，前无古人，后无来者。

《周礼·地官司徒第二·大司徒》大司徒之职，掌建邦之土地之图与其人民之数，以佐王安扰邦国，以天下土地之图，周知九州之地域广轮之数，辨其山林、川泽、丘陵、坟衍原隰之名物。而辨其邦国都鄙之数，制其畿疆而沟封之，设其社稷之壝，而树之田主，各以其野之所宜木……

凡服耜，斩季材，以时入之。令万民时斩材，有期日。(《周礼》)

草木零落，斩木之时，使终是时而斩之，则将贪取而尽物，故令之以时，又期之以日，有期日则节其时。(《周礼订义》)

春秋之斩木，不入禁；凡窃木者，有刑罚。

周代之林政细密到每一类土壤、每一个田块、每一种草木，且专人有时专管采伐，但有没有破坏的情形呢？有周一代，重农重林，人民得以休养生息，人口增加，耕地需求的压力升高，不得不毁林辟地。据程志光称：“先秦时期，我国的人口长期维持在1000万—2000万之间。”(《中国土地可持续利用与人地系统调控》，科学出版社，2007年8月，第1版）以这一数据推算，西周升平时的人口，大约已从商代凋敝时的不足千万到了近2000万。又：与土地和森林相关，周代面临着黄河决溢所带来的困扰。文王居岐山（今陕西岐山县），武王居镐（今陕西长安县），统治中心在黄河中游的渭水流域。据《周礼·周语·上》载，周幽王二年发生地震，引起大洪水。黄河的三条支流泾水、渭水、洛水因岐山震崩，川源阻塞而干枯。周人把是次地震视为天兆，国之将亡也。“三川竭，岐山崩”由此而载入史册。其实，自大禹治水后，虽然现存的史籍中少有洪水的记载，但仍可钩沉若干信息，如《国语·鲁语》上有“冥勤其官而水死”，冥，夏时水官也，勤其官而死，治水殉职而死也。商处黄河下游，以河南、山东、河北南部为中心，殷墟甲骨文中有“災”字，有释义者称有水灾泛滥意。无论做何解，災字从水出，无可疑也。“昔”字的甲骨文为“”，有解释为对往日洪水之回忆，从字的组成看，此义无疑。商的屡次迁都，史传因河患故，梁启超在《论后代河流迁徙》(《饮冰室合集·专集》之八）中考证认为，“殷都屡迁，史家多谓为困于河患然当非甚剧，观于河道之未改，足以证也。”梁启超的观点不是没有河患，是“当非甚剧”，因为河道未改。春秋战国时期，河患记载增多，《竹书纪年》：晋襄公六年（公元前622年），“络绝于洵”。晋定公十八年、（公元前494年），“淇绝于旧卫”，二十年“络绝于周”。公元前470年，“浍绝于梁”“丹水三日绝，不流”等等，且有诸侯国相与攻伐，以水代兵，楚伐魏，决黄河水灌长垣，赵国决河灌敌，秦引水灌开封等等，不一而足（《黄河水利史述要》，水利部黄河水利委员会，黄河水利出版社，1984 年）。

河患之剧烈起于何时？梁启超认为，“巨患之兴，始于周定王五年河之东迁”。是次河水决溢，河道东迁，其原因，一是“天灾之骤发”，《汉书》有记，“天尝连雨，东北风，海水溢西南，出浸数百里”，梁启超认为“当是一度大海啸，海水虽退而河道遂湮乱”。二是“由工事之失修”，大禹之后，河工不续，“周中叶以后渐有河患，盖皆由此”。三是“由列国之曲防”，“曲防”者，分河夺水各自为防也。“列国分立，各欲专水利于己国，而嫁水害于其邻，不复川渎自然之形势，而相率湮障纷乱之，此水患所由日滋也”（《饮冰室合集·专集》之八）。

河患之灾难，先是土地家园被毁，失地居民哀号；再是筑堤堵口耗去大量竹木，森林为之一毁。再加上兵祸连结，至春秋战国，黄河河道及堤防已支离破碎，也埋下了此后黄河为患愈烈，中国森林之破坏随之加剧的祸根。

周代之森林政策，为保护天然林与提倡人工林并重。但因开垦农田而毁伐森林，周亦为之。而中国人工造林之良善传统，也起于周代。

《诗经周颂·载芟》：载芟载柞，其耕泽泽。

《诗经小雅·正月》：瞻彼中林，侯薪侯蒸。

《诗经小雅·车舝》：陟彼高冈，析其柞薪。

斫伐森林，在行军时为尤甚，周代以王道行天下，故行军打仗，令曰：“无伐木，无堙井。”

《通鉴辑览》：文王伐崇，其军令曰，“无杀人，无坏屋，无塞井，无伐木，无掠六畜，违者不赦”。

陈嵘并称：政府对于人民之斫伐森林，不唯直接加以限制干涉，并委曲晓导人民，俾其知非时滥伐，足以伤其私德，故必须“树木以时而伐，断一树，不以其时，非孝也。”砍伐树木，不守其时，以不孝罪之，古时唯一，今时亦无。

管仲相齐之造林及保林计划，提倡人工造林最盛之期，当在春秋时管仲取法《周官》，有草木富即国富论，及奖励植树之民。

《管子》：为人君而不能谨守其山林菹泽草莱，不可以立为天下王。山林菹泽草莱者，薪蒸之所出，牺牲之所起也。故使民求之，使民借之，因以给之，私爱之于民，若弟之与兄，子之与父也，然后可以通财交殷也。

不能谨守山林草莱，“不可以立为天下王”春秋大义之一端也。

《管子》：行其山泽，观其桑麻，计其六畜之产，而贫富之国可知也……故曰山林虽近，草木虽美，宫室必有度，禁发必有时，是何也？曰，大木不可独伐也，大木不可独举也，大木不可独运也，大木不可加之薄墙之上，故曰山林虽广，草木虽美，禁发必有时。

贵族圈地，君王每喜造园林以豢养禽兽，而为其田猎行乐之地，此风始于春秋，战国时尤甚。

《孟子》：齐宣王问曰，文王之囿方七十里，有诸？孟子对曰，于传有之，曰，若是其大乎，曰，民犹以为小也，曰，寡人之囿方四十里，民犹以为大，何也？曰，文王之囿方七十里，刍荛者往焉，雉兔者往焉。

任昉《述异记》：梧桐园在吴宫，本吴王夫差旧园也，一名琴川梧桐园，宫在句容县，传云“吴王别馆有楸梧成林焉，其梧子可食。”古乐府云“梧宫秋，吴王愁”是也。

国营行道树由周始，且特设职官野庐氏以司理之。

《周礼》：轮人为轮，斩三材必以其时，……凡斩毂之道，必矩其阴阳。……舆人为舆。……弓人为弓，取六材必以其时。……庐人为庐。匠人为宫室城郭，沟洫。车人为车。梓人为筍虡，饮器及射侯。

周代林政是华夏民族几千年林政的基础，周代之后，林业或兴或衰，然相关林业政策无不继周政，有的趋于完善，有的失之荒废。后人可以说，一条华夏民族生存之路——林中路的形成，周有开辟之功。即便如此，周代林业虽保护有加而破坏亦随之，它告诉我们：人类不可能生存于荒野密林草莱，因为人口的增加、物质的需求，战争与灾荒，森林之日渐减少，实为大势所趋。在发展与保护之间求得平衡，使物质的需求不至于毁坏了作为生命根基的森林，周人曾努力为之。周代亦给后人留下了诸多美好的猜想，如：周，姬姓，炎帝之后也，炎帝神农，农事之祖也，周人因何对岐山情有独钟？古公亶父自宝鸡一带率部而迁，寻寻觅觅为何？为树，为草，为原也。若非原，何以耕种？何以生息？原不是孤立的，用现在的语境说，它是生态综合体，它有草有树有山有水，这就是《诗经》中所说的“周原膴膴”了，《诗经》又有“原隰”语，“隰”，湿地也，周原非枯荒干旱之原，周原乃草木湿润之原，万物始能生机蓬发。

我们可以见到的是周原乃耕种之地。

我们可以隐约听到的是周原之上草木摇曳，歌诗互答之声。

我们可以推想周人既得“周原膴膴”，因而设《周官》即《周礼》守之护之，守望家园于此而始。

我们还当铭记，这遥远的火光中，古人类的一大发明，“是人类社会发展史上划时代的事件，是人类第一次通过物理、化学变化，将一种物质改变成另一种物质的创造性活动”（郑鹏编著《景德镇瓷艺综观》，江西科技出版社，1990年），那就是陶器。依古希腊之说，陶器是构成世界的土、水、气、火四大要素的“最完美的结合”，是古人类最伟大的发明。然土、水、气乃造物所赐是自然物，唯火需要取火、存火、用火，且必须从森林中取得木柴。火之为用也，前文已记袁珂之说，伏羲对人民贡献最大的，是把火种带给人民，吃熟食。古人类则以此为契机，发现了泥土的烧结性，于是烧制出陶器，取水，存水，存粮，烧汤，煮熟食。从史前七千年前的裴李岗、大地湾等地陶器，到周代，陶的烧制技术已有长足之进，而这一过程包括选材、用火的反复实践却是漫长的，从孔子说颜回“一箪食，一瓢饮”可知，直到先秦，竹编的箪，葫芦瓢仍为日用之物，陶之路，遥远的火光，还要走向遥远。

暂且离开周原，去追问原上的森林，中国的一草一木，在发生之后又经历了怎样的沧桑之变？如果不是历史时期森林的生生死死，死死生生，方生方死，方死方生，哪有花朵？哪有飞鸟？哪有青花瓷？哪有煤炭？哪有种子？哪有森林文化以及人类的光荣与梦想？

从史前到周代，气候的变化又如何影响草木植被？

竺可桢先生著《中国近五千年来气候变迁的初步研究》（1972 年第 1 期《考古学报》）有基于考古和文献的论述。唯更加遥远的年代，既无考古实物，亦缺文献记录而无记。这一史称神话、传说时代的气象变化，只能从《山海经》《古三坟书》等口口相传的文字中觅得端倪，如“女娲补天”天漏也，大雨也，大洪水也；如“后羿射日”，天上有十个太阳，烈日也，酷热也。从太古起，中国的气候变化剧烈异常，此种趋势一直延续至竺可桢先生说的公元前 3000—1100 年的“考古时期”。当时中国的气候仍然炎热，西安及安阳一带，为热带和亚热带气候，竺可桢先生写道：

西安附近的半坡村遗址（属于仰韶文化，用碳—14 同位素测定为约 5600—6080 年前）和河南安阳殷墟（约前 1400—前 1100 年）的发掘表明，当时猎获的野兽中有竹鼠、獐和水牛等热带和亚热带的动物，而现在西安和安阳一带已经不存在这些动物了。此外，在殷代留下来的甲骨文上可以看出当时安阳人种稻比现在大约要早一个月。在山东历城县发掘龙山文化遗迹中找到一块炭化竹节，有些陶器外表也似竹节。这说明在新石器时代晚期，竹类的分布在黄河流域，可直到东部沿海。根据这些事实，我们可以假设，五千年以来，竹类分布的北限大约向南后退 1–3 个纬度。

竺可桢的文字还告诉我们，根据龙山文化的一块炭化竹节，以及竹节陶器，可见其时黄河流域有竹子分布，只要有竹，依竹延绵生长的特征，必定丛生成片，竹林竹海也。因气候原因，后向南退却。林业旧称竹木业，竹之繁盛在黄河流域，与森林共荣焉！

竹之为用，周时已盛，岐山秦岭，当时气候温热宜人，竺文称：

> 人们要知道一年中寒来暑往，常常用肉眼来看降霜下雪，河开河冻，树木抽芽发叶、开花结果，候鸟春来秋往，等等，这就是物候。物候学也可以说是没有观测仪器时代的气象学和气候学。我国劳动人民早在公元前 11 世纪便开创了这种观测，积累了三千年的丰富材料。
>
> 中国的许多方块字，用会意象形来表示。在周朝（公元前 1066 年开始，定都于西安附近的镐京）初年的文件中，如衣帽、器皿、书籍、家具和乐器等名称都以“竹”为头，表示这些东西最初都是用竹子做成的。可见周初黄河流域竹类广泛生长，而现在则不行了。商周时代，黄河流域的劳动人民都从事农业和畜牧业。对于他们，季节的运行是很重要的事。人民采用各种方法来定春分，作为农业操作的开始时期。当时位于山东近海的郯国人民，每年观测家燕的最初来到以定春分，但是现在家燕 3 月 22 日才到长江下游。郯城和长江下游的上海两地的年平均温度相差 1.5 摄氏度，正月平均温度相差 4.6 摄氏度。这个结果与考古时期用竹子分布区域变化的方法所得的结果是一致的。

“周初温暖的气候不久就恶化了，汉江在公元前 903 年和公元前 897 年就结两次冰”（竺可桢语）。然周地黄河流域气候变化中此一结冰寒冷期，是短暂的，也可以说是一种预兆：生生灭灭，生灭相因。

第三章 生灭相因

森林世界最令人震撼的景象是生生灭灭，生灭相因。

我被森林感动并稍加留意，及至后来陶醉山水之中，是在1978年随艾青先生为首的诗人南海访问团先至广州，游白云山，在一片原始森林、次生林中，有一池塘，池水中有蓝藻，塘边山石上有地钱、苔藓，还有木欓、木贼及几种不知名的蕨类植物。主人介绍说，这些是远古原始植物的代表，多远多古？若藻类，倘以在地上存在计，则四亿多年前，倘以登陆之前其祖先在古海中沉浮计，则三十五亿年矣！我惊呆了，惊呆于植物的古老，惊呆于自己的无知，惊呆于某一物种中若干部分的不再进化、不肯进化，只以最简单的生命形态，不卑不亢，置身于大森林中。

后来20多年断断续续踏访森林，几乎在所有原始林中，均能看到白云山中的景象，并可以此探寻森林演变的历程，这一历程的大小周全、循序渐进、生灭相依，展现的是森林的演变，所启迪的则是生命的方向——万类万物，当然也包括人。而这一历程看似偶然实为必然的奇妙、艰辛与漫长，除去神性而外，又何以能解？

比如我们现在称之为低等植物的苔藓和地钱，它们曾经是地球古海洋中唯一细小的绿色物——藻类，因为有水，有太多的水而优哉游哉，并且在大约十八亿年前或更早一些的某时某刻，开始光合作用，完成了地球生命史上里程碑式的一种程序。在后来地球发生剧烈动荡的又一次海陆更替运动中，海洋缩小，海洋缩小时出现了大面积的浅海湿地，藻类们因此而动荡不安，在更加浩大的海陆更替时，海洋似乎容不下藻类了，或者说藻类将要完成另一种使命，于是便前仆后继地抢滩登陆。从海洋到陆地，这一生存环境的迥然不同，所引发的是植物本身的革命性变化与重组，要有一系列的细胞，并且把水输入细胞的输导系统。另，和沉浮于水不同，在陆地上必须有能够把植物身体支撑在空间的柱干，是有地下茎、匍匐茎的发育，在陆地条件下，诸如此类的茎，地上的升而为枝，地下的蔓延成根。

藻类登陆之后，最早繁华于陆地的是裸蕨类植物，已知的最原始的裸蕨类植物是顶囊蕨，晚志留纪的地层中有化石发现，植株高十厘米，茎粗不到二毫米，两叉分株，无叶。实际上此一时期的蕨类植物便是多种多样的，初步脱离了藻类的单一和纯粹，但对于生物多样性而言，一切还仅仅是开始，关键是已经开始，并且有了植物世界的高大之初。有的蕨类可以高达十八米，俨然一棵大树。这些高矮不一、大大小小的蕨类植物，还有地钱、木贼，是最早的森林大观园了。从彼时而言，古代的蕨类是后来地球上之万类万物中最早进化，进化得最完美之一物，它有了真正的根部可以吸取地底下的水分营养，它的输导组织能够将其送达十八米高的蕨树的顶端，也有了支撑高度的枝干，把蕨之叶托举到阳光明媚的空间，在蓝天白云之下为自身，也为地球自由自在进行着充分而美满的光合作用。

森林中的一切高大，都是由渺小的单细胞的蓝藻开始的。一个时代有一个时代的森林，一个时代有一个时代的高大，藻乃母也。

读者诸君啊，你只要暂别手机、电脑，离开网络，走进原始森林，便能沿着青苔、地钱、矮小如同灌木丛的蕨类植物回溯，从而生出惊心动魄的带有原始意味的想象。如前文所述，藻类从水中到滩涂陆地的历程之痕迹，在任何一处池塘沼泽的百米之内就可寻获，然而不可见的却是微不足道的原始植物在近十亿年时间中的演变，其浩浩荡荡的登陆之初，可谓出生入死而死者为极大多数。所有这些原始植物的近乎集体自杀的行为，却使当时极为干旱、板结的海畔荒野，有了最初的埋没其中的蓝绿藻，并且开始了触碰荒野之上随处可见的坚硬的岩石，使之在将要发生的绿色植被的簇拥下开始了变得秀美、柔和的过程。藻类登陆成功之后，多少植物长成了又毁灭了，毁灭了又新生了；有的植物在某一历史时期是森林的主宰，当历史翻过了这一页时却成了林下植被；多少高大和繁茂的绿色，在火山、地震频发，地球动荡不安的年代里，被毁灭，被埋没，几为常态。

再一次植物登陆的完全成功，是在泥盆纪中期，“距今约有三亿七千五百万年”（彼得·法布《森林》）。当时原始森林的色彩，对彼时地球而言，那绿色是何等鲜活可爱；而以今日眼光视之，可谓单调乏味。已经成活的一概绿色，枯死朽腐的植物尽为黄褐色，那时没有花朵，开花植物的出现尚需时日。除去色彩的单一，而且无声无息，没有蝴蝶没有飞鸟也没有野兽出没。古生物学家告诉我，当其时也，陆地上森林出现之初，虽然，绿色已经铺陈，襟抱已经打开，有所期待却动物罕见，尚在徘徊乎？不敢争先乎？该发生的总是要发生啊，在绿色的千呼万唤中，动物登陆的先锋队，只有螨虫类及少许几种昆虫和蜘蛛，虽然战战兢兢，却一往无前地爬到岸上。这些其貌不扬者，是后来出没森林称雄大地的先知先觉先行者。

我们当记住，绿色是大地之上最初的原点，所有植物、动物，一切生命的发生处。

呵护这一原点并与之共存亡的最早的植物和动物，以自己的身躯铺就一条将要鲜花盛开的道路。那一个大地上无声的年代，其实有最强音：我就是道路。

这一条绿色之路上的又一个重要的里程碑，是松树、铁杉和云杉一类常绿针叶树的出现及广布。它们最古老的祖先，是蕨类植物中进化程度最高的种子蕨。种子的出现，是地球森林、植物世界的又一次无声无息的革命。与水中游动的精子繁殖后代截然不同，种子乃花粉受精之果，有的种类的花粉能随风飘扬百里之外而不枯不萎。每一粒种子都是一个完整的植物胚胎，一个浓缩的、细小的、神奇而美妙的生命体。我们甚至还可以观察到，在这些种子的发育期，它们的母树以母爱的方式，使之不离其怀抱而得到保护及水与营养的供应、孕育。因为花粉飞扬，因为种子累累，因为繁殖方式的新进，针叶树木大行其道，占据了地球上的山地和平原，还有苏铁，几乎蓬勃于所有陆地。斯时地球，两种颜色格外突目：海水之蓝，大地之绿，兴旺发达至极点时，森林和植物界的另一场巨变行将开始。要而言之，森林——一律高大的针叶林和苏铁将要分出高矮、层次及树木种类的多样性，而大森林中的飞鸟走兽作为森林帝国有声的、飞翔的、行走的成员，也将集结。此一时期的森林之林相，已接近近代落叶林，有森林下层的灌木，有藤本植物，不仅有针叶树还有阔叶树。

只是开花植物的出现尚须期待，不过已经无须太久了。

当植物开花时，第一朵花是何种色彩？或者得到造物的指令“森林中要有花”时，便同时怒放，天下为之惊艳？我们回想花朵，当然可以自作多情地以为这是为人类之出现而装点大地森林的，但作为植物世界最迟、最新，也是最高层级的类型，开花植物优秀于针叶林者有二：其种子在子房内发育，更为安全；其花其果借助昆虫、飞鸟及大小动物传播花粉与种子，初步形成了森林世界的生命线。

现在我们要再说从前——古生代临近尾声的一个纪年——石炭纪——也有人称之为“造煤纪”“石炭时期”。

大地要造煤了，大地怎样造煤？

石炭纪之始、泥盆纪之末，大约三亿五千万年前，地球的地质活动再一次频繁而活跃，大陆漂移碰撞，海洋兴风作浪，海水浸漫陆地，湖沼广大发育，整个地球气候，在大部分地区惊人的一致温暖，陆上植物，广袤森林趁机疯长、扩展。

这时候，高地山坡上的江河也已发育长大。

长大了的江河，波浪开始宽阔，源源不断地把岩屑、表土以及枯枝落叶，冲积至湖滩沼泽地带。

土地开始肥沃。大森林之兴旺，前所未有，后亦不见。

就这样到了石炭纪。

石炭纪的森林延续着泥盆纪的光荣与梦想。近代又小又矮的树木，其石炭纪的祖先却如巨人般傲视地球，它的茎达 0.3 米，沿河流两岸和沼泽地连成一片又一片茂密的丛林。蔓生于土石间的今日几无高度的石松类之鳞木，主干并不粗壮，细长而上端尖削，树冠为灌木状枝叶组成，其叶如草，而彼时高达四十米。蕨类也是望族，但它们机敏而智慧地不去争高，只在林地下层扩展，它们中的大多数成为铺陈于地的灌木，因为甘居林下，避开了与高大植物之间的竞争，种族得以较为完好地保存，至今有一万种之多，而石松只存一千一百种，木贼不超过二十五种。蕨类中有名心形蕨的，与他蕨混生混长，并无夺目处。有古植物学家经植物考古后，从化石记录中判定，该蕨也许是针叶树的祖先，并且是石炭纪森林植物中已知的最大种子植物。其时森林景观中另一奇观，便是昆虫之巨大，彼得·法布称，“蟑螂像个巨人”，天哪！这一可怕之物，资格如此之老。蜻蜓也是庞然大物，翼展达七十四厘米，或许是古生代最大的飞行物。有大蝎子，蛰伏于森林一角，或者缓慢地爬行，斯时斯地，亦可称王者风度也。最为安静并且显示了独门技艺的是蜘蛛，不声不响不事张扬地在石炭纪森林中织网，等待昆虫落网成为美食。

谁能猜测造物因何造蜘蛛，又因何造出了网罗天下之“网”？倘说远古大森林的出现及其演化似有方向、似有期待的话，这些古老的蜘蛛古老的网，其指向更为明确。亿万年后，华夏民族的“人祖爷”伏羲法蜘蛛而织网，开创了人类的渔猎年代。蜘蛛吐丝，悬空织网，编织之美，其为始也。

大地之上，石炭纪的森林历经八千万年之久的相对稳定的气候、环境，当时地球可称为森林地球。随之而来的则是火山爆发，山岳抬升，沙漠出现，冰川缓慢而坚定地闯入热带，大约到两亿两千万年前，石炭纪森林完全毁灭。兴于环境，亡于环境；其兴也忽，其亡也速。在大尺度的历史时空，其生也难，其长也慢；惨遭毁灭的石炭纪大森林，其踪迹巨大而可寻，就是今日世界蕴藏量至为丰厚的大煤床。石炭纪的林地很多在泥泞沼池中，林木倒地便会下沉，成为泥炭。又因地质运动，河流冲积，这些泥炭愈陷愈深，越埋越黑，成为褐煤；再经过增压，挤压成为无烟煤。0.3 米厚的烟煤，至少需由 6 米厚的植物层挤压而成。再经地表岩石移动的挤压，有的烟煤成为无烟煤。

毁灭为创造之初，创造为毁灭之始。

有意思的是，20世纪80年代初出版的《生活自然文库》称：“虽然近到六十年以前仍有些科学家认为，煤炭不是由植物形成的”，后来更多证据表明，“石炭纪广袤茂密的森林，则几乎是大部分近代工业用煤的原始来源”。可知，煤与人类是如此亲近，而人与煤则未免疏离。作为替代木柴的一种能源，它告诉我们，大地之上能燃烧出烂漫火光的，唯炭木而已。森林的恩典啊，屹立于地上，深埋于地下。为证明石炭纪森林之广大繁茂，全世界的植物学家皆以中国为例：“中国所产的煤层，有的厚度超过120米，相当于2440米的原始植物质的厚度。”这2440米的原始植物质，所经的层垒叠加的过程，大体如下：一片森林被埋没后，又有新的森林出现，再埋没，再新生，如是往复，植物质厚积的过程也是压力增大的过程，因而变质，因而成煤。在这五光十色的世界上，除去天上太阳，林中雷火，只有煤、煤的熊熊燃烧中，人当能读出它的野性的张扬，埋没、挤压、积蓄达几亿年之久的激情与能量的释放，推动着这个世界的飞跃，也见证着人类在初识煤炭之后的奢侈浪费，地底下有声音说：

人啊，你要小心翼翼地接近辉煌！

把地球上植物发生、发展，直到人类出现的历史，浓缩到一天之内，以最早的微生物发生于午夜为起点，当一天的时间过去六分之五，即晚八时左右，古海洋中蓝绿藻完成了光合作用的程序繁殖旺盛；晚九时以前，植物登陆；晚十时左右石炭纪森林盛极全球；晚十一时以后，始有开花植物发达；午夜结束前十分之一秒时，人类的历史才告开始。

植物的漫长历程啊！

森林的艰难时世啊！

以亿年计的漫长，以毁灭为代价的森林，所为何来？

大森林中已经有花朵开放。

一个以开花植物为代表的黎明时代，悄悄地来了。

20世纪80年代初期，一般认为现存于墨尔本国立维多利亚博物馆中，自澳大利亚东南部发掘而得一块植物化石，是1.2亿年前有花植物化石，是当时世界发现的最早的花的化石。这是来自一株约15—30米高的植株的分株，花很小，不到2.5毫米。古生物学家们欣喜于发现了一亿多年前的一朵花，同时又说明最原始的花及开花植物，比人们原先推测的要低级许多。花开何其难！

1998年12月18日前后，北京各大报刊登消息，谓：南京地质古生物所，在辽宁北票地区发现了比澳大利亚之花早两千多万年，即1.45亿年前的“辽宁古果”化石。1998年第12期，美国《科学》杂志，在显著地位刊登了这一发现。

我在辽宁走访森林时，曾有幸目睹了植物、鸟类的多种化石，我甚至不敢触摸它们，只是接近并以目光抚慰着那古老的真正原始的气息。化石是地球的传记，这一传记的奥秘在于：对绝大多数人而言，你看见了，但是你读不懂，鲜有例外，在化石面前我们是文盲。但，我们可以请教古生物专家，并据此想象：约两亿年前，辽宁有大森林，正是在中国的大森林中，飞出了世界第一只鸟，开放了世界第一朵花。

相比于森林的历史，进入有史时代后的人类社会，其改朝换代的迅忽仅能以百年计。然无论怎样“城头变幻大王旗”，人类社会从不因为改朝换代而可以离开、舍弃森林的庇荫，森林文化的滋养。由周而先秦，中国文化达至辉煌，灿烂其中者山川草木也。

第四章

烂漫先秦

殷商而周而先秦，中国社会渐入多事之秋，森林有兴衰，气候变化河患频发。人们对社会及自然的观察出现了从未有过的深入与广泛。各家言论，各种治国方略，各路人物，如雨后春笋，汹涌勃兴，成就了中国历史上就政治思想而言，思想最为自由，个性极其张扬，学说最为多彩辉煌的年代。后人无法想象，为什么恰是这群雄逐鹿、刀兵不绝的先秦时代，却为华夏民族奉献了如此优美的诸子百家、文化宝典！

先秦时代，中国的先知时代。

梁启超在《先秦政治思想史》（《饮冰室合集·专集》之九）中谓："春秋战国间学派繁茁，秦汉后或概括为百家语，或从学术内容分析区为六家，为九流，其实卓然自树壁垒者，儒、墨、道、法四家而已。"这四家学术思想丰厚错综，块垒突兀，非本文亦非笔者能诠释明了，简言之，儒家以人为中心，道家以自然为中心，墨家的主义是"兼爱"，孟子说："墨子兼爱，摩顶放踵利天下为之。"法家作为系统之学派为时甚晚到尹文、韩非子以后，从老子"人法地，地法天，天法道，道法自然"的"法"，一变而为"法者，编著之图籍，设之于官府，而布之于百姓者也"，有法律、法制的意味。梁启超认为，"法家主义，纯以人类性恶为前提"。

笔者着重先说老子，《道德经》五千言。

老子《道德经》开卷，便是"道可道，非常道"，儒家道家皆言"道"，其义迥然有别：儒家之道，人之道也，"以人类心力为万能，以道为人类不断努力所创造，故曰'人能弘道非道弘人'"（梁启超语）。此道，即是人修身之道，治国之道，为可见之道。道家之道，以自然界理法为万能，以道为先天的存在，故曰"人法地，地法天，天法道，道法自然"。此道，先天先地，恍兮惚兮，为可思之道。庄子有此一解："吾在天地之间，犹小石小木之在大山也。""吾"即庄子，庄子即人也，人是如此渺小脆弱无助，人不依附、不虔敬天地自然，人何以为人？人不能为人，人又算什么东西呢？生而为人，总该有所作为吧？老子的答案是，"以辅万物之自然而莫敢为"。辅助自然可也，为天地之仆人可也，至于其他，则"莫敢为"。

何以为仆？汉时朝野以务农为本，上倡下效，一时农林事业大有起色。

《淮南子》：食者民之本也，民者国之本也，国者君之本也，是故人君者，上因天时，下尽地财，中用人力，是以群生，遂长五谷，蕃殖教民，养育六畜，以时种树，务修田畴，滋植桑麻，肥硗高下，各因其宜，丘陵阪险，不生五竹者以树竹木，春伐枯槁，夏取果蓏，秋蓄疏食，冬伐薪蒸。

《史记·货殖列传》：山居千章之材，安邑千树枣；燕、秦千树栗；蜀、汉、江陵千树橘；淮北、常山已南，河济之间千树楸；陈、夏千亩漆；齐、鲁千亩桑麻；渭川千亩竹……此其人皆与千户侯等。

《汉书·地理志》：巴蜀广汉……土地肥美，有江水沃野、山林竹木、疏食果实之饶。

汉文帝六年逢大旱，蝗虫飞扑，其诏文责官吏不勤政，旱灾蝗灾之下，野无粮草，“民有饥色”，忧患溢于言表，有“吾民甚苦”语。劝民种树。

《汉书·文帝本纪》：（后）六年，夏四月，大旱，蝗。……弛山泽。十二年三月诏曰“道民之路，在于务本。朕亲率天下农，十年于今，而野不加辟，岁一不登，民有饥色，是从事焉尚寡，而吏未加务也。吾诏书数下，岁劝民种树，而功未兴，是吏奉吾诏不勤，而劝民不明也。且吾农民甚苦，而吏莫之省，将何以劝焉。其赐农民今年租税之半。”

也许我们无法得出结论，为什么是老子，又是在春秋战国年代烽烟四起及民饥灾荒中留下了“道”之说，留下了“人法地，地法天，天法道，道法自然”之说？但我们仍可做一番探究，关于老子其人其事，关于老子所处的时代背景。于天、地、自然及人之间，看能否一睹中国第一伟大古圣先贤的背影？

老子姓李名耳，楚国人，一说是陈国人，当时陈已被楚灭，陈或为老子原籍。老子长于孔子见过孔子。这两个伟人相见的时间，典籍无记只能推算。一说是鲁昭公二十四年（公元前518年）孔子三十四岁时；一说是鲁定公八年（公元前502年）孔子五十一岁时。梁启超认为“后说较为可信，因为孔子五十岁以后，思想有变，大概是受了老子的影响”。老子长孔子二十岁或三十岁，孔老相见孔子问礼时，老子或者七十一岁，或者八十一岁，笔者认为似乎七十一岁更可信些，骑青牛出关，说道德五千言，这等大事还没有做呢。

老子在周朝做过“守藏史”，相当于现在的国家图书馆馆长。这一史实从无争议，而且特别重要，我们不知道周时图书馆的规模，可以想见的是，周代还是一个距原始社会相去不远，且流风余韵尚存的时代。周时守藏的图书不会太多，却肯定极古，如伏羲八卦图、《易经》最早的版本等等。

我们还要叙述以往写老子的著述中几乎均被忽略的老子当时所处的地理环境。老子居镐京，今陕西长安县，周原之地，渭水之滨。在此一地域中，老子抬首可望的是秦岭，时称昆仑。秦岭雪峰太白，万木森森，奇花纷纷；溪涧奔流，半入渭水，半入汉江。天时地理，山川相间，木可触天，水流而下，百草柔弱，自生自灭，灭而又生，生而又灭。水又何争？草又何执？木又何持？山又何待？此非道乎？由此或可说，影响老子至深的一是典籍，二是环境，还有极重要的一点是周道日衰。而引出老子的种种非凡之思，仅此三者仍不足以使老子言《道德经》，使老子成为老子，几千年后犹使人怦然心动者，还要加上老子的天赋，天生先知，眷顾吾民、吾族也。

当秦人历五百多年呕心沥血，拓荒养草，从一个牧马小族渐渐壮大而剑指八百里秦川时，周朝已如强弩之末，走向衰败，中国历史进入春秋战国。在我们简单到不能再简单的历史教科书上，此一时期是刀兵纷起天下大乱之世，但，正是这一历时五百年的战乱、动荡与变革时代，思想出焉，人物出焉。

先是老子，对周王室已经绝望的老子骑青牛往函谷关。守关的尹喜不知道是怎样感动了老子，这位先知暂停了隐世远遁的脚步，说道德五千言，究竟是“说”，还是“写”，总而言之是老子之作，后人又称之为《道德经》，中国第一经文也。老子首言“道可道非常道，名可名非常名，无名天下之始，有名万物之母”时，

“道”这一先天地而生的空前奇崛之哲思，在华夏大地、秦岭脚下横空出世。其文也简，其声也微，其高深古今中外莫可测也。老子又说:“道生一,一生二,二生三,三生万物，万物负阴而抱阳，冲气以为和。”尹喜当时想必惊骇莫名，其时世界，还没有一个人如老子一样，从“负阴而抱阳，冲气以为和”，从“道”，从“水几于道”，从“有生于无”阐释宇宙起源、万物间之关系者。斯时也,《圣经》尚在孕育之中，苏格拉底的《对话录》一百年后才在古希腊出现。

笔者读老子，只能说“仰之弥高，钻之弥坚”，望若云海，不可思议，所得的体会之一端,便是老子柔弱、无为、柔弱者生、坚强者死的思想精神,来源于水，来源于草木，来源于老子对此类自然物之独到的观察，心灵的碰撞，然后幽深之思出。渭水西来，浩然东去，秦岭诸水，自高而下，“善下之”也。因何“善下之”？水之本性使然,万物所需也,水又何言？“利万物而不争”也。大川江河，越山开石始有河道，非人力所为，乃流水所劈，“天下莫柔弱于水，而攻坚强者莫之能胜,以其无以易之”;“天下之至柔驰骋天下之至坚”也。老子又说草木,“万物草木之生也柔脆，其死也枯槁”。却能再生，故曰:“坚强者，死之徒；柔弱微细，生之徒；”“强大居下，柔弱微细居上。”老子称“上善若水”；老子认为的天下柔弱之物水也，草木也，水与草木实为一也。水滋润草木，草木养水蓄水，道德五千言，粗大精细包容本末，水与草木集天地阴阳而贯穿其间也。

笔者试为一探《道德经》之思想本源，由何而出？

先说伏羲八卦，伏羲以“⚊”代表天、阳、男；以“⚋”代表地、阴、女，是为阳爻、阴爻，三爻一卦，得八种排列方式，八卦也。乾卦：☰，坤卦：☷，震卦：☳，巽卦：☴，坎卦：☵，离卦：☲，艮卦：☶，兑卦：☱。象征自然界的八种基本事物、天地之象，即乾为天、坤为地、震为雷、巽为风、坎为水、离为火、艮为山、兑为泽。今言天地阴阳，以一连横阳，一连断阴，三连横乾，三连断坤的笔画示之，在太古时代，伏羲用来表达的很可能是草茎树枝，以横、断象天地象阴阳象男女，然后占卜，在反复的排列演示中有所悟而得八卦。这样的排列分出了天地、阴阳、男女并相互连结，联结之后产生各种关联，天和地关联，阴和阳关联，男和女关联，雷和风关联，水和火关联，山和泽关联。

通达其中的是气，元气，天地阴阳之气，山泽草木之气。负阴抱阳联结起宇宙万物，这一画，成为最早的文化印迹，成为华夏民族初始的心理印迹，最初的神秘而又神圣的符号，成为书契之肇始，成为源头，中国文化的流出之处。

八卦是《易》的基础、核心，传到周代，据说是周文王演八卦，两两重叠成六十四卦，卦辞、爻辞、系辞乃后人不断添加，是为《周易》。关于八卦以及后来成为群经之首的《易经》之一画开天，历代读经、注经者层出不穷。笔者读石涛，清朝画坛巨子，他的一画之见似是论笔墨，却已放纵天地间了：“太古无法，太朴不散，太朴一散，而法立矣。法于何立？立于一画，一画者，众有之本，万象之根。见用于神，藏用于人……立一画之法者，盖以无法生有法，以有法贯众法。”石涛所论的一画之法，无论画法非画法，却包含一切法，极天立地之法，草木生灭之法，阴阳流变之法。此一画，一划也。于书画，一划开篇；于宇宙，一划开天。

前文写过老子于渭水、于秦岭必多有不同寻常之观察，从而得到了水善下之且柔弱为“生之徒”的启发。同时，因为作“守藏史”的缘故，说老子熟读八卦、《周易》这一类现在看来原始的经典当无可怀疑。《周礼·春官·大卜》：“掌三易之法，一曰《连山》，二曰《归藏》，三曰《周易》。其经卦皆八，其别皆六十有四。”《连山》《归藏》都是筮书之名，通常认为是最古老的易学之书，汉代犹存，后来失传。老子正是受《连山》《归藏》《周易》以及伏羲八卦的影响，将天地阴阳说发挥到极致，是为先天先地之“道”，之“气”，是“道生一”，是“道法自然”而成《道德经》。如陈鼓应先生所言，“老子创建了中国历史上第一个哲学系统，他所使用的许多概念、范畴，后来成了中国哲学史的主要概念、范畴，从思想上来看，老子哲学的核心——道论部分，天地人一体的思想结构，构成了一个非常完整的哲学系统”（《易传与道家思想》，商务印书馆，2007 年 4 月第 1 版）。倘容笔者补充，老子的哲思，不仅于中国哲学，于世界哲学，亦具有开辟之功。《周易》有《易经》《易传》两部分，经在先，传的写作在后。《易传》七种十篇，即《彖》《象》《文言》《系辞》《说卦》《序卦》《杂卦》七种，《彖》《象》《系辞》分上下共十篇，古称“十翼”。传统的说法，“十翼”为孔子作。

怀疑并否定此说的先有欧阳修，后有崔述，现代易学研究者中否定此说的更多。高亨先生谓：“《周易大传》七种，世人以为孔丘所作，先秦人无此说也。”又称：“《乾文言》记有‘子曰’者凡六条,《系辞》记有‘子曰’者凡二十三条（二十四个子曰），皆引孔丘之言也。孔丘弟子或再传弟子等著书，引孔丘之言也，始用‘子曰’二字,如《文言》《系辞》为孔丘自著,则全篇皆孔丘之言,岂能复用‘子曰’二字”（《周易大传今注》，齐鲁书社，1998 年 4 月第 1 版）。陈鼓应先生更明确指认,《易传》所引用、吸收的是老庄的道家学术思想，“就《易传》而言，无疑以《彖传》《系辞》思想性最强。它们将《周易》这部卜筮之书哲理化，意义重大。就《彖传》而言，它出现于孟子之后，却一点不提儒家的中心观念仁和义，却对孔孟都不讲的宇宙观（天道观）方面的内容感兴趣。以其思维方式与哲学概念等来看，与道家思想一一响应，而与儒家无涉”（《易传与道家思想》)。《系辞》的形成更晚，通篇所论皆为形而上学之宇宙、阴阳、道和精气、老子所言，道家思想贯串全篇，老庄之风绵绵无尽。

天、地、人的思想一以贯之于《道德经》《易传》，其重要性不仅在于成为中国哲学的核心，而且还成就了中国人普遍的天道宇宙观，及以形象思维为主要特征的思维方式。在中国历史上影响极为广大的儒家，则以“仁”为核心，创造了忠、孝、礼、义、智、勇、信等包括成为一个人、成为君子而修身治国的儒家学说。孔子、老子之后，虽有儒道之争，不同时期的统治者或轻儒重道，或独尊儒术，但总体而言，乃老孔并尊，儒道同行。虽并尊，重儒时多，而道家思想依旧闪烁若星汉；虽并行，儒道有义理相通处，其分野也显而易见。道主天地、主“气”；儒主修身，主治。先知时代以老孔为木铎，其言辞其声音的各自的优美悠远，却分别引领了华夏民族的走向，及提升了文化之崇高。其直接的结果是，中国人所维持的世界无二的农耕文明的荣耀，华夏大地上的物质与精神的生生不息。孔子学说中比较容易被忽略却极为重要的，是“乡治说”。孔子重乡治，乡治乃一国之本也。梁启超在《先秦政治思想史》(《饮冰室合集·专集》之九）中独辟一章“乡治问题”。为什么？“盖一切政治教化，皆以乡与里为基本也”。梁启超先言墨家之论：“里长，里之仁人……乡长，乡之仁人。”仁出儒家，在这一点上儒墨相同，国家最基层日日与民众、民生相接的里长、乡长是“仁人”，而非富人，更非鱼肉百姓之徒。孔子对于乡治，更有极高明的见解：“吾观于乡，而知王道之易易也。”（《礼记》）乡情一见，王道立判。儒家好礼，孔子所重的乡礼，一曰乡饮，二曰乡射。乡饮者与乡党共饮酒；乡射，习武也。太史公谒孔林，犹见孔门后学“习乡饮乡射于孔子冢”（《史记·孔子世家》）。乡饮小饮也，或有乡里纠纷，“乡饮以教让”；乡射，尚武也，“乡射以教争”。让之者乡人也，乡里人人皆知让，礼成矣；争之者外族也，乡里人人皆知争，守土安民可得也。一让一争，“盖其人格教育之第一步在此焉”（梁启超语）。

饮也罢，射也罢，总得要耕者有田，无田无收成，或者多寡悬殊，何来饮？何力射？老子、孔子之后，道家与儒家的思想传承者中，仍本天道阴阳、仁义礼智之宗，同时也发生了将道、儒学说实践于农业、林业之民生的饶有兴味的变化，使天人得以合一，使社会美善相乐。列举如下：孔子之后的孟子答滕文公何以治国，孟子答：“民事不可缓也”，再引《诗经》句，“昼尔于茅，宵尔索綯，亟其乘屋，其始播百谷”。昼出割茅，夜间搓绳，忙着修房，开春即是劳作播种。民何以为道？如前文已述之“民之为道也，有恒产者有恒心，无恒产者无恒心”。农人“恒产”为何？土地也，能耕种得温饱，地安人安而心安。无“恒产”，无土地，则“放辟邪侈，无不为已”，就会不安而作乱，乃至犯罪。犯罪后，“从而刑之”严加处罚，“是罔民也，焉有仁人在为罔民而可为也”？孟子认为，这是陷害百姓，滥施刑法，哪有仁爱的人居高位，使民不得“恒产”而害其受刑罚的道理？“是故贤君必恭俭礼下”，并借用阳虎的话说：“为富不仁矣，为仁不富矣。”如何使民可得“恒产”？孟子认为，实行仁政，必从公平划分田界开始，“夫仁政，必自经界始”。田界不清，土地分配不公，“谷禄不平”，“是故暴君污吏必慢其经界”。用现在的话说就是土地权属不清，强征强拆，农人因之而悲号，官员因之而腐败，地方政府靠土地财政而奢靡，倘无农村之安定美善，何来中国之安定美善？

孟子给出的办法是实行井田制，汉儒衍孟子之意，架构理想的农村乡治社会，

《公羊传》有记:“夫饥寒并至，虽尧舜躬化，不能使野无寇盗，贫富兼并；虽皋陶制法，不能使强不凌弱。是故圣人制井田之法而口分之，一夫一妇受田百亩……五口为一家，公田十亩……庐舍二亩半，……八家而九顷共为一井，故曰井田。”又，“井田之义，一曰无泄地气，二曰无费一家，三曰同风俗，四曰合巧拙，五曰通财货，因井田以为市，故曰市井。”又，田分三品，“肥饶不得独乐，硗埆不得独苦，故三年一换土易居，财均力平，兵车素定，是谓均民力强国家”。又，“三年耕余一年之蓄，九年耕余三年之积，三十年耕有十年之储，虽遇唐尧之水，殷汤之旱，民无近忧，四海之内莫不乐其业，故曰颂声作矣”。

这样的农村土地制度，实质上也是中国古代社会制度，能否实行，在多大程度得以实现，是一回事情。儒家的此种构想至少说明两点：其一，土地问题，或者说农民能否公平地持有土地之“恒产”，是国家能否安定富强的基本问题，古今皆然。其二，当时的儒家先哲从乡治着手，已经有了理想社会的设计和框架，对民生之艰难，了然于胸而多有考量。孟子时的民生，实为农民生计也。也许更为重要的是，其中“出入相友，守望相助，疾病相扶助”所昭示的“在物质上采取合作互助的原则，在精神生活以深厚真挚之同情心为之贯注”，其与“美善相乐”仿佛矣。

当先哲以其非凡的哲思投向大地时，后人若从浩繁的典籍中钩沉，便会与先哲的目光相遇，历史的尘沙不能湮没其声音，岁月流逝益发使其光彩夺目。

老孔之后，庄子、孟子、管子等先哲的言论，已经形成了中国古代今日视之仍为大美大善的哲学、自然科学思想。

孟子论牛山及牛山之木与人心。牛山在齐国都城、今临淄县南。

孟子此文以树喻人，其着重点是“养”，是“人”，是“人心”之善恶。牛山之美在牛山之木，“旦旦而伐之”，“牛羊又从而牧之”，于是“濯濯”——光秃也。可是，此非山之本性，山有良木美材，惜乎牧之伐之矣！然后说人心之善恶，虽然“人之初，性本善”，但恒久的美善之心要“养”，“苟得其养，无物不长，苟失其养，无物不消”。至此，一个“养”字，兼容心与物，人心不养者恶，牛山不养者秃。

何以"养"？在《滕文公上》第三章中，前文已述孟子说"民事不可缓也"，说"守望相助"，何能达到此一理想？孟子云："设为庠序学校以教之。庠者，养也；校者，教也；序者，射也。夏曰校，殷曰序，周曰庠；学则三代共之，皆所以明人伦也。人伦明于上，小民亲于下。有王者起，必来取法，是为王者师也。"可知，孟子之"养"，学也，习也；养心、养万物，首先要养成良善之心，良善之习惯，然后养万物而可为王者师。孟子此文，同时还道出了山与树的关系，斧斤以时而伐的道理，然后有山木之美，大国之美。此"道法自然"也。

管仲相齐，齐国富强，周王室败象屡见，齐国以"尊王攘夷"为号召，仍尊周王，实质号令天下了。齐国何以能崛起？我们先说齐国的地理位置，齐国属东夷，东夷近海洋，中国春秋诸侯各逞其强亦各有其强，唯齐国有海洋文化开放包容之特点。齐人因管仲之说而重地、重水、重森林、重农田水利、重竹木、重制陶、重冶炼造兵器之百工。《考工记》称国有六职，王公、士大夫、百工、商旅、农夫、妇工，百工属其一焉。这种分工源于管子的"四民分业"，士农工商之分也，士掌权，农掌土，工掌术，商掌礼。术，技巧、技术进而为发明创造也。故"百工之事皆圣人之作也"，以圣人喻百工，齐国、管仲之前无之，齐国、管仲之后亦无之。难怪韩愈在《师说》中先说"巫师、乐师、百工之人，不耻相师"，又说"巫师、乐师、百工之人，君子不齿，今其智乃反不能及"。请读者诸君注意这句话："君子不齿"，自齐而后真君子几许？"今其智乃反不能及"，韩愈说古而道今也。

《管子》一书或为托管仲之名所作，其成书年代大体相当于《考工记》，然《管子》所反映的自然科学思想，却是齐国富强、百工兴盛的先导。《管子》思想以"天人合一"为宗，"人法地，地法天，天法道，道法自然"之一端也，管子由老子道德五千言、《易经》启发，治齐国，把齐国作为"试验田"而大有所获。《管子》的思想精髓，可用其一言而概之，"人与天调，然后天地之美生"。

其对天地万物之平衡，即今人所说之生态平衡，包括在“人与天调”中，而更有所强调：“万物均，百姓平矣。”其规律若何？“天，覆万物而制之；地，载万物而养之”。天生万物，地养万物，人能不则之？人岂可违之？天、地、人三才也，人为一才，依天地之本性，人能作为，人可创造，是天地之美的一部分，为天地所喜悦，百工也，“天有时，地有气，材有美，工有巧，合此四者，然后可以为良。”

《管子·五行》篇中又提出“立五行以正天时”之说，唯如此，人才能不失时机与天调和，“五行”犹不足，又“五方”，“五方”仍不足，《考工记》再以“五色”相配，“画绘之事，杂五色，东方谓之青，南方谓之赤，西方谓之白，北方谓之黑，天谓之玄，地谓之黄。”又有五季——夏秋之过度为季夏是也。是有五行、五色、五方、五时的相配相合，相克相生，《考工记》言“画绘之事”，实乃宇宙创生，万物流变之图像。试列表以示：

五行：木、火、土、金、水
五方：东、南、中、西、北
五季：春、夏、季夏、秋、冬
五色：青、赤、黄、白、黑

先知的大智慧总是指向太古、当初，后来发生的一切知识和学问皆可溯源初始，实为初始之流出而又以当时当地之变化而变化也。其变化，为补阙，为充实，为修正，而非颠覆，非自根自本，其根其本在“道”，在“气”，在《八卦》《易》也，虽老庄孔孟墨子管子亦不可例外。初圣立基，后贤学之习之继之发挥之，最令人惊讶的是大哲之思，在先秦诸子的传承演绎下，成就了中国古代可以辉煌二十一世纪的生态科学观，并富强了齐国，出现了“东方海上一个更伟大的思想大混合”，“这个大混合的集团向来叫‘阴阳家’”（胡适《中国中古思想小史》）。也有史家称之为“齐学”，邹衍是创立者，而邹衍所本有学者认为或源出《管子》。赋“五行”以阴阳属性，是《管子》学说的根本，“阴阳者，天地之大理也；四时者，阴阳之大经也”。“人与天调”，天有四时五行，因此故，为与阴阳调，必得与五行时令调。探究其中，是多少天地奥秘，又与生存、生活密切相关。《管子·四时》有记：

东方曰星，其时曰春，其气曰风，风生木与骨。
南方曰日，其时曰夏，其气曰阳，阳生火与气。
西方曰辰，其时曰秋，其气曰阴，阴生金与甲。
北方曰月，其时曰冬，其气曰寒，寒生水与血。

管子的“五行阴阳”说，以木、以春、以东方、以气为万物之始，为流变之始，为“人与天调”之始。然后才有风调雨顺，求变求通，天人相睦，五谷丰登，秋收冬藏，社会进步。管子的学说，上接太古，伏羲风姓，春神，以木德王天下；下接地气，为民生，为桑麻，为六畜，为树木，为树人，为治国……《管子》之论列举如下：

一年之计，莫如树谷。
十年之计，莫如树木。
百年之计，莫如树人。

务五谷，则食足；养桑麻育六畜，则民富。

士、农、工、商四民者，国之石民也。（石民之石，基石、基础意，笔者识。）。

重粟之价。万物均，百姓平矣。

桑麻不植于野，五谷不宜其地，国之贫也。

私者，乱天下者也。

天主正，地主平，人主安静。春夏秋冬，天之时也；山陵川谷，地之枝也；喜怒取予，人之谋也。

最妙的是齐桓公问治国：“然则吾何以为国？”管子对曰：“唯官山海为可耳。”川原陵谷，草木河海，国之基石，民在其间，有恒产，与天齐，万物向荣，百姓“参于日月，佐于四时”，多桑麻，多粟，多六畜，多瓜瓠百果，“君臣、上下、贵贱者皆从法”（《管子·任法》）。如是，民可平而国治也。管子的“官山海为可”即做山与海的父母官，管理好山川、树木、土地，民治而国治也。

我们有理由认为，中国历史与文化，自太古年代走出森林，发明木器时代开始，至先秦，农耕文明已相当发达，并承天地阴阳之说又发明四时五行，“万物均，百姓平”，“失天之度，虽满必涸”（管子语）。又有当时之世极高明的天文学等服务于农耕民生养地养材的古代生态学思想。至此，或可认为，从哲学思想而言，先秦诸子，已为极则焉。可以稍加区分的是老子奇崛，奇崛到不可思议，追溯天地之先，道为根，有神秘性，立中国哲学万世不易之基石。孔子平和，仁为本，以中庸入世，以“天下为公”为“大道之行”而归于大同。二圣皆言道，然此道非彼道也。管子本二圣而更重农耕民生之实，于地，于水土，于万物，于四时等，精研入微，农耕文化，《管子》为胜。不能不说及的尚有《诗经》及屈原——中国的第一个伟大诗人，其楚辞，芳草美人也，然由《诗经》、楚辞而琳琅满目于历史，后人不可不记者有二：诗为中国文学之始，其一也；吾族美妙绝伦之形象思维，始于《易经》到楚辞，其二也。

中国微言大义之宗祖，老子也，孔孟也。庄子承老子，以寓言言道，言杯水芥舟，沧海一粟，言大鹏，言逍遥，齐物，汪洋恣肆之美文，老子不及，孔孟亦不及，古今无可比肩者也。庄子之文说伏羲，说无史之史，说大树，亦他子所少见。《逍遥游》:“楚之南有冥灵者”……庄子以树为寿者王。《齐物论》说天籁,“夫大块噫气,其名为风”。“天籁何来?”“山林之畏隹(高大参差意,笔者识)。大木百围之窍穴,似鼻,似口,似耳,似枅,似圈,似臼,似洼者,似污者。激者,謞者,叱者,吸者,叫者,譹者,宎者,咬者,前者唱于而随者唱喁。泠风则小和,飘风则大和,厉风济则众窍为虚。而独不见之调调之刁刁乎?”庄子笔下,大树草木为歌者,因为风而发出自然界不同的声音,其结句为:你难道不曾见过风吹草木的样子吗?庄子对树木森林的观察可谓精深独到,天籁之识,他人无之,而“夫大块噫气,其名为风”,其实是说出了风与气的关系,又有“人籁则比竹是已”,竹箫也,庄子以竹箫为人籁之音,箫声之美,庄子爱之。

时至春秋,森林的开发利用已极为普遍,营宫室,造民居,做百工,无不需要木材,当时齐国虽有冶铁术,然木器仍为主要器具。森林等同于木材,林业等同于伐木,早已有之。而庄子第一个提出了大树无用之用的理念,无用之用,大用也。“无何有之乡”,荒野旷土也,人可彷徨,人可逍遥,斧斤不至,物无所害。我们自不必说,庄子已经发现了森林树木的生态及文化功能,但,他明确地认为,树木之有用无用,不以可伐可材论,其无用之用,至今仍有大用。惜哉,识者至寡!

当短暂的寒冷过去,又是温暖如初,是有农人辛勤而愉快的劳作,是有植物蓬勃生长,有大量的水面,水中有草和鱼,是有人与自然的相融相洽,是有男女逐爱,是有诗。终南山有梅树,是时当无醋而以梅子汁代之,梅树之普遍可以想见。而《史记》还记了当时经济林的状况,橘在四川江陵,桑在山东齐鲁,竹在陕西渭川,漆在河南陈夏,均亚热带植物也。竺可桢先生有详论:

> 到春秋时期(公元前770—前481年)又和暖了。《左传》中往往提到,山东鲁国过冬,冰房得不到冰。周朝中期,黄河流域下游到处可以生长梅树。《诗经》中就有五次提过梅。《秦风》中有“终南何有?有条有梅”的诗句。终南山位于西安之南,现在无论是野生的还是栽培的,都无梅树了。而且在商周时期,梅子被普遍用来调和饮食,因当时不知

有醋。这说明梅树的普遍性。战国秦汉时期，气候继续暖和。清初的张标研究了秦朝《吕氏春秋》中的物候资料，认为秦时春初物候要比清初早三个星期。汉朝司马迁在《史记》中描写了当时经济作物的分布，如橘在江陵（四川），桑在齐鲁（山东），竹在渭川（陕西），漆在陈夏（今河南南部）。这些亚热带植物的北界比现时都推向北方。公元前 110 年，黄河在瓠子决口，斩伐了河南淇园的竹子编筐盛石子来堵口，可见那时河南淇园竹子的繁茂。

至此，本书对森林的诠释仍是笼统的，“森林”二字观之，五木也、木之众也。人类对森林的认知、利用需要在实践中细察、了解。其实森林中与木差不多同时出现并自成一派风光的是竹子、竹林，先民因竹的形态及笋之可食，壳之可衣，截竹为器，弯竹为弓，而伴随着人类前行，“如竹苞矣，如松茂矣。”竺可桢先生从气候、考古、文字也论证了竹曾遍及黄河流域，然后随气候之演变而南迁。

于绿色浩然中取一竹一木，先民仰观俯察之下，此一竹一木与中国汉字，又会出现何种关联、美妙？

竹，续竹，飞土，逐穴”，八个字写出了截竹为弓为矛，尘土飞扬中围猎的场景，可以读出原始社会的流风余韵。其中透露出来的更重要的信息，是为竹制弓箭的劳作与发明，除了可以“逐穴”使当时人类能吃到肉从而强壮体魄以外的心脑智力的开发，还有制作工具技能的提升。

> 因为木、竹的不易保存，我们通常认为的新、旧石器时代中，石头敲制过的粗细石器，是唯一的工具，而忽略了竹木工具。只有还原这一史实，才可以解说当新石器时代行将结束而进入夏商周三代之前的一千多年间，红山文化、良渚文化——从建筑、器具，到玉器及刻画符号等等，何以如此斑斓美妙！

竹木森林与汉字何干？刻画符号透露了何种信息？有分教，先秦大哲之思想学术，精美博大为何如，前章已述。欲知此种思想学术，必见诸文，而文见之句，句见之词，词见之字。字由笔画成，一撇一捺一横一竖，字之源也，何来？清人沈德潜编选《古诗源》，序云：“诗至有唐为极盛，然诗之盛非诗之源也。今夫观水者至观海止矣，然由海而溯之，近于海为九河，其上为洚水、为孟津、又其上由积石以至昆仑之源。记曰：祭川者，先河后海，重其源也。”依沈德潜之论，文至先秦，辉煌已极，然探究文之源，除去仰观俯察，其本为笔画、为象形会意。学子从识字起，何止学子，先秦先知诸子百家孰不以识字为始，道亦是，儒亦是。是以有《说文解字》。

“仓颉造书，形立谓之文，声具谓之字……在于竹帛谓之书”（《古今通论》）。造字造书者，虽非仓颉，然“在于竹帛谓之书”是对的，后文有述。更多古籍称：伏羲作书契。许慎作《说文解字》这一部中国最古老的字书，其“序”称，周代之末，诸侯四起不统于王，“言语异声，文字异形”。又称，文字之源起于伏羲之八卦，以“坎”“离”两卦为例，“坎”☵为水，“离”☲为火，“确为籀篆水火二字所本，但一横一纵耳，此象形字所出也。乾☰坤☷两卦，以奇偶表阴阳之概念，以阴阳表天地之概念，此会意字所从出也”（梁启超《志语言文字》《饮冰室合集·专集》之六)。许慎、任公言字之所本为八卦，令人茅塞顿开，河南安阳殷墟出土之甲骨文字，共2700余字。可以说已是成熟的文字系统，其结体之美妙不可言传。其字在牛肩胛骨上的刻画，除了不能不追及八卦之源，还使人想到八卦之外的刻画符号。古人大量施于陶器、玉器，或山崖之壁，岩刻岩画也。

在众多刻画符号中以“个”为最，饶宗颐先生《符号初文与字母——汉字树》一书中说：“‘个’此一符号，流行最为普遍，汉土南北各地均有之。”李学勤先生《中国古代文明研究》认为：中国史前文化中大量存在的陶器“上的刻画符号其中一部分只是符号，另一部分则应视为原始文字”。从而“个”之象形，有了饶宗颐的“汉字树”之说。

如果说古人类以森林为依托，以竹木器、石器作为工具。以群体合力的生活方式和生产方式，而采集而狩猎而开创了人类史上最初级、最早的社会学行为的话，由森林为出发点的人类历史和文化的序幕也因此展开，此一过程的漫长与艰难及为此付出的血的代价，我们只能说可想而知。那深重的幽暗，唯火光象征着一点光明及未来。火光成为烈焰，光明渐次扩开，是在新石器时期的烧制陶器时，这是一个极为重要的里程碑式的时刻，是人类用心、手搅拌泥土和水的时刻，此一时刻是梦幻一般的时刻：水和土的结合成为泥团，水消失于土中，土的形状因此变化。人的手揉捏其中，为什么前文说心、手呢？手在动作，心在发出指令，心、手的协调产生了揉捏，揉捏是心、手深入到泥团中感觉泥团，感觉泥团就是感觉土和水的另一种形态，深入其中就是深入水土，无论彼时先民、今时今人，都会生出亲近感，因为我们已经以心、手接触本源了。手的触摸和深入，可以传递爱的感觉，使人类不仅创造了物质器具，而且有了精神之极峰——爱的艺术。倘说此种感觉可称之为天性，那么接下来的便是创造性劳作了。把泥团揉捏成各种形状，然后刻画，有“个”的符号，有水波形，有花叶，等等，再置于烈火中。这时候，水火不相容已成水火做亲密状，于是一件陶器出生。一件陶器的出生意味着人类的历史和文化因为创造性的劳作而大步跨上了一个新的台阶。可细想之下，如前文所述，即便跨上了一个新的台阶，仍然离不开森林，没有竹与木柴燃出的火光，泥团只是泥团，何来陶器？

现在我们要说“个”这一符号，不可思议的是，揉捏泥团烧制陶器的先民为什么要刻画此一符号？以水波纹示水，以花卉示草木，以蛙纹示多子多福，后人均可会意，然则“个”是什么？“个”从何出？

“个”为何字？《说文》中“竹字为竹，冬生艸也，象形下者箁箬也”。南唐徐锴释箁箬：“竹皮箨之属也。”箁箬所指实为笋箨竹叶之下垂状。清人段玉裁在《说文解字注》中称“象两两竝生，恐人未晓下垂之旨故言之。”又谓：“个，半竹也。”并自注：“各本无，见于‘六书’故所引唐本。按“竝”则为‘竹’，单则为‘个’，竹字象林立之形，一茎则一个也。”引《史记》，“木千章，竹竿万个……竹曰个，木曰枚”。段氏之说，为时人不屑，如王筠谓其大谬，“信口雌黄”,“不得如段氏杜撰篆文也。”段玉裁的释义却有别出心裁处,一通猛批之后，个为半竹之说，流布至今。

半竹之解，可能还会有争议，不妨回到周时“六书”本义，再细察“个”这一符号。按周制，小儿八岁入小学，教以“六书”，“一曰指事，视而可识，察而起意，‘上下’是也。二曰象形，画成其物，随体诘诎，‘日月’是也。三曰形声，以事为名，取譬相成，‘江河’是也。四曰会意……五曰转注……六曰假借”（梁启超语）。任公又言，“最初所造为象形字，其所表之心理为直觉，其所表之对象为具体。日月山水鱼鸟草木牛马，凡自然界之物象，有形可指者，则写为表之，实与绘画同源。”那么可以想见，无竹帛之前，玉石、陶器上的刻画符号，类同绘事也。、，水波纹水也；枝叶花卉，草也；“个”为何指？显而易见乃独竹双叶也。中国当时地无分南北，竹林遍野，或竹木同生，竹较之于木六年可成材，竹器实用范围甚广；冬春可食笋，与民生极关；竹之形状昂然独立，不弃荒山块垒，先民心有所动刻画之，而有“个”之符号也。

“个”的符号迄今为止已发现的出土文物中，最早出现在甘肃天水秦安县大地湾遗址的彩陶残片上。笔者偶然获见这一资料后，2007年春夏之交，追寻伏羲的足迹，先到西安，拜访了当代中国考古界前辈石兴邦先生，向他请教“个”

及别的刻画符号，不约而同，说及中国文字的起源。此种符号还不是字，但已经有了字的雏形；此种符号的出现，已极为生动地刻画出大地湾先民心智和想象的飞跃，他们把最熟悉渭水支流的水波刻画在陶器上，还有花枝、鱼、蛙，还有女人头形器口彩陶瓶，这一器高 31.8 厘米的彩陶上，可知六千年前大地湾女人剪短发、有耳孔，其纹饰以两个弧三角形对接组圈，内设弧线，又配之以凹三角纹、垂弧纹，线条的变化与对称，令人叹为观止。

近八千年前的“个”的刻画符号，发现在两块残片上，当是制陶者面对坡上竹林以为是好的取其一茎刻而画之。不经意间，考古者从废墟中发掘所得。人们从“个”的刻画中所产生的猜想，无所谓对与错，只须说明一点足矣：那是近八千年前大地湾人，在陶器上留下的心理印迹，他们肯定在铭记什么，他们肯定在呼唤什么，他们正在造字，他们的初始刻画，使汉字、汉文、汉学，在开始时就有了刻画的传统，并传承几千年，此汉语之所以为世界最美语言之根本所在。

最初的刻画者——他们是谁？

“个”这一符号，遍及新石器时代之中国各地出土陶器、玉器上，就不能不考虑到当时气候的暖湿条件，中国位处世界竹类分布中心地带，至今大江以南，黄河之北，称为竹海的林林总总，更何况中古时代之华夏大地？中国林业又称为竹木业，竹在先，木在后，竹种之繁、竹林之广可见。又，竹的成熟期较短，竹笋、竹壳、竹鞭可食可用，竹之于人类有天生的亲和性，又加其挺拔凌霄的形象，更有可能成为先民自然崇拜中的自然物，于是刻画，以撇捺两画示叶，中间一竖为竿，“个”也，“个”连绵不绝也。推源文字初造，刻画者“心理为直觉”，“对象为具体”，“凡自然界之物象，有形可指者，则写为表之”，梁启超还说“实与绘画同源”。当时中国画远未出现，所谓“同源”。最初的字是画出来的，如“个”如“木”，画出了“物象之本”，陶器和玉器上的符号刻画也是画，只是更有力更具深刻性的画。

“个”为竹之本字。无可争也。（参考资料：《“个”字探源》《绿竹神气》中国林业出版社，2006 年 5 月）。在后来的演化中，“个”“个”并列更有竹的气象，更具象形味，于是双“个”为竹。同理，“木”乃林之本字也，以“个”以“木”为偏旁，加上“艹”字头，“⺮”字头，千百汉字出矣。

造物主造物之初，不知可曾想到，个、竹与木为中国汉语的造字有万世不朽之功绩，并且成就了一个古老民族悠久历史之最为辉煌灿烂的基石。

从新石器时代的刻画符号，汉字中不少本字的初见雏形，到殷墟甲骨文，到中国最古的字书《说文解字》，全书分列 540 个部首，收录 9353 个字，其中竹部 151 个，木部 445 个，草（艹）部 464 个，占总字数的 11.3%，且为常用字。再看汉字中的象形字，如“山”，如“水”，如“竹”，如“日”，如“月”，物象之描摹也；形不可象，指事以代，“其所表之心理，兼直觉与比较，其所表之对象为具象”（梁启超语）。汉字初造时的基本笔画即为，横：一，竖：丨，撇：丿，捺：㇏，加之三点水——氵——包括一点、两点，然后组合，“其所表之心理为联络，为推见，其所表之对象为抽象”（梁启超语）。如兼一横一竖一撇一捺之“木”字，十口相连即为“古”字，相人偶之“仁”字，以一贯三为“王”字，王字加一点则为王者所有之“玉”字，大字再加一横为“天”字，“地”则土也，等等。若干文字有随时代而演化者，却万变不离其宗，与进化论无关。“艹”字头，“⺮”字头，“木”字偏旁在中国字中实为三大系列，而指向草木植物，《说文》：“文者，物象之本”“近取诸身，远取诸物”，诸物也，舍草、木其谁？汉字中极为微妙的抽象观念，包含了博大精深的宗教哲学寓意，如“天”字中的天人相接天人关系，“其什七八皆先秦之旧”（梁启超语）。先秦时代先造字而再造文又造诸子百家，于我华夏文明，功德无可量也。笔者至今喜手写，在一横一竖一笔一画点滴成水的书写中，得到的是汉字本身的古意，其基本笔画会把我带进草木丛林，山川形胜，能看见汉字的架构，一树千枝，交叉成字，竹叶飘摇，江河奔流，仿佛有先秦诸子的身影。

有文字之后便是书写，书写的材料与方式体现着不同民族的不同风格及不一样的智慧，甚至可以成为民族心理、精神的象征。书写之初，殷商甲骨文、青铜器铭文，仍是刻画，刻画的工具需尖锐而坚硬。当中国的书写材料以竹简、木简为主时，书写工具随之变革，笔、毛笔诞生。唐人耿湋有诗赞毛笔："寒竹惭虚受，纤毫任几重。影端缘守直，心劲懒藏锋。落纸惊风起，摇空见露浓。丹青与文事，舍此复何从。"甲骨文中有"笔"字初文，1974年，湖南左家公山战国墓出土最早的毛笔一杆，1975年湖北云梦古墓出土三支秦时竹杆毛笔。西周（公元前1046—前771年）已有专门从事竹子加工业的"篱笆工"，"篱笆工"很可能是一种总称，竹子的开发使用不只篱笆一项，但篱笆为其中之要者，篱笆的作用广泛见诸生活实用，篱笆可作墙，篱笆可作围栏，篱笆可饰之园林，篱笆可作水坝，等等。竹简、竹筷，很有可能是在"篱笆工"作业过程中所发见，如同竹简成书，竹筷的发明与使用，所带来的是饮食习惯的改变，"夫礼之初，始诸饮食"（《礼记》），持筷而食其为一也。

春秋时（公元前770—前476年），史书有记的有名的竹简在郑国，把刑法书于竹简，时称"竹刑"，不知其故的或认为乃以竹鞭打之刑罚，谬也。惠施讲学，竹简以五车所载，"学富五车"由此而得。秦始皇功在开辟，罪在灭文，每天阅读竹简奏章一百二十斤，东方朔的呈文书于三千个竹简，由两个壮夫抬着进宫。一片竹片称为"简"，一片片缀联而为"册"或"策"，一文既成，长册连绵，可舒可卷，是中国最古老的书册，亦为写本书籍之始。有竹之地以竹为简，多木之地以木为简，敦煌汉简，西域汉简，为白杨木、胡杨木，也有松柏木料。

从初民时代，森林庇荫人类，提供衣食住之源，到西周以后的竹木简书册，以森林为发源的华夏民族的历史与文化，刻画并书写了万般气象，民族文化之根基，民族心理之印迹，因为这些蒙尘于地下的竹木简，而达致登峰造极，此祖宗饷我之厚重优美也。湖北荆门郭店1号古墓，于20世纪90年代初出土竹简八百零四枚，墨书篆文一万六千多字，有《老子》等战国时的典籍。《竹书纪年》《穆天子传》是在战国魏襄王墓所得。1972年和1973年从山东和湖南长沙马王堆两处汉墓中出土的竹简中，发现了佚亡的古籍及传世古籍的最古抄本等等，不一而足。殊为可惜的是，在一切以经济价值、值钱不值钱而判定的当下，竹简的保存和整理却不容乐观。祖宗留下了，考古学家发掘而出了，会不会后来被我们弃之一隅了？

竹木简集中国历史与文化为一体，书写的工具是竹管毛笔，毛笔先为钢笔、圆珠笔取代，现在则电脑流行，人脑渐残。毛笔意味着什么？辜鸿铭先生在谈到中国人的精神时说："中国的毛笔或许可以被视为中国人精神的象征。用毛笔书写绘画非常困难，好像也难以精确，但是一旦掌握了它，你就能够得心应手，创造出美妙优雅的书画来，而用西方坚硬的钢笔是无法获得这种效果的。"（《中国人的精神》，海南出版社，1996 年 4 月第 1 版）辜鸿铭先生反复阐述的是，中华民族这一古老民族的民族精神是柔性的、诗意的，是"心灵与智慧的完美和谐"，"是一种永葆青春的精神，是不朽的民族魂"。而竹竿毛笔，正是此种精神的书写工具，也是象征物。

字也，简也，毛笔也，其轻重若何？其美妙若何？经训所托、国训所托，悬针垂露，崩云裂石，其中有精神之不朽者也。

《诗经》里有远古的风，风从草上来，风从竹林来，《郑风 · 萚兮》：

> 萚兮萚兮，风其吹女；
> 叔兮伯兮，倡予和女。
> 萚兮萚兮，风其漂女；
> 叔兮伯兮，倡予要女。

萚与箨古时通用，倘不用"萚"而用"箨"，以竹字头取代草字头，更多春夏生机，可见青年男女在竹林中拾笋箨的情景，笋箨即笋的外衣也称笋壳，是远古人类制作防雨蔽体物的天然原料。少年男女既劳动雀跃，也男欢女爱，是何其自由美妙的图像！

对竹子在人类——尤其是与中华民族文化史相关的追思、追问——实际上已给出了一个话题：我们很可能将不得不重写历史书上的若干章节。关于竹子的叙述，是历史宏大叙事的一部分。

比如：先有竹器还是先有陶器？

比如：中国水墨画，先画山水或者先描竹木不重要，然画竹的历史贯串并摇曳于一部中国美术史，相关竹的诗画，如前文所记，不仅在文人墨客间传扬，而且影响了几千年中国人的生活与精神。世有“竹一生，兰半世”说，画竹，一生之功也，兰需半世也。中国历史上代有歌竹、画竹之名家，其千姿百态、中空有节、伴以块垒，生于荒野，凌空蹈虚，万竿独立，有引领中国水墨画之意耶？

读者诸君，现在且让我们从“个”从“木”重回森林，感觉地上地下，感觉地上色彩之美艳，地下根脉之神奇。

第六章 地上地下

地上是林木，地下是根。

人说森林改变了地球，创造了人类时，我们已经隐隐约约地看见半裸于地上、蛰伏于地下的根的纵横交错、蠕蠕而动了。

前文已有述及，原始海洋中藻类的出现，以及光合作用的完成，这时的古海洋涌动着、起伏着、漂浮着无以计数的藻类，又因为所含色素的不同可分为蓝藻、绿藻、红藻，各种色彩于古海洋中相推相涌，创造并且享受着地球海洋史上空前绝后的彩色波浪时代。在藻类登陆之前，这一切皆可作如是观：

> 生命之初是漂浮的，流浪是生命最早的基因，地球与万类万物的将来是多彩多姿的。在这之前一切伟大而痛苦的革命是：登陆，生根。

在植物学家、古生物学家叙述、探寻根的历程之前，中国的汉字却早已给出了我们先人无与伦比的智慧和想象力：木字旁的“根”字的诞生，然后是寻根问源之类词语的出现，它们所吐露的遥远又遥远的古典的信息是：古人类是“行行复行行，道路阻且长”的寻根问源者。根者，草木之根也；源者，江河之水也。而所有的这些始于朦胧的历史时期的寻根问源，全部与生存相关；能果腹的唯草木之实，而草木何以能站立？可解渴的是江河之水，而江河何以能流动？

当原始森林以无比巨大、神圣而又细密的网络，使地球成为一个绿色的世界——尤其在工业革命之前——它意味着历史的古典的蓬蓬勃勃的存在，而又像母亲一般关照着现实和现世。它是各种层级的野草、荆棘、小树和高大乔木的完整集合，它同时集合起地底下的真菌、蚯蚓及各种软体动物，地上的松鼠等小动物，以及或者独来独往，或者成群结队的虎狼猛兽，还有昆虫和鸟。森林中一年四季的色彩的变化——尤其在秋天如同梦幻一般，会使人想起古海洋中的彩色波浪。我们无法细数森林的博大与美丽，在多大程度上增进了人类的思维和想象力，但可以肯定的是，有了森林便有了家园、闲暇和思考，人类最初的家园在森林中，后来到了林地边缘的低树草地，但绝对不会离开一条河、一片林地。

为了物质财富，沉迷于电脑网络的现代人，你们可曾想过：我们当怎样理解并感激森林和整个植物世界的神圣美妙、慈善及爱意？

还有根，支撑绿色世界、人类家园的根，那些深入游走于地下，供养森林草木，稳固大地家园的根。根的习性类同于水的“善下之”，“利万物而不争”，以“天下之至柔驰骋天下之至坚”，“几于道”。根与水是造物的神迹，一明一暗，一静一动，或者遥相呼应，或者融为一体。如果从空中俯瞰江河水系，其干流支流分布汇合恰如透视一棵大树地底下的根系。根、源互为依存，根、源本为一体；有根则有水，无水则无根。二者稍可区别的是，根为孜孜不倦的寻水者、求爱者。

根的话题稍后再写，而林间秋色只是人的印象，繁忙而有序地准备过冬的森林从未追求过色彩，有色无色，使命使然。我曾在深秋的枫林中漫步，徜徉于温柔的红色之间，我不会想到火焰与燃烧，枫林红叶是一种诗性的生命的色彩，你抚摸它，它也抚摸你，你欣赏它，它也欣赏你。这是2010年11月11日，我走在本溪洋湖沟村的“中华枫叶之路”上，有鞍山艺术学院的孩子们在写生，勾勒已经落地的，还在树上的红叶。枫林何以烂漫？红叶何以落地？护林员如数家珍：早在夏日，枫林绿意浓重的某个早晨或是晚上，生机盎然的叶片就开始为自己的脱落做准备了。在每一片树叶的叶柄基部生出一层薄薄的细胞，紧挨着的还有一层细胞，护林人用肉眼可看到这些细胞在叶柄基部形成的一条颜色浅淡的带状物浅沟。当秋风萧瑟叶片行将脱落之前，这带状物浅沟便把叶片的输水导管堵塞，随之，叶片中的叶绿素分解并消失，不再得到更新与补充，于是红色、金色等各色显现，然后是纷纷扬扬，悠然脱落。在通常情况下，一叶落，会在低空中飞旋，潇洒地使人想起：天下秋。

一片叶子的脱落、化作春泥，无疑是叶子的死亡了。令人惊心的是，当叶子还在盛夏，正当自己的“盛世”时，便开始筹备自己的离去。无喜无悲，超然物外，以生命最后的姿色姿态，奉献给大地和人类。如此丰厚的落叶啊！有科学家给出了一个数据：在一亩林地中，你捡拾落叶，你要极有耐心，你可以拾到一百七十万张叶片，它们宁静而安详地等待着冬天北国的风雪。

优雅地离去的是叶片，树还在，森林还在，因为有根。

现在我们知道了，当树木为度过漫长的冬旱，而把自己妙不可言的供水系统关闭，同时又将散发大量水分的阔叶脱落，在林地封冻之前，由储蓄在树根、树干、树枝细胞中的水分供养生命。让地上的树木看似枯荒无牵无挂地进入休眠状态，地下的根亦然，根毛游走不辞辛劳的使命稍得休闲。具有此种生命机能的树，人称落叶树，推而广之则是落叶林、落叶植物。落叶树落尽了叶片彰显着枝条，我在冬初第一场风雪到来之前的小兴安岭，凝望这落叶之后枝条纵横交叉、如五线谱一般刻画于夕照中的树，有风，有不知归巢的鸟，树干树枝呈铁灰色彩，渐渐融入北国的夜幕，低吟浅唱，以待风雪。不要以为枯木荒枝将要朽败，这棵树众多的落叶基柄部相连接处，冬芽已悄然生长，我们的诗人歌唱的春芽，对于落叶树与开花植物而言，是冬天便已生发的冬芽，到春夏时节，则是绿肥红瘦了。

每一个冬芽都是完美到极致的生命的雏形，但我们所见的只是一个又一个新芽，它们像母亲一样小心翼翼且秘而不宣地包含着这一棵树将要重新蓬勃的、长成新枝新叶绽放花朵的各种要素，以及大量的糖类和一组能迅速分裂的细胞，更紧要的是包裹这一切的一组鳞片，在春风春雨到来之前，这些鳞片如同披着盔甲的武士，守护着绿叶生命的秘密。

植物学家告诉我，不可思议的是鳞片中新叶的叠卷，因为空间的限制，它必须紧密；又因为树木种类的不同，它的叠卷自由自在千姿百态，有的如降落伞，有的折叠作扇子状，有的像古巴雪茄，等等。到春天所有的胚叶都会完整无缺地开放，成为新叶。在偌大一片森林中，我找不见两张完全相同的叶子。植物生命有太多的共性，也有极精微的不共性，显现着差别和个性，亦即人类所谓之心灵自由，那么，树木也是有心灵的吗？

冬季的森林，看上去是沉寂的。在北方冰雪覆盖之下，就连那一条属于护林员的林中路也退隐了，林地的白雪只显示出一些脚印，护林员的脚印，那些猛兽觅食的爪印，但我们不妨把人的脚印和兽的爪印，看作是另外一条林中路，这时隐时现的路上还有一些浅淡的轨迹，那是鹿经过之处。鹿是森林动物中少有的自信的冒险者，它昂起头，撒开腿，不贮备食物，不冬眠，而让全身长满空心的冬毛，保有一层相对温暖的空气，然后腾挪跳跃，啃食树皮，或者群鹿踏雪飞奔觅食。还有狐狸，在冰雪中追捕野兔。啄木鸟的使命使它无暇冬眠，而森林虫害又是如此之多，它不知疲倦地在树上钻孔……

除此之外呢？

森林收敛了生机，也把生命掩盖，夏日繁多的森林生物中，除去大多数昆虫以外，它们都活着，有的藏身树洞，有的钻进雪堆，有的在树皮、枯木、岩石的裂缝中，进入漫长的呼吸细若游丝的冬眠状态，它们做梦吗？

冻土表层以下的微生物，那些在人看来微不足道的细小生命，不知是死是活。

森林中最善于过冬，最忙碌勤劳的搬运工是松鼠，每一只成年的松鼠都会收藏贮备七百升或更多的食物，埋放于它们生存的区域。不是因为它们的记忆力出了问题，就是实在吃不掉那么多的松果美食，当春天来临，一只松鼠所享用的是贮备粮的十分之一，余下的十分之九虽属无意耕耘，却使松鼠成了森林播种者。

冬日的森林，那大块寂寥让我激动莫名的，是一种想象，一个沉沉的有梦无梦的冬眠世界的想象。想象那些虎虎生风的森林动物缓缓地呼吸；想象生存与死亡之临界线上的风景，穿越表象的近乎无声息；想象冬眠动物在生存与死亡之间的一根丝线般脆弱而又颤抖的平衡。虽然是人的多虑，那漫长的严寒毕竟是残酷的啊！

没有一种动物，是因为冬眠不醒而死亡的。春天到了。就连那些为冬日的森林留下大片冷清的候鸟们，翎毛上驮着如歌的吟唱，欣欣然回归。

一种普遍的见解是风从远方来，阳光暖暖地从上而下照射，于是森林中万物苏生。实际上森林之春的到来当然是因为季节更替，但林中春意涌动及生命潮流，却是自下而上的——土壤解冻，冰雪消融，溪流活跃，湿地重润，冬芽吐出新叶，直到高大乔木的林冠成为一时皇冠，这一切均始于三月。从三月到四月，踏进森林的人都会感到甚至能看见，森林生命的脚步突然加快，急骤而轻盈，有声有色。叶片继续生长、肥厚，蓝色的鸟归林了，蜘蛛结网了，蚯蚓在林地底下打洞，打出一个个由粪土与腐殖土垒积的小土堆。数量更多更为微小，小到不可见，多到不胜数的是林地地下的小生物、微生物，在不足 0.1 平方米面积、2.5 厘米厚的林地中，用肉眼或放大镜可见的小生物至少为 1350 个，而当你随意捏起一把林中土时，便意味着你已握着几十亿的微生物。正是这些形体细小到无法不被忽略，而数量又极为庞大的森林最底层之下的居住者，把林地中的枯枝烂叶分解成植物能吸收的养分。如果没有它们，一片森林在十年内就会被自己所产生的垃圾窒息。

因此，真正意义上的森林，不仅是指这一片林地上的所有草木，还包括林地中的万类万物，林地下的细微生物。完整的森林，是这一切的完整集合。卑微者，是化腐朽为神奇者。藐视卑微，就是藐视神圣。

春之森林的另一种妙处是：腐朽与烂漫共存。当去年秋日的红叶、金叶在融雪之后，成为一律黑褐色的腐叶时，两种生命活动正加速进行。一方面，软体动物、微生物的大军，正在一点一点地吞噬咀嚼，其繁忙可谓不亦乐乎；另一方面，林地上倏忽之间会冒出无数有名无名的小花，如同有风一般神奇的手以彩笔随意涂抹而烂漫耀目。这随意涂抹的速度之快，几乎就是迅雷不及掩耳了。

我刚刚离开这片林也就不到半天时间，忽然心有所动，想再看一眼林地上的几朵小野花，夕照时分，又踏进林地时只见小花铺地，大块姿色。

可以说花朵们得风气之先，更确切的叙述则为：这是森林世界中位处底层的开花植物的一种生存方式。在迅速生长的树叶所长成的密密林冠遮住天空以前，趁阳光还能照射林地时，便先行一步在早春开花，人说是迎春花、报春花，花又何言？花只是想开一次花。森林中的所有生命都有择机显示自己的权利，却也隐含着各种竞争与限制。小花们好像是很自由了，倘无阳光，又怎能风情万种？

大象与虎豹是森林之王，那是因为其力量、勇猛，以及成群结队如大象的井然有序，独来独往是老虎的王者风度。而对于更多的森林之友而言，鸣叫的鸟类才是森林中最引人注目者，因其鸣声也，因其鸣声之不同而能成和声也。人以为鸟的鸣叫是鸟的歌唱，而其原动力实为鸟类在交配季节里对异性的渴望。又有鸟类的好斗与占有欲在，回到森林中的雄鸟急不可耐地占领地盘，各种鸟出于天性，明确地知道有多大地盘才可养活雏鸟。然后在自己的地盘上，择一高枝开始鸣唱，不厌其烦，变着声调地鸣唱。时而激越，向别的鸟宣告这是它的领地；时而轻柔、优雅，是为吸引雌鸟的求偶之鸣。各种鸟有不同的歌声，同一种鸟又有不同的唱法，此种鸟的尽兴尽情的才艺表演，只发生在求爱时，性爱之于创造力的发挥，在鸟类身上可见淋漓尽致之一斑。

使我不敢相信、惊讶不已的是彼得·法布在《森林》一书中称："北美红雀有 28 种不同的唱法，而北美麻雀则有 884 种音调。"我幼时在崇明岛乡村以追赶大群的麻雀为乐，在我听来，麻雀只会"叽叽喳喳"，而喜鹊的鸣唱则为农人所爱，有喜气，象征吉祥。

森林鸟类中至少有两种鸟是不会唱歌的，啄木鸟其一，它在枯死的大树上啄出的大声一样惊心动魄；流苏山鸡其二，它高踞于倒木或高大树桩上，以翅膀猛力扇动空气，其噼啪之声不仅可以远播，而且别具一格。

夏季的森林，较之于刚刚过去的春天，寂静了许多。唱歌的鸟很少了，不少动物因为炎热也安静了，倘若没有蝉与螽斯，森林可谓夏日无歌。在这象征着平静、丰富、满足的季节，却多少有点压抑。郁闷的林冠郁闭着深暗的阴影，潮湿与闷热弥漫，而适应甚或喜好此种环境的树叶，更显稠密。有一种在某种程度上更为迷人更为本真的、不是借助于鸟鸣而是森林的声音，会从四面八方涌流而来，那是风声，哪怕一点点小风吹过时树叶之间相互摩擦的声音。不同种类的树叶因其形状及生长于枝条的方式不同，会发出不同的声音。松林“唰唰”有声，榆树“飒飒”作响，白杨因为叶梗半平，如风帆一样是捕风高手，于是颤动，于是摩擦，于是有声。栎树的叶梗像弹簧，上下跳动时其音妙不可言。栎树是欧人所爱，除开树形外，很可能与声音有关。两千多年前的罗马诗人维吉尔以“风中的簧片”赞之，流传至今。柳枝柔软而韧长，银杏的叶片似随风摇曳的扇子，鹅掌楸叶会使人怀念马褂，荷叶如碧波仙子举起的绿色托盘……

植物的叶子一般由叶片、叶柄、托叶组成，但自然界充满了偶然、奇特与个性。比如“丁香空结雨中愁”的丁香没有托叶，而莴苣没有叶柄，台湾相思树则没有叶片。我在踏访西部风沙线时，观察过各种沙生植物，其中极大部分的叶子都作针刺状，因干旱酷热为减少水分蒸发之故。叶片、叶柄、托叶找不着更不可能分而识之，环境改变了植物的生存方式，从而也告诉我们：

> 不是所有的规律都可以规范一切的，大自然小心翼翼地保护着一切的物种，乃至同一物种之间的天然个性，并由其自由自在地发挥。相比而言，在人的世界，在同一族群之内，以一种思想规范所有人的专断，堪称愚不可及。

简略地概括树木的工作如下：根吸收水分与矿物质，再由树干输送给每一片叶子，叶片呼吸空气通过光合作用制造食物养料，再输送回树的各部分。我行走在中国各大林区时，常会流连于各种叶片之前，看那些我永远看不懂的精致的叶脉，并由此想到根、根须，就一棵树而言，它们相距最远，互为地上地下之两端，而在水的循环往复中，从根的网络到叶脉的网络，再加上连接其间的树干，一个天造地设的绿色整体工程，便完美无缺地展现眼前。

我看不见林地之下的根。但是我知道从根本上改变地球面貌的是根，从根本上促使万类万物及人类出现的是根。根是最初的缔造者，又是永远的蛰伏者。

绿色植物种类繁不胜繁，外形也千差万别，植物分类学家如以根的类型区分，便可得简明扼要：这个世界只有两种植物：直根系植物和须根系植物。

所有的纷繁，探求根本时，便简单了。

我们很容易测得树有多高，哪怕是热带雨林中高达近百米、人称“森林中的森林”的望天树，但我们几乎无法丈量一棵大树的根系之全部。把已知的一些植物的根系的长度作参照，地下森林及一切植物根系之漫长、牵连与庞大繁杂，人们尽可以想象，想象到无法想象。一株燕麦生长四个月后其根系长度为608公里，整个根系由1400多万条分支根组成，共有根毛140亿根。一株西红柿幼苗，其主根在环境条件相宜时，每天以3.14—7.50厘米的速度生长。一棵一年生的苹果树苗，有3800多条侧根。一株长到八片叶子的玉米，其侧根为10000条左右。一种生长在沙漠中的骆驼刺，它的根可以深入地下30米。还可以用另外一组可以统计的数字，想象不可想象的树木根系：一棵成年的桦树，在夏季通过20万张叶子每天释放水分3400升，而这3400升水的每一滴，都是由根尖根毛在地底下吸取、输送的。

我们见过的根只是根的浅端部分，在深入地下之后，根的最活跃的部分是根尖，也称根毛区。根尖长不到三厘米，细微而坚韧，如同游丝，于表土之下，或作横向扩散，或作纵向深入，在这过程中还会改变方向绕道而行。根尖在任何时候均与地下的泥土相依附，如果不是强制性的外力干预，绝不分离。根系中的每一个根尖都有一顶“保护帽”，形同战盔，围绕保护帽的是一层油状液体，使其足够黏滑地在地下游走，探物汲水时如遇顽石，则绕道而行，如是松软的土壤，则以瓶塞钻运动钻穿直下。根尖的每一条根毛即是一个细胞，长度在 80—150 微米之间，直径约十微米，它紧贴、依附地底下的土壤颗粒，根尖行进时根毛便吸水，与这一运动几乎同时发生的是根尖根毛迅疾的代谢，根尖一边行进一边生出新的根毛，数天或数周后，原先的根毛完成使命而死亡，新生的根毛已经成熟，于是再深入再汲水，而老的根尖根毛则专司支撑并把水分和养料输送到树干。根在地下的运动与工作极其复杂而缜密，它要不断地汲取水分养料，同时又要不断以新的根毛取而代之，而且还要使老的根尖成为根系中的支撑者，接力一般传输水分。我们走进一个林区，我们在林间小道上漫步，我们能感觉到地下根尖的行进、根毛的衰亡与新生吗？

当我说这个世界可爱时，我首先想到的是地上的森林地下的根，使大地和家园稳固的，不是高楼大厦的基石，是根，是草木之根。

人没有根，我是人，我无根。一次次地寻访荒野，出入山林，倚靠在老树或小树的枝干上，无与伦比的柔情会传输到我的心里，并且有了根的感觉，成为树的枝节。在宁静和幸福的陶醉中，想象着我头顶寒云霜雪般的白发生发新叶——假如我能成为树，有根。

森林的一年四季，循环往复，根的游走劳作，对草木而言似乎平淡无奇；从天人合一视之，或者也可说，森林负有造物之使命：一个更加广泛地利用森林，森林文化随之广大的时代来临了。

第七章 秦时车马汉唐风

秦王嬴政灭六国一统中原后，统一货币，统一度量衡，车同轨，书同文，废分封设郡县，以三十六郡治理天下，每一郡设官三名，即郡守、郡尉、郡监。郡守为一郡之最高行政长官，握重大事项决策权；郡尉专司治安、统兵；郡监行监察之责。中央机构设左右丞相，为秦始皇助手，居百官之上；御史大夫掌文书、监察，太尉领兵权，廷尉掌司法；治粟内史管租税财政。所有官员由皇帝任免调动，由国库发给薪俸，不得世袭。

秦始皇统一中国后的上述作为可谓功高盖世，后来的封建体制均为沿秦制有所变化而确立。秦始皇统一中国，又企图统一思想，在李斯的建议下焚书，招致非议，将非议者活埋于咸阳城外一个大坑内。焚书焚去者有《诗经》《尚书》等诸子百家的经典，但留医药、占卜、种树之书免焚。焚书坑儒，秦始皇又是罪恶滔天者也。

秦始皇制定的“车同轨”，即规定车轴上两个车轮的距离一律为六尺，并从京城咸阳起修筑连接全国军政重地的驰道。驰道，顾名思义，可供奔驰之道也。大路路面一律为五十步三百尺，中国国道之始；路的两旁隔三丈植青松一棵，中国行道树蔚蔚然，浩浩然。从已经出土的兵马俑可见，秦始皇时车马疾驰，旌旗浩荡，兵勇争先的光景。

秦时森林的背景是：当春秋、战国列强竞争之际，刊木湮井为行军之惯技，秦承列强之后，而统一天下，当时黄河流域之森林，火烧烟燎，铁骑之下，践踏殆尽，故秦始皇东登泰山，见山中鲜花木，乃下令曰：“无伐草木。”纵是泰山尚其童秃，则齐鲁境内，森林荒废之状况可知。

始皇造阿房宫，乃远采蜀山之木，以供建筑之需，益知当时中原一带，已少有乔林矣。

《阿房宫赋》：六王毕，四海一，蜀山兀，阿房出。

秦时主管山林之政令者，由少府兼理之，并兼管木材之采伐及征收山泽之税，以供皇室营造之需，故具有丰富林木之深山，则常加封禁焉。

国家广植行道树，少府又兼司栽植宫中与街衢之树，秦时之广植行道树，较周时尤为注重，亦历史上不可磨灭之事也。

《汉书·贾山传》:（秦时）为驰道于天下，东穷燕齐，南极吴楚，江湖之上，濒海之观毕至，道广五十步，三丈而树，厚筑其外，隐以金椎，树以青松。

秦以享国日浅，除于驰道栽植行道树，其他森林之建设毫无。

秦始皇以雄才大略得天下治天下，又以焚书坑儒灭经灭文，其享国之短暂，则可归之以地敝年荒，不施仁义，天怨人怒。

秦亡汉兴，朝野以务农为本，疮痍之地须休养生息，务农必务林，重农必重林，山林田野得以再复生机，而诸子重兴，求贤若渴，有《高帝求贤诏》为证：

盖闻王者莫高于周文，伯者莫高于齐桓，皆待贤人而成名。今天下贤者智能，岂特古之人乎？患在人主不交故也，士奚由进？今吾以天之灵、贤士大夫定有天下，以为一家。欲其长久，世世奉宗庙亡绝也。贤人已与我共平之矣，而不与吾共安利之，可乎？贤士大夫有肯从我游者，吾能尊显之。布告天下，使明知朕意。御史大夫昌下相国，相国酂侯下诸侯王，御史中执法下郡守。其有意称明德者，必身劝为之驾，遣诣相国府，署行义年。有而弗言，觉免。年老癃病，勿遣。(《古文观止》)

汉高祖布告求贤天下人才，命郡守为之驾车而送丞相府，实为汉唐气象之始。高祖之后又有《文帝议佐百姓诏》，盖因国家连年受水旱疾疫，百姓生活艰困，请百官议佐而广开言路：

间者数年比不登，又有水旱疾疫之灾，朕甚忧之。愚而不明，未达其咎。意者，朕之政有所失而行有过与？乃天道有不顺，地利或不得，人事多失和，鬼神废不享与？何以致此？将百官之奉养或费，无用之事或多与？何其民食之寡乏与？夫度田非益寡，而计民未加益，以口量地，其于古犹有余，而食之甚不足者，其咎安在？无乃百姓之从事于末，以害农者蕃，为酒醪以靡谷者多，六畜之食焉者众与？细大之义，吾未能得其中。其与丞相、列侯、吏两千石、博士议之，有可以佐百姓者，率意远思，无有所隐。（同上）

文帝之焦虑溢于言表，从中我们可以得到的信息有若干：水患增多，以文帝十二年（公元前168年）河决为甚，此后仅见于史书记载的有十五年十六次，大部分集中在西汉中后期和东汉前期（《黄河水利史述要》，水利电力出版社，1984年1月第1版）。其二，文帝时官僚机构庞大，俸禄太高，无用之人太多。其三，造酒的粮食甚多，饮酒作乐成风，使文帝不得其解的是“以口量地”，地比古人多，而何以不得温饱？

有汉一代，是我国封建社会巩固和发展的一个重要历史阶段，四百余年中，除王莽代汉一度动乱外，社会稳定，经济发展，尤其在黄河流域，因为重农轻商的经济政策，推广牛耕，冶铁业发展，发展新式农具，汉时社会经济在西汉中期及东汉明帝前后，两度繁荣。因为水患频发故，水利技术的进步达到空前，在黄河中上、中下游修筑了大规模的漕运，及农田灌溉工程，下游河防，一次筑堤千余里，治河论说有多家之言，有的至今仍不减思想之光辉。林业的作用，既因治河材料所需，又要保护水土流失，也被重视。但，在重农国策之下，毁森林、草场而为耕地。《盐铁论》称：“伐木而树谷，燔莱而播粟。”毁林种粮，与汉唐经济繁荣、社会升平时期人口的增加也有关系，倘以战国时期总人口两千万左右论（《中国土地可持续利用与人地系统调控》，科学出版社）。汉唐人口值高峰，似应在三千万上下浮动。两汉给出的一个教训是：农耕中国理应重农桑，但毁林草而耕的结果，虽有一时五谷之丰，最后的结果却是灾难频发，此汉文帝所期“率意远思”者也。

由汉至唐，森林与林业相关资料如下：

汉承秦制废少府设大司农，以掌谷货，以给其养。

《后汉书·和帝本纪》：永元五年，诏自京师离宫果园上林广成囿，悉以假贫民，恣得采捕，不收其税。五年诏官有陂池，令得采取，勿收假税二岁。九年诏山林饶利陂池渔采，以赡元元，勿收假税。

三国时因战争而焚毁森林，森林多受兵祸之害，如诸葛亮火烧博望坡，陆逊火烧猇亭，因战略上之关系，使数百方里之森林，化为焦土，岂不可叹。

辟林地为农田其势愈炽。汉时人口增多，森林因开辟农田，其毁伐尤有甚于战争。

汉时关于森林之言论以《淮南子集释》为多：

《淮南子集释》：木丛生曰林。萍树根于水，木树根于土。今夫徙树者，失其阴阳之性，则莫不枯槁，故橘树之江北，则化而为枳。

地有财，不忧民之贫也，百姓伐木芟草，自取富焉。

丘陵阪险，不生五谷者，以树竹木，春伐枯槁，冬伐薪蒸，以为民资。

寺院森林之兴盛自秦汉以迄南北朝，有摧残破坏，然斯时亦曾开一新纪元，即寺院森林是也，盖佛教自汉明帝传入中国，中经魏晋，皆崇奉而保护之，……至南朝时佛像塔寺，所在千数，仅以南京一隅而言，有“南朝四百八十寺”之多。至魏时僧尼达二百余万人，大寺院有三万余所，而各寺院又无不有茂林环绕，盖非此不足以云清静，故曰禅林，斧斤不得入之，是名山深林，乃衣钵之渊薮，暮鼓晨钟，传梵韵之清音也。

南北朝时农林专著而堪传于久远者，有《竹谱》及《齐民要术》二书。

《开河记》：大业中开汴渠两堤，上栽垂柳，诏民间有柳一株赏一缣，百姓竞植之。

唐承隋后，设户部及司农寺，太府寺等官，掌土地，人民，钱谷，珍宝诸食货。

太宗贞观时设工部，虞部，司苑及各监，以分掌草木。

贞观四年秋九月壬午禁刍牧于古明君贤臣烈士之墓者。

元宗开元四年春二月禁骊山樵采。

《旧唐书·元宗本纪》：开元四年春二月丁卯以关中旱，遣使祈雨于骊山，……令以少牢致祭，仍禁断樵采。

《茶经》为陆羽撰，羽嗜茶，经分十类，以东川，绵州松岭，雅州露芽，南康云居，饶地仙芝，霍山黄芽，蕲门团黄，临江玉津，蜀州雀舌乌嘴，潭州独行灵草，彭州仙岩石花，袁州金片绿英，建安青风髓，岳州黄翎毛，岳阳含膏冷，剑南绿昌明，为我国茶之著名者。

《园林草木疏》为王方庆撰，计二十一卷。

如果说先秦时代，历史由乱向治，先秦诸子以儒、道、墨三家的创立，奠定了中国哲学、文化之万世根基的话，汉以后的中国封建制度不断完善，虽然天下之道离不开“一治一乱”（孟子语），却是治多乱少，国家经济、文化之发达，昂然于当世，史称“汉唐雄风”或“汉唐气象”。从思想而言，“我国思想界，在战国，本极光明”（梁启超语）。到汉时“独尊儒术”，加上之前的秦始皇焚书坑儒，一窒再窒，思想不张。但歌诗兴起，歌谣、汉诗蓬勃，农人歌田，文士唱和，颇有一番歌国、诗国的景象。歌谣之起，早于西汉。《论语》《孟子》所记，孔子爱听歌、爱唱歌，《孺子歌》为其喜闻：“沧浪之水清兮，可以濯我缨；沧浪之水浊兮，可以濯我足”（《孟子》）。《论语》还说：“子于是曰哭则不歌”，自可理解为不哭则歌。夫子因何哭？因何歌？《礼记·檀弓篇》又记“孔子临没时，负杖逍遥所作”之歌，这大概是孔子唱的最后一首歌了：

泰山其颓乎？
梁木其坏乎？
哲人其萎乎？

看来孔夫子不是一个成天板着面孔教训学生的人，他敏感而易动感情，忧时伤国，则哭之歌之。秦汉之交，有两首千古不减其辉煌的歌曲应记，一为荆轲的《易水歌》：

风萧萧兮易水寒，
壮士一去兮不复返。

一为项羽的《垓下歌》：

力拔山兮气盖世，
时不利兮骓不逝，
骓不逝兮可奈何，
虞兮虞兮奈若何？

汉代最有名的歌谣，首推汉高祖刘邦的《大风歌》：

大风起兮云飞扬，
威加海内兮归故乡，
安得猛士兮守四方。

《史记》并记：“十二年高祖还归过沛……高祖击筑，自为歌诗”云云。这一首帝王还乡之歌与《垓下歌》两相对照，却是高下立判，项羽兵败，英雄末路的最后思绪中有人格的鲜活悲壮，“算得中国最伟大的诗歌了”（梁启超语，《饮冰室合集·专集》之十）。

《史记·河渠书》载汉武帝《瓠子歌》两首，其中可以读出黄河水患之烈，河决濮阳瓠子堤，时在汉武帝元光三年（公元前132年），堵口未果，其后二十多年任河水横流，《史记·河渠书》载：“东南注钜野，通于淮泗”，“是时，山东被河灾，及岁不登数年，人或相食，方一二千里”（《史记·平准书》）。“不登”，绝收也，绝收之地黄水吞掠，不毛之地也。因河患水难而人吃人，灾区面积达“一二千里”。查《史记·河渠书》瓠子堤决口二十余年后，汉武帝始下决心堵决抗灾，“发卒数万人塞瓠子决河”，并亲临决口，赋诗以记：

其一

瓠子决兮将奈何？
浩浩洋洋，虑殚为河。
殚为河兮地不得宁，
功无已时兮吾山平。
吾山平兮钜野溢，
鱼弗郁兮柏冬日。
正道弛兮离常流，
蛟龙骋兮放远游。
归旧川兮神哉沛，
不封禅兮安知外。
皇谓河公兮何不仁，
泛滥不止兮愁吾人。
啮桑浮兮淮、泗满，
久不反兮水维缓。

其二

河汤汤兮激潺湲，
北渡回兮迅流难。
搴长茭兮湛美玉，
河公许兮薪不属。
薪不属兮卫人罪，
烧萧条兮噫乎何以御水。

隤林竹兮楗石菑，

宣防塞兮万福来。

（《汉书·沟洫志》第1682—1683页，中华书局，1962年6月1版）

汉武帝的这两首诗实为打油诗，但其中有治河的相关信息：竹柴苇草是堵塞决口的材料。当时民间多以柴草为主要燃料，瓠子口一带因连年河决，林木稀少，否则怎么会到距几十里外的淇县去砍竹子？而且是“隤林竹”，一砍而光。竹为楗，间以土石柴草间，以收堵决之效。汉武帝又因柴薪不足而称卫人有罪，卫国旧地草荒木废，汉武帝明言：“烧萧条兮噫乎何以御水”，把森林竹苇烧成萧条，如何治水？

八十年后，东郡又决，河堤使者王延世负责堵决，仍用竹石，方法稍异，《汉书·沟洫志》载：“以竹落长四丈，大九围，盛以小石，两船夹载而下之”，堵口成功。竹落，即竹笼，纵长四丈即九点三米，九围是横向尺度，何为一围？有三尺、合抱五尺说等，即以三尺量之竹落之横向尺度即为二十七尺。河决汹涌多少竹落始能堵一缺口？未见记载却可想而知，有汉一代河患频发，所需竹木材料不可计数。汉代重农，毁林毁草辟地而耕的眼前效应，是多谷多人口；可是汉时皇帝时下诏书，申令献策、节俭，诏书中经常出现的字眼是“不登”，五谷不登也，民无食矣！其为何？只能说草木被毁环境破坏之后的报复。又为治河材料起见，汉时帝王多倡桑麻，对森林保护亦多有言论、政策。

西汉文章，如《史记》，梁启超称为“万古不朽的史界杰作”。《史记》之后，“有华实并茂的哲学书如《淮南子》”。梁启超对西汉文章的总的评价是“西汉文辞，率宗质实”。《淮南子》又是何种哲学书呢？我们只能说它是继先秦诸子之后论述天人关系、人地关系的一本书，它没有思想的发明，却有基于阴阳、土地、草木“忧民之贫”的思想发扬。如前文引述之第一节：“木丛生曰林。萍树根于水，木树根于土。今夫徙树者，失其阴阳之性，则莫不枯槁，故橘树之江北，则化而为枳。”此言一方水土一方树也，“徙树”要慎。第二节：“地有财，不忧民之贫也，百姓伐木芟草自取富焉。”地有何财？林木蒿草一也，江河流水二也。因林木之丰而有木材柴草，因江河流水能浇灌农田耕地，百姓无愁生计而自取其富也。第三节：“丘陵阪险，不生五谷者，以树竹木，春伐枯槁……冬伐薪蒸，以为民资。”这是教民种树致富，不生五谷的山陵荒丘，竹木可生，柴薪不缺，民资渐厚。几千年来中国农人唯一的燃料能源就是柴薪，可见，柴薪之于农人何等重要。《淮南子》这一类书读后，会生出一种感慨，古之文士中至少有相当一部分，是熟知底层百姓的，他们了解并设想到了百姓生活的方方面面，而远离空谈。

汉时还有一本讲述农林专著的书，《氾胜之书》。

氾胜之为汉成帝时的议郎，对种树种谷有特别的兴趣和研究。晋书《食货志》载，汉遣胜之督三辅种麦，而关中遂穰。《氾胜之书》共十八篇，自耕田、种谷、区种，包括黍、豆、谷、麦、桑、麻、稻等等，一代农学之书也。其中专有讲种树之方的，极详尽，且文字优美：

> 种树以正月为上时，二月为中时，三月为下时。节气有早晚，地气有南北，物理有迟速，若不以时拘之，是不达情也。考农之种树无时，雨过便栽，多留宿土，记取南枝，是乃种树要法。凡栽一切树木，须记阴阳，勿令转易，大树秃枝，小树不秃枝。凡栽树皆要当萌动生意时压插，春秋时以嫩美条枝屈于地下，干支踋须断其半，以土封之，候芭开生枝，移植频浇即生。于叶零落时，其树之冗繁反散逸，大者斧铲，小者刀剪尽去。宜栽痕向下，不受雨渍，自免心腐；若树无颠顶者，取直生向上枝留之，枯摧朽拉，须尽除伐，不引蛀蠹，以防盛枝。欲求木直，每年以刀剔肤，气引则伤痕身满而渐直。木之已长，而萌发未已，枝干易于转屈者，以宽绳绾之，不宜太紧，恐伤肤，气脉不贯。枳柑畏热，梨喜干，而柳桧爱湿。清明日以稻草缠树上，不生蛓毛虫。凡物斗者为阳，承者为阴，得阳之刚者为坚贞，得阴之柔者为蔓附。木入土直曰根，蔓曰柢，木为华，华为荣，不荣而实曰秀，荣而不实曰英，木杆曰枝，枝曰条，斩而复生曰肄，树叶曰林衣，尯偃瘿肿而无枝叶曰瘣。

有这样的文字，我们便知道何谓“华实并茂”了。胜之写种树，各种细节无不具备，而整篇文章，读罢掩卷，眼前会生出一棵树来，倏忽间，那树又成了文字，仿佛嫩美条枝，又结构成词句，“不荣而实曰秀，荣而不实曰英”……

回顾历史——那也只是把一瞥投向浩茫的惊喜与无奈——追述其文化的若干片段时，不知道是冥冥中何以发生的引领，我们总是会走进或遐想一片森林，那竹木，那野草，那根柢，那枝条，那荣华，我们是在不断地回溯历史文化的出发点吗？

现在，我们要说纸的发明及与纸相关的几则往事。

据史籍载，王充写《论衡》时，已经有了一种以麻为原料做成的纸。但麻纸太粗糙，不能书写，“他的书是写在竹简木牍上的”（《中华上下五千年》，长城出版社）。继竹杆毛笔、砚台和墨出现之后，中国文房四宝，四缺其一——纸，真正可以书写而价格又不像绢帛那样昂贵的纸、蔡伦造的纸。蔡伦纸与先前麻纸的主要区别，不是原料，而是更加复杂精细的程序，他把树皮、麻头、破布先行浸泡，去其污垢，然后于石臼中捣烂成浆，压片成纸，但仍有未曾捣烂的纤维混杂其间。再一次的改进是蔡伦在石臼中加石灰，石灰有腐蚀性，粗纤维可去其大半，却仍有残留。接着的试验是，用水把捣烂的纸浆调稀，置于一木槽，再去捞上面一层细腻的纸浆，晾干之后就成为一张白纸。至此蔡伦造纸完全成功，时在东汉汉和帝元兴元年（105 年）。文房四宝俱全。文房四宝仅是文人房中之宝吗？非也，在更加宽阔的视野历史中，蔡伦纸的出现和造纸术的传播，不仅是中国，而且是世界文化的引领者了。三百年后即公元 404 年晋宣帝颁诏令：“古无纸，故用简，今诸用简者，宜以黄纸代之”（《中国森林的历史变迁》，中国林业出版社）。可以推想，东晋末年，书写材料始普遍以纸代简，从晋宣帝的诏令及别的典籍中还可得之，当时的纸不甚求白，而略带黄色，以黄纸称之，非因另有白纸、红纸故也。

纸与历史、文化有何关系？

因为书写的方便，历史的记述更详尽了；写字容易了，著书立说的人更多了，文化飞跃发展，尤其是书法和水墨画，作为世界独一无二的书画艺术，它们和歌诗一起已经成为中国人心灵生活的一大板块。王羲之，晋时人也；《兰亭序》，晋时文也。

纸的改造几与中国历史同步。“早在9世纪，我国已开始用竹造纸。但竹纸的真正发展还是在北宋以后。欧洲最早用竹造纸是在19世纪70年代。1875年美国人劳特利奇写了一本以竹为原料造纸的小册子（共40页），用竹纸印成，这被认为是西方第一次用竹造纸，比我国约晚千年。用竹造纸，标志着我国古代造纸技术原料，多取自植物的皮，加工容易。而以竹子为原料，工序就复杂多了，要求较高的技术水平。江南诸省盛产竹子，资源丰富，竹纤维含量达40%以上，以竹子作打浆原料，大大推动了造纸业的发展，促进了中国文化的繁荣”（《竹在中国文化发展史上的作用》，熊文愈、任荣荣，《竹类研究》，1983年1期）。

中国古代文化载体由竹木简牍到纸张的变化，仅仅是一场伟大事件的开始，无论这一辉煌苦难之路还有多少艰难险阻，以纸的出现为发端，因为载体的变革而带来的一系列变革，使中国文化具有了大众性、多样性，并达到了前所未有的繁荣，傲然于世界。

自东汉明帝，佛教传入中国，“佛法确立，实自东晋”，佛教的输入何以能盛行中国，并且成为“中国的佛教”？我信服梁启超的解释。前文已引述过梁启超的话“我国思想界，在战国，本极光明，自秦始皇焚书，继以汉武帝表彰六艺，罢黜百家，于是其机始窒”。两汉学术，“揽其内容”，不过二途，“一则儒生之注释经传，二则方士之凿谈术数”（梁启超语）。先秦时辉煌烂漫的政治思想，和而不同的诸子百家，到两汉已为支离碎义，“凡属文化发展之国民，其学问欲曾无止息。”梁启超的另一句话极有兴味：“破碎之学既为社会所厌倦，则其反动必趋于高玄。”斯时也，“季汉之乱，继以五胡”，“百年之中，九宇鼎沸，有史以来，人类惨遇未曾有过于彼时者也”（梁启超语）。刀兵不断，地荒山秃，生民无望之际，有佛如来能救苦难于水火，能解百姓于倒悬，趋之者，信之者能不前呼后拥？这是当时现实的原因，而从思想上说，中国人一信天地阴阳，二信仁义道德，有老子、孔子儒道两家根底在，或可说信天地宇宙间有一种必然之根本大法则的中国人，生性便与佛法有缘，一旦传入，若水归壑，理之常也。佛教传入、佛典翻译，宗教信仰之意义本文不论，对中国文化影响，依梁启超说有三，一是“国语实质扩大”；二是“语法及文体之变化”；三是“文学的情趣之发展”。翻译之伟大，尤其是佛典翻译，在于“新语之创造”。这一创造必得传述佛经本义而又需选择“华语而别赋新义，如‘真如’‘无明’‘法界’‘众生’‘因缘’‘果报’等。或存梵音而变为熟语，如‘涅槃’‘般若’‘瑜伽’‘刹那’等”，梁启超又说：“近日本人所编佛教大词典，所收乃至35000余语，此诸语者非他，实汉晋迄唐八百年间诸师所创造，加入吾国语系统中而变为新成分者也。夫语也者，所以表观念也，增加350000语，即增加350000个观念也。由此观之，则自译业勃兴后，我国语实质之扩大，其程度为何如者”（《饮冰室合集·专集》之九）。佛典翻译又带出了一批专司写经的和尚，即写经僧，敦煌为盛，书法别于“二王”，点画之间，安然雅致而自成一格。后来又有雕版印刷等。

佛教之于中国，同树木山林的关系甚为密切，“天下名山僧占多”是也。佛家讲修行，讲清净，便到山里，便有树护树，无树种树，没有山水竹木，何来清净之地？佛说：“应经行处种树”（《大藏经》）。净土种枣，“行列千棵，供通五众”。禅师何故植松？一为山门添景致，二与后人做榜样。《毗尼经》云：“若比丘为三宝，种三种树，一者果树，二者华树，三者叶树，此但有福无过。”华者，花也，开花之树也。中国诸多寺院的美妙传说均与山林树木相关，如泉州开元寺，我去踏访时便有朋友告知，此寺原名莲花寺，相传此地原为一黄姓财主的桑园，某夜，黄得一梦，梦见一和尚合十请安，求献地建寺，功德无量云云。财主并不甘心奉献，又怕得罪了和尚，便出了个天大的难题：若三日内桑园中开白莲花，则拱手奉送。到第二日有白莲含苞，第三日凌晨怒放于桑园，于是财主献桑园而寺名莲花。回到福州访鼓山、旗山，朋友告诉我，另有闽侯雪峰山，号称“三绝”，鼓山美矣，旗山秀矣，雪峰何绝？雪峰山上有雪峰寺，雪峰寺中有枯木庵，枯木何以成庵？此枯木，大木也，高3.3米，腰腹处宽7.13米，树腹中空，如同禅室，十人围坐尚有余处，和尚义存在此参禅，参禅时白日风静而歇，夜间星月灿烂，周遭苍翠，林木郁闭，信众坐于道边，义犬护于树旁，飞鸟立于枝头。这真是参禅无声即有声，枯木已亡却未亡。后建枯木庵，于枯木上刻“树腹碑”，历千年风霜，人亡百代而枯木犹存。面对这“树腹碑”，我被感动到泪流满面的是大树枯木之腹，连同义存和尚、佛典禅意，皆为孕育者，由树腹流出，其流也无形，其出也无声，流出者为何？历史与文化也。和尚种树，为三宝功德。云南鸡足山寺，徐霞客最后逗留之地，素有僧人种树栽花的传统，与云南黑龙潭寺一样，“有唐僧插梅、宋僧栽柏、元僧种杉、明僧植茶、清僧种玉兰之说。如今唐梅、宋柏、元杉、明茶、清玉兰枝繁叶茂，灿若朝霞，幽香四溢”（《森林文化学简论》，中国林业出版社，苏祖荣、苏孝同，2004 年 5 月第 1 版）。如同我在嘉陵江畔古城阆中所见的参天古木一样，使人想起时光之一去不复返。人们追溯历史，一依神话传说、典籍所载，二靠考古发掘、地下物证，殊不知有山在、有树在、有江河在、有天地在，后人有家园得以享之的，无不都是历史，无不都是造物所赐。历史过去了吗？是的，历史已成为历史，可是历史分明就在我们身边，乾坤阴阳也，山川流水也，花木森林也。

我曾写过“山川就是历史”。为什么？中国的森林极大部分在山区，山区即林区，林区即山区，所有的江河均源出山间，于是山与树与水供养了人类，一般认为有人类的活动始有历史、始能创造文化，此言不谬但有不足，倘若人类无衣无食无所庇护，谈何创造？又，人类即便得以生存，却得不到天地自然的启迪，又谈何精神？在人类所有的创造中，思想、精神和艺术是最可宝贵的，如前文已述，老子说“道”，“道几于水”；孔子说“仁”，“仁者生也”。如果不是江河流水，水流而下；如果不是树上有果，核中有仁；如果不是“远观天象”“近取诸物”，何能得之？得之、敬之、畏之，中国历史与文化便有了自己的光彩和活力，几千年文明不绝可证。一旦虽有宝训而不蒙其泽，代之于“利”，“利”字当头，一切向权看向钱看，权钱结合生出了戾气生出了恶，弃仁义如敝履，于是邦无道。无道几于无水，无上善，高坝大库则大行其道，此道非彼道，江河不再自由流动，不再“善下之”，加上污染，岂止“邦无道”，邦污染也，邦无“上善”也。

回到两汉治水，两汉思想无多建树，但开凿渠道，修筑堤岸，堵绝塞口，怎样治水，却呈现出另一种百花齐放，百家争鸣的气象。汉哀帝年间，因黄河屡决，不知计将安出，曾诏令举荐能治河、有治河之策者。待诏贾让应诏上书，不随时流，鞭辟入里。一针见血地提出了治河三策，史称“贾让三策”，一千五百字，在当时可称洋洋大著了，查《汉书·沟洫志》全文照录，班固撰《汉书》惜墨如金，却于“贾让三策”优厚之至，其中深意可以体会。笔者翻查不少黄河水利的书籍资料，均为“贾让三策”的片言只语，尤其不提贾让最根本、至今仍为要害的一句话：“不与水争地”。今将原文照录，或可发见古人对水利思考之光深远，后来者其有感慨乎？其有启发乎？

治河有上、中、下策。古者立国居民，疆理土地，必遗川泽之分，度水势所不及。大川无防，小水得入，陂障卑下，以为汙泽，使秋水多，得有所休息，左右游波，宽缓而不迫。夫土之有川，犹人之有口也。治土而防其川，犹止儿啼而塞其口，岂不遽止，然其死可立而待也。故曰：“善为川者，决之使道；善为民者，宣之使言。”盖堤防之作，近起战国，雍防百川，各以自利。齐与赵、魏，以河为境。赵、魏濒山，齐地卑下，作堤去河二十五里。河水东抵齐堤，则西泛赵、魏，赵、魏亦为堤去河二十五里。虽非其正，水尚有所游荡。时至而去，则填淤肥美，民耕田之。或久无害，稍筑室宅，遂成聚落。大水时至漂没，则更起堤防以自救，稍去其城郭，排水泽而居之，湛溺自其宜也。今堤防陿者去水数百步，远者数里。近黎阳南故大金堤，从河西西北行，至西山南头，乃折东，与东山相属。民居金堤东，为庐舍，往十余岁更起堤，从东山南头直南与故大堤会。又内黄界中有泽，方数十里，环之有堤，往十余岁太守以赋民，民今起庐舍其中，此臣亲所见者也。东郡白马故大堤亦复数重，民皆居其间。从黎阳北尽魏界，故大堤去河远者数十里，内亦数重，此皆前世所排也。河从河内北至黎阳为石堤，激使东抵东郡平刚；又为石堤，使西北抵黎阳、观下；又为石堤；使东北抵东郡津北；又为石堤，使西北抵魏郡昭阳；又为石堤，激使东北。百余里间，河再西三东，迫阸如此，不得安息。

今行上策，徙冀州之民当水冲者，决黎阳遮害亭，放河使北入海。河西薄大山，东薄金堤，势不能远泛滥，期月自定，难者将曰：“若如此，败坏城郭田庐冢墓以万数，百姓怨恨。”昔大禹治水，山陵当路者毁之，故凿龙门，辟伊阙，析底柱，破碣石，堕断天地之性。此乃人功所造，何足言也！今濒河十郡治堤岁费且万万，及其大决，所残无数。如出数年治河之费，以业所徙之民，遵古圣之法，定山川之位，使神人各处其所，而不相奸。且以大汉方制万里，岂其与水争咫尺之地哉？此功一立，河定民安，千载无患，故谓之上策。

若乃多穿漕渠于冀州地，使民得以溉田，分杀水怒，虽非圣人法，然亦救败术也。难者将曰：“河水高于平地，岁增堤防，犹尚决溢，不可以开渠。”臣窃按视遮害亭西十八里，至淇水口，乃有金堤，高一丈。自是东，地稍下，堤稍高，至遮害亭，高四五丈。往六七岁，河水大盛，增丈七尺，坏黎阳南郭门，入至堤下。水未逾堤二尺所，从堤上北望，河高出民屋，百姓皆走上山。水留十三日，堤溃，吏民塞之。臣循堤上，行视水势，南七十余里，至淇口，水适至堤半，计出地上五尺所。今可从淇口以东为石堤，多张水门。初元中，遮害亭下河去堤足数十步，至今四十余岁，适至堤足。由是言之，其地坚矣。恐议者疑河大川难禁制，荥阳漕渠足以卜之，其水门但用木与土耳，今据坚地作石堤，势必完安。冀州渠首尽当卬此水门。治渠非穿地也，但为东方一堤，北行三百余里，入漳水中，其西因山足高地，诸渠皆往往股引取之；旱则开东方下水门溉冀州，水则开西方高门分河流。通渠有三利，不通有三害。民常罢于救水，半失作业；水行地上，凑润上彻，民则病湿气，木皆立枯，卤不生谷；决溢有败，为鱼鳖食：此三害也。若有渠溉，则盐卤下湿，填淤加肥；故种禾麦，更为粳稻，高田五倍，下田十倍；转漕舟船之便：此三利也。今濒河堤吏卒郡数千人，伐买薪石之费岁数千万，足以通渠成水门；又民利其溉灌，相率治渠，虽劳不罢。民田适治，河堤亦成，此诚富国安民，兴利除害，支数百岁，故谓之中策。

若乃缮完故堤，增卑倍薄，劳费无已，数逢其害，此最下策也。

班固在文末特作按语意味深长："赞曰：古人有言：'微禹之功，吾其鱼乎！'中国川原以百数，莫著于四渎，而河为宗。孔子曰：'多闻而志之，知之次也。'国之利害，故备论其事。"

大森林必有大创造。山川林木，花鸟其间，流泉若琴瑟，月影写梅竹，华夏民族赖以为心灵生活的诗、书、画，至东汉、两晋已蔚然蓬勃。书有王羲之，画有顾恺之，东汉有《古诗十九首》，等等。唐朝人孙过庭《书谱》云："夫自古之善书者，汉魏有钟张之绝，晋末称二王之妙。"握笔在手，饱蘸浓墨，毫末如针，挥洒于纸的书家气象若何？孙过庭谓：

观夫悬针垂露之异，奔雷坠石之奇，鸿飞兽骇之资，鸾舞蛇惊之态，绝岸颓峰之势，临危据槁之形。或重如崩云，或轻如蝉翼；导之则泉注，顿之则山安；纤纤乎似初月之出天崖，落落乎犹众星之列河汉；同自然之妙有，非力运之能成。信可谓智巧兼优，心手双畅，翰不虚动，下必有由。一画之间，变起伏于峯杪；一点之内，殊衄挫于毫芒。

论书之句，于此为绝。

文有北魏郦道元的《水经注》，载1252条河流，寻根溯源又略记河流沿岸之古迹传说，兴衰变革，开中国问水循源之先河。郦道元摒弃了当时的空谈、玄虚之风，有跋山涉水之经历，得林木猿鸣之清气，发而为文字，则虽不必说可与屈原、庄周比美，却亦无愧焉哉！如写三峡，则与三峡共雄奇共神工：

自三峡七百里中，两岸连山，略无阙处。重岩叠嶂，隐天蔽日。自非亭午夜分，不见曦月。至于夏水襄陵，沿溯阻绝。或王命急宣，有时朝发白帝，暮至江陵，其间千二百里，虽乘奔御风，不以疾也。春冬之时，则素湍绿潭，回清倒影。绝巘多生怪柏，悬泉瀑布，飞漱其间。清荣峻茂，良多趣味。每至晴初霜旦，林寒涧肃，常有高猿长啸，属引凄异，空谷传响，哀转久绝。故渔者歌曰："巴东三峡巫峡长，猿鸣三声泪沾裳！"

有祖冲之的圆周率，有贾思勰著农书《齐民要术》，"齐"者使民丰衣足食也，时在北魏末年。全书九十二篇，十万多字，从耕种培植到醋和酱的制作，凡增加产量、改善生活之法，几乎无一遗漏，是中国古代北方农业科学生产之集大成者。有"竹林七贤"，有谢灵运，有陶渊明，说谢灵运写山水诗，陶渊明写田园诗，太轻飘，或谓轻忽。虽然，官场失意而忘情山水，不堪污浊而种豆南山，却皆有性本爱天然之故。尤其是陶渊明，他是庐山下的隐者，更确切地说是庐山下的耕者、歌者，陶潜何能耕？草盛豆苗稀，不会耕照样躬耕，和农人一起鸡鸣而作，日落而归，归得寒舍，青灯黄卷，读书写诗，不时饿肚，贫病而终。说陶渊明是田园诗人是远远不够的，说陶渊明是"隐逸诗人之宗"（钟嵘语）仍是不够的。用梁启超的话说，陶渊明是屈原之后最有个性的诗人；置之于现代语境，陶渊明是身体力行，躬耕尽瘁的伟大的自然文学的开拓者，其"忧道不忧贫"的胸怀境界，一扫魏晋文坛之浮华轻浮，而成为后世诗人精神源泉。陶渊明是中国古代诗歌长卷的继往开来者，然后才有唐诗之盛，中国成为名副其实的诗国，读李白、杜甫、王维、孟浩然、李商隐等人的不朽诗篇，均能读出陶渊明的依稀背影，如沈德潜所言，"皆学陶焉而得其性之所近"。

汉唐雄风大焉哉，若凿通西域，若丝绸之路，等等，本文范围有限，然不能不记的尚有一君一臣，君者唐太宗，臣者魏徵也。唐朝开疆拓土，贞观之治后经济繁荣，社会稳定，朝廷大臣众口一词颂扬明君，礼赞盛世，而唐太宗即位之初以隋为戒，临深履薄；贞观之后，志得意满，奢侈骄慢。魏徵在众口诺诺之下，发一人谔谔之声，上《谏太宗十思疏》：

臣闻求木之长者，必固其根本；欲流之远者，必浚其泉源；思国之安者，必积其德义。源不深而望流之远，根不固而求木之长；德不厚而思国之治，虽在下愚，知其不可，而况于明哲乎？人君当神器之重，居域中之大，将崇极天之峻，永保无疆之休，不念于居安思危，戒奢以俭，德不处其厚，情不胜其欲，斯亦伐根以求木茂，塞源而欲流长者也。

凡百元首，承天景命，莫不殷忧而道著，功成而德衰。有善始者实繁，能克终者盖寡。岂其取之易而守之难乎？昔取之而有余，今守之而不足，何也？夫在殷忧，必竭诚以待下；既得志，则纵情以傲物。竭诚则胡越为一体，傲物则骨肉为行路。虽董之以严刑，振之以威怒，终苟免而不怀仁，貌恭而不心服。怨不在大，可畏惟人；载舟覆舟，所宜深慎。奔车朽索，其可忽乎？

君人者，诚能见可欲，则思知足以自戒；将有所作，则思知止以安人；念高危，则思谦冲而自牧；惧满溢，则思江海而下百川；乐盘游，则思三驱以为度；忧懈怠，则思慎始而敬终；虑壅蔽，则思虚心以纳下；想谗邪，则思正身以黜恶；恩所加，则思无因喜以谬赏；罚所及，则思无因怒而滥刑。总此十思，弘兹九德，简能而任之，择善而从之，则智者尽其谋，勇者竭其力，仁者播其惠，信者效其忠。文武争驰，君臣无事，可以尽豫游之乐，可以养松乔之寿，鸣琴垂拱，不言而化。何必劳神苦思，代下司职，役聪明之耳目，亏无为之大道哉？

魏徵的《谏太宗十思疏》，为唐代也为中国古代政治思想史增添了光亮鲜明的一页，开创了忠言直谏的榜样。如果说战国有思想自由，那么，唐代因着魏徵，此种自由着重于国治民安，居安思危，载舟覆舟，而又一次闪烁于苍茫历史。所谓“十思”，实为一个历史学家、一个臣下，告诉唐太宗，告诉唐太宗以后的所有位高权重者：你当怎样治国？你该怎样做皇帝？“十思”概而言之乃思自戒、思知止、思谦冲、思江海之下、思三驱（三面包围，网开一面之意，笔者附识）、思慎始敬终、思虚心纳下、思正身、思加恩无谬赏、思重罚无滥刑。大体说来就是正身克己，节俭知止，思危不怠，虚心仁义。如是则垂拱而治也。

或有问者，魏徵十思疏与森林何干？无干也，魏徵言治国、言为君之道；有干也，十思疏以比兴始，言简意重，直指根源，先言木，后言水，木固本而长，水浚源而远，因此要“居安思危，戒奢以俭”，倘若不居安思危，不戒奢以俭，反其道而行之，那就是动摇国本，民心起怨，而“怨不在大，可畏惟人”。“可畏惟人”之人即民，讳唐太宗李世民之民也。民之怨恨不在大小，小怨可以积成大怨，君有何畏？可畏者有怨之民也，既可载舟，亦可覆舟，君皇万不可做的就是“伐根以求木茂，塞源而欲流长”，伐根塞源，国将不国。虽然比兴而已，却是根源所在。魏徵死后萧条，唐太宗亲临吊唁，大哭，有名言传世：“夫以铜为镜，可以正衣冠；以古为镜，可以知兴替；以人为镜，可以知得失。朕常保此三镜，以防己过。今魏徵殂逝，遂亡一镜矣。”

观夫今日之中国，“三镜”安在？

唐之有天下，被称为盛唐者，有文也，有善鸣者也，不独魏徵也。杜牧一扫晚唐柔靡之风，独以峻峭兀立，其力挽狂澜之。《阿房宫赋》，说天下兴亡事，叹哀之而不鉴之。略记《阿房宫赋》：

> 六王毕，四海一；蜀山兀，阿房出。覆压三百余里，隔离天日。骊山北构而西折，直走咸阳。二川溶溶，流入宫墙。五步一楼，十步一阁；廊腰缦回，檐牙高啄；各抱地势，钩心斗角。盘盘焉，囷囷焉，蜂房水涡，矗不知乎几千万落！长桥卧波，未云何龙？复道行空，不霁何虹？高低冥迷，不知西东。歌台暖响，春光融融；舞殿冷袖，风雨凄凄。一日之内，一宫之间，而气候不齐……

秦有秦岭有八百里秦川，杜牧却说，“蜀山兀，阿房出”。因为秦岭的名木大树已经伐光，于是伐蜀山之林，蜀山因此光秃。为什么要伐去那么多美木良材？阿房宫从骊山之北而延伸至咸阳三百余里，五步一楼，十步一阁，不伐天下之木，何来如此气象？阿房宫可称为中国历史上楼台馆所之极、伐根塞源之极了，楼台馆所的辉煌华丽，却是民脂民膏民血所凝结而成。宫娥美女，“朝歌夜弦”，豪车来往，珍宝珠玉，“倚叠如山”，“弃掷逦迤”，奢侈如此，秦始皇除了得民怨日炽，岂有其他？杜牧还告诉我们一个最普通的真理：“秦爱纷奢，人亦念其家，奈何取之尽锱铢，用之如泥沙。”秦始皇以及那些官员喜爱奢侈，而普通百姓却顾念自己的家园而不得，一切皆被搜刮，而搜刮所得被挥霍时，一掷万金，仿佛泥沙。

使负栋之柱，多于南亩之农夫；架梁之椽，多于机上之工女；钉头磷磷，多于在庾之粟粒；瓦缝参差，多于周身之帛缕；直栏横槛，多于九土之城郭；管弦呕哑，多于市人之言语。

不让天下人说话，天下人不敢说话，子民百姓怎么办？不说话了便把愤恨积压在心头，“不敢言而敢怒”，却是干柴烈火，大难临头。兴衰之事又起，灭秦之念已举。灭秦者，刘邦、项羽乎？杜牧《阿房宫赋》有论：“呜呼！灭六国者六国也，非秦也。族秦者秦也，非天下也。嗟夫！使六国各爱其人，则足以拒秦；使秦复爱六国之人，则递三世可至万世而为君，谁得而族灭也？秦人不暇自哀，而后人哀之；后人哀之而不鉴之，亦使后人而复哀后人也。”历史的悲哀在于哀之而不鉴之，自己灭自己。人们需要时，偶尔也会说到历史，东拉西扯，一鳞半爪，甚至不知所云。因而唐太宗之后，“以古为镜”的那面镜子，蒙尘至今。顺便说一句，近世西方有“高楼危机”说，大意为一国一地争相推筑世界第一、第二高楼，以为权力和财富的象征而贫富悬殊时，高楼之起往往意味着经济和社会危机的迫近，观近四十年中国之高楼大厦，此所谓高哉危也乎？奢靡无度不知止而民有怨乎？

有唐一代的文士不拘泥于经文的注解诠释，而多有言论，各发其声，不外乎求秦亡之训，固家国昌盛。文起八代之衰、唐宋八大家之首的韩愈更是认为政治、历史、兴衰与善鸣者、建言者密不可分，文化与朝代的枯荣息息相关，并且起着推动历史的作用。善鸣者不乏其人，关键是统治者怎样选用人才。如果不是广开言路、广泛搜罗，选贤与能，而只是陶醉于升平颂扬的小圈子中，听不得不平之鸣，便只能“自鸣其不幸”了，《送孟东野序》：

大凡物不得其平则鸣：草木之无声，风挠之鸣。水之无声，风荡之鸣。其跃也，或激之；其趋也，或梗之；其沸也，或炙之。金石之无声，或击之鸣。人之于言也亦然，有不得已者而后言。其歌也有思，其哭也有怀，凡出乎口而为声者，其皆有弗平者乎！

乐曲声因何出？能为音乐之声的为何物？天有四时，四时假何物而鸣？韩愈说：“乐也者，郁于中而泄于外者也，择其善鸣者而假之鸣。金、石、丝、竹、匏、土、革、木八者，物之善鸣者也。维天之于时也亦然，择其善鸣者而假之鸣。”天时可鸣，鸣者为何？“是故以鸟鸣春，以雷鸣夏，以虫鸣秋，以风鸣冬。”鸟也，雷也，虫也，风也，“四时之相推敚，其必有不得其平者乎？”物与时均有善鸣者而假之鸣，那么人呢？人之声音、言辞、文章呢？

其于人也亦然。人声之精者为言，文辞之于言，又其精也，尤择其善鸣者而假之鸣。其在唐、虞，咎陶、禹，其善鸣者也，而假以鸣，（唐、帝尧之国号；虞，帝舜之国号；咎陶即皋陶，尧舜之重臣，笔者附识。）夔（舜时乐官）弗能以文辞鸣，又自假于《韶》（韶乐也）以鸣。夏之时，五子以其歌鸣。伊尹鸣殷，周公鸣周。凡载于《诗》《书》六艺，皆鸣之善者也。

韩愈运笔至“以文辞词”，言《诗》《书》、六艺，说的是为政好仁，世道清明，则歌之颂之。《诗》无作者名、即无歌者名，作者、歌者或为野田农人，林中樵夫，然心有其乐，发而为声，后人记于言辞，孔子删定后成《诗经》，诗之高也，源也。先秦或先秦以前之善鸣者众矣，韩愈亦不知其名，或可说有善鸣之众而不知其名的时代，必是大时代，必有大气象。韩愈又告诉我们，人之所以以言语，以文辞而鸣，不仅有颂扬，而且有哀叹，甚至有怨怒，为家国兴亡、山河沉沦也：

> 周之衰，孔子之徒鸣之，其声大而远。《传》曰："天将以夫子为木铎。"其弗信矣乎！其末也，庄周以其荒唐之辞鸣。楚，大国也，其亡也以屈原鸣……秦之兴，李斯鸣之。汉之时，司马迁、相如、扬雄，最其善鸣者也。其下魏、晋氏，鸣者不及于古，然亦未尝绝也。就其善者，其声清以浮，其节数以急，其辞淫以哀，其志弛以肆；其为言也，乱杂而无章。将天丑其德莫之顾邪？何为乎不鸣其善鸣者也！

韩愈对魏、晋有微词，但魏、晋也有善鸣者，"竹林七贤"是也，《广陵散》是也。

物有善鸣者，森林集大成，天地有风，则林涛时作，远送百鸟之鸣、狮虎之号、猿猴之啸。群花无语而有芬芳，苔藓细小却怀高古，荒泽泥泞生机蛰伏，茫然失路大道存矣，有林必有水，水亦善鸣者也，其声细小，为何？千万小溪、江河之源也，而源头之水大音希声，风激之，和以林涛，或为瀑布，则碎身裂石，为其善下之。山无鸣声，林木伐尽童秃之故；川无潮音，只因水泽湮枯河道尽废。若无善鸣之人为之而鸣，山河破败，家国何存？

汉唐雄风，其在鸣乎？其在择善鸣者假之鸣也。

一个"天丑其德"的年代，其悲哀大约多半是，"何为乎不鸣其善鸣者也？"

从西周而汉唐，溯其源流之远，雄风所起，道德五千言之流布，鸠摩罗什佛典之妙语、王维"空山新雨后"及蓝田羲母陵等等，尽在秦岭烟云中了。

第八章 秦岭烟云

初到秦岭佛坪，扑面而来的是草木烟云，这烟云有色有香有味，婷婷绕绕，绵绵不尽，从地底下岩缝间升起，自历史的深处汩汩而出。尽享这烟云或者说守护秦岭烟云的，倏忽间从花间飞过，在树枝上跳跃，从竹林间出没的是雉科鸟类，是红嘴相思鸟，是蓝喉太阳鸟，还有集群的秦岭金丝猴——《中国国家地理》2005年6月号刊登一幅图片——一只母猴怀抱着它的孩子，一只死去的小猴，母猴不知其已亡乎？知也，母猴的期盼只是希望小猴能死而复生。假如运气好，还会遇到佛坪大熊猫，野生大熊猫——大熊猫秦岭亚种——它们被称为“竹林隐士”，独来独往于竹林丛中，饿了吃，吃了睡，醒了游，游了再吃，除了深林竹海，不问天上日月。贤人隐士与之相较，小焉哉！还有朱鹮，粉红色的飞羽掠过农人的稻田后隐入山林，与大熊猫不一样，朱鹮好与人间烟火亲近。佛坪上沙窝村药子梁人称羚牛村，每年6—9月，秦岭的羚牛便兴冲冲地从深山野岭间赶往海拔2400米的药子梁，这一处因为崇山阻隔的荒野之地，便成了野羚牛婚配季节的逐爱之地，众多的羚牛家族中的雄性羚牛为争偶而厮斗，这样的厮斗血腥而激烈，必须分出胜负。胜者获得与母羚牛欢爱交配的机会，败者成为独牛，在山脊芳草间独来独往，寻找另一次机会。

秦岭是一本大书，佛坪是其中芬芳鲜艳、生命灵动的插页，是秦岭的至爱珍藏。

秦岭的山川草木间，是万类万物的家园所在，宁静、繁华而神奇。所有这一切从何而来？是人力所为还是天造地设？秦岭——淮河是中国地理的南北分界线，位处秦岭南坡腹地的佛坪，似乎是造物主特意加持的一处圣地，早在第四纪冰川期，当巨大冰川缓慢而毁灭性地移动时，佛坪所处的位置恰在冰川的边远地带。在这个冰川期，秦岭山脉中数以百计的动物群落彻底消亡，其中有凶猛而巨大的剑齿象、剑齿虎、中国犀牛等称霸秦岭、威猛一时的野兽，而秦岭大熊猫却得以存活，在几十万年的风云变幻、雨雪交加中仍出没佛坪，大地之幸，中国之幸也。

秦岭的种子植物为3400多种，加上蕨类、苔藓可达3800种之多，还有140多种兽类、338种鸟类生息其中。因为佛坪的地理位置，它不仅雨量丰富潮湿，而且拥有阳光充沛的热力，此种优越的湿热条件，造就了完整的森林生态系统及丰富奇特、艳美无比的野生植物资源，约400余种。而其中有的名字，则闻所未闻。

白雪覆盖的冬季是一个看似单调其实是万物萌生的季节，所有植物的新芽都是在冬季发生的，当冰雪为秦岭披上白色盛装时，几乎所有野生生物都在各自的冬眠状态中。冬眠是能量的积蓄，冬眠使自身的消耗减少到最低限度，冬眠是在梦中期待冰消雪融。佛坪花事大致如下：早春二月，在佛坪海拔1300米以下的河谷地带，有长不及尺片状分布枝头开着粉红色花瓣的铁筷子，花香清淡。何以称为铁筷子？因其杆不高？因其枝坚硬？不得而知。往下300米处，是栎树林、板栗林内的春兰含羞初放，而蕙兰略显矜持地抽出了高高花枝挂满待放的蓓蕾，然后开放在四月中旬到五月初，这半个多月的佛坪芬芳即源于此。接下来便是众芳竞艳了，它们中的佼佼者为杜鹃花科的映山红、照山白，分布在海拔800—1600米间，成片地开放，红者映山而红，白者照山而白。在金水河畔漫步，有桂子飘香，那不是桂花树，是蔷薇科的“七里香”。“七里香”中神魂飘逸时，抬头一望自山坡自林间，有一串串紫色花藤悠悠垂下，起舞于风中，其花形状若蝴蝶欲飞又止，游人称之为蝴蝶花，实为紫藤。花事繁忙时，我们此前从未见过的毛芍兰、扇脉芍兰、虾脊兰等50多种兰科植物先后怒放。百花丛中，还可以看见世界称罕的独叶草、星叶草，第四纪冰川期遗留的红豆杉，其叶为长条形作扇面状分列，秋日结红豆果，此物最相思，相思在佛坪。

一切都是共生共荣的，一切都出于天然而非人力，所有的花草无不相互映衬，它香使我香，我美及它美。佛坪告诉我，在某个地域花草的多样，是大地完整性的芬芳美丽。

到佛坪看花，倘在春末夏初，要往山的高处走，海拔2200米以上的光秃山一带，是杜鹃的群芳会，花形大小各具，花色由浅入深，从粉白、粉红到深红，太白杜鹃、巴山杜鹃、金背杜鹃、秀雅杜鹃是也。花色紫蓝的是头花杜鹃，紫色浪漫，天蓝楚楚，散落于草甸和箭竹林地的边缘，芬芳不语，典雅无声。在人们看来这一切高贵之物，从不以高贵为高贵，野生野种野开野合。有熊猫路过，有羚牛结队而行，它们闻到花香了吗？它们为之动容了吗？木兰花科的望春玉兰，以及厚朴等乔木花卉树种，这时却已别有风姿了，望春玉兰的望春二字告诉我们，它们是先花夺人的，在众多草木刚刚发芽时，玉兰的巨大而洁白的花朵便向天开放，承接着玉露琼浆了，当它花鲜艳时，它们摇曳于秦岭佛坪的是宽厚的绿叶，仿佛在说：

现在，我要用绿叶衬托你们。

佛坪夏日开放的是百合、丁香和蔷薇花。

秦岭自古相传有仙草仙药，这是造物主的又一恩赐。当人类出现之前，千花万草便已生长茂盛了，这花草中便有治病的药材，凡人孰能无病，但你要尝百草，甚至拿自身做试验，正是秦岭及遍布全中国荒山野岭间的百草形成了中国独特的中草药体系。佛坪便是集中草药之大成者，多达1000余种，占植物总数的60%。唐代苍生大医孙思邈，隐居秦岭太白山48年，寻草问根，亲尝亲历，栽培采集，反复炮制，为穷苦老百姓治病，写成了福及今世的《千金翼方》，其中收录药物800余种。中草药治病并非始于孙思邈，然孙思邈何以被中国道教尊为医圣？其中有缘故，孙思邈隐居秦岭，一为采药制药造福苍生，一为精研《道德经》，曾著有《道德经》注本，失传。把中医药与《道德经》的思想精髓相结合，使天人合一，能阴阳协和，而辩证施治，孙思邈其功厥伟矣！

心灵是可以穿越时空隧道而相通的。

佛坪中草药中有号称“大将军”的大黄，其治病功效可“夺关斩将”“犁庭扫穴”，还有太白乌头、太白蓼、太白美花草、秦岭龙胆，第四纪冰川遗孑的古老植物药材有杜仲、三白草、鱼腥草，至于当归、川芎、白术、黄芪、黄连、贝母、金银花、茯苓、天麻等全国 34 种名贵药材佛坪居 14 种。而“补中益精，坚筋骨，强意志”的五加科植物遍布佛坪，有红毛五加、秦岭五加、蜀五加、糙叶五加等。而白细辛用途广泛，山民、游客、药材贩子纷纷采挖，已濒灭绝。佛坪诸多药材中，最为独特的大约是太白米、太白贝母、延龄草、厚朴和凹叶厚朴及手参了。它们的共同特点是生长在海拔 1600—2900 米的高海拔地区。

一种野草的名贵，充满着对人类独立、高贵及思想自由的启发：它必须有宁静的环境，它必处于荒野冷峻的高度，在森林或野草丛中峭壁之上，它决不以高大自许，它喜好被埋没，但不拒绝被人发现，它甚至不知道自己可以泽及人类疗伤治病。它的更早更广泛地延医诊疾的对象是大熊猫、羚牛、血雉等动物，假如这些动物开口说话，有可能并不认同人类是万物之灵说，而以为草木是道，万物皆灵。

秋风起矣，一个硕果累累的季节从秦岭之外，风带凉意，露从天降于佛坪，漫山遍野，皆为野果，凡野的必是真的美的。从这些野果的芳香中回首、再回首，我们甚至可以想到史前时代，原始先人择水草而居时，秦岭便是首选之地，也是华夏文明的发祥之地。（以上佛坪资料，部分采自《森林与人类》2012 年 9 月号，党高弟文《佛坪芳草》）

秦岭烟云，来去无踪，聚而复散，散而复聚。倘若追问起源，人从何处来？那秦岭山中飘忽悠然的山岚烟云，便是扑朔迷离、烂漫玄妙的历史烟云了。秦岭何来？ 1.8 亿年前，被古地质学家称为印支造山运动开始，地球要从海底造山，从此有了初始的昆仑山，作为昆仑山的延续，秦岭趁机突起。距今 4000 万年左右，从冈瓦纳古陆分裂而成的印度板块俯冲到欧亚大陆底部，势不可挡地楔入，青藏高原隆起抬升到 2000 米左右的高度，后来又经过喜马拉雅造山运动及至少三次强烈抬升，亚洲乃至世界最著名的两大山系，喜马拉雅山系、喀喇昆仑山、昆仑山、天山和兴都库什山系，在帕米尔集结，成为帕米尔山结，然后又各自驰骋而去。长达1600公里的秦岭继续抬升，位处两大板块碰撞后绵延而至的断裂的缝合带。

碰撞与断裂，然后缝合，地质运动似乎随意而为，其实它有方向，生命在毁灭的同时又产生新生命，低洼谷地成为大小河流，伸长溯源又连接起长江渭河。有了森林，有了开花植物，迎接大熊猫、金丝猴等走兽飞鸟的道路已经开通，那是铺着鲜花的路，那是流淌蜜汁的路，那是果实芬芳的路。

天崩地裂的动荡，是秦岭创生故事的前奏，不仅是草木、动物，还有人，蓝田猿人；华夏先民传说中的第一个母亲、第一个女王。2007年夏，我赶往向往已久的蓝田，灞河塬上，视野所及，印证了书上的记载，因为骊山的几次抬升、隆起，横岭塬也随之升高，秦岭北麓便形成了一个凹陷地带，灞河不得不西流入渭河，蓝田便成了东、西、北三面为秦岭环绕的可以避风挡寒的家园之地，此蓝田之所以不同于佛坪也，后者相对封闭，山高林密，坡谷纵横，箭竹丛生，湿热之下植物茂盛，动物雀跃。而蓝田三面依山，下临灞河，寒暑适中，更适宜于古人类的生活。秦岭风景中如下的古典猜想，便是生动有趣的了：更多的动物和植物的种子，在寻寻觅觅中，到了佛坪；而原始人、蓝田猿人及与之相伴的某些动植物，则以蓝田为家园。

深入蓝田，先已使我触目惊心的是，巨大而厚重的堆积。正是这些巨厚堆积，吸引了考古发掘者。地质学上的巨厚堆积往往也是古生命堆积。

1964年4月，中科院考察队来到蓝田公王岭进行第二次发掘。5月22日，在一块坚硬的钙质结核上，发现一颗猿人牙齿化石，带队的贾兰坡先生闻讯赶往并指示，为保证化石的完整性，以大块套箱法，将含有化石的堆积物运回北京，

30多个套箱中，仅含有牙齿化石的一箱便重达800多斤。10月12日上午，中科院内人们奔走相告：蓝田人头骨化石显露。经测定，蓝田人下颌骨化石距今约65万年，蓝田猿人距今115万年。

化石是蓝田的记忆。

化石是远古的根节。

化石是历史的碎片。

从旧石器时代到新石器时代，蓝田发生了多少生命故事？根据典籍的记载，蓝田有中国独一无二的华胥陵，华胥陵又称羲母陵，伏羲母亲的陵墓。华胥何人？伏羲何人？中国神话传说及后来古籍中记载的华夏民族的第一个母亲，华胥氏；第一个王，三皇之首一划开天的伏羲氏；华胥氏的儿子。伏羲的父亲是谁？不知道，那是只知其母不知其父的年代。华胥陵位于蓝田县华胥镇孟岩村，北枕骊山，南望灞河，隔水相望处便是白鹿原。关于华胥氏，陆思贤先生有此一解："华胥氏即花胥氏，华、花一字。本源于花图腾的鲜艳花朵，如日之晔。其名胥，《说文》：'胥，蟹醢也。'华胥亦即'花醢'，今言'花蜜'，华胥意为光华而又甜蜜的花朵，伏羲氏的母亲是一枝花。"在没有文字的上古，华胥只是一种发音，后人因音据义是有华胥一词，但，华、花之音的出现却非同寻常，当这一声音成为文字，便是华夏之华，中华之华。

当旧石器时代向新石器时代过渡时期，蓝田的巨厚堆积或能说明，当时蓝田应有多种原始人族群生存其间，但史料古籍所存的只有华胥氏一族。或可说，华胥氏族是强大而得风气之先者，一个"华"字关系到华夏民族发生之初，后人口口相传中的去留存删，已经有了智慧的权衡与拣选。

让我们冥想，在冥想时以天地洪荒为背景，看佛坪，看蓝天，看秦岭之上的森林花草，让目光深入荒芜的岩缝，屈原《天问》"羲和之未扬，若华何光？"秦岭是否已给出了答案？

西起帕米尔高原，绵延1600公里的秦岭，最宽处有300—400公里，位于黄河、渭河与汉水之间。它是千沟万壑，它是千山万水，从南到北层峦叠嶂，从西至东，森森万象，横亘中国中部，地分南北，果别橘枳，烟云缭绕于山间，林木耸立于沟壑，花草深藏于荒野。又东，隐约于黄海之滨，没入大海后又在日本出现，叫作“中国山脉”，秦岭是日光下和月光下的彰显者，秦岭又是层层叠叠的隐秘者，自古以来秦岭始终为神秘的烟云笼罩，可望可及终究不可及。其山水形胜，人文历史，以陕西境内秦岭为最。

这一座源出昆仑山的山脉，为什么叫作秦岭？

古代，因为诸多条件的限制，寻山问水者难以到达中国西部的极高山，但，就连古地理学家也认为，昆仑山是万山之根，因此秦岭被称为昆仑，昆仑山上盗仙草之类的神话，很可能是秦岭之昆仑，非极远极寒源出帕米尔之昆仑也。不知是古人的智慧还是某种巧合，昆仑山与秦岭本是血脉相连，称秦岭为昆仑亦无不可。待到养马的秦人——这是曾经失姓亡国沉沦屈辱二三百年的秦人，因为秦先祖伯益第十一代孙牧马有功而恢复“嬴”姓，重新跻身于西周贵族行列。自此，中国的历史便渐入佳境，但你也可以说是乱境。公元前763年，华夏大地上春秋争霸，英雄辈出，刀光剑影而思想自由的时代即将到来。秦襄公的儿子秦文公迁都东进，是为立足关东放眼中原的第一步。这一步，对秦人和中国均有里程碑式的意义。秦岭其时尚称昆仑否？以一个弧形走势揽关中平原于怀抱，且拥有绵绵不尽的渭河水，秦人半农半牧富乐强大，秦人拥有关中平原，就是拥有了当时中国最大的粮仓。

历史不可不记的还有：秦孝公用商鞅而变法。《汉书·地理志》：“秦孝公用商君，制辕田，开阡陌，东雄诸侯”，井田制废弃，土地私有顺应民意，粮草丰茂，使国力大增。

公元前361年，秦惠王派兵进褒斜道，越秦岭，吞并巴蜀，秦人得四川盆地，却为岷江水患所累。

公元前256年，都江堰开建。这一处两千年后仍在造福成都平原古今中外无出其右的水利工程，由蜀郡太守李冰建造，用的是“深淘滩，低作堰，顺其自然”

法。《华阳国志》中写都江堰："水旱从人，不知饥馑，时无荒年，天下谓之'天府'也。""天府之国"一语从此流传。至此，秦岭两侧，关中平原、成都平原均已成为秦国的仓廪，秦人五百多年的忍辱负重、开疆拓地之后，帝国的梦想将要成为蓝图。

公元前230年，秦王嬴政率秦军面对秦岭，誓师伐六国。

公元前221年，四海归一，天下归秦，秦王嬴政步上皇帝宝座，史称秦始皇。

从此开始，或者早在秦人日渐富强、攻城略地的岁月里，陕西境内，关中一地，几乎无不以秦名之，秦山，秦树，秦水，秦烟，八百里秦川是也。由秦岭取代昆仑之名，大约也在此一时期。

> 秦岭也是回想之地，秦人以五百多年的时间，呕心沥血，披荆斩棘，从一个牧马小族，到建立起中国历史上第一个一统天下的封建帝国，倘若我们承认历史有其连续性，那么，在某种意义上或可说，秦王立国是秦国，亦非秦国，乃千秋万代之中华帝国也。

西周已如强弩之末，走向衰败。中国历史进入春秋战国，在我们的简单到不能再简单的历史教材上，此一时期是刀兵纷起，争雄称霸的天下大乱时。但正是这一历时五百年的战争、动荡与变革，却产生了中国历史上思想极其自由，个性极其张扬，人格极其鲜明的中国古代思想库，并使之集为大成。形成了泽被后人几千年的华夏文化喷薄而出，诸子百家争鸣齐放的形而上的思想时代。

首先出现的是老子。

楼观台是秦岭山中被遮蔽的一个道观，在尹喜的恳请下，老子面对秦岭，面对秦岭分别注入长江、黄河的千百溪流，作了生平惟一一次宣讲，他说"天地不仁，以万物为刍狗，圣人不仁，以百姓为刍狗"；他说"天长地久，天地所以能长且久者，以其不自生"；他说"刚柔阴阳固不两行，两相养，时相成"；他说"水善下之"，"利万物而不争"，"天下之至柔，驰骋天下之至坚"，"水几于道"……宣讲毕，老子骑青牛，飘然而去，"莫知其所终"（司马迁语）。

老子主张“不以有为有”，且认为“有生于无”；老子最后的去向是一个不解之谜，其实可解：不知所终者，重归于无也；不朽于世者，其《道德经》也。五千言，五千思想之莲花，五千灵魂之精髓，盛放于大地，洋溢于烟云流水，尽在我们的吐纳生命中了。

秦岭烟云，一丝半缕，皆为经典。

秦岭南麓洋县境内有龙亭小镇，龙亭侯蔡伦，就是在这里造出了世界上第一张纸，史称蔡伦纸。

秦岭城固县博望镇有博望村，张骞故里也。张骞翻越秦岭到长安时年二十六岁，“凿通”之路漫漫艰险，“凿通”之后始有丝绸之路，始有中西文化的碰撞与融合，始有汉唐雄风中思想解放的灿烂迷人，而张骞实为第一人也。

古褒斜道，缘山裂石而建的古栈道两侧，有十三块汉代石刻，史称《汉魏十三品》。“衮雪”的书者相传为与诸葛亮对峙秦岭的曹操。褒河之水翻滚涌雪，曹操在褒谷山口感而书之，又相传，随侍幕僚告曹操，“衮”字缺三点水，曹操答道：“一河流水，岂缺水乎？”

蓝田秦岭深处，有山谷名辋川，王维三次隐居秦岭，流连辋川，有诗为证：

空山新雨后，天气晚来秋。
明月松间照，清泉石上流。
竹喧归浣女，莲动下渔舟。
随意春芳歇，王孙自可留。

这是雨后秦岭的素描，松竹清泉莲花浣女，本是秦岭普通的自然物与山居者，经过王维心灵的陶冶，而成为一幅千万年不朽的人类在自然中诗意地安居的图画。

秦岭山中有草堂寺，在这里安息的是鸠摩罗什。这一位高僧巨匠在秦岭烟云中十二年青灯相伴，翻译佛经 94 部，425 卷，计 300 多万字。鸠摩罗什圆寂后两百年，大唐帝国成立，佛教盛行，至唐宪宗时，宪宗下诏将法门寺佛骨迎请至长安，供奉三日。吏部侍郎韩愈写《谏迎佛骨表》上奏，反对此举。唐宪宗大怒诏令处死韩愈，众大臣苦求免死，逐出长安，流放潮州，韩愈往潮州过蓝关，不远处便是王维当年隐居地辋川，立马而望，万感丛生，这位“文起八代之衰”的文宗大家，留下了一首奇峰挺拔，风云岁月不能夺其大美的诗：

一封朝奏九重天，夕贬潮州路八千。
欲为圣明除弊事，肯将衰朽惜残年。
云横秦岭家何在？雪拥蓝关马不前。
知汝远来应有意，好收吾骨瘴江边。

秦岭，中国人文历史的大舞台。这一大舞台屹立于大地群山之上之间，因而是稳固的；这一大舞台为长江、渭水、黄河相拥相吻，因而是滋润的；这一大舞台有奇花异草、太白冰雪，不仅美妙而且神圣。当然还有森林，那些美木良材那些无名荆棘，它们是秦岭生态系统的中枢，可以说，没有森林，秦岭的水要干竭，花会枯亡，秦岭将不复是生机勃勃的大舞台，秦岭不再稳固，泥石流、水土流失将要埋没一切。

让我们回到佛坪，抚摸佛坪的树，秦岭的森林于此可见一斑。

这是一株胸径 70 厘米、一身斑驳的红豆杉。因为含有杀灭癌细胞的紫杉醇，秦岭的中国的红豆杉被剥皮无数，已面临濒危。

秦岭人称为庙台槭的这一株槭树，胸径 1 米，高 15 米，林冠近 100 米，藏在深山人未识的这株巨大古树，20 世纪 90 年代初被发现后成为庙台槭之王。这棵大树生长情况良好，它的周围在 2 公顷范围内分布有大大小小 200 株槭树。

龙潭子坪上的铁杉树，为游人敬爱，这一棵高约 15 米、胸径 1.6 米、林冠为 500 米的铁杉树，有“母亲英雄树”之称，幼树茁壮，老少相依，群落日渐扩大。

佛坪腹地，有青杆林群落，其中的青杆王树龄约500年，高30余米，胸径150厘米，枝头结有层层累累的果实，其非生生不息乎？

佛坪的主要针叶乔木是油松，笔者在前文中已有述及。松树、铁杉一类常绿针叶树，是植物进化史上又一个重要的里程碑，它们最古老的祖先可以追溯到蕨类植物中进化程度最高的种子蕨。针叶林的出现标志着地球上种子时代的开始，而大行其道，佛坪油松针叶乔木，此其一端也。针叶乔木一个几乎共同的特点是树干直而高，树干上少有侧枝，且生长于相对土壤贫瘠的山脊沟谷，在它身上，可以看见极其古老的影子。

秦岭冷杉，是秦岭特有的国家二级保护树种，在三官庙一代与连香树、水青树相连相望，因为佛坪优良的生态环境，植被很少被偷盗砍伐，这些几已灭绝的物种得以保存，而更让人意外的是秦岭冷杉竟已形成群落，较之以前的辉煌，总有寥落寂寞之感，一如植物学家欣赏的金钱槭和水曲柳，在一些沟谷里竟然十几株、几十株地聚集。此种集结其实也是警信：这些濒危植物正在不断地为别的优势树种驱赶而后退至高处。

它们还能退向何方？

相对而言，厚朴、玉兰、辛夷突显着被子植物的优势，树高，花蕾饱满壮大，芳香袭人，分布、点缀于佛坪的森林中。金丝猴喜欢这种环境，不仅取食栖息，且可闻香。辨别这几种花树的方法简单而富有诗意：早春二月，山坡林间有雪白之高洁，便是厚朴、玉兰；有粉红之妖艳，那便是辛夷所在了。秦岭春寒料峭，秦人春心荡漾。

海拔1000—1800米的河谷里，是中国特有的药用七叶树，花序洁白，种子紫红色如佛珠，20多米高，掌状复叶似在为秦岭合掌祈福。它应该有一个雅号：秦岭佛树。

太白红杉是秦岭特有的国家保护树种，生长于高海拔2800米以上的贫瘠山地，乱石堆中。粗不过一尺的太白红杉，树龄往往超过500年，因为秦岭高处的风，树干虬曲盘旋而上，树枝多有残缺，但林下有茁壮的小苗。太白红杉使我情不自禁地想起了大漠胡杨。

秦岭烟云何来？或曰林烟水云，“非常道”之道也。

唐衰宋兴，远离秦岭的大宋，先开封后临安，华夏文明之南迁，其为必然乎？所谓必然，其中气候因素极为重要，在政治中心南迁之前，有一些树和草，得风气之先，在人类不经意间进退自如，物候之兆天兆也，但历史时期中国气候的变化反复无常，而人类活动之影响有渐为增加之势，较之近现代，微乎其微也。竺可桢记述东汉、隋唐的气候变化如下：

> 到东汉时代，即公元之初，我国天气有趋于寒冷的趋势，有几次冬天严寒，国都洛阳晚春还降霜雪，但冷的时间不长。当时，河南南部的橘和柑还十分普遍。直到三国时代，曹操（155—220年）在铜雀台（今河南临漳西南）种橘，已经不能结实了，气候已比司马迁时寒冷。曹操儿子曹丕在225年，到淮河广陵（今淮阴）视察十多万士兵演习。由于严寒，淮河忽然结冰，演习不得不停止。这是我们所知道的第一次有记载的淮河结冰。那时，气候已比现在寒冷。这种寒冷继续下来，直到3世纪后半叶，特别是280—289年这十年间达到顶点。当时每年阴历四月份降霜，估计那时的年平均温度比现在低1–2℃。南北朝时（420—579年），南京覆舟山筑有冰房，是用以保存食物新鲜的。那时南京的冬天应比现在要冷2℃，才能提供储藏需用的冰块。约在533—544年出版的《齐民要术》，总结了六朝以前中国农业最全面的知识。根据这本书，当时黄河以北阳历四月中旬杏花盛开，五月初旬桑树生叶，与现在相比约迟了两周到四周。此外，书中还讲到当时黄河流域石榴树过冬，要以“蒲棠裹而缠之”。

从隋唐而宋，气候由暖而寒，竺可桢有记：

隋唐时代（581—907 年）中，在 7 世纪中期，气候变得和暖了。650、669 和 678 年的冬季，国都长安无冰无雪。8 世纪初和 9 世纪的初、中期，西安的皇宫里和南郊的曲池都种有梅花，而且还种有柑橘。公元 751 年皇宫中柑橘结实，公元 841—847 年也有过结实的记录。柑橘只能抵抗-8℃的低温，而现在的西安几乎每年的绝对最低温度都在-8℃以下。到公元 11 世纪初期,华北已不知有梅树了。宋朝诗人苏轼（1036—1101 年）有“关中幸无梅”的诗句。王安石（1021—1086 年）嘲笑北方人误认梅为杏，他的咏红梅诗有“北人初不识，浑作杏花看”的句子。从这种物候的常识，就可知道唐宋两朝温寒的不同。12 世纪初期，中国气候加剧转寒。公元 1111 年太湖全部结冰，冰上还可以通车。太湖和洞庭山出了名的柑橘全部冻死。杭州落雪频繁，而且延到暮春。根据南宋的历史记载，从 1131—1260 年，每十年降雪平均最迟日期是 4 月 9 日，比 12 世纪以前十年的最晚春雪约推迟一个月。1153—1155 年，苏州附近的南运河冬天结冰。1170 年阳历十月，北京西山遍地皆雪。现在，这种现象罕见了。福州是中国东海岸生长荔枝的北限。一千多年来，曾有两次荔枝全部死亡，一次在 1110 年，另一次在 1178 年，均在 12 世纪。

北宋而南宋，开封而临安，临安雪纷纷，更何况黄河以北？

第九章

盛极而衰

在汉字特有的带着浓浓古意的美妙语境中，人常以河山、江山、山河指代社稷、大地，有山有河，即有家园，即为中国。但稍加追问，此山青山也，此水绿水也。山何以青？有森林覆盖；水何以绿？源流皆清故。倘若山岭荒芜，河川干涸或者有水皆污，山河焉能称美？山河不能称美，家园何能延续？家园不能延续，民族何能自强？民族不能自强，又何能立足于当世，绵续于后人？

五千年中国文明史，从自然生态角度言之，可用一句话概括：山河草木共苍茫，而人在其中。

汉唐时代，盛极而衰，现在我们要回首赵宋——宋朝。

当宋朝确立时，中国历史上的文化多样性已渐显端倪。宋朝，是一个始终被汉唐气魄遮盖，而又处于分裂的朝代，也因此而容易被忽略的朝代。宋朝一方面被剧烈反复的黄河水患困扰，一方面奖励耕种、募民垦荒。唐宋战乱，立国之初，流民饥号。而宋人不知不觉的是，黄河流域的千年繁荣，随着森林土地资源的凋敝，自东晋政权南迁，中国的政治、文化中心南移开始，长江流域以其丰饶广大将承载起华夏文明的发扬光大。北宋之亡，南宋之兴，其为天命乎？此种政治、文化中心的南移，其开始，却是以文化为先导的，史家常谓：唐代，士人读经做学问都要去长安读碑，研究经文，次为洛阳，就连李白、杜甫也要去朝见一番，不得用，然后游走。唐末五代，印刷业在成都兴起。印刷是集文化大成之业，在太平与不太平的历史长河中，华夏文化即便步履蹒跚，却总在发明创造前进中，到宋代，精美的雕版印刷、精美的歙砚、徽墨、精美的纸张集成精美的宋版书籍，已成为传播思想文化的主要载体，长江流域的成都、南京、杭州，是当时印刷业名望最隆的三大中心，文人向往之地并历经元、明，兴盛至清代乃至民国。

有宋一代，可以苦难辉煌名之。

宋朝面临着黄河的屡滥屡决。

宋朝面临着人口增加的巨大压力。

黄河屡决冲毁家园无数，人口增加需要耕地种粮，宋朝又面临着耕地粮食的困境。

自宋开始而辽、金、元、明、清，历代皇朝劝民耕种，垦荒拓地，宋太祖、宋太宗时，林业、农业发展，社会相对稳定，经济、文化繁荣，人口增加至8000万左右；同时举全国之力治河治水，积累了宝贵的水利经验。亦因此，宋至明、清，中国的森林及生态环境有了极大的改变，先录史料，回头再说宋朝：

《宋史职官志·将作监·竹木务》：掌修诸路水运材植，及抽算诸河商贩竹木，以给内外营造之用。事材场，掌计度材物前斯朴斫以给内外营造之用；作坊物料库，掌储积树物以备给用；退材场掌受京城内外退弃竹木，抡其长短有差，其曲直中度者，以给营造，余备薪爨；帘箔场掌抽算竹木蒲苇，以供帘箔内外之用。

又诏所在长吏谕民有能广植桑枣，垦辟荒田者止输旧租，县令佐能招徕劝课，致户口增美，野无旷土者，议赏。

太宗太平兴国七年诏择明树艺者为农师，乃我国用技术人员农业推广制度之创始。这一变革向为史家所忽略，须特别留意。

《宋史·食货志》：太平兴国中，两京诸路许民共推练土地之宜，明树艺之法者一人，县补为农师。令相视田亩肥瘠及五种所宜，某家有种，某户有丁男，某人有耕牛，即同乡三老里胥召集余夫，分画旷土，劝令种莳，候岁熟共取其利。为农师者蠲税免役。民有饮博怠于农务者，农师谨察之，白州县论罪，以警游惰。所垦田即为永业，官不敢其租。

搜罗材木发现雁荡山。又，真宗时修玉清昭应宫，所需木石金锡丹青之物，征发遍九州，搜罗穷山谷，致雁荡山由此开通，始为人世所知。

《宋史·河渠志》：苏轼开临安西湖，因积葑草为堤，相去数里，横跨南北两山，夹道植柳。

天然森林自汉唐以来，由中枢屡下诏谕禁止樵采，名山因多存留，尚未达荒废景象，然自南宋以后，战乱相寻，而往昔所遗留之森林，亦多被砍伐，森林乃达于荒废之时期矣。

林学上之山地直接播法，宋时已盛行：

《东坡杂记》：十月以后，未冬至以前，松实结熟而未落，折取并萼收之竹器中，悬之风道。则不生，过熟则随风飞去。至春初敲取其实，以大铁锤入荒茅地中数寸，置数粒其中，得春雨自生。自采实至种，皆以不犯手气为佳。松性至坚悍，然始生至脆弱，多畏日与牛羊，故须荒茅地，以茅阴障日，若白地当杂大麦数十粒种之，赖麦阴乃活，须护以棘，日使人行视，三五年乃成。五年之后，乃可洗其下枝使高，七年之后，乃可去其细密者使大，大略如此。

宋代关于农林专著：

《桐谱》：陈翥撰，述桐之事凡十篇。

《荔枝谱》：蔡襄述，七篇，一原本始、二标尤要，三志贯鬻，四明服食，五慎护养，六时法制，七别种类，谱为闽中荔枝而作，荔枝有谱自此始。

《橘录》：韩彦直撰，三卷，上卷载橘品八，橙品一，中卷载橘品十八，以泥山乳柑为第一，下卷则言种植之法。

《茶录》：蔡襄撰，二卷，襄以陆羽茶经，不载闽产，丁谓茶图，但论采造，乃作此书，上篇论茶，下篇论茶器。

《笋谱》：吴僧赞宁撰，书分五类，一之名，二之出，三之食，四之事，五之说。

960年，后周殿前都检点赵匡胤发动“陈桥兵变”，黄袍加身，在开封建立宋王朝，史称北宋，也称赵宋。宋王朝之初，山河破碎，林木凋敝，黄河堤岸漏洞百出护堤林木砍伐殆尽，可谓惨不忍睹，民不聊生。直接的原因是唐末五代，国家分裂，“以兵战为务”，所有关于林政、田制的设置、条例，一概付之空谈。宋太祖赵匡胤整理河山、收拾残局之初，有《劝栽植开垦诏》，劝课农桑，课民种树，在《宋史·食货志》《宋史太祖本纪》中，多有记载：“农田之制……定民籍为五等，第一等种杂树百，每等减二十为差，桑枣半之。”甚至规定：“男女十岁以上种韭一畦，阔一步，长十步。”又诏令“有能广植桑枣，垦辟荒田者，止输旧租”，减租以资鼓励也。“县令佐能拓徕劝课，致户口增羡，野无旷土者，议赏。”特别要指出的是“致户口增羡”，五代战乱之后地敝人荒，宋太祖赵匡胤亟盼人丁兴旺。又诏令在黄河沿岸“夹岸植榆、柳，以固堤河”。又宋太宗太平兴国七年诏令各州县择善种树育林者，即“明树艺者”为农师，是中国推广林业、农业技术制度之创始，农师在县令之下，其责任为“令相视田亩肥瘠”，“分画旷土劝令种莳”，如何种法？有守望相助合作劳动之古意：“某家有种，某户有丁男，某人有耕牛，即同乡三老里胥召集余夫”，在农师带领下合而为之，“岁熟共取其利”。

名为农师，却必须是“明树艺者”，可见宋朝对种草种树恢复森林的重视程度，为社会经济、文化的蓬勃发展打下了基础。也因此，有宋一代从未中断过募民垦荒的政策，规模之大，范围之广，为历朝历代所未见，隐约显示的另一个原因是“致户口增羡”的政策之下，人口日增，宋时全国约八千万人口，吃饭穿衣，民之所本也，压力之巨可以想见。一种看似必然的政策演变，使圩田造田成为首选。庆历二年（1043年），范仲淹记道：

> 江南旧有圩田，每一圩方数十里，如大城。中有河渠，外有门闸。旱则开闸引江水之利；潦则闭闸拒江水之害。旱涝不及，为农美利。

北宋中期以后，太湖流域及长江沿岸之江宁、芜湖、宁国、宣州、当涂等在傍湖滩涂广为围圩造田，宣州为最，化成圩、惠民圩相连接长达80余里。当涂广济圩，庐江杨柳圩均为一时名圩，成为景区景点，骚人墨客纷至沓来。宋代最大的圩田为芜湖万春圩，太平兴国年间为大水所毁，废弃80年后，嘉祐六年（1061年）又遇大饥荒，以工代赈，再筑万春圩，堤高一丈二尺，宽六丈，长84里，夹堤种桑树数万，得田12000亩。

先是，圩田成为风景，并增加了耕地，缓解了土地与人口的矛盾，使不少灾民度过了饥荒岁月。后来，圩田成为灾难，水面缩小，湖泊消失，生态失调，旱涝频发。而大地主、大商人纷纷圈水围田，有利可图也。于是为济民困的圩田，变成地方豪强的兼并掠夺。天灾人祸，一时并举。为此北宋王朝诏令部分圩田退田还湖，官商勾结的腐败之风已不可遏制，风气污浊，政令不通，至南宋淳熙十一年（1184年），湖田有增无减，仅浙江决湖为田就达1489处（《宋史·食货志》）。北宋重新统一中国后，以劝民植树耕种始，没有资料说当时的森林覆盖率为多少，但鲜见风沙之害，可知宋代种了不少树，却又毁灭太多的湖，导致水旱频仍。在地、水、树三者的经略中，因为失水而失去了生态平衡，即便有树，也徒叹奈何！然而这样的困境，却又使善为思考者，在天然水系的吐纳系统被窒息，以致旱无水利，涝则横溢后，产生了当时之世可称先进的对水环境的、水生态的忧患与思考。如太湖之滨被军队兵卒强围为田后，史才奏本说：

浙西诸郡，水陆平夷，民田最广。平时无甚水旱之忧者，太湖之利也。数年以来，濒湖之地多为军下兵卒据为田，擅利妨农，其害甚大，盖队伍既易于施工，土益增高，长堤弥望，名曰坝田。水源既壅，太湖之积渐与民田隔绝不通，旱则据之以溉坝田，而民田不沾其利。乞专令本路监司躬亲究治，尽复太湖旧利，使军民各安其职，田畴尽蒙其利，农事有赖。（《宋会要辑稿·食货》）

张抑奏称：

陂泽湖塘，水则资之潴泄，旱则资之灌溉。近者浙西豪宗，每遇旱岁，占湖为田，筑为长堤，中植榆柳，外捍茭芦，于是旧为田者，始隔

水之出入，苏、湖、常、秀昔有水患，今多旱灾，盖出于此。(《宋史》卷一百七十三)

围湖之害，夺水也，水不得自由流动也。

所有湖田均种有护堤树、行道树，然这些树木，槐也，柳也，其绰约风姿却不能免去湖河减少吐纳不通的灾难。涝时没顶，旱时焦枯，亦无法解救因过度开垦而形成的长江下游的生态危机。废湖为田并非始于宋朝，但到宋时其规模之大、危机之深达到空前。史载：越州鉴湖于宋真宗时有 27 户农人垦湖为田，到宋英宗时为 80 多户造湖田 700 余顷，到宋徽宗时为 2200 余顷，鉴湖隔绝不通，泽及鉴湖周边农田庄园 1000 多年的鉴湖流水不再。不仅是鉴湖，镇江的练湖、新丰塘，绍兴兴湖，常熟常湖，越州落星湖，平江淀山湖，明州广德湖，及至苏州一带的大小湖泊均被垦拓成田。时人叹曰：虽有杨柳千万株，奈何湖泊水不流。

至南宋时，废湖为田的危害已伤及民生而民怨沸腾，于是明令废田还湖，如鉴湖得以重新疏浚，吐纳有序，并广种草木。南宋时，人们对林、水、地的生态关系之认识，达到了新的高度，鉴湖成为榜样：

自开鉴湖，溉废田二百七十顷，复湖之旧，又修治斗门、堰牐十三所。夏秋以来，时雨虽多，亦无泛滥之患，民田九千余顷，悉获倍收，其为利较然可见。(《宋会要辑稿·食货》)

宋时先废田造湖又退田还湖，但总得有地可耕，是有宋代梯田，是山区缺地农人的艰辛创造，它保水、保土、保肥，在大山深谷中于岩石的罅隙间耕锄，虽“层累而上指十数级不能为一亩，快牛剡耜不得旋其间(《新安志》)，方寸之地山野农人攀山耕作，为求一粥一饭也。梯田“上有水源则可种秫秫”。(《王祯农书》语)，此种梯田即为上上等梯田，因有水源。水源何来，山顶有森林，林中出泉水，至今犹存之云南哈尼梯田是也。没有水源，山上树荒林稀者“亦宜粟麦”，粟麦耐旱。推究起来，即便此等荒山所以能为梯田，必有土，土层虽薄可以层累，这样的山丘先前必有林木，有林木，始有落叶，有落叶方能腐殖与山石风化集而为土。森林，即便是已被砍伐的森林，仍然为人们留下了一层薄土可以耕种的生机。

元《王祯农书》有梯田详述：

> 梯田，谓梯山为田也。夫山多地少之处，除磊石及峭壁例同不毛，其余所在土山，下自横麓，上至危巅，一体之间，裁作重蹬，即可种艺。如土石相伴，则必叠石相次包土成田。又有山势峻极，不可展足，播植之际，人则伛偻蚁沿而上，耨土而种，蹑坎而耘。此山田不等，自下登陟，俱若梯磴，故总曰梯田。上有水源则可种秫秔，如止陆种，亦宜粟麦。盖田尽而地，地尽而山，山乡细民，必求垦田，犹胜不稼。其人力所致，雨露所养，不无少获。然力田至此，未免艰食，又复租税随之，良可悯也。

王祯说山民造梯田“伛偻蚁沿而上”，如同蚂蚁之攀爬，“艰食”如此，有饭吃大不易！王祯，元代人，他所记述的是宋代梯田。此种田制最早出现于何时，推想起来一定很早。先民若以山区为家园，便以山林之间的平坝、谷地垦殖，地之不足，再拾级而上于“土山”——森林并不茂密的山上耕种，梯田之始也。中国古代史告诉我们，国与国，不同民族几千年间的战争，目的只有一个：开疆拓土。结果是汉人居平川、居中原丰腴之地，少数民族打不过汉人，则避兵祸于西北、西南，或在大漠，或匿丛山。隐于山者或为梯田之最早开辟者？宋玉在《高唐赋》有“若丽山之孤亩”句，“孤亩”是不是楚国梯田？汉代行区田法，梯田有发展，若四川彭水。史载，梯田大行其道于宋代的浙、赣、皖、湘长江中下游山区、半山区。如湘江两岸，宋真宗以前近江傍水之地尽已开垦，又因水利不及而大多荒芜。宋政府官员又倡导以湖北襄阳之粟米种植。“由是山田开垦”。方岳在《秋崖先生小稿》中记皖南山民为谋食生存“凿山而田，高耕入云”。王安石在《抚州通判厅见山阁记》写道：“抚之为州，山耕而水莳……为地千里，而民之男女以万数者五六十，地大人众如此。”江西梯田景象可见一斑。“山耕水莳”，可见当时抚州不缺水，此水何水？山耕之水应为山泉之水，水源地必在山上，山上必有郁闭葱郁之原始森林，山耕水莳养活五六十万人，森林功莫大焉！杨万里1178年从浙江回江西，一望信州得句曰：“此地都将岭作田。”

宋代耕地紧缺到垦山为田，到“此地都将岭作田”，首要的原因是人口激增所致，宋代人口最高峰很可能超过8000万近9000万，总之是要解决吃饭问题。然大规模的垦山为田，必会带来森林草地的减少而失生态之衡。不少梯田在薄薄的土层肥力耗尽并日益缺水的情况下成为“光板田”，惊心动魄地“挂”在山壁上，一直挂到20世纪70年代。笔者游三峡，不闻两岸猿声，不见林木耸峙，只有伛偻劳作于“光板田”的农人历历在目，唐时三峡之林与猿，宋时即萧条，真个是：唐时森林宋时田，猿鸣一去如云烟！宋代耕地面积扩大的另外一个原因，是对农田水利的重视。1173年、1175年的诏令重申：

“农为生之本也，泉流灌溉所以毓五谷也。”并作为地方官是否恪尽守土之责的重要考核：“然则通沟渎，潴陂泽，监司守令顾非其职欤？”知会各级官吏：“各殚厥心，无蹈后悔。”

范仲淹不仅是文章大师还是水利专家，1035年宋仁宗时范仲淹知苏州，发动民工疏浚白节等河浦。又亲临海浦，疏浚福山、黄泗、许浦、奚浦、三丈浦及茜经、下涨、七丫，疏导各水，使其安澜畅流东南入松江，东北至长江与东海（《苏州府志》）。30多年后的熙宁年间，苏州一带已经“七里一纵浦，十里一横塘”。常熟、昆山则分别开设36浦59渎，置48闸。吴江还专设水则碑，以记水文，以应天时。形成了以塘引水、以泾引水、以塍御水、以埭储水的长江流域历史上很可能是最早的河道水网化之雏形。

苏东坡任杭州知州，动员20多万民众治理西湖，把挖出的淤泥堆成长堤，“相去数里，横跨南北两山，夹道植柳”（《宋史·河渠志》）。后人不忘西湖水清之德，而名之曰苏堤。同时，苏轼还疏浚了钱塘县西南的茅山河、盐桥河，造堰闸，蓄泄有序，“江潮不复入市”。又重修六井，杭州百姓感恩戴德，不少人家挂有苏东坡画像，“饮食必祝，又作生祠以报”（《宋史・苏轼传》）。

杭州的历史可以上推至5000年前以玉器之精美无比而显赫于华夏的良渚文化。良渚，美丽渚洲也，美丽国也，其遗址在今杭州之余杭，当年良渚在，始有杭州城。杭州襟抱江湖，内有运河通航，外泊海上商轮，地接长江下游以及太湖农业发达区。杭州城原是吴越钱氏在隋朝郡城基础上扩建的方圆70里大城，北宋时便有发达之商业。南宋迁移至杭州作行都后，各路人马各色人等均涌向杭州，包括开封的富商巨贾，顿时变得路窄城小，“辐辏骈集，数倍土著，今之富室大贾，往往而是”（《靖康要录》）。杭州人口剧增，孝宗时为26万户，到南宋末年时为38万户、120多万人，还不包括官僚衙门、驻军人数，为当时世界之最。

南宋政权以杭州为政治中心，在政治上始终没有什么大的作为，靖康之耻终未能雪。但在发展农业、商业及科学文化上，却利用长江流域的资源优势，始终保持着他族别国望尘莫及的领先地位。

南宋之时，杭州的作坊、团行、质库、邸店、酒楼、茶坊比比皆是，除日市外还有早市、夜市，以中瓦最为热闹，“扑卖奇巧器皿，百色物件，与日间无异”（叶绍翁:《都城纪胜》）。大街上“买卖昼夜不绝，夜交三四鼓，游人始稀”（《梦粱录》）。而大街之外的“其余坊巷市井，买卖关扑，酒楼歌馆，直到四鼓后方静，而五鼓朝马将动，其有趁卖早市者，复晨起开张，无论四时皆然”（《都城纪胜・市井》）。关于早市，《梦粱录》是这样记载的：

御街铺店，闻钟而起，卖早市点心，如煎白肠、羊鹅事件、糕、粥、血脏羹、羊血、粉羹之类，冬天卖五味肉粥、七宝素粥，夏月卖义粥、馓子、豆子粥。又有浴堂门卖面汤者，有浮铺早卖汤药二陈汤，及调气降气并丸剂安养元气者。有卖烧饼、蒸饼、糍糕、雪糕等点心者。以赶早市，直至饭前方罢。及诸行铺席，皆往都处，侵晨行贩……早市供膳诸色物件甚多，不能尽举。自内后门至观桥下，大街小巷，在在有之，不论晴雨霜雪皆然也。

杭州早市品种之多味道之美，举世罕见，仅早市熟食就有200种之多，其时杭城可谓满街都是美食家。南宋时的杭州美食还讲究价廉而质好，至于官商富豪一扔千金者，另有去处。饮食业已形成多元的特色经营，如酒肆，一般兼卖各种下酒菜，可随意索换，酒家自有食牌。另一类又称“包子酒店”，专营灌浆馒头、薄皮春茧包子、虾肉包子、鱼儿杂合粉、罐熬大骨头之类。还有“肥羊酒店”，小有名气的如丰豫门归家、省马院前莫家、后市街口施家、马婆巷双羊店，以软羊、大骨龟背、烂蒸大片为市巷街头称道。面食店名吃名件有：三鲜面、鸡丝面、盐煎面、笋泼肉面、炒鸡面、大熬面、熬汁米子及各色羹汤等等，还有下饭酒菜，生熟烧、对烧、烧肉、煎小鸡、煎鹅什件、肉煎鱼、炸梅鱼等等。还有流动经营的分陆上、水上两种，陆上如夜市，水上如西湖，“湖中南北搬载小船甚伙，如撑船卖羹汤、时果……及供菜蔬、水果、船扑、时花带朵、糖狮儿、诸色千千、小段儿”。（以上资料参考《梦粱录》）

杭州城内还有各种小贩，沿街穿巷贩卖日用杂物，民生极方便，时称“诸色杂货”。

杭州其时的服务性行业，综合各种古籍所载，除去重复的，还有200多种，可谓无所不有，是宋代城市发展中行业增多、分工细致的一个重要方面。各行各业均有明显可辨的特色服装。以《梦粱录》所记为证：

杭城风俗，凡卖百货饮食之人，多是装饰车盖担儿，盘盒器皿新洁精巧，以炫耀人耳目，盖效学汴京气象。及因高宗南渡后，常宣唤买市，所以不敢苟简，食味不敢草率也。且如士农工商诸行百户衣巾装着，皆有等差。香铺人顶帽披背子，质库掌事裹巾著皂衫角带，街市买卖人各有服色头巾，各可辨认是何名目人。自淳祐年来，衣冠更易，有一等晚年后生，不体旧规，裹奇巾异服，三五为群，斗美夸丽，殊令人厌见，非复旧时淳朴矣！

看来，奇巾异服早已有之，一代又一代的后生之辈，总是在压抑和苦闷中希望显示对种种旧规实行哪怕是小小的挑战，却也很难得到认同。其实所谓“旧时淳朴”，也终于无奈如落花流水，人的世界总是在变，且不论变好变坏。

倘论商市繁忙，杭州之外，还有苏州、扬州、荆州、成都、建康、镇江、长沙、吴兴、吴江、衢州等地。苏州尤有各种优势，它位处太湖平原中部，京杭运河必经之地，西近太湖，东邻阳澄、金鸡、独墅等湖群，为著名江南古城，两宋时号称“金扑满”。扑满为古人贮钱的一种器具，平时只能装钱，进而不出，钱满后再破而取用。

农耕、水利、商业以及都市的繁华，都能说明当中国封建社会演进到宋朝时的若干非凡气象，可以说是管中窥豹，可见一斑。从整体而言，有宋一代的科学、文化究竟达到了什么样的程度？作为当时文化主流所在地的长江流域又是一种怎样的态势？

李约瑟在著名的《中国科学技术史》中称沈括为“中国整部科学史中最卓越的人物”，而沈括的《梦溪笔谈》乃是“中国科学史上的里程碑”。信哉斯言！一个空前绝后的造极之世必定有其辉煌业绩的代表人物，这一代表人物肯定不是皇帝，也不是皇亲国戚。李约瑟之论实际上已经给出了答案：作为华夏民族科学与文化造极之世的宋代，他的当之无愧的代表者就是沈括。

沈括，生于1033年，卒于1097年，北宋钱塘人，嘉祐进士。《宋史·沈括传》称他“博学善文，于天文、方志、律历、音乐、医药、卜算无所不能，皆有所论著”。沈括一生著作甚多，仅《宋史·艺文志》记载的就有22种155卷。代表作是《梦溪笔谈》，共30卷，正编26卷，《补笔谈》3卷，《续笔谈》1卷。在数学上，沈括首创了隙积术和会圆术。在物理学上沈括最早发现了磁针的“常微微偏东，不全南也”的现象，是地磁偏角的最早发现者，较之西欧早出400年。

沈括利用石油不容易完全燃烧而生成炭黑的特点，首先创造了用石油炭黑替代松木炭黑制造烟墨的工艺，他还首次使用了“石油”这一科学命名，并做过这样的预言：

此物后必大行于世。

沈括是奇才奇人，而且是大才全才，他对自然科学的所有领域都有兴趣，也均有建树，沈括之世欧洲一片沉寂，而沈括之见在当时地球上可称为明烛炬火，照彻长夜。

沈括第一个对我国华北平原的成因做出了海陆变迁、沧海桑田的精彩论述记载：

予奉使河北，边太行而北，山崖之间，往往衔蚌壳及石子如鸟卵者，横亘石壁如带。此乃昔之海滨，今距东海已近千里。所谓大陆者，皆浊泥所湮耳。

沈括告诉我们，太行山中有螺蚌壳证明了地球演化过程中，曾经有过的沧海桑田之变，同时他还指出今华北平原是带泥沙的河流冲击而成的。“今距东海已近千里”的东海当时是渤海，因为渤海在东，古人亦称东海。

沈括游雁荡山，写有《雁荡山记》，共约450字，抒情、写景、怀人，叫人目不暇接。开首便道：“温州雁荡山，天下奇秀，然自古图牒，未尝有言者。”这是为什么呢？直到宋真宗祥符年间，“因造玉清宫，伐山取材，方有人见之，此时尚未有名”。即便是号称山水诗圣的谢灵运为永嘉太守时，“游历殆遍，独不言此山”。到底雁荡风景奇特在何处呢？沈括接着写道：

予观雁荡诸峰，皆峭拔险怪，上耸千尺，穹崖巨谷，不类他山，皆包在诸谷中。自岭外望之，都无所见；至谷中，则森然干霄。原其理，当是为谷中大水冲激，沙土尽去，惟巨石岿然挺立耳。如大小龙湫、水帘、初月谷之类，皆是水凿之穴。自下望之，则高岩峭壁，从上观之，适与地平，以至诸峰之顶，亦低于山顶之地面。

沈括明确指出了雁荡山的流水侵蚀之自然成因，并“包在诸谷中”，倘不入谷进山那就无所见了。沈括进而联想到陕西黄土高原的沟壑，也是流水侵蚀分割之故，“亦雁荡具体而微者，但此土彼石耳”。

竺可桢先生论及沈括雁荡之见时概而言之道：“在我国11世纪时，而有此种见解，可称卓识。”

地学思想中的沈括，其见地和想象力以及广泛的野外考察所得的实据，在当时之世堪称天下第一。欧洲经历中世纪的黑暗的摸索，表达同类见地并为科学地球史奠基，比沈括晚了至少四百年！

沈括的出现与成就都不是一种孤立的现象，而是与整个宋代社会科学思想的活跃，四大发明在长江流域的完成密切相关。

雕版印刷起于唐五代时期的成都与杭州地区，可以说是民间工匠的创造。五代晚期，雕版已用来刻印经书，一般认为后蜀的九经刻印早于后周。到宋朝，雕版印刷盛况空前，以长江流域为最。其原因不外乎读书、写书的人多，推动刻书之风；纸张与印刷技术的进步；出版的自由和思想活跃。

纸的历程告诉我们，从麻料到树皮纤维造纸是一个进步的台阶；由木本植物的韧皮部到以整个草木植物的茎干，又上了一个台阶。竹纸出现于宋朝，以竹的整个茎干造成，长江流域竹子资源的丰富为后盾，竹纸的鲜亮让别类纸张大逊其色了。

苏东坡在《东坡志林》中说：“今人以竹为纸，亦古所无有也。”

长江流域宋时竹纸最负盛名的，在江浙一带，谓“越竹纸”。南宋的《负暄野录》说：“今越之竹纸，甲于他处。”还写了制作过程：“又吴人取越竹，以梅天水淋，晾令稍干，反复捶之，使浮茸去尽，筋骨莹澈，是谓春膏，其色如腊。若以佳墨作字，其光可鉴，故吴笺近出，而遂与蜀产抗衡。”《会稽志》又说：“然今独竹纸名天下，他方效之，莫能仿佛，遂掩藤纸矣。竹纸上品有三：曰‘姚黄’，曰‘学士’，曰‘邵公’，三等皆佳。”宋代竹纸以越产为佳，首先是因为越地多竹越竹的青翠细腻、品质精良，而加工程序则大同小异，是有一方山水一方竹、一方青竹一方纸之谓。

宋时文人，宋时书法，宋时竹纸，雕版印刷后的宋版名著大为流行，今北京图书馆馆藏乾道七年《史记集解索隐》、绍兴戊辰《毗庐大藏》，均为竹纸刻印者。971年，在成都刻印的全部《大藏经》共1046部，5048卷，雕版达13万块，花费了12年，这是世界印刷史上规模浩大的工程之一（《科学的历程》，吴国盛著）。

印刷质量的另一关键是墨，到宋朝墨业发展、墨品优异、墨工辈出，而使宋版书“墨色如漆”“墨质精纯”，传为千古佳话。墨中之宝为歙墨——即徽墨。又有当时品质最佳之歙砚，今江西婺源——古徽州地——犹有宋代取歙石之老坑，古徽州老街有巧夺天工之美的歙砚名店——三百砚斋。歙墨起源于奚超，于唐末和其子廷珪自易水渡江，迁居歙州，南唐赐姓李氏，始有“二李歙墨当世一绝”之誉。二李之墨以胶法闻名，宋时墨工得其真传，继承了传统工艺，造墨名人接二连三。比如柴珣、沈珪、张遇、潘遇、张谷、潘谷等。《春渚纪闻》的作者宋人何薳自云儿时曾于彭门寇钧国家见其先世所藏李廷珪下至潘谷十三家墨的盛况，用了八个字：

> 断珪残璧，灿然满目！

中国传统文化的博大、精美、深奥，仅以一本书而言，首先包括了纸与砚、墨和毛笔，然后是书法、学问、才情、识地，到雕版、印刷、装订的各种细节。如果所有细节都是精美的，整体的精美自不待言，而且这样的精美又岂能仅仅以精美言之？

宋时理学大行其道，但没有文字狱，出版也相对自由。朝廷印书，地方印书，书院印书，私家坊间只要有财力也可刻可印。“对本朝历史、历书以及属于国家机密的书，原来不准私人印刷，神宗熙宁年间，连这种禁令也放松了。宋罗壁《识遗》说得好：‘禁刻一时，则私刻坊刻，风起云涌，刻印遍及全国。’（《中国长江流域开发史》，万绳楠等著）。”

中国书籍有版权页，并郑重声明“版权所有，不得翻印，盗印必究”之类的版权术语，也起源于宋代。印刷业兴盛，盗印必随之而起，宋人便史无前例地提出了版权问题。宋程舍人宅刻本王称《东都事略》目录后有长方碑记，上有“眉山程舍人宅刊行。已申上司，不许复版”之语。不甚了然的是“已申上司”是什么意思，想来不会是“三审通过”，而只是知会地方官或专门负责相关事务的官员，待考。也有另一类的保护版权之法，如宋刊本祝穆《方舆胜览》自序之后，有两浙转运司的告白：禁止翻刊、翻版，如有翻版人，允许陈告追究，毁版施行。

编著、印刷、出版又与宋代教育事业的发达景象相关，其时除了京城的太学等学府外，地方上有州学、府学、军学、县学，而最具宋时长江流域教育特色的是书院。

书院一词始见于唐代。唐开国以后广收书籍，购求散佚。开元初年，马怀素、褚无量等人上书请求进行大规模图书整理。开元六年，乾元殿更名为丽正修书院，开元十三年，又更名为集贤殿书院，隶属中书省。该书院非读书之地，而是收藏整理图书，“刊辑古今之经籍”。不过无论如何，总是集中了一批饱学之士，书院自然而然成为一时学术中心。约略言之，书院之名起于唐，唐也有了私人书院，到五代成为一种教学方式，其名或称书院或称精舍，合讲学、藏书、祭祀于一体，而确立与兴盛在宋代。

宋初有天下四大书院之说，各家所指有异，但白鹿洞书院、嵩阳书院、应天府书院、岳麓书院、茅山书院、石鼓书院均为名噪一时的大书院。到南宋时，一方面国势日衰、土地沦陷，官学教条而腐败；另一方面，书院却更加欣欣向荣。

长江流域沿江书院占宋代书院379所之72%，为272所。其中最为史家称道的有白鹿洞书院、岳麓书院、东林书院等。

唐德宗贞元年间（785—804年），洛阳人李渤与其兄李涉在庐山五老峰下隐居读书，并驯养了一只白鹿，人称李渤为白鹿先生，隐居所在的山谷从此被称为白鹿洞。南唐昇元四年，李氏朝廷在白鹿洞建庐山国学，也称白鹿洞国庠、白鹿国学、庐山书堂、匡山国子监，是与当时秦淮河畔的金陵国子监相似的官吏学校。南唐覆灭，庐山国学也告终结。

宋初，有江州读书人在庐山国学旧址重开学馆，人称学堂也称书院，这是白鹿洞书院的真正开端。

太平兴国二年（977年）江州知州周述将白鹿洞书院办学情况奏闻朝廷，宋太宗将国子监刻印的九经等书赐送，以为嘉勉。以后整修并塑孔子像，可惜毁于战火。白鹿洞书院真正成为海内知名书院，是在南宋淳熙年间（1174—1189年）。1179年秋色宜人时，朱熹到了白鹿洞北宋书院遗址，山光水色中感慨无限。书院旧迹可寻，有林泉之胜而无市井之喧，只见山峰隐约，林木茂盛，山花闲散，九天之上云卷云舒，山间溪流自鸣自吟，实在是读书好去处。朱熹便呈送了《申修白鹿洞书院状》。1180年3月，踏青时节，书院修复初具规模，朱熹率官吏及师生至白鹿洞，祭祀先师先圣，再行开学典礼，朱熹升堂讲第一课——《中庸》首章。

朱熹立《白鹿洞书院揭示》，也称“白鹿洞洞规”，即五教：父子有亲，君臣有义，夫妇有别，长幼有序，朋友有信。为此又有为学、修身、处事、接物之要目：

为学之序是：博学之，审问之，慎思之，明辨之，笃行之；修身之要是：言忠信，行笃敬，惩忿窒欲，迁善改过；处事之道是：正其谊不谋其利，明其道不计其功；接物之旨是：己所不欲，勿施于人，行有不得，反求诸己。

朱熹在白鹿洞书院所立课程，是从《礼记》中辑录而出的《大学》《中庸》，与《论语》《孟子》合称四书，置于五经之上，而在教学过程中朱熹青灯伏案所撰写的《四书集注》，为学者所爱，是书院的教材。朱熹在白鹿洞书院所采行的是导师制教育方法，山长、洞主作为主讲者，在德行、学问各方面实行全面指导。既升堂讲学，正襟危坐；也自学理会，沉思默想；还互有切磋，推敲质疑。有时同赴山水之间，共享林泉天籁，这时候可以不拘礼规，能够手舞足蹈，大约是读书人难得的开心时刻。由此，白鹿洞书院成为“天下书院之首”。

岳麓山中有岳麓书院，自晋以来到清光绪二十九年改为湖南高等学堂的近千年间，在不同历史时期，均不同程度地代表或影响整个中国书院的发展趋势，是中国古代一处重要的学术中心。

南宋时，岳麓书院是当时学界影响最盛的湖湘学派基地。绍兴末年，湖湘学派的创始人胡宏的门徒张栻为岳麓书院主讲，他反对把书院当作获取功名利禄之地，反对科举取士之道。在“三代导人，教学为先，人伦明、小民亲而王道成”的理想之下，岳麓书院在世风日下、人心不古之世，一时成为不计利禄一心求道，经世济民博取精守，刻善治学尊师重道之地。

岳麓书院学风广大，博采众家，1167 年秋曾有朱熹与张栻会讲之盛举，轰动学界。会讲的题目是“太极”与“中和”，各抒己见，各有妙论，辨析异同而又不失斯文。朱熹理学在南宋、元代和明初为极盛，王阳明以“心学”“致良知”与之抗衡，于 1507 年到岳麓书院讲学，使人耳目一新。

近代以降湖南学风大振、人物众多，岳麓书院就文化渊源来说，其影响辐射广布湖湘，实为孕育之地。一种风气之下，才会有雨霖甘泽，而百木争生之地，自能出栋梁之材。

东林书院是原宋代理学家讲学之地，在无锡惠山脚下。明万历三十二年顾宪成与高攀龙一起主讲。“风声雨声读书声声声入耳，家事国事天下事事事关心”便是顾宪成为东林书院所题之对联。东林书院影响之大，无锡《金匮县志》称：“远近名贤，同声相应。天下学者，咸以‘东林’为归。”

东林书院以儒家正宗的面目出现，但其学风却相当活跃，反对明哲保身、传食诸侯，而且议论朝政、褒贬人物，并倡导清廉、主持正义。上则“庙堂亦有畏忌”，下则百姓以东林之人为贤良，是有“一堂师友，冷风热血，洗涤乾坤”之誉。

宋时书院之多可谓举不胜举，还如衡州石鼓书院、绍兴稽山书院、婺州丽泽书院、吉州白鹭洲书院、邛州鹤山书院、福建龙溪书院、桂林象山书院等均在南方而主要又是在长江流域兴起的。

书院既非官学也非私学，是中国古代特有的一种民间教育机构，为传播、弘扬华夏文化可称居功至伟！书院讲究选址，以林木葱郁，水泽流长为佳处，避喧嚣而求宁静，讲学自由，教训合一，有教无类，人才迭出。其所以选址大都在长江流域，一是南人好读书，二为环境使然。山空鸟灵，林盛泉幽，才是做学问的地方；而层岭绵延之间的草木，瀑布飞泻之下的山峦，无不是天地大书展开的章句。

在大自然的怀抱中，读书、明理、冥想都要贴切而简捷，并能为山水间的万类万物所启迪。因而构成了少有人言及的书院一大特色：回归自然——自觉或不自觉的回归自然——然无论自觉还是不自觉——环境的启迪之功孰可量之？

中国古代书院，是值得中国人永远怀想的。

活字印刷术的发明时间为北宋庆历年间（1041—1048年），发明人为布衣毕昇，这个伟大的布衣使印刷技术又一次产生了飞跃。有论者认为毕昇是个刻字工人，但毕昇在何处发明了活字印刷，以及生平籍贯等均不详。1993年初，湖北发现毕昇墓，生于斯，葬于斯，毕昇生活的地域当在长江流域，应无疑义。

毕昇活字印刷的道理，与现代的铅字排印完全相似。公元1450年，德国古腾堡仿毕昇之法，开始了欧洲活字印刷时代。欧洲中世纪的沉睡与黑暗就要结束了，为这一天到来所做的最重要的物质准备，却是由中国人完成的。马克思说：

> 火药、罗盘、印刷术——这是预兆资产阶级社会到来的三项伟大发明。火药把骑士阶层炸得粉碎，罗盘打开了世界市场并建立了殖民地，而印刷术则变成新教的工具，并且一般地说变成科学复兴的手段，变成对精神发展创造必要前提的最强大的推动力。

火药在唐代末年就已经在中国出现了。

火药的发明首先要归功于炼丹术士。中国的炼丹术与西方炼金术一样源于原始巫学、巫术，带有很浓重的神秘色彩，不过炼丹术追求的是长生，炼金术希望得到的是黄金，仅此一点，东西文化差异的显而易见与根深蒂固，便是清清楚楚的了。自战国以来，因为长生之术对帝皇的吸引力，中国的炼丹术士得以繁荣炼丹事业。正是在炼丹过程中，大约经常被炸，炼丹者发现了硫黄与硝石的特性，掌握了火药的基本配料。炭、硝石与硫黄相混合的黑色火药配方，到唐末，已经用于打仗了；真正成为较完备的火器是在宋代。

> 炼丹术士的八卦炼丹炉里，从未炼出过长生不老之丹，却意外地发现、发明了从此使多少人丧生的火药。
>
> 这是巫术的科学，
>
> 还是科学的巫术？

火药用于战阵之初，也仅仅知道大火、焚烧对方的兵丁营地，所谓火箭、火炮也就是将带有火药的火球抛掷到敌方。唐福于公元 1000 年发明火蒺藜，火药中混有砒霜、铁钉等，杀伤力骤然增大。南宋初年陈规镇守湖北安陆时发明火枪，《德安守御录》记为“长竹竿火枪二十余条”，德安即安陆宋时之称。此种用粗大毛竹制成枪筒以喷射火药的火枪，是世界上第一次出现的原始管形火器，是后来各式管形枪械的老祖宗。宋理宗开庆元年又有“突火枪”问世，内安“子窠”，火药燃烧后将“子窠”发射出去。南宋末年，宋朝政府还在荆州与建康建有火药兵器制作院。荆州制作院每月能制出铁火炮 1000—2000 支；建康制作院在两年多一点时间里造了 38000 件火药武器，并能造出大量突火枪及五公斤重的铁壳炮。宋代长江流域的火药与火药武器，是当时之世的最先进武器。

指南针，又称司南，罗盘针，是一种利用磁极的物理性来确定方向的工具，战国《韩非子·有度篇》里有“先王立司南以端朝夕”之语。公元 1 世纪初东汉王充在《论衡》中谈及司南，较为详细：“司南之杓，投之于地，其柢指南。”这很像是指南针的初始之作了。

沈括在《梦溪笔谈》中最早论述了指南针的制造之术。沈括还指出在磁石上磨过的小铁针磁性更加稳固，以此代替天然磁石为佳，他还研究了磁针支挂的四种方式，即“水浮”“指爪”“碗唇”“缕悬”。“水浮”法应用较多，但“水浮多摇荡”。“指爪”和“碗唇”“坚滑易坠”。相比之下，沈括认为“不若缕悬为最善”，所谓“缕悬”就是以细线将磁针悬吊，无风之时指向效果很好。

指南针发明之后，便在宋代用于航海了。

宋徽宗宣和年间，徐竞奉命出使高丽，船中置有“水上浮针”，以在浩茫大海波峰浪谷间辨别方向。其法是将指南针穿上几节灯草使之浮于水面。磁针所指，即为南方。徐竞归来写有《宣和奉使高丽图经》。徐竞船上所用的指南之法，即沈括说的“水浮”。

南宋时，航海“全凭南针”，吴自牧的《梦粱录》有记载，南针即指南针。吴自牧写道：“若欲船泛外国买卖，则自泉州便可出洋。迤逦过七洲洋，舟中测水约有七十余丈。若经昆仑、沙漠、蛇龙、乌猪等洋，神物多于此中云雨。上略起云朵……顷刻大雨如注，风浪掀天，可畏尤甚。但海洋近山礁则水浅，撞礁必坏船。全凭南针，或有稍差，即葬鱼腹。”

宋代长江流域的造船业已经代表了当时中国及世界的先进水平，也是中国古代造船技术臻于成熟的标志。北宋在明州（今浙江宁波）所造的四艘出使朝鲜的“神舟”，已是巨型远洋海船，长100多米，可载重1100吨左右，在当时绝对是庞然大物，船泊高丽港口时，“倾国耸观，而欢呼嘉叹”。（《宣和奉使高丽图经》，徐竞著）

1974年夏天，福建泉州湾后渚港出土的宋代海船共分隔成13舱，两舱之间隔板为杉木所制，船舷是三重木板，各板之间采用榫接，隔舱板与船壳板之间的衔接处以扁铁和钩钉相连，并以麻丝及桐油灰腻密板缝，水泄不通。船如触礁或相撞，有的舱破损漏水也不致沉没。此种“水密隔舱”技术，宋时中国领先世界一千多年。

宋代是一个多才多艺的时代，你读欧阳修的《洛阳牡丹记》便深有此感了，一叙花品，二释花名，三论风俗，是我国最早的牡丹花专著，成书于1031年。《桐谱》成书于1049年，是我国历史上仅剩的泡桐专著。全书分10目：叙源、类属、种植、所出、采斫、器用、杂说、记志、诗赋等，全书近8000字。还有《荔枝谱》《芍药谱》，前者成书于1059年，后者为1073年。《菊谱》是宋徽宗崇宁三年（1104年）由彭城（今徐州）人刘蒙所撰。范成大归隐乡居后又写了《梅谱》。而《菌谱》成书于南宋淳祐五年（1245年）。

然后有《全芳备祖》成书于南宋宝祐四年（1256年），是世界上最早的一部植物学辞典。

草木与人类生活密切，人类在草木中的探求、欣赏，精神文化的提升，于此可见一斑。

回溯历史，笔者所记的不过是九牛一毛而已，却不难看出两宋长江流域的经济、文化与科学技术已达致何等高度。

宋代的辉煌与苦难无不与森林共存或相关，以河患论，伐木毁林，堤防破损，水土流失，是一大原因。而北宋治河，也可谓惊心动魄。据《黄河水利史述要》载，北宋建隆元年（960 年），景祐元年（1034 年）的 74 年中，大决大溢 31 次。决而堵，堵而决，怎样堵？！旧法也，竹木苇草加之石块以为堵塞也。景祐元年于澶州横陇埽决口后冲出一条新河道，宋史称“横陇故道”。

于是恢复故道让黄河东流入海，还是维持决溢后的北流之途索性因势利导，便成了北宋王朝廷上廷下争论不休的一件大事，史称“回河与北流之争”。

至和二年（1055 年），欧阳修两次上疏反对回河，理由是为了回归旧河道必得先开凿 1000 里河渠引流，百姓负担太重，连年徭役，种种捐税之下，再无余力了。况且黄河决溢而北流是水势之常，宜顺之常而引其流。欧阳修分析了“天下苦旱，京东尤甚，河北次之”，而河北虽然旱情较轻，但“自恩州用兵之后，继以凶年，人户流亡，十失八九”，当此“国用方乏，民用方疲”之际，再以“三十万之众，开一千余里之长河”，弄不好就是民不聊生，国无宁日。在第二疏中，欧阳修以黄河决溢规律切入，认为主张回河的京东、横陇两故道“屡复屡决，理不可复”，即便再堵，也是“于大河有减水之名，而无减患之实”。（《黄河水利史述要》）

宋仁宗还在犹豫之际，宰相富弼、文彦博等却都站到了回河派一边，1055 年赵祯皇帝下令集天下之人力、物力，“同修河决”，次年四月，黄河泛滥之水被引入故道，回河好像是成功了，哪知道不顺乎天理的事物崩溃得如此迅速，“是夕复决”，淹没的兵夫、财物、田地不计其数。

于是再争论、再回河，结果仍然是重新决口。第三次回河之争再起，时为元祐元年（1086 年）颇有百家争鸣的味道了。一应重臣几乎悉数卷入，朝堂之上各抒己见。争论的意见中除了河患本身又添了防止契丹南侵一项。回河派认为“塘泊之设，以限南北，浊水所经，即为平陆”。写到这里，笔者岔开几句，原来在北宋时，西起保定东至天津附近的海口，有一连串的明珠似的湖泊，时称“连绵七州军，屈曲八百里”，“深不可以行舟，浅不可以徒涉”。北宋据此作为天然防线，以阻遏契丹。

北流派则坚持“东流高仰,北流顺下”,至于湖泊,“有限辽之名,无限辽之实”。吏部侍郎范百禄为了伸张北流之议，实地考察了从独流口经界河东到海口的黄河北流河段，翔实地指出:“界河未经黄河行流之前，阔一百五十多步，下至五十步，深一丈五尺，下至一丈；自黄河行流之后，今阔至五百四十步，次亦三二百步，深者三丈五尺，次亦二丈……趋海之势实迅。”这里说的是北流河道已具规模，强行堵塞使之回河实为力不能逮而且必定劳民伤财。而屈曲八百里的塘泊，因为黄河泛滥之水的冲击与往昔不大一样了，浅可以涉水，深可以行船，到了冬天更是坚冰坦途，谁也防不住了。更多的官员则历数民间疾苦，认为大举兴工回河实非上策。那时候为治河计北宋的官员们很是作了一番调查研究，这也是没法子，水在屁股后面追，皇帝又沉着脸问:“计将安出?”吃喝玩乐的“应酬”大约也只能是收敛了。倘若水淹开封，谁也跑不了的。

由黄河的频年泛滥到治黄的频年纷争，皇帝再一次错误决策，“尽闭北流，全河之水，东还故道”。不到5年，黄河再决，东流断绝又向北流，重新冲出一条河道，至乾宁军入海。

北宋三次回河都以复归北流而告终，可谓壮烈，也可以说人对自己及自然的认识为近一千年前的时世所限，奈何！左正言任伯雨在1101年论及黄河时有过很好的概括:“河为中国患，二千岁矣。自古竭天下之力以事河者，莫如本朝。而徇众人偏见，欲屈大河之势以从人者，莫甚于近世。”

任伯雨这番话有极精妙之处，一是众人也有偏见，或者说偏见之众，决策者便因为众而徇之忽略了少数；二是要合乎天理、顺其自然，万不可屈大河之势以从人。用今天的眼光看，任伯雨实在是个有远见卓识的生态环境学家。

二十年前，为写《江河并非万古流》，我去济南寻访过黄河故道，落日黄沙，裂缝爬行。

扑面而来的是废墟感觉。

不远处，黄河还在流，水，又滋养了我们一千年，又困扰了我们一千年。

故道安在哉？可望而不可回矣！

《宋史·河渠志》有“信水”一词。北宋一朝由于黄河决溢频繁，朝廷把治黄当作日常议论的大事，满朝文武乃至市井街头的引车卖浆之流，都为黄河泛滥的忧患意识所笼罩。开封城外黄河两岸的农民更是首当其冲，有一种景象似乎与现代差不多：年年防涝筑堤，以至把开封城外的黄河大堤筑到高出城内平地 40 米。黄河已经成为天河。

然而又有谁能离得开黄河？

农民要用它来灌溉，兴盛一时的汴河漕运一头连着黄河一头接着淮河，几千艘漕船争渡不说，《清明上河图》总是活灵活现的了。开封城内鼎盛时期人口高达 170 万。到了 1016 年，光是漕运进入城内的“淮米为 700 万石”。人口激增，粮食需求紧张可想而知。至 1065 年，好像还有过一次能源危机，《宋史》记载，是年从陕西、河东调入开封的“薪为 1713 万斤，炭以秤计 100 万”。因为这一年，因赶运粮食和薪炭，新造漕船 2500 艘。

那时候开封一定很辉煌。

那辉煌，无疑是以水为载体的。

当然，到北宋时黄河决溢成灾已有两千年的历史，黄河流域茂密的原始森林及丰厚的植被在一代又一代王朝更替的战争与大兴土木及声势浩大的垦殖中，已经灰飞烟灭。北宋人所承受的便是两千年来破坏自然生态的恶果，往往是连年不断的决溢之灾，以及治河抗灾的惊心动魄。

宋人因为与黄河反复的较量，对黄河自然规律的掌握集中在黄河来水的特点上，并根据植物生长的过程和有关时令，确定一年中不同时期来水的名称，为农人的不失时令计，也为抗洪抢险计。

《宋史·河渠志》：“黄河随时涨落，故举物候为水势之名：自立春之后，东风解冻，河边人候水，初至凡一寸，则夏秋当至一尺，颇为信验，故谓之‘信水’。”这里说的是黄河涨落，可待可信。二月、三月桃花盛开时，谓之“桃华水”，那是很富诗意的。“四月末垄麦结秀”时，谓之“麦黄水”。五月瓜实蔓延，谓之“瓜蔓水”。六月“沃荡山石，水带矾腥”，谓之“矾山水”。七月菽豆方秀，谓之“豆华水”。十一月、十二月断冰杂流，谓之“蹙凌水”。水信有常，率以为准，非时暴涨，谓之“客水”。

农人对水的柔情真是无以复加了。

况且这不是诗，况且这是对黄河水，那时在河边守候的人谁不曾做过民役？谁不曾见过黄河决口水淹大地？

他们居然不诅咒这黄河水！

这便是我们古人的聪明之处了，也是人类与水千丝万缕的牵扯，简而言之：水无求于人，人有求于水。

中华文明沿着黄河由西向东再由北向南寻寻觅觅的历史告诉我们，一条大河左右着一个民族的兴衰。同时也提醒国人：我们是在十分艰险的自然条件下生存、奋斗的。谓予不信，你可以到开封去看一看，那堤那天河。

水有信，人无信。人撕碎与水的契约在先，水报复人的决溢在后。这报复正未有穷期。

“1117 年，瀛洲、沧州河决，淹死百余万人”（《黄河水利史述要》），是次大灾难也是北宋王朝灭亡的前奏曲。

富丽繁华的开封离衰落也只有一步之遥了。

历史书上说北宋亡于金，我说北宋亡于河。

北宋亡后南宋小朝廷偏安于杭州——时称临安。离开了浪急水浑的黄河，把年年防洪以防决溢的噩梦留给了金人，代之而来的是年年可以观潮的钱塘江。桂子飘香的西子湖自不待言，南国佳丽又加上风和日暖，偏安得有滋有味。其时，杭州城内忽然百业兴旺，人潮涌动，五方会聚，方言杂陈，不少新开的店铺挂的还是东京（即开封）的招牌，那是生意人逃命时拼死携出开封，一路跋涉而保存下来的。南宋末年时，杭州居民从原先的不足二十万已超过一百万，可见人口问题至少在中国历来的都市中，早已是老问题。

南宋仍然得靠着水，钱塘江比起黄河来明净得多、温顺得多，可惜一离开黄河就再也无所作为，没有了大忧患，又何来大勇气、大智慧？杭州城内，其时特别发达的是“瓦市”——娱乐场所，时称五大瓦市，即今清瓦坊南瓦、惠民街中瓦、羊坝头大瓦、众安桥北瓦、庆春街东瓦。一个瓦市又分成若干“勾栏”，歌舞丝管昼夜不息。

“信水”安在？那些河边的候水人在国破家亡之后还在候水吗？他们一直念念不忘“桃华水”“瓜蔓水”的来临，并且无论怎样城头变换大王旗，仍世世代代与大河相伴，并且保持了北宋时河势变化的称谓，如：大堤坝塌谓之“劄岸”；河水漫顶谓之“抹岸”；堤岸损坏谓之“沦卷”；大水之后沙滩铺陈谓之“曳白”……

这就是中华民族从黄河水中提炼出来的文化的精美与顽强了。

宋代是一个激剧转变的时代，此种转变首先是与汉唐辽阔的版图相比，宋时已大为狭窄，北宋虽为统一的帝国，却与秦皇汉武不可相提并论。是时也，就连收复包括今北京在内的“燕云十六州”的前朝故地之梦，都粉碎在南下辽人的铁蹄下，是有宋真宗与辽人订立的“澶渊之盟”，每年向辽输银十万两、绢二十万匹，暂得苟安。从宋代的版图可知：北有辽，西有吐蕃，而西夏自创文字有强将悍兵，把兰州以西的丝绸之路切断，而云南大理之国又把南亚阻隔，到南宋时更为凄凉，中原尽失，偏安于长江流域。但，从大历史的角度视之，当宋时，是中国大地上少数民族觉醒的年代，也是各民族创立自己辉煌的年代。两宋三百年间，一方面殚精竭虑治河，一方面筹措军队，一而再再而三地战辽、征西夏、伐金，结果几乎皆以兵败告终。不少史家认为“宋朝是历史上最软弱的王朝”，然而，征战无数，兵卒勇往，不胜而败，恐怕不能只以软弱喻之，实为历史进程之大势所趋也。此种大势所趋造就的国民心理影响，最敏感者为宋代士人、学者、诗家，使宋人常带有一种悲哀、愁苦、茫然之心态。这种心态又从开始的忧怨渐渐转化为内视、自省。体现在文字中，开疆拓土、气魄浩然的“但使龙城飞将在，不教胡马度阴山”（王昌龄）、“北风卷地白草折，胡天八月即飞雪”（岑参），已成为“高楼目尽欲黄昏，梧桐叶上潇潇雨”（晏殊）。而能与岳飞的“八千里路云和月”“待从头，收拾旧山河”唱和的唯辛弃疾而已。

宋代的此一社会心理，却与中唐以来已见端倪的国势衰弱之后发生的对传统儒学的思考、儒学复古运动相衔接，把人生的追求由外而内，向内治心，传统儒学过渡到新理学，追求清静无为、淡泊空寂，其中还有老庄的复归心性本源，佛教向着禅宗的演变，于是形成社会思潮。以梁启超的观点，所谓思潮是多种流派并起争锋、相与驳难，然后归于一种为社会大众所接受的持续不断的群众运动。汉之独尊儒术，非思潮也；魏晋以后巫术炼丹，空谈玄虚，非思潮也。宋学之为思潮者以儒学复古为开拓，道、释并起，指向心源，皆为洞彻。宋代社会心理的这一演变，为中国历史、文化进程留下了莫大的影响。其要者有二：汉唐外向开拓之风至此结束，体现在文化上的恢宏博大、豪气干云、自信张扬之气度尽失，代之于“宋人克制自持，含而不露，温文儒雅，谨小慎微的心理品性”（《中华艺术导论》，李希凡主编，北京师范大学出版集团，2010 年 8 月）有封闭之害，此其一也；其二，从文学艺术而言，内省、内思、内向，却大得其道，宋时文学艺术作品无不直指心性，以情以静动人，一诗一画中一山一水皆然。宋代学术之繁荣烂漫，一反汉唐的轻经学、诸子百家之学和史学，而大有包罗万象的气概，得思想自由可以远追先秦之妙。尤其是对华夏民族而言可以借鉴、可作明镜的史学，宋时为最。有北宋司马光的《资治通鉴》，南宋袁枢的《通鉴纪事本末》。南宋郑樵的《通志》更是古代典章制度历史沿革的圭臬，后之治史者必读之书。如此等等，不一而足。

从文化而言，谁是风景画的开创者？据传，第一个画竹的是五代后唐李夫人，因为月光下院中青竹摇曳而窗户上的竹影使之心动，描而摹之，开墨竹之始。又据 2013 年 10 月 23 日《参考消息》9 版文《英媒称最早风景画应为中国制造》。此文原载英国《卫报》网站，原题为“中国制造——东方人如何开创了风景画”，作者乔纳森·琼斯。风景画，亦即中国之山水画，首创者是谁？向以欧洲白人中心主义的欧人认为，是欧洲文艺复兴时期的达·芬奇，其作品为《亚诺风景素描》，达·芬奇并把该画的创作日期写到了画纸上：1473 年。乔纳森·琼斯说：“1473 年的那幅画就像是中国古典绘画作品——如李公年的《冬景山水图》的一幅摹本。”李公年的画在英国国立维多利亚与艾伯特博物馆内，展品的说明并注出，李公年之画作于1120年。1120年是何朝何时？宋徽宗赵佶时。两相比较，李公年的画比达·芬奇的《亚诺风景素描》早353年。欧人为什么要占据风景画之首创者？因为风景画是以纯粹欣赏的眼光去看山川草木，并把极普通的自然物置于方寸之内，成为风景，成为可以勾连心灵的风景。以此故，在欧洲艺术史上，风景画的开创是“最伟大的事件之一”（乔纳森·琼斯语）。而且只有描绘自然才能贴近内心，走进自己和读者的心灵，是开创艺术世界并赋之予心灵世界的一种极好的方式，也是一个时代文化艺术达致某种高度的证明，欧人据之即为此理。其实李公年不是最早的山水风景画者，后唐李夫人画竹，比李公年早一百多年。李夫人也不是最早的。西安碑林中有汉代竹叶碑，而关云长故里《解州县志》称：“画竹始于汉寿亭侯。”提青龙偃月刀的关云长的石刻之竹与画竹诗，至今犹在。现存实物尚有东晋砖刻竹林七贤图，北魏石椁孝子变等。到唐代更有画竹之盛，王维，盛唐之诗人画家，隐居于秦岭，今传有《伏生授经斋》，据传为王维画本，《辋川图》历代著录相传。其《山水诀》《山水论》倡导画者“肇自然之性，成造化之功”，“凡画山水，意在笔先”。惜乎两书已佚。

画论家张彦远辑《唐朝名画录》，依神品、妙品、能品、逸品为品评，唐时画竹者以萧悦最富传奇，有时一年也画不好自己得意的一枝半竿，有时一天忽写出十五竿。作品送予白居易，白居易评曰：“不根而生从意生，不笋而成由笔成。”唐代是诗的时代，题竹诗句，同竹画合璧，洋溢着深远美妙的哲理和审美情绪，如晚唐诗人方干有诗云：

> 叠叶与高节，
> 俱从毫末生。
> 流传千古誉，
> 研炼十年情。
> 向月本无影，
> 临风疑有声。
> 吾家钓台畔，

似此两三茎。

北宋中期，文同、苏东坡，徘徊竹林，忘情山水，寄意墨竹，有“湖州竹派”传世，几竿凌云，竹叶扶疏，块垒为伴，向天而立，引领中国文人画精神之苍茫独立者也。上继盛唐，下开风气，影响其中者金、元、明、清诸大家：王庭筠、钱选、赵孟頫、柯九思、吴镇、倪瓒、王绂、文徵明、孙周、唐寅、朱耷、徐渭、石涛、郑板桥等等，不一而足。

文同，“湖州竹派”之开山者也，史称“寒竹高手”。文同写竹爱竹，称竹为“墨君”，有《咏竹》传世：

竹，竹。森寒，洁绿。湘江边，渭水曲。帷幔翠锦，戈矛苍玉。虚心异众草，劲节逾凡木。化龙杖入仙陂，呼凤律鸣神谷。月娥巾披净冉冉，风女笙竽清肃肃。林间饮酒碎影摇金，石上围棋清阴覆局。屈大夫遂去徒悦椒兰，陶先生归来但寻松菊。若檀栾之操则无敌于君，图潇洒之姿亦莫贤于仆。

文中之屈大夫，即三闾大夫屈原，陶先生即陶渊明。文同是想持竹以赠屈原、陶潜吗?

宋代，一个文化灿然的朝代。

中国的诗史、画史，倘无青青翠竹之中空、有节、风姿万种，灿然兀立，真是不可想象了。一个待解的困惑是，中国水墨画始于修竹？始于山水？山水者浩然而大块也，修竹者真如而般若也。画竹名家，历朝风涌，到宋代《宣和画谱》列墨竹为十门画科之一。唐时以萧悦、王维闻名，宋时苏轼、文同等一众画家之墨竹可称引领画坛，标门立范，摇曳群伦。《宣和画谱》言墨竹之叙，可谓集“真景物、真性情”（王国维语）之大成而得大境界：“盖胸中所得，固已吞云梦八九。而文章翰墨，形容所不逮，故一寄于毫楮，则拂云而高寒，傲雪而玉立，与夫招月吟风之状，虽执热使人亟挟纩也。至于布景致思，不盈尺而万里可论，则又岂俗夫所能到哉。”墨竹盛于宋，元代画家则推至灿烂辉煌，后文另述。

宋代的诗、词、古文、书法、山水花鸟画乃至宋时雕版印刷、宋瓷、建筑、私家园林，无不臻完善之境，甚或别具创新。以文学论，可与唐时并列，各有千秋。诗不如唐，宋诗只能以数量胜；文唐不及宋，词尤过之。说到词，宋词非拔地而起者也，起源于唐，先是诗家为破五言、七言之格律，以求跌宕之自由；又受西域音乐即胡乐的影响，唐贞观十四年，因平定高昌得高昌乐，又造燕乐，据《宋史·乐史》记载，唐设十部乐：

一曰燕乐，二曰清商，三曰西凉，四曰天竺，五曰高丽，六曰龟兹，七曰安国，八曰疏勒，九曰高昌，十曰康国，而总谓之燕乐。

清刘熙载云，“词，声学也”，又云，“词曲本不相离，惟词以文言，曲以声音”。词，以乐定句，因声度词，审调以唱。到白居易、刘禹锡作《竹枝词》，词已不仅为宴乐之声，也有了民间清音。再到温庭筠及唐末五代之韦庄等西蜀词人《花间集》，又是词的另一番气象了。韦庄词以疏淡著称，却“似直而纡，似达而郁，最为词中胜境”（陈廷焯语）。如韦庄《菩萨蛮》：

人人尽说江南好，游人只合江南老。春水碧于天，画船听雨眠。
垆边人似月，皓腕凝霜雪。未老莫还乡，还乡须断肠。

又如温庭筠《菩萨蛮》：

玉楼明月长相忆，柳丝袅娜春无力。门外草萋萋，送君闻马嘶。

画罗金翡翠，香烛销成泪。花落子规啼，绿窗残梦迷。

都写相思别离，艳美而不俗，忧怨而知止。诗人离开了忧国忧民，相思别离，还能写出好诗来吗？王国维在《人间词话附录》中有称许“温韦精绝”之语。

关于《花间集》，南宋大诗人陆游在明汲古阁覆宋本跋语中有两段话，一言词所出之历史、环境使然，晚唐社会分崩，士人使命感无处可着。言志之诗变为香艳之词，倚红偎翠，放歌酣洒：

《花间集》皆唐末五代时人作。方斯时，天下岌岌，生民救死不暇，士大夫乃流宕至此，可叹也哉！或者，出于无聊故耶？

又：

唐自大中后，诗家日趋浅薄。其间杰出者亦不复有前辈宏妙浑厚之作，久而自厌，然梏于俗尚，不能拔出。会有倚声作词者，本欲酒间易晓，颇摆落故态，适与六朝跌宕意气差近，此集所载是也。故历唐季、五代，诗愈卑而倚声辄简古可爱。

绮声，词也，同倚声。词至花间，绮丽香艳，入红楼绣幕，进秦堂楚馆，适合歌女吟唱，与当时商品经济的走向初步繁荣相关。于是失唐时关注社会，驰骋边塞的五言、七言之雄风悲壮，转而为婉约清丽。从人性及历史发展的角度视之，词又为应时而创者，香艳之中有人的本性，“简古而可爱”，简者一去唐时用典造句之深奥，有古乐府之流风馀韵，其表现缠绵彷徨爱情之优长，实为唐诗所不及。

文化灿然的宋代，就连北宋的几个皇帝亦多才多艺，太宗、真宗、仁宗晓音律能度曲。宋真宗好作优词，“或为杂剧词，未尝宣布于外”（清徐松，《宋会要辑稿》）。宋仁宗“每禁中度曲以赐教坊”（同上），又长书法，善为飞白书。

最钟情书画艺术的是宋徽宗，独创“瘦金体”，能花鸟，更胜花鸟的是山水画，有“徽宗山水”之隆誉。又创设皇家画院，仿科举制，命题作画然后取士，并亲自上课传艺，此举实为中国国家画院之肇端也。

宋代皇帝钟情文化，却也做了一件后人不能见谅的事情：毒杀李煜。李煜史称南唐后主，三十九岁时为宋军灭国被俘，囚居汴京（即今之开封）三年，为阶下囚而词风丕变，达至精绝。传世之作有三十余首，如《乌夜啼》：

林花谢了春红，太匆匆，无奈朝来寒雨晚来风。胭脂泪，留人醉，几时重，自是人生长恨水长东。

又《浪淘沙》：

红日已高三丈透，金炉次第添香兽。红锦地衣随步皱。
佳人舞点金钗溜，酒恶时拈花蕊嗅。别殿遥闻箫鼓奏。

又《虞美人》：

春花秋月何时了，往事知多少。小楼昨夜又东风，故国不堪回首月明中。雕栏玉砌应犹在，只是朱颜改。问君能有几多愁，恰似一江春水向东流。

正是这一首思怀故国，血泪洒满春华秋月的词，使宋太宗杀心顿起，赐毒酒，杀了李后主。词至李煜，又称“南面词王”，前无古人，后无来者。王国维在《人间词话》中称：“词至后主而眼界始大，感慨遂深，遂变伶工之词而为士大夫之词。”

北宋文人苏东坡，可谓开一代风气者也。其古文，纵横挥洒自如，与韩愈、柳宗元、欧阳修并称，为北宋古文运动之中流砥柱。其诗，磅礴汹涌，若潮退潮涨，云卷云舒，奔突自由。其词，一变艳丽之旨，婉约轻柔而意境雄阔，豪迈，独开宋词豪放一路。其书，点画雄沉，棱侧飞动，居北宋四大家（其余三位为黄庭坚、米芾、蔡襄）之首。其画，古意浓郁，以书入画，神韵天然，为北宋文人画之一大宗师。又有“诗画一律”“绘画传神”高论传世，流风之远，泽被今人。宋时还造就了一批音乐天才，如周邦彦、姜夔、张炎等。宋代文化艺术，尤其是宋代文人山水画，继顾闳中《韩熙载夜宴图》、董源《潇湘图》、卫贤《高士图》之后，有巨然《万壑松风图》、李成《茂林远岫图》、范宽《溪山行旅图》、王诜《渔村小雪图》、宋徽宗赵佶《瑞鹤图》、张择端《清明上河图》、王希孟《千里江山图》、李唐《万壑松风图》等等。可以看出，无论北宋还是南宋画家，已经把目光聚焦于大自然大山水，并赋之于忧患哀怨的情思，附之于浓淡之墨，动之于点画线条，一山一水，一竹一木，无不生情。何故？当北宋时，虽辽金日迫，攻掠连年，尚有“扫千里于咫尺，写万趣于指下”（宋刘道醇《圣朝名画品》）的山水画，至南宋已剩半壁江山而为“残山剩水”。残山剩水，仍是山水，仍是河山，能不珍之惜之句写之享受之？郭熙、郭思作《林泉高致·山水训》，有此一论：

君子之所以爱夫山水者，其旨安在？丘园，养素所常处也；泉石，啸傲所常乐也；渔樵，隐逸所常适也；猿鹤，飞鸣所常亲也。尘嚣缰锁，此人情所常厌也。烟霞仙圣，此人情所常愿而不得见也。直以太平盛日，君亲之心两隆，苟洁一身出处，节义斯系！……然则林泉之志，烟霞之侣，梦寐在焉，耳目断绝，今得妙手郁然出之，不下堂筵，坐穷泉壑，猿声鸟啼依约在耳，山光水色滉漾夺目，此岂不快人意，实获我心哉！

林木泉石，山泉渔樵，猿鹤走兽，大美之所出，人心之所往也。然山也远，林也深，源在高枝，鸟在枝头，不能总在山水间。于是有山水画。悬之壁上，壁上皆风景；疏于棹几，满棹尽林泉。从中也可以读出言外之意，宋时士大夫的文人雅趣之浓重，对深邃优美意境的追求，“意趣为宗”也，同时兼有了精美艺术为陶冶生活，增添乐趣的世俗化。大宋由大而小，因为偏安，得长江流域之富饶而百业兴旺经济繁荣，是有舞台戏曲——南戏的创生。南戏之初也，如《王魁》《张协状元》，睹者如潮，其声其词，却已触及人生悲欢离合的命运话题。南宋因北宋亡国的社会心理，论者不少以弱小喻当时诗词，以婉约概括李清照词风，其实南宋文坛的主要特色是多样性、矛盾性，恢复故土有慷慨歌者如岳飞，有辛弃疾，有陆游的“王师北定中原日，家祭无忘告乃翁”“塞上长城空自许，镜中衰鬓已先斑”；有辛弃疾的“江南游子，把吴钩看了，栏干拍遍，无人会，登临意”。悲凉、悲壮及忧愁，与勾栏技艺并存，有史家谓，继李后主“问君能有几多愁”之后，南宋诗人最爱言愁，李清照可为代表。“载不动许多愁”“怎一个愁字了得”“花自飘零水自流，一种相思，两处闲愁”等。

汉唐盛世多乐，大宋一朝多愁，先为河患愁，再为中原愁。愁，哀愁、愁怨，有悲凉悲壮意，愁之入诗入词入画入戏，在很大程度上一变山水、花间之趣，具有了历史的厚度，最可耐人寻味的是李清照题八咏楼的两句诗了：

千古风流八咏楼，江山留与后人愁！

江山留与后人愁啊！
若非无尽之愁，何来无穷之思？

怎样评说宋朝？我从陈寅恪先生的《金明馆二编·宋史职官志考证序》中读到，“华夏民族之文化，历数千载之演进，造极于赵宋之世”。严复也说过：“中国所以成为今日现象者……为宋人所造就，什八九可断言也。”邓广铭先生在《关于宋史研究的几个问题中》称：“宋代是我国封建社会发展的最高阶段，两宋期内的物质文明和精神文明所达到的高度，在中国整个封建社会历史时期之内可以说是空前绝后的。”

山林遍野，修竹高举，科技昌明，经济繁荣的南宋，有当时世界上最大的都市、最大的船只、最先进的火器、最发达的印刷业、最美的书画，而无一离得开竹木茂盛，可以说文治武功，已是两全。可是南宋灭亡了，亡于来自北方草原的骑士马蹄之下。史家的困惑是：南宋之亡亡于吏治腐败？亡于官僚机构的叠床架屋？或者竟是先进挨打、落后反而制胜的又一例？

读《蒙田》，在“作为历史学家的蒙田”一章中，讲到“古典学者罗依（Louis Le Roy）在《宇宙万象》一书中，专门论述了变异的问题”。“罗依的基本观念是，变异乃是一种循环，由粗放到精美，再由精美到腐败。”“根据罗依对历史的解释，武功与文治，帝国与文明，其兴衰常常是同时出现的……国家以武功而兴，以文治而衰。”

> 蒙田似乎同意这一观点。他说：“著书立说似乎是一个失去平衡年代的表征，动乱以前那些年代哪有这么多著作问世？罗马人不也是在帝国没落时，纷纷埋头著述的吗？”（蒙田：《散文集》第3卷）

蒙田的以上表述，发人深省。尤其是文化与商业结合，文人被官员、商人俘获，官员、商人以权力和金钱促进了他们所需要的文化、本质上已经变异的仅为统治者所需要的文化，制造繁荣，掩饰苦难，远离大众，虽著作累累，文人能辞其咎乎？

如海德格尔所说，人类的语言“是向着天空开放的花朵”，海氏所谓，语言之神圣精美也。无论西哲、东哲，乃至宗教的神谕有多少来自天启、来自大森林、来自花与种子？

第十章 花与种子

花的历程，是种子的一种延伸。

当我们满怀敬畏之情叙说森林中百尺之木的根系，为着固定与吸取水分和营养物而在地底下凭着根尖、根毛的完全不为人知的探求和艰辛时，我们已经部分地感觉到了根的不可思议的存在，和森林、河流、田野、村庄，乃至整个大地家园之间的神圣的关系。这一种关系，凭着直觉、感知就能归纳到生态伦理学的“大地完整的集合”上，但，对“完整”的理解，将会增加新的深刻度。假如没有根，大地上的一切自然物都会被风刮走。我们甚至还应该从自然美的角度去理解“完整”，即完整的大地、大地之上展现的自然物是美的，这种美作为自然的体现，是从根本开始的，而源于种子。

为了理解种子，你要知道花。

花开花落，色彩归于平淡时，会有果实、种子。

你看见花，当能看见根。无论是根上发出新芽，还是籽实落到地里长出新根，绿色的生命便这样繁衍不息，组成了大自然中最重要的生命链，这生命链你说像不像根？是不是根？

每一种花都有自己的形态。

所有的花其基本构造却大体相同。

这是存在于大地之上的自然相对论，这一自然相对论观照着大地之上的万类万物。

子房的内部构造本身就是生命的一种奇观。

从一朵花的剖面可以看见，子房里藏有卵球形的胚珠，有的只有一个，有的多达一千多个，胚珠里面都有一个装着卵细胞的胚囊，幼小的植物生命就在这里孕育和诞生。

观察一朵花，如果具有萼片、花冠、雄蕊和雌蕊的被称为完全花，例如桃花。若是缺了花萼与花冠的，则叫无被花，如榆树的花。雄蕊与雌蕊都有的叫两性花，如油菜、大豆。还有一些花为单性化，如黄瓜与栎树。雌雄两花同生于一株植物上的叫雌雄同株，如玉米。两种单性花分别生在不同植株上的，称为雌雄异株，如桑树、柳树。还有同一植株上兼有两性花与单性花的，为杂性同株，如猕猴桃。

植物的多样性，与植物有性生殖机能的随意、多样是密切不可分割的。

请不要以为所有的花都是芳香引人的。

只要存在一般，就永远不能排除个别。

当你走进印度尼西亚苏门答腊热带森林，一种奇特的闻所未闻的臭气便会袭来。这难闻的臭气来自一种花，是当今地球植物界最大的花，名叫大王花。花的直径有 1.4 米，每朵花有 5 片又厚又大的橘红色花瓣，每一片均有 30—40 厘米长。整朵花的重量有 6000—7000 克。花心若一个脸盆，可装下 5—6 升水。

大王花既没有茎也没有叶子，它寄生在一种藤本植物的根部，从寄主中获得大量的水分与营养物质，源源不断地流向花的各个部分，它是真的删尽枝叶，一生只开一次花，要开就开大花，而且反芳香之道而行之，臭得熏你一个跟斗。

仍然不可思议的是，大王花因何能散布臭味。而且它的臭味居然也能吸引昆虫，为它传送花粉。

大王花其大无比，而花的种子却小得可怜，比一粒小米还小。

在根的推动下，去观察花粉。

一个极好的机会是在四五月份，你走进松林，先尽情地呼吸，让松林中清新的空气使你耳目一新，然后轻轻摇动一根松枝，便有黄色烟雾一般的物体阵阵飞起，这就是松树的花粉。借助显微镜，你又会发现每粒花粉的左右两侧各有一个气囊，这是为漂浮与传播到远方特别设计建造的。花粉不唱哀怨的流浪者之歌，在它们，流浪是生命的一部分。

花粉的形状、大小，以及表面的纹饰，因各种植物而异，颜色也不一样，总而言之，它包含着个别从而也包含着多样性。

水稻圆球形的花粉，表面光滑。

向日葵的花粉，浑身长满了小刺。

椴树花粉为三角形。

落葵花粉为四边形。

四合花粉是四粒花粉紧拥紧抱。

杜鹃的花粉太小。

南瓜、菖蒲、牵牛花的花粉大至150—200微米。

花粉本身就是精美的。

它有各种孔、沟、突起组成的纹饰。

花粉最常见的颜色是黄色，但大多数虫媒花的花粉，为了那些小虫却毅然抛弃了单调，使颜色丰富多彩。如蚕豆、大丽花，花粉的颜色时淡时浓，淡了是黄色，浓了是红色。榆树别出心裁，花粉是绿色的；丁香与天竺的花粉为蓝颜色；而在罂粟、野兰麻和郁金香的花粉中，你还会看到怦然心动的紫色调。

人们为了观察和了解大自然，不得不做一些十分残忍的事情，比如倘若剖开一粒成熟的花粉，或者将花粉做成切片，在高倍显微镜下会发现，花粉的外壁厚而坚硬，内壁薄而富弹性。一粒花粉里通常含有两个细胞，一个营养细胞一个生殖细胞。有的植物的生殖细胞在成熟花粉中一分为二成两个精子，当花粉传播到柱头上以后，从花粉的萌发孔里钻出一根长长的花粉管，这根花粉管便是精子的输送管道，两个精子由此进入子房与卵细胞结合，使植物受孕。

花粉为植物传宗接代所起的至关重要的作用，自不待言，而且它还是地质年代鸿蒙世界中，被埋没而依然活着的见证。这一见证者的角色，似乎从一开始就给定了的。花粉外壁坚固，含大量孢粉素及角质，得以在地层中没有腐烂而保存着。人们先是为着“我从哪里来？我到哪里去？”的好奇，挖掘地下时得出了植物遗失的花粉在地层中出现的规律，从而推论地层年代。由于花粉的不同特色，还能辅助鉴定现代植物与地层中古植物的种类及相互关系，并能大致发现古植被、古气候的某些特色。时至近代，从地层中发现花粉，则还可循此而寻找矿脉，为人类必要的开发和没完没了的挖掘，提供了地底下的标识。

每一种关系花粉的传播方式都是生命故事。

百花盛开的季节，也是蜜蜂、蝴蝶及另外一些昆虫们神采飞扬的季节。作为殷勤的花媒，大约 80% 的植物是靠昆虫联姻的，这些植物为了适应、等待昆虫的传粉，都身怀绝技，而没有等闲之辈。诸如各色花冠的美丽、奇特；芳香四溢之气味的迷人、醉人；以及甘甜的花蜜等等。

对于花朵而言，一切都是有备而开的。

采花的蜂蝶也决非盲目，它们是自然界中美的欣赏者，同时也是美的传播者。现在还不清楚这些蜂蝶对自然美的认知的程序，可以肯定的只是这一切已经成为它们的生命内容。可以启示人类的是，当蜂蝶们飞向花朵争相欣赏甚至深入花的内部吮吸蜜露甘霖时，它们不以霸占这些鲜花为目的，它们只是工作，而此种工作也为花朵所喜欢，因为在这一切的同时，花粉的传播也已经开始了。

花蜜含有多种糖类、氨基酸、少量矿物质，这是昆虫难得享受的美食。分泌蜜汁的蜜腺通常生在花冠或子房的基部，有的花萼延伸成一个长长的"距"，蜜腺深藏在"距"的底部。昆虫访花时不得不探身钻到花的里面，在尽情享受时便也黏附了一身花粉，从一朵花再飞到另一朵花的柱头上，作为传播花粉的昆虫，它的任务便完成了。

显然，仅仅靠虫媒是远远不够的。

我们不妨想象，植物世界的联姻倘若都由蜜蜂和蝴蝶来完成，那么，至少在乡村田野，人们不得不走避或者把自己关在屋子里。因为所有的空间都由昆虫们占领了，面对如此众多的采花者，人们除了叹为观止以外绝对无可奈何！

幸亏不是这样。

除了昆虫，花粉的传播者还有很多。

比如风为媒。松树、杨树、水稻等植物的花粉是靠风传播的，风媒植物的花都不会太显眼，既无艳丽的花被，也不淌甘甜的花蜜，但它们会生出大量的花粉。

它们一样期待着。

只要是在大地上生出的，都是可以期待的。

一株玉米的雄花序可产生五千万粒花粉，这如此之众的期待，我们看不见，但只要你一想就会动心动情。不仅仅是期待，生出两个气囊的翅膀，是为期待所做的最精妙的准备。当所期待的风款款而至，花粉便开始远行。走得最远的是北欧松树的花粉，可以飞越六百多公里至格陵兰岛。

我们怎能不感谢风呢？

生长在水中的有花植物是靠水来完成花粉传播的。

芳草与黑藻是雌雄异株植物，雌株长有一个长长的花柄，把雌花托出水面；雄花成熟后便携带花粉随波逐流，如遇雌花，当即传粉。

还有一些植物是依靠鸟类和一些哺乳动物作为传媒的。

在澳大利亚有一种体形很小的蜂鸟，它在采集蜜汁时会把整个身子都钻进花里。蝙蝠、松鼠、猿猴等等，都是花之媒者。

因而，雌雄性细胞神秘融合的过程，使百花盛开的季节有了实质性的不可抗拒的生命内容。

生命是因为生命的神秘才诱人而高贵的。

当成熟的花粉传到雌蕊的柱头上之后，蜜蜂或蝴蝶便远去了，但，一个神秘的过程的开始便神秘到让你目瞪口呆：那些亲缘关系离得远的植物花粉一概受冷遇遭排斥，只有同种植物的花粉才会受到欢迎，它们是怎样互相识别的？这样的识别机制是雌雄双方同时或由哪一方控制的？这机制仅仅是花粉与雌蕊柱头的，还是植物本身机能的一个方面？

受到欢迎被接纳的花粉为柱头分泌物的刺激，吸水萌发，花粉管便从花粉壁上的萌发孔中伸出，随即花粉里的营养细胞、生殖细胞或两个精子流入花粉管中。

天衣无缝的创造啊！

花粉管的路便是生命之路。

花粉管自柱头经过中空或具有疏松组织的花柱，向下生长，直趋子房中的胚珠，再经珠孔进入里面的胚囊，直到这万事俱备只欠东风的时候，花粉管中的两个精子随同少量细胞质，从花粉管前端的小孔中释放出来。其中的一个精子游过去与卵细胞结合，另一个精子则与胚囊中间的中央细胞融合。这种两个精子的同时融合，是被子植物特有的双受精现象。

传粉到雌雄性细胞融合的过程，是一个决不匆忙却又为时短促的过程。你看蜜蜂聚精会神地采完花蜜旋又飞去便知道了，你想儿时见过的风摇杨树杨花纷纷不知所往就可见一斑了，一切都是从容、有序，是偶然的必然，也是必然的偶然。传粉之后的植物“怀胎”，棉花与大多数植物需一昼夜，这个时间主要是精子在花粉管中游走的时间；橡胶草只需15—45分钟；最有趣的是秋水仙，它的花粉管要经过半年生长才姗姗进入胚囊，使这一神秘的过程因为漫长而更显得神秘。

你看见花落有时会伤感，尤其是碰巧在一场风雨之后，人们慨叹“无可奈何花落去”。不过，对于植物世界来说，花开花落是一种给定的生命程序，既非大喜亦非大悲。

当传粉受精的过程结束，花萼、花瓣、雄蕊等部分便也大功告成，然后是枯萎脱落。你看植物中的每一株树、每一根草，与人相比，它们成功地活着、长寿、平安、生生不息的一个秘密是：不积聚财富，绝无名利之累，一切听其自然，没有生命以外的任何包袱。枯萎也是愉快的，脱落也是潇洒的。而在雌蕊基部的子房里，植物的下一代那可爱的“胎儿”也正在一天天发育长大，子房壁的细胞不断分裂和增大体积，形成了果皮部分，而包在子房壁里的胚珠便发育成种子，所有的果实都是果皮及种子的共同体。

种子的形状、色彩以及沟、穴、条纹，都会使人想起花粉、花朵，神奇与美丽的形态或有不同，但，你总能发现传神处的根脉相承。

花之路，就一个季节而言，已接近尾声了。

这个尾声往往都在夏天和秋天，这是人们吃各种新鲜水果以及收获水稻、玉米、高粱的季节。人啊，你不要忘记，你所吃的粮食、水果这一大部分是植物——绿色世界传宗接代的器官——你要赞美并且感恩。

还有更多的果实与种子，又将踏上传播的跋涉之路。

我在南海边上还看见过漂流在水中的椰子，水便是椰子的传播者。椰子的构造是那样奇特，它的果皮是一层厚厚的粗糙的纤维状组织，里面充满空气，当椰子成熟掉在海里，它会悠然地漂在水面上，任海浪把它冲到一处岸边，生根发芽。

小鸟、松鼠、蚂蚁，都是种子的搬运者、传播者。

凤仙花的果实成熟后，只要外力稍有触及便把种子弹射出去。依靠植物自身能力传播后代的，还有各种豆科类植物。我在欧洲南部曾见到过一种奇妙的喷瓜，当果实成熟，包在果皮里面的组织生出黏稠的液体，膨胀并且产生压力，有一点外力，喷瓜即会炸开，有趣的是它们的果柄一律向上倾斜，与地面构成40—60度夹角，这一角度正是大炮取得最远射程的最佳角度。

有人戏言，如果没有欧洲的喷瓜，欧洲的大炮就打不了太远。还有人说，欧洲最早的炮兵，都是种喷瓜的好手。

再重复一言：我们这个地球上的最伟大的播种者，是农人。

总而言之，在开花、传粉、受孕、结实之后，种子们——各种各样的种子们——怀着对根的向往走了——走到它们可以生根发芽之地。

花之路啊！

赞美与感恩之路！

兰花是兰科植物的泛称，兰科有七百属，两万多种，是被子植物中仅次于菊科者，而在单子叶植物中，兰花又是虫媒传粉的最高级类型。为了与形形色色的昆虫传粉相适应，兰科植物花朵形态的变化，是极令人动情的：三枚花瓣中的一枚演化成了唇瓣，位于花朵的下方，为专心传粉的昆虫做起落的台阶；另二枚花瓣与三枚萼片优雅地张开，以不妨碍昆虫的工作。兰科植物的雌雄蕊合生成蕊柱，上为花粉块，下为柱头穴。

中国人最熟知的花科花卉是春兰属的春兰、蕙兰、墨兰等，花朵不大，色彩淡雅，开花时却幽香阵阵丝丝不绝，兰花之香称为“天下第一香”，诗人则誉之为“香祖”。

也许，更多的兰花是在人间罕至的深山野岭开的。

随着人类愈来愈随心所欲的地理发现和资源开发，就连植物的隐姓埋名也变得格外艰难了。一些珍奇兰花被发现，发现之后当然是被人占有，然后是旅游热，喧嚣与污浊一起涌进山涧深谷，人发现美就是为了践踏美。

世界上最著名的观赏兰花有卡特兰、兜兰、石斛兰、蝴蝶兰。卡特兰原产于热带，唇瓣长在喇叭形口部呈波浪状，如一条美丽的长筒裙，两侧的花瓣大而舒展，花朵直径达十厘米，素有“梦幻之花”的美称。硬叶兜兰的叶似剑麻，杆似荷梗，高高举起的花瓣成兜囊状，花形奇特无比。蝴蝶兰唇瓣3裂，中裂片前端分裂成两个长须，两侧花瓣宽阔，似振翅欲飞的蝴蝶。石斛兰的花瓣白色带紫，轻盈洒脱。独花兰为中国特有的珍稀野生植物，如仙如魅，初见之下，人以为不是的。

姿态就是风情。

兰花正是为了传粉而做出的适应性变化，使兰花姿态独具风情万种。不过尚有八千种兰花并不分泌花蜜，它们借助拟态或别的本领吸引昆虫传粉，或许这是世界上最不可思议的弄假成真的生命颂歌。如眉兰与锤兰，不仅在外形上模拟传粉昆虫的雌性配偶，而且能散发出类似的性信息素，使雄虫纷至沓来与其交配，达到异花授粉之目的。有植物学家对我说：“这是美妙的勾引。”

当一亿多年前地球上有了森林然后又有了有花植物，人类方始出现，人类学家说，原始人类之际人是最幸运的，他们真是生活在绿荫覆盖、彩色纷呈的百花丛中。

打猎和采集的路上，最早的人类认识了最早的花与果。因为果实可以吃，那时的人看见花便也雀跃，等着它们结果，也有拾起地上的花瓣放到嘴里咀嚼的，刺槐花至今还有人摘食，何况老祖宗？

总之，在森林的庇护下，人类与花的关系实在是千丝万缕的，约略言之，便是从初期的食用与医药治病，发展到后来的精神和文化的密切相关。

如果没有花，人类走过的道路上将会失去多少芬芳与光彩？

法国人用八百五十万朵玫瑰花瓣方能提炼出1公斤纯自然香料的香精，而正宗的巴黎香水不过是几滴玫瑰香精而已。

对草木花卉的栽培、利用和记载，在中国是源远流长的。“神农遍尝百草”，应该说是史前文明中一个时代的总结，神农是集大成者。屈原的《离骚》尽写草木，战国时代人们对草木的了解可想而知。宋人吴仁杰对屈原笔下的花草加以分类注解，写成《离骚草木疏》，这又是十分了得的事情，从此《离骚》便被视为本草学的发轫之作（《中国药学史》薛愚主编）。《神农本草经》是第一部系统载录植物成药的书，收录365种，均为花卉草药。有研究者认为该书成书于西汉末年即公元前1世纪，《神农本草经》之后至今两千多年间。大约因为中医中药是中国人长期以来唯一的祛伤疗病的医药之故，历代都有本草书修订再版。到明代李时珍写《本草纲目》时已有1892种，植物药达千种以上，不少是以花入药的。到今天中药典籍当首推《中药大辞典》（上海科技出版社）。

中国古典文学中花的入诗入文更是屡见不鲜。欧阳修的《洛阳牡丹谱》、刘颁的《芍药谱》、刘蒙的《菊谱》以及明代王象晋著《群芳谱》等均传诵一时。到清代康熙皇帝曾组织瀚墨文士又编写扩充而成《广群芳谱》。

总有一些野生花木生长在人迹罕至的高山峻岭中，远离《群芳谱》。

云南山区的杜鹃花中有一种杜鹃树为大乔木，高达25米，主干直径2米以上，人称大树杜鹃。

关于花的传说故事也是缤纷夺目的。比如：武则天于690年冬天饮酒而醉后，要去园中赏花，并下令百花齐放。凛冽寒风中所有的花都遵命而开，唯独牡丹静默无花。武则天盛怒之下把长安四千株牡丹悉数贬往洛阳，从此洛阳成为牡丹之都。

可以说诸多花卉中玫瑰是最具有浪漫色彩的，它的色泽与芳香渗透到了世界各地各民族的文化中，与太阳、女神、爱情、宗教相联结。

俄国女皇叶卡捷琳娜二世在皇家离宫皇村（即今普希金城）的花园里散步时，发现一株盛开的玫瑰极为艳丽动人，为了防止被人摘走，女皇下令设岗护守。第二天，叶卡捷琳娜便把这事忘得一干二净了，可是那个岗哨却日复一日，年复一年地保存了下来。直到女皇去世，那一株早已枯萎无存的昨天的玫瑰旁，仍然有卫兵站岗放哨。

不过，俄罗斯的玫瑰似乎是在别的国家之后很久才开放的。

倘说，玫瑰为西方人情有独钟却也未必。古印度的最高种姓婆罗门用玫瑰装饰庙宇，祭祀的路上也都撒着玫瑰花。婆罗门教和印度教中司马和幸福的女神拉克什米，就是由108片大花瓣和108片小花瓣组成的一朵玫瑰花蕾所生出，吠陀教中的太阳神见到这位迷人的美女后一吻而使之苏醒。

据程鹿峰在《玫瑰的传说》中写道："古伊朗有关玫瑰的传说犹如迷雾般笼罩整个东方，由于古伊朗诗人对娇美的玫瑰卷帙浩繁的歌诵，古伊朗成了玫瑰生存繁衍的乐土。"有的传说其实就是植物的神话了，比如植物们在真主面前状告睡莲，说是睡莲一到晚上便忘记了作为植物主宰的职责，而只顾自己安然入睡，于是，新的主宰便由白玫瑰担任，且带着自卫的尖刺。这些尖刺竟然真的派上了用场，当夜莺对新科女花皇白玫瑰一见生情展翅拥抱时，尖翅当即奋起还击，夜莺滴血而遁。所以白玫瑰从此并非纯白，外层花瓣上至今犹有粉红色调。

没有比罗马人对玫瑰的情感更为复杂而矛盾的了。

罗马帝国兴盛时，玫瑰是对功勋的奖赏，而衰落之后又成了罪恶的象征。在赫利奥加巴拉皇帝的一次盛宴上，从天花板上撒落的玫瑰竟然把不少宾客深埋，使之窒息而死。

当时罗马，到处是玫瑰摊贩，以及玫瑰花环编制者，还有一家世界上独一无二的玫瑰交易所，罗马的每一处街头巷尾，都是玫瑰花香。

皇帝昏庸，人生糜烂，玫瑰何罪？

时光流逝，人世沧桑，花开花落，玫瑰还是玫瑰，芳香依然，绚丽依然。今天的罗马乃至整个欧洲，每到华灯初上，便有都市中的卖花女出入酒吧、咖啡厅，兜售单枝玫瑰，她们会轻声地告诉你，这是“天国之花”。

也许所有玫瑰的传说，都不如苔藓玫瑰的故事令人敬畏。耶稣受难，鲜血从十字架上往下滴，小天使们把耶稣的血汇聚到金樽中时，有几滴落到了苔藓上，苔藓玫瑰从此来到人间，提醒着行路的人别忘了耶稣为拯救世人而流尽的最后一滴血……

谁能说，他读懂了一朵花？

植物的又一个伟大起点，是植物开花，因而有了被子植物，有了包有果皮、外壳，较之裸子植物更为安全且数量更多的种子的出现。于是在被子植物的旗帜下，花开、花落、结果时便集结起浩浩荡荡的动物大军。采花者有蜂鸟、蝴蝶、蜜蜂，所谓蜂拥而上者，始于花蜜之采收；及至蜂拥而去，则花粉之传播也。然后结实，果子也，种子也，哺乳动物之美食也，吞食之后又从粪便中排出，种子便在森林中的另一处繁育。同时，凶猛的食肉兽捕食此等哺乳动物后，种子的传播更为广大。因有种子可食——各种各样外面包有果皮或果壳、色香味俱佳的种子，使得动物体魄强壮并大量繁殖。斯时森林，有色有声有种，在开花的被子树木之后，迫不及待紧随其后的，是开花结实的草本被子植物。被子植物开始大行其道，有树木，有灌木，有禾本科植物及其他草本植物，其花其叶其果，千姿百态，美不胜收之外，有深意在：等待人类出现，而所有这些果实间接或直接地可作人类的全部食物。没有食物，哪有人类？此理至今亦然也。

“年年岁岁花相似”，极精当，相似而非相同。

“风情万种”，始于森林见于花，汉字中有信息。

“花样百出”“花色万般”“如花如玉”“花枝招展”是也。

大地之上性事之初始于花。性活动与生殖机能，雌雄之别，“性”的最早出现，不是动物不是人，而是开花植物之花的有性生殖。读一朵花，你当浮想联翩。每一种花都有自己的形态，其构造则大体相同。一朵花一般由花柄、花托、花被、雄蕊和雌蕊组成。花柄与茎相接，举起花托，花托上生有花被、花蕊，花被还可以分出花萼及花冠，色彩纷呈的花冠是一朵花之最开放、最辉煌处。书上说花分八色，以白、黄、红为最多，也最能诱使传粉者如蜜蜂、蝴蝶等翩翩而至。花的多彩多姿是因为花冠的千姿百态，有的呈蝶形、唇形，有的在花托上一片片成一轮或多轮状。雄蕊与雌蕊是花的有性生殖部分、最美妙处。雄蕊由花的花丝组成，顶端有囊状花药，其中有花粉。雌蕊包括顶头的柱头，中部花柱及基部的子房。柱头表面有乳突及分泌液，粘连花粉所必需者，花的中央部分状若花瓶，为子房。子房里有卵形胚珠，胚珠里有一个长有卵细胞的胚囊，新绿及新花之孕育处也。女性子宫之名莫非源自子房乎？

花，即植物之性器官。

植物多样，花亦多样，花样百出的有性生殖机能自由而随意，其结果便是植物多样性的延续与发展。我们无法判定面对桃红夭夭人因何心荡神驰，但桃花是完美的“全花”，即它有萼片、花冠、雄蕊和雌蕊，万种风情集于一花；既无花萼亦无花冠的，如榆树花则为无被花；雄蕊与雌蕊兼具者称两性花，如油菜、大豆；黄瓜是单性花；玉米雌雄同枝；桑树、柳树是两种单性花分别生于不同植株，雌雄异株也;猕猴桃更别具一格，同一植株上兼有双性花、单性花，为杂性同株。

一个可以探讨的困惑是：在植物进化过程中，为什么没有进化出一种标准的花、亦即标准的性器官？假如多样化的性器官，催生了植物多样性此论无疑，那么动物——包括人的性器官在繁殖功能一致的前提下，其差别，因为形形色色的差别所带来的同一种群之间智商、情商、性格等差异，能否称为多样化之另一更高层级的表现？

我们赞美花，就是赞美性器官，赞美性，赞美当今人类除了追逐物质与权力并且钩心斗角之外，唯一尚存的风流优雅的野性。有多少野性人认为是丑的，就有多少野性是美的。

当传粉受精的过程结束，然后是花萼、花瓣的脱落，花冠凋残，零落成泥。

我曾在黄山天都峰，看着一朵最后的杜鹃花在风中沿峡谷飘零而下，时在20世纪80年代初，当时得到的诗句是“美，从来就面临着灾难！”后来知道大错而特错了，花开花落是植物世界的生命程序，花开无喜花落无悲，谈何灾难？如今想起，最为动人的，是那一朵杜鹃飘零时的从容自然，以及风中的优雅。

大地果实累累。

在迄今为止已受重创的生物系统中，种子仍是食物链中最重要的一个环节，是不可或缺的万类万物之生存基础，也是越来越多的人类及不少动物维持生命所须臾不离的食物，如小麦、玉米、大麦、白薯、大豆、高粱、土豆等等。与此同时，它们又延续着物种本身，传宗接代。尤其是对于一年生植物，种子是延续植物种群最可宝贵、不可或缺的环节。据此，我们或可断言，可持续发展所涵盖者林林总总，而通常被忽略的种子的可持续，实为重中之重也！

我们吃的是种子，是爱的果实，是天地之精华，不知道这能否作“人之初”，何以“性本善”，何以有怜悯心、有爱心、怜香惜玉之一解？

从美的角度视之，在每一粒种子上，花之美，花粉之美，花冠之楚楚动人，其色、其香、其沟穴条纹色泽，纤毫毕现。种子既是创造者又是集大成者。余农人也，在崇明岛长大，每到秋日，家家门口晾晒的各色种子五颜六色，美不胜收：白扁豆、红赤豆、黑芝麻、黄玉米、金稻谷、葵花子黑白相间，干蚕豆似绿似黄，等等。此时此刻，它们平静安详，任由母亲在阳光下翻晒拣选，有的留种，有的可食。这时候，你会想到土地与种子及母亲的关系：她们无不具有爱与生的母性，无须言说的奉献。言念及此，泪湿盈眶，我追名逐利的一生，又何能报生我养我的母亲与大地之恩德于万一呢？

崇明岛，实为荒野湿地，所多的是芦苇野花，小小的蒲公英则为其中之一。与其伴生的往往是野菊花，原生的小小的野菊花，一朵又一朵金黄，一个又一个小太阳，如同金色花边镶在田埂小路边。凤仙花的花朵硕大多彩，其果实成熟后，稍遇外力便将细小的种子喷射出去。与此类似，我在河西走廊腾格里沙漠边缘的燥热中苦苦行走时，一场雨水不期而至，陪同我的古浪县林业局的工程师说："太好了！徐先生，奇迹出现了！"何来奇迹？原来在一场透湿的雨水之后，蛰伏于沙漠中不知何年何月的种子，迅即发芽，迅即开花。其花无名，花不知名分外娇也；花开也速，花败也忽，雨停，结实的过程亦近完成。等不及啊，为物种延续，当沙漠中的太阳重又炙烤时，极富弹性的种子的外壳，便把一律细小的种子，弹射至几米乃至十几米以外，与沙粒为伍，等待着下一场雨，一年后，几年后，再一次怒放，再一次辉煌。也为沙漠中的小麻雀等动物提供食物。正是这些动物，在森林，在荒漠，以种子为食，也是种子的搬运者，隐藏者，其功厥伟矣！

一个轻贱农人的社会，一个不识花与种子的世界绝无美好可言。

我们眼见的，在城市是高楼大厦、水泥丛林，城市的扩展使土地和乡村日益萎缩。在仅剩的土地和山野，目光所及，是庇佑我们的农田中的庄稼、植物，山上的林木、竹子。我们目力所不及的地底下、土壤中埋没的种子，则远远大于地表植物的个体数量。通常，一处森林群落的种子密度在每平方米数百枚至几千枚之间，草原群落则在每平方数千至几万枚之间（资料来源：《森林与人类》2008年11期）。有的杂草的种子，在土壤中不计其数。

中国无可计量的种子被压迫于高楼之下。

中国又在不断地引进外国的种子。

中国有至少一亿农人为失地农民，一亿农人无种子。“失地”者，耕地被强拆强占、无种子，亦无地可种，无树无花果，悲哉！

没有种子，没有土地的未来，就是没有未来。

我们曾经拥有太多的花与种子。

中国可称为野花之国，除了梅、兰、竹、菊等人工培植者之外，那些多到无以计数，开放于山崖边上，岩石之间，绿树丛中，不在乎人知人不知，只存于天覆地盖间，为嶙峋秀，为溪涧秀，为荒径秀，为山野秀，乃至为大漠秀而无法由人工驯化，或不以人工驯化为荣者，野花也，人力无法改变其生命状态之野香、野气，野有芬芳此之谓也。

野花之美充溢神奇与未知，挑战着人类企图独霸地球所有生态群落、并知晓其中一切秘密的狂妄。以中国之大从热带雨林到极北之大兴安岭，从水土温湿之东中部山区，到西域广瀚无际的大漠戈壁，从秦岭到帕米尔高原之冰川、雪山、极高山，各色野花随林带自耸入云天处垂直而下，群芳闪烁，星星点点，可望而不可即。我的野花之旅应起步自故乡崇明岛，田埂上有马斑草开极细小之小花，然农人云马斑草可稳固堤岸。还有村姑喜爱的花被单草，铺陈之下花有各色，而马兰头可食，花色如何已经朦胧。最早一次到坝上草原采访林场，闻知有柳兰，在人工林采伐之前，其为潜伏者也，不见踪影；采伐之后不到一年，迅即出土林地不再空旷，绿叶托紫红花，花自下而上成束，一花开时它花亦放，美艳同辉。然后伴林地的幼树二到三年，幼树长大，柳兰退隐。柳兰为何生？柳兰为何伴幼树然后隐？科学无解也，只能说造物使命使然。坝上金莲花娇艳迷人，野罂粟——也有称虞美人者——花若金盅，所盛者阳光月露是也。干枝梅茎也细花娇小若丁香，自生自长，不凋不谢，其小花初为粉红、紫色，风雨日月之后为白色，芬芳犹存。干枝梅非梅也，因何以梅视之而众人从之？

我去云南先访虎跳峡、三江源，在三江并流的横断山脉间，峡谷深切近2000米处，有殷红若血的花绽放。向导告诉我，这是马缨花，杜鹃花家族中得风气之先的报春者。中国是世界上野生杜鹃、野生兰花最丰富多样的国家。玉龙雪山有雪地杜鹃，而在高黎贡山及别的大山中杜鹃姿色之众让人瞠目结舌，大树杜鹃是也。苏联植物地理学家遗传学大师瓦维洛夫说过："毫不夸张地说有数以千计的观赏花木起源于中国，这些花木见于世界各地的花园，尤其是英国。"英人威尔森自1899年至1918年五次到中国进行生物收集，由他引种至欧洲的珙垌、玉百合、川滇栏至今仍是世界著名观赏植物。威尔森著有《中国——园林之母》，他说："在整个北半球的温带地区的任何地方，没有一处园林不栽培数种起源于中国的植物……许多原先称为印度和毛利斯的杜鹃，及其他许多美丽的鲜花，其实原产于中国。"威尔森之后爱丁堡植物园的乔治·弗瑞斯特自1904—1930年七次到玉龙雪山及周边，采集了31015号杜鹃等植物标本，属6000多种不同门类，发现了1200种植物新品种，其中仅杜鹃就有近百种。因为弗瑞斯特，杜鹃由中国远迁英国再及欧美，成为人类最爱的花卉之一，其祖乃中国野花也。

内蒙古草原东部的地理环境为"镶嵌"地带，即森林向草原之过渡区域的温带半湿润地区的天然草地，有草必有花，貌似一样的草原之上的草，却开放出不知多少种野花，在锡林郭勒的草原远望，不觉心生妒忌，同是春天啊，都市的水泥丛林一律全无生机，而草原独美！远望，草原上的花朵成片结群花有各色，花朵不大，星罗棋布，更远处则已难于区别个体的紫花、红花、黄花、白花，只见一派花带，若画家笔下之印象派画作，若烟若雾，时明时暗。深入草原，有秀于它花者，一茎紫色，花朵层级而上，紫得让人心恍惚，鼠尾草也。我猜测此一草名带有原始性，牧民所命名者也，还有金光菊，花蕊褐色，其花朵之金光让人眩目，阳光所染所独爱者也。野花记不胜记，若无野花璀璨，中国文化，中国森林何来烂漫？

内蒙古这多花多果多种子的伟大草原孕育了一个骑马驰骋的民族——蒙古族——他们将要入主汉土成立元朝——这一国祚最短的朝代，却是震撼欧洲，惊天动地的朝代。

第十一章 金戈铁马大中国

元朝是另一种典型：以武功而治，以武功而亡。兴也忽，亡也速。

元朝有另一种辉煌：元代国祚不长百年而已，可是中国版图之辽阔，前无古国，后无来朝。1279年灭南宋，结束了中国分裂割据的局面，开创了中国历史上新的一页。

元朝继承的是大宋经济、文化之辉煌鼎盛；元朝改变的是大宋精巧、纤弱的社会心理。这一草原上崛起的王朝，对森林、河流、土地有流淌在血液中的大自然情结，江山易主后，面对长期割据、战乱的残局，对农桑水利特设大司农掌管。《元史·世祖本纪》有："三年春正月辛未禁诸道戍兵及势家，纵畜牧犯桑枣禾稼者"，并再三申令。从中可以得出的信息是："诸道戍兵"，蒙古兵也，改朝之后能为"势家"者，大约应是蒙古人，游牧之习难改，而"纵畜牧犯桑枣禾稼"，世祖不许，三月诏定禁止，四月又诏"禁征戍军士及势官，毋纵畜牧伤其禾稼桑枣"。次年，即"四年七月乙酉禁野狐岭行营民，毋入南北口纵畜牧损践桑稼"。

元世祖之重林木农桑，可以略知。

又有农桑之制，《元史·食货志·农桑》：五十家立一社，教督农桑。"一社之中灾病多者，两社助之。""农桑之术，以备旱暵为先"，防旱暵也，如何防？"地高水不能上者，命造水车，贫不能造者，官具材木给之。""田无水者凿井，井深不能得水者，听种区田。"造水车、凿井取水均有明文，而种植之制规定更详："每丁岁种桑枣二十本，土性不宜者，听种榆柳等，其数亦如之。种杂果者，每丁十株，皆以生成为数。"生成为数，即不求种多少，但求成活率，而"所在官司申报不实者，罪之"。《元史》中，此等记载比比皆是，后因天下饥荒，在成宗、武宗、仁宗时"弛山泽之禁"，"听民采捕"，而在这之前，则先有山场河泊之禁，不得随意采伐，包括"禁捕野物"，野物，野生动物也。《元史·武宗本纪》：武宗至大元年有诏令，因连年水旱"缺食者众"而"开禁一年，听民从便采捕"，为饥民果腹也。但，僧道权势不得抽分，"汉土人等不得因而执把弓箭，聚众围猎，管民官司用心钤束，廉访司严行体察。"英帝时颁行《大元通制》，奖励水利，保护农民。文宗天历元年，山泽湖泊之禁既开，又制定详尽的竹木岁课，岁课，一岁之税收也："浙江省额外竹木九千三百五十五锭二十四两，江西省额外竹木五百九十锭二十三两三钱，河南省竹木二十六万九千六百九十五竿、板木五万八千六百条，额外竹木一千七百四十八锭三十两一钱。"对诸王达官有明令制约：

各省劝农官，"每岁终则上其所治农桑水利之成绩于本属上司"，再报大司农部，然后"部考其勤惰成否以上于省，而殿最之"。"其在官怠其事隳其法者罪之"，治农桑水利不力者要受罚乃至吃官司。

官吏豪强不得侵占山场，"诸王驸马及诸权贵豪右，侵占山场，阻民樵采者，罪之"，"诸所拨各官，围猎山场，并毋禁民樵采，违者治之。"

诸年谷不登，人民愁困，诸王达官应出围猎者，并禁止之。

诸田禾未收，毋纵围猎，于迤北不耕种之地围猎者听。（《大元通制》）

除了限令豪强不得围猎外，让饥困之民采樵，阻者罪之，这一点可说是元代仁政了。但，从中也可看出，元以草原之蒙古族人占得江山之后，因游牧习惯，中国的大片森林山场，均由诸王、达官、豪强、驸马分而占之，而围猎之风盛行，可收保护山林之效，而民不得其利，因为灾年而屡开山泽之禁，以此故也。

元代农林事业的发达，有《王祯农书》及《俞宗本种树书》，从这两本书中可窥农林气象之一斑。《王祯农书》仅"种松法"一则，其周详备至，从"八九月中择成熟松子"始，"春分时甜水浸子十日，治畦下水土粪，漫散子于畦内"，又"上覆土厚二指许"，而且还需"畦上搭短棚蔽日"。如岁旱，则频浇水，"常须湿润"。至秋后拆去遮阳之棚，松苗已"长高四五寸"，到十月中天气渐冷，又要"夹秫秸篱以御北风"，再以麦糠覆于苗上，为保暖也。"谷雨前后，手扒去麦糠，浇之，次冬封盖亦如此。"二年后"三月中带土移栽"。我曾在东北一林场内见过元代松树，森森茂然，想必以王祯之法种植之，后人得以仰观，享松风之芬芳清新。

元代农林水利、纺织业，有两人不可不记：一是郭守敬，一是黄道婆。郭守敬，邢台人，1231年出生于学问之家。祖父郭荣精通数学、水利。少年郭守敬偶得一张拓印的《莲花漏图》，"莲花漏"是古时计时仪，由水箱、水壶、吸水管、带刻度的箭等部件组成一套仪器。郭守敬反复钻研，明白了其组成要素、计时原理。祖父把他送到精通天文、地理、数学的老友刘秉忠处深造，刘秉忠的老同学张文谦时在大名（今河北省大名县）为官，又召至自己身边，专责沟通河渠，兴修水利，大名河道安澜。又造铜质"莲花漏"，极精美之能事，且计时准确无误。张文谦把郭守敬推荐给忽必烈，郭守敬献莲花漏并演示一番，忽必烈大喜过望，又征询治水事。郭守敬面陈黄河水系灌溉当时可为者有二，一是"孟沁河，虽浇灌，犹有漏堰余水，东与丹河余水相合。引东流，至武陟县北，合入御河，可灌田二千余顷"。一是"黄河自孟州西开引，少分一渠，经由新、旧孟州中间，顺河古岸下……其间亦可灌田二千余顷"。（《元史·郭守敬传》）

元至元元年（1264年），郭守敬随张文谦到西夏一带，治河患，兴水利，修复了废浅之唐来、汉延两古渠。"计古渠在中兴者，一名唐来，其长四百里，一名汉延，长二百五十里，它州正渠十，皆长二百里，支渠大小六十八，灌田九万余顷"。（《元史·张文谦传》）

元建都大都（今北京），所有物资"无不仰给江南"，因为陆路运输之艰难，改采海运，以通南北之货。元代陆续在今山东、河北开济州河、会通河与通惠河，试图辟一水道连接江南和大都，这条航道终元一代不得完善。也没有发挥大作用，却是明、清改建南北大运河的基础，济州河、会通河开掘之后，南来船只可直达通州。通州至大都间的运输交通，由都水监郭守敬建议凿通通惠河，并亲力亲为，测量规划。《元史·河渠志》："疏凿通州至大都河，改引浑水溉田，于旧牐河踪迹导清水。"其路线为：

上自昌平县白浮村引神山泉，西折南转，过双塔、榆河、一亩、王泉诸水，至西（水）门入都城，南汇为积水潭，东南出文明门，东至通州高丽庄入白河。总长一百六十四里一百四步。（《元史·河渠志》）

终元之世，海运不罢，南北运河只能于济州“分水之处，地势犹高，仅胜小舟”。(《间水集》)于此可知：大运河之开凿远非一时一代可成，而元人不可不记，郭守敬功在开辟。

郭守敬不仅是水利学家，还是继孙括之后延续了大宋辉煌，以实测、实证，造司天台，制《授时历》的科学家。元兴以前，所用历法已经过时，天象不合，误差较大，元朝立国后，忽必烈命郭守敬、王恂重修。郭守敬改造旧的仪器，又研制了“仰仪”，观察太阳的位置和日食，改制了圭仪、景符，圭仪之用为观测太阳影子的长度，及变化，已定春分、秋分、夏至、冬至时刻。古代的圭仪高八尺，郭守敬改制成三十六尺，日影之长加四倍，观测的误差下降到五分之一。景符为测定影像之器，一块铜片，中有小孔，使一支架斜靠圭面，形成米粒大的太阳影像。圭仪与景符是观察太阳、月亮、星系运行变化的天文仪器。圭仪亦称圭表。

元至元十六年（1279 年）初，忽必烈召见郭守敬，询历法事。郭守敬建议：在大都建观象台，即今北京建国门古观象台，以日夜观察天象。同时在全国进行实测，以了解各地昼夜长短，日月运行，星河位置变化。其观测点东起朝鲜半岛，西到河西走廊，北及西伯利亚，南至南中国海，共派出十四个历官，设二十七个测影点。时年四十八岁的郭守敬亲至南海。

1281 年，历法编成。忽必烈依《尚书》“敬授天时”语，定名为《授时历》。郭守敬精研了祖冲之以来多次观察冬至时刻的资料，再经反复实测，计算出一年为 365.2425 日，与地球绕太阳一周的实际时间相差 26 秒。“《授时历》就是采用了这一数据，这在世界历法史上还是第一次。现在国际上通用的格力哥里历（即公历）亦采这一数据，但比《授时历》晚了整整三百年。”（《中华上下五千年》，长城出版社，吴兆基编，199 年 3 月 1 版）在中国古代科学史上，可与沈括相提并论者郭守敬其一也，李约瑟不知，国人亦不知或知而不识，或识而不宝之也。

元朝奖励桑麻农林，棉花的种植较前朝有过之而无不及。由棉花的种植到棉花的纺织到手工布匹的大批量出现，后人可作如是观：历史的演进、文化的发展，有时是从一粒种子、一种农作物、一项技术的发明开始的。中国的纺织至少可以追溯至七千年前的浙江河姆渡文明时，其时已有原始纺轮遗存，而到五千年前的良渚人时，已有细麻绳、麻线和麻布片出土，所用原料均为苎麻纤维。并有纺轮、织机构件出土，良渚人治玉之外，过的是“饭稻衣麻”的生活（《饭稻衣麻》，西泠印社，2010 年版）。纺织为中国先民之传统，自不再以树叶、笋壳蔽体之后从未中断，而至元代黄道婆为胜。

黄道婆史书几乎无记，更不见经传。口口相传为：黄道婆，松江乌泥泾镇一童养媳，并有民谣传世：

黄道婆，黄道婆，
教我纺纱教织布，
两只筒子两匹布。

黄道婆因不堪公婆打骂欺压而出逃，藏于黄浦江畔一艘海船中，这一只船竟把她带到了海南岛的崖州，即今之海口，又为黎族妇女收留约三十年。黎族妇女，纺织、编织、印染之高手也，黄道婆聪颖好学，思及松江有棉田、有棉花白如雪，便告别黎族同胞，由海路回乌泥泾镇，棉田还在，而纺织技术远不如海南黎族，便请来工匠制作了仿效黎族的包括轧棉花车、弹棉花弓、纺棉花车等工具。黄道婆的织布机直到 20 世纪 70 年代仍流传上海郊区，农家几乎家家一部，崇明岛亦然。我的童年和少年就是听着母亲的纺车声、织机声，穿着母亲手种、手纺、手织、手缝的土布衣服长大的。黄道婆对纺织器具的改造，以及可用错纱、配色、综线等织出花纹、图案、色泽鲜艳布匹的技术广为传授，由松江而上海各县而江南而全国，松江一时成为元末棉纺织重地，并带动了区域经济，而“衣被江南”。到明朝时，松江及上海农民的棉纺织业更加发达至“户户机声”，可谓“衣被中国”了。

为什么不能说黄道婆是中国纺织业的伟大开拓者呢？

黄道婆的纺轮织机纱线，其实牵连着一个自人类从森林中扶杖而出后的亘古话题：人类文明、人类文化之初创者为谁？答案似无疑义：当然是人类自己。又问："智巧兼优者，是男人，还是女人？"笔者寡陋，康有为先生在《大同书》中有高见："人类得存，男子之力为大，而人道文明，借女子之功最多。"南海先生进而论道："今世界进化，日趋文明，凡吾人类所享受以为安乐利赖，而大别于禽兽以及野蛮者，非火化、熟食、调味、和齐之食乎？非范金、合土、编草、削木之器乎？非织麻蚕丝、文章五采之服乎？非堂构、樊圃之园亭、宫室乎？非记事、计数之文字书算乎？其尤为令人魂欢魄和者，非音乐、图画乎？凡此皆世化至要之需，人道至文之具，而其创始皆自女子为之，此则女子之功德孰有量哉！岂有涯哉！乃不念殊功之尤，徒循强力之轨，大势长往而不反，美名久假而不归，是可忍也孰不可忍！"（《大同书》，上海古籍出版社，2005 年版，另见拙著《先知有悲怆·追记康有为》，2011 年，作家出版社）

南海先生之说何以为据？"男子求食，逐兽于山林，女子采集，脔切，先生后熟，又有生火、存火、取水诸务，合土而烤是有陶器。男子日出猎兽，力大心粗且无暇，制器、编织必为女人所创。"又："文字创自结绳、刻画，记数出于手指，渐加千万，更为乘除，非逐兽转徙奔而不息之男子所能，女人创之无疑"。

可以为康南海切实佐证之近人，黄道婆是也，江南万千"黄道波"是也。黄道婆织布机上的经线纬线，千丝万缕，所牵引出的其实是一个时代，渐近中国近代的时代，但这个时代，因为康有为的论述，却又使我们不能不想起，浩渺林海，渔猎采集、结绳记事、编织草麻的苍茫远古。可以想见人类心能之渐开，森林文化之渐积。人之初也，所有开辟累积之艰难探寻，其目的只是为了生存、生活，而后人则称之为文化，文化之最要者生存是也，生存之最要者，大地草木是也。

元代以异族入主中国，目睹南宋乱离之后，对于生产建设，极所注重，特设大司农以主持之。

世祖中统二年，弛诸路山泽之禁：三年正月，禁诸道戍兵及势力家，……毋纵畜牧伤其桑枣。

《元史世祖本纪》：三年春月辛未禁诸道戍兵及势家纵畜牧犯桑枣禾稼。夏四月庚子诏安辑徐邳民，禁征戍军士及势官，毋纵畜牧伤其禾稼桑枣。四年七月乙酉禁野狐岭营民毋入南北纵畜牧损害桑稼。

至元七年二月乙酉严申畜牧损坏禾稼桑果之禁。十三年二月诏谕临安新附人等，山林河泊，除巨大花果外，余物权免征税。十二月诏浙东西，江东西，淮东西，湖南北竹货等皆从实办课。十五年冬十月丁卯弛山场樵采之禁。十九年四月弛西山薪炭禁。二十三年给屯田军农具农种，颁农桑辑要书，黜陟劝农桑之勤怠者。二十四年罢江南竹木柴薪诸课。三十一年戊戌十二月禁侵扰农桑者。

元时豪强富家霸道民间，占据山林，灾民无食无薪。而横行一时者，犹以“权豪蓄鹰犬之家”，诏今严加禁止其占据山场，权豪者，官员豪门也。《大元通制》重又申命：

（一）诸劝农官每岁终则上其所治农桑水利之成绩于本属上司，本属上司会所部之成绩以上于大司农若部，部考其勤惰成否以上于省，而殿最之。其在官怠其事，隳其法者罪之。

（二）诸于回野盗伐人材木者免刺，计赃科断。

（三）诸纵火围猎延烧民房舍钱谷者断罪勒偿，偿未尽而会赦者免征。

（四）诸王驸马及诸权贵豪右侵占山场阻民樵采者罪之。

（五）诸所拨各官，围猎山场并毋禁民樵采，违者治之。

（六）诸年谷不登，人民愁困，诸王达官应出围猎者并禁止之。

（七）诸田禾未收，毋纵围猎，于迤北不耕种之地，围猎者听。

书及元朝，首先要说蒙古；说蒙古又必定要说铁木真，这一有宏图大略、骁勇多谋的蒙古王，奋战几十年，在四十四岁时，即金章宗泰和六年（1206年），以金戈铁马统一全蒙古，被推举为全蒙古的大汗——成吉思汗。这意味着广袤草原上延续几个世纪的蒙古各部间的杀伐结束，在东起呼伦贝尔，西至阿尔泰山的辽阔疆域中，有了第一个统一全蒙古的政权：蒙古国。

成吉思汗在草原上恢复生产，经营畜牧，把所有牧民编为十户、百户、千户和万户，以大小奴隶主为其长。蒙古人深知高原上的森林草地是他们立国之根本，而马肥牛壮，羊群遍地，则是他们全部的财富。为了保护这一切，并扩充疆域，成吉思汗明令：十五岁以上七十岁以下男丁，一律编列为士兵，大汗的兵，蒙古人无不以此为荣。所有男丁，平时放牧生产，战时上马打仗。当蒙古人励精图治、深谋远虑于大草原上时，南宋歌舞升平。

历史有各种吊诡。

成吉思汗一统蒙古天下、兵强马壮，他并没有迅即策马南下夺取南宋政权，而是征战金、西夏以及契丹。在今新疆中部和中亚，有三次骇人听闻的西征，或可说，成吉思汗的雄心是征服全世界，而并非仅是代南宋而王。

1219年秋，成吉思汗率二十万大军进攻中亚的花剌子模，攻下城池之后大肆抢掠，开杀戒，然后放火，城市烧成废墟。成吉思汗乘胜又攻下花剌子模的都城撒马尔罕，继续烧杀抢掠。这时候，成吉思汗手下大将哲别、速不台已攻占阿哲尔拜古，即阿塞拜疆，谷儿只，即格鲁吉亚等地。1223年，一直打到了第聂伯河。

1235年，蒙古军队第二次西征，由成吉思汗四个儿子的长子统兵，老将速不台统筹指挥，史称长子西征。在镇压了花剌子模一带的起义后，蒙古铁骑再西下，进钦察草原，入北俄罗斯，攻占莫斯科和弗拉基米尔，向北一直攻至俄罗斯最北边，回头南下占领基辅，征服了整个俄罗斯，并侵入孛列儿即波兰。欧洲为之震惊，朝野人心惶惶。

1252年，蒙古铁骑兵分两路，一路向中亚、西亚，首要目标是木剌夷、今伊朗西部。再攻今伊拉克一带，又兵指今叙利亚、埃及，结果蒙古铁骑因为长途奔袭，又自以为战无不胜，最后被奋起反抗的埃及军队打得马仰兵翻，大败而逃。另一路，则由忽必烈进攻南宋。

成吉思汗亲自领军的第一次西征结束后，便把后来的西征战事交给子孙，而于1211年攻金国，1215年占领金的首都中都，即今北京。其间尽取河北、山西、辽西、辽东大部土地及人口、牲畜和金银财宝，并于1227年后灭西夏，而成吉思汗这个蒙古族、华夏民族的民族英雄，在连年征伐之后，于1227年8月25日病死于六盘山。这时，他已经为统一中国奠定了基础，使中国有了完整的广阔版图。而他的神勇铁骑，杀人无数，也将为后人，尤其是欧人所诟病。一代天骄，孰能无过！

蒙古大军西征，支离了整个欧洲，包括罗马教廷。当时的罗马教皇与欧洲统治者正为十字军东征而苦于应对精疲力竭，又逢蒙古铁骑疾驰而至，所向无敌，如不设法阻止，则欧洲将为蒙古的欧洲。“他们自度抵挡不住蒙古铁骑的进攻，又听说蒙古朝廷中有人信教，决计派传教士出使蒙古汗国，希望用宗教的力量缓和当时的紧张局势。”（《中国基督教史略》，韩国李宽淑著，社会科学文献出版社，下同）

由战事引发的此次交流，实为罗马教廷与中国往来之始，也是一次东西文化碰撞。

1245年，在蒙古大军第二次西征之后十年、第三次西征之前七年，教皇英诺森四世在里昂召开宗教会议，决定遣使蒙古。“4月16日，意大利方济各会士柏朗嘉宾作为教皇专使出访蒙古。他们由里昂出发，横穿欧亚大陆，于次年二月底进入蒙古统治区。”“8月24日，他们参加了贵由汗的即位大典”，受到礼遇。“不久贵由汗诏见柏朗嘉宾”。翻译后的教皇文书呈贵由汗，“大意是劝可汗信教、罢兵，并谴责蒙古士兵滥杀无辜”。

贵由汗致教皇英诺森四世的复信却一点也不客气：贵由汗认为，蒙古的王才是“天主之气力，全人类之皇帝”，贵由信中还说，“你们认为，只有你们西方人是基督教徒，并且蔑视他人。但是，你们怎样知道天主究竟加恩于谁人乎？我们崇拜天主，仰承天主之气力，人们又能有何作为？倘若你们渴望和平，希望把你们之幸福托付给我们，你教皇应该亲率诸基督教显贵前来朝见，缔结和平。”倘若教皇不来朝见蒙古大汗，“不接受来此朝见之谕旨”，后果如何？“届时我们将认为你们决意与我们为敌，彼时将如何，我们不知，天主知之也。”这是给罗马教皇发最后通牒了。

贵由汗致教皇英诺森四世的书信全文如下：

> 天主之气力，全人类之皇帝，极其明确真诚地致书大教皇。你等会议，你教皇及全体基督徒愿与吾人讲和，并遣来使臣。此点业经来使奏闻，信札中亦有申述。你等如若希望与我们讲和，为缔结和平事，你教皇及诸王公显贵应毫不迟疑地前来朝见我。届时将会听到我们之答复和要求。你在来信中称，我等应该领洗，成为基督教徒，我们对此仅给以简单之回答：我们不解，为何我们必须如此。再者，你在来信中称：许多人，特别是基督徒，其中尤其是波兰人，摩剌维亚人和匈牙利人，惨遭杀戮，你们对此深感惊骇。我们对此亦给予同样之回答：我们对你等的话亦不解。然而，对下述问题，我们认为无论如何不能缄默不言，必须予以答复。你们说，由于成吉思汗不服从天主之命，不听从天主之教训，召开大会，杀害使臣，故天主决定殄灭他们，把他们交到你们手里。其实，倘若不是天主所使，凡人如何可以这样处置他人呢？你们认为，只有你们西方人是基督教徒，并且蔑视他人。但是，你们怎样知道天主究竟加恩于谁人乎？我们崇拜天主，仰承天主之气力，从东到西，摧毁了整个大陆。若不是由于天主之气力，人们又能有何作为？倘若你们渴望和平，希望把你们之幸福托付给我们，你教皇应该亲率诸基督教显贵前来朝见，缔结和平。仅在此时我们才能知道，你们确实渴望与吾人讲和。倘若你不遵从天主及我等之命令，不接受来此朝见之谕旨，届时我们将认为你们决意与我们为敌，彼时将如何，我们不知，天主知之也。

——首任皇帝成吉思汗，第二任皇帝窝阔台，第三任皇帝贵由达达汗致教皇内容如此（伯希和:《蒙古与教廷》，中华书局）

蒙古族建立的元朝，在中国之前的历史上是前所未有的。王朝更替不奇怪，以当时的传统观念视之，却是“异族”入主。其实所谓异族，乃华夏民族之少数民族、大家庭之一员。囿于封建传统的偏见，汉人自己孱弱目光又偏狭如此，可悲可叹。虽然，中国历史上汉族与其余各族不断打仗，又不断讲和，乃至“和亲”，但从南北朝的北魏、西魏与北齐、北周，乃至“五代十国”、与两宋对峙称霸不称臣的辽金，汉人臣服于少数民族政权者不乏先例。但，元朝之所以空前，其一，元朝是蒙古族统一中国的政权，“其地北逾阴山，西极流沙，东尽辽左，南越海表”（《元史》卷58），版图之远前所未有。其二，蒙古入主中原后，应运而生的是民族迁徙和民族杂居以及蒙汉文化、宗教、习俗的相撞相接，促成了华夏民族之间不同程度的融合与交流。其三，在上述两项之背景下，因为杂糅交结故，生出了新的人文心理及艺术形式。

忽必烈统一中国后，以“汉法治汉人”，并信用若干儒臣，使先前蒙古军队强占民田为牧地，鞭纵牛马践踏桑麻给以一定约束，江南经济及地主阶级的基本利益有所保护。但元朝的统治基础，建立在阶级和民族双重压迫之上，把国人分为蒙古、色目、汉人和南人四种等级。第三等级的汉人，包括原属金朝境内的汉族和契丹、女真等族，第四等级南人是指最后被元朝征服的南宋区域的汉人及南方各族。元朝统治者为何如此仇恨“南人”？临安被攻夺后，南宋名将李庭兰、姜才卫守扬州，陆秀夫、张世杰在广东沿海与之血战，最后的结局是陆秀夫含泪背着南宋小皇帝赵昺于广州新会厓山投南海自沉。“南人”，即最后抵抗元军的南面汉人也。

我们还必须注意到，元代蒙古人带给中国的是久违的尚武精神，以及有别于谦谦儒风的荒原野性。凡此一切，带有侵略性，也带有开拓性，而蒙古大草原除了骁勇威猛，还是歌舞之乡。草原的辽阔、孟浪、长调，人与自然与生俱

来的亲近和谐，对汉儒文人的文学艺术带来了未曾有过的冲击。元代的另一特色是蒙古族为王而多民族统一的国家，又是一个多宗教共存的时代。在华夏各民族中，取兼收并蓄，不同民族可以信仰不同的宗教。以蒙古族为例，原信仰萨满教，战争带来的一种文化现象是，因为刀兵相对，却接触了大江南北已颇为兴盛的佛教、道教、伊斯兰教、基督教。蒙古大汗到忽必烈时，其家庭的宗教信仰便是各教共存的缩影。忽必烈之母是虔诚的基督教的追随信仰者，忽必烈本人则由萨满教而信佛教，忽必烈的孙子为伊斯兰教徒。也许是因为尊奉母亲的关系，忽必烈礼遇马可·波罗，并告诉他："基督徒，把耶稣作为他们的神；撒拉逊人，把穆罕默德看成他们的神；犹太人，把摩西当作他们的神；而佛教徒，则把释迦牟尼当作他们偶像中最为杰出的神来崇拜。我对四大先知都表示敬仰，恳求他们中间真正在天上的一个尊者给我帮助。"（中华书局《马可·波罗行记》，1954 年）

忽必烈之前，蒙古统治者首先接触的佛教是中原汉人的禅宗各派。得到蒙古汗信任且深知中国礼仪传统、通晓儒学的耶律楚材在掌握行政大权时，曾为佛门弟子向以居士自号，也因此佛教在蒙古上层宫廷为最显赫。到了 1253 年，忽必烈接见吐蕃萨迦王八巴思后，又有一变，虽同为佛教，自此忽必烈成为藏传吐蕃教信徒，并尊八巴思为国师，1270 年即至元七年又尊为帝师。直到元朝之末，世世皆以吐蕃僧为帝师。崇奉吐蕃佛教，成为蒙古贵族及王室的时尚。于是，兴建佛寺，络绎不绝。今白塔寺，忽必烈所建；大都城西高粱河畔之大护国仁王寺，忽必烈王后所建；西郊玉泉山下大承王护圣寺，元文宗建；如此等等，不一而足。至元二十八年（1291 年），全国寺院 42318 座，登记在册的僧民 213148 人（《元史》，中华书局）。到元代中期，据张养浩《归田类稿·时政书》称："国家经费，三分为率，僧居二焉。"寺庙之众，僧人之多，以及元代名目繁多的赋税之下，僧人尽免的特权，元时人尽相争做僧人，并使财政日绌。从另一方面说，无论禅宗、吐蕃佛教对保护山林、生灵并无二致，凡佛门寺庙均可称为林泉秀美之地。再者，各种宗教的并存，不同民族人种的接触，乃至交融，渐渐形成了元代文化艺术上的独特的景观：杂而美，和而不同，和实生味。堪称元朝一代文化标志的元曲、元杂剧就是汉文化与蒙古族草原文化，乃至金、女真文化相接相融、相汇相合、相依相存的一个时代的产物，其不生于它时而生于元代，为此故也。元代文化艺术的辉煌，元代文化艺术之何以辉煌，是史学、人类文化学的一个极大命题，一百年之中的人种、宗教、风尚习俗的融合，使元杂剧意味着中国戏曲的出现并走向成熟，而元散曲达到了古代中国填词歌曲的高峰。宗教美术，文人书画，及当时世界上最大的都市元大都的规划建造，集各民族特色的格局设计，可以说是都市园林化的典范，引水进城，泉源不断，平地造山，广植树木，亭台散布，其斡耳朵（棕毛殿），则集中体现了蒙古民族的自然情结和对草原文化的依恋，均使华夏民族的审美观念达致新的境界（参考资料：李希凡主编《中华艺术导论》），也使华夏民族的社会心理空前宽广。

曾经打遍天下的蒙元王朝，到元顺帝时气数已尽。公元1368年，朱元璋在应天（今南京）称帝，明朝建立。又派徐达北伐，是年七月明军集结于德州后分水陆两路扑向大都。几十万大军势如破竹，攻占直沽后又克大都的最后一道关防通州。在一个月色凄冷的夜晚，元顺帝率后妃、太子、文武随从出建德逃离大都，来自草原归去草原。草原有母性的怀抱，她接纳所有人，从胜利者到失败者，乃至伏莽之徒。

文化艺术元代戏曲之丰富多彩有例可证，斯时也，中国戏曲中心一为元大都，京城也；一为山西平阳，帝尧之都也。其戏曲之繁盛早于大都近三十年，或可说是平阳戏曲走进了都城皇宫（乔忠延著《大美汾河看临汾》山西经济出版社2013年8月）。平阳，傍太行而临汾水，有十万年前的丁村遗址，丁村人走出丛林，于汾河岩畔先是采集，后来耕种，《古诗源》首篇即为《击壤歌》，题解有“帝尧之世，天下太和，百姓无事，有老人击壤而歌”：

日出而作，
日入而息，
凿井而饮，
耕田而食，

帝力于我何有哉。

帝尧之地，歌诗之地，历史悠远，文物灿然，戏曲之出，其在必然。录元曲三首，此其元时中国好声音欤？

元好问：［中吕·喜春来］春宴
春盘宜剪三生菜，
春燕斜簪七宝钗，
春风春酝透人怀。
春宴排，
齐唱喜春来。

马致远：［越调·天净沙］秋思
枯藤老树昏鸦，
小桥流水人家。
古道西风瘦马。
夕阳西下，
断肠人在天涯。

王和卿：［仙吕·醉中天］咏大蝴蝶
弹破庄周梦，
两翅驾东风，
三百座名园一采一个空。
谁道风流种，
唬杀寻芳的蜜蜂。
轻轻飞动，
把卖花人扇过桥东。

眼见得蝴蝶穿越庄周梦，眼见得双翅腾云驾东风，空前绝后之大蝴蝶也。大约这就是早为元人发明的时空无碍的“蝴蝶效应”了。元好问的《雁丘辞》更是千古绝唱：

问世间，情是何物，直教生死相许。天南地北双飞客，老翅几回寒暑。欢乐趣，离别苦，就中更有痴儿女。君应有语：渺万里层云，千山暮雪，只影向谁去？横汾路，寂寞当年箫鼓，荒烟依旧平楚。招魂楚些何嗟及，山鬼暗啼风雨。天也妒，未信与，莺儿燕子俱黄土。千秋万古，为留待骚人，狂歌痛饮，来访雁丘处。

从蒙古高原策马而至中原的蒙古族所建立的元朝，所得的气候温暖期是短暂的，这是一个在冰雪严寒中驰骋世界，创造文化的朝代。13 世纪初期和中期的温暖很快过去了，“1221 年，丘处机从北京出发去中亚见成吉思汗，曾路过新疆赛里木湖，他称之为‘天池’，他说，湖的四周有山环抱，山上盖雪，影映湖中。但是现在那些山峰已无雪了。那些山峰高约 3500 米，说明那时雪线在 3500 米以下。现代天山这部分的雪线位于 3700—4200 米，则 13 世纪的雪线大约比现在低 200—500 米。”（竺可桢）。笔者于 2000 年及其后两次访天山，寻冰川，冰川后退加速，雪线之上升远不是竺先生所说之数字。先生之作发表的年代在 1972 年，实际上指出了人类活动几百年后气候变化已经显著，竺可桢文章发表后，中国环境破坏达到高峰，不仅天山，就连三江源——我们生命之水的源头，亦已岌岌乎可危哉了。

元代的文化艺术承接大宋而特色鲜明，以绘画论尤峭拔秀美，千姿百态，灵动鲜活之墨竹影响深远，唐而宋，宋而元，竹文化之绵续深广，大焉哉！

前文略记《宣和画谱》，宋代也，画竹高手辈出，以苏东坡、文同为最，苏东坡爱竹，人知之者“宁可食无肉，不可居无竹”，少有知者《志林》之说竹：

食者竹笋，庇者竹瓦，载者竹筏，爨者竹薪，衣者竹皮，书者竹纸，履者竹鞋，真可谓不可一日无此君也。（转引自《中华竹韵》）

东坡画竹，名满天下，惜已无存，另一大家为文同即文湖州、文与可，今存台北故宫的《墨竹图》“是他传世的几幅作品中公认的唯一真品，也是我们能见到的最早的墨竹极品”（《中华竹韵》许江主编，范景中著文，中国美术学院出版社）。关于文同此一墨竹，范景中先生另有高论，深得吾心：

画家截取一段悬崖垂竹，以动人的构图展现它的优美，用浓淡不同的墨色撇出竹叶，逆见错出，不相浸溶，表现出它们正反向背，随枝丛生的姿态。

又：“文与可的墨竹在画竹史上俯视百代，与可也几乎成为墨竹的代称……文与可的艺术造诣，大概还不限于单纯的竹石，很可能他也拓展了墨竹画的形式，把墨竹带进山水大轴。恽南田说，他曾见与可《修竹远山卷》，宋思陵题曰《晚霭横看》。”山水与墨竹画或有先后、其为大地所赐之“真景物”，东坡、文同等见之、抚之、爱之、珍之，宝于心而得“真性情”，其旨一也。

宋元相连，宋亡，元时墨竹依然风情万种，或一竿斜出，万叶清气；或块垒在侧，修篁独立；或傲然的拂云，风骨尽见。元人好画竹，元人几乎穷尽了从王维到文同及宋时各家的一枝一叶，而元时墨竹大家无不宗文同而各有创意，成就了元代绘画史上独特、鲜亮、光彩烛世的重要部分。传至今世的有现藏北京故宫的《赵氏一门三竹图卷》，笔者曾读过相关论述。数年前去苏州参加生态学术会，有半日空闲，直奔苏州博物馆，购得其馆藏竹画一册，范景中序，其中《元贤竹林七友图卷》，使我惊叹不已：元人王和卿之《咏大蝴蝶》，已把我扇得茫然于庄周梦、寻芳蜂；元好问《雁丘辞》的境界高远，能教人心碎落泪；而元人墨竹又给了我深植大地，孤石为伴，揽云触天，涤荡胸怀，一纸烟云，皆为精神的浩叹！其中画者有柯九思、赵天裕、叔原、顾安、张绅、吴镇。柯九思独画两幅，是有七友之谓。顾安所画构图独具，为垂岩纡竹，纡竹，屈突之竹也；因何屈突，有压迫也；压迫而纡，生命力之强大也，精神之高贵也。

草木不是精神，但它们散发精神。

我写墨竹，私心所爱耶？是，也不尽然。我踏访中国森林十有余年，无数林木小草乃至地衣苔藓均令我心动，无不爱之，然要在其中取其一节一竿以为人类心灵最可寄托之中国森林文化者，竹也，纡竹尤甚，何故？其不畏重压有自强之根，自生之道、自本之节、自虚之心也，文同论纡竹谓："观其抱节也，刚洁而隆高；其布叶也，瘦脊而修长。是所谓战风日，傲冰雪，凌突四时，磨轹万草之奇植也。"（范景中文）

元代大画家李衎写《纡竹图》跋语，已入心性，赋予道德成为教化，竹乎？人乎？家国民族乎？选录几言，读者自有体悟：

> 横遭屈抑，盘擗已久，伛偻者卒不能伸，偃俯者卒不能起，萧条寂寞，见弃于时。虽外若不堪其忧，而霜筠雪色，劲节虚心，存诸内者，固不少衰也。猗与，伟与！此君之盛德也！贫贱不移，威武不屈，大丈夫之操；富贵不骄，阨穷不悯，有古君子之风。忆绘而传之好事，抑可化强梁于委顺之境，拯懦弱于卓尔之途，其于世教或有助云。

鲜活于今日，飘风于万世的直竿，纡竹、墨竹啊！元朝，以当时观念为异族入主中原，汉人，汉族终元一代，其社会心理总有扭曲和纠结在，其文人、墨客笔下之直竿、纡竹，或心有所指耶？可是元世祖的重视农桑，蒙古族对自然草原的敬畏，元时水利之发达，却也留之于史，后人读史或有困惑：当一个昂扬尚武、开疆拓土、铁骑纵横的元朝崩溃，代之而起的却完全是另一种气象的王朝，明朝是也。

元代在华夏民族文化史上几乎从未重笔提及而在中国陶瓷史上具有划时代意义的是青花瓷的发明烧制成功，也正是由此开始，景德镇始被列入名窑，乃至名窑之首。元朝并专设瓷局督办烧造。与景德镇烧制的釉面红等名瓷远销波斯、阿拉伯等世界各地。景德镇元青花的发现是在“土耳其伊斯坦波尔的托普卡帕故宫”,“国内的一些遗址与窖藏中也相继发现了大量精美的元代景德镇青花瓷”。(《景德镇瓷艺纵观》1990 年江西科技出版社，郑鹏著)

青花瓷是中国发明的瓷器中最具民族特色的国之瑰宝，青花瓷器釉下彩的白地蓝花明净素雅简约、庄重、淡朴，其浓浓淡淡，层次隐约，受中国传统水墨画影响而得其神韵，且永不褪色。“青花瓷的这些优点，使任何窑场、任何窑场的任何瓷器均无法与之匹敌”。

青花瓷烧制用柴为松木，且只能是松木，因松木燃烧力强，富油脂，它木不能。景德镇周边山岭均为黄山余脉，山岭之松即黄山松。“一里窑，十里焦。”多少黄山松木燃起的火焰，成就了窑变之神奇，青花之美妙，始于元代，灿然明清。

第十二章

楼船雕版伊甸园

如果说战国是思想自由的年代，汉唐是气魄雄伟的年代，大宋是物质与精神文明登峰造极的年代，蒙元是霸气横行、创制青花，几乎打遍世界的年代，明朝二百七十六年却是个“收敛退却”却又充满矛盾的朝代。从社会心理而言，萎靡不振；从社会文化而言，戏曲与绘画造诣极高，通俗文艺流行，木刻版画兴盛。其共同的特点是，与所有开国皇帝一样，朱元璋登基后收拾破碎山河，以农桑立国，并倡导种木棉、桐、棕、漆树、桑枣、胡桃等，屡屡下诏罢征桑枣、竹木、蔬果、蒲草器物税。并诏令保护重修河南周口伏羲陵，禁牧禁樵采。

明代对于经济林的开发极为重视，一则于民生有益，二则可以增加税收。开发的项目主要是放养白蜡及采收乌桕子榨油，并普及民间。明朝白蜡，蜀地为盛，浙江次之；乌桕盛产江、浙。徐光启撰《农政全书》六十卷，其中有《放养白蜡虫法》等。白蜡出于女贞木，有自生，有寄生，枝上生蜡如霜雪，人谓树生白花，极美，采之炼蜡。有乌桕大树，可收子三石左右，子外白穰，榨油而为白色，可以造烛；再以乌桕子之仁榨而得清油，可点油灯，极明亮。“涂发变黑，可造纸又可入漆”。一石乌桕子能得白油十斤，清油二十斤。作为经济实用树木，有明一代乌桕于浙江农人的贡献可谓巨大，一家有几株乌桕，采籽榨油尽可家用。当时临安，田边地头必种乌桕，以桕子所获便可完交公粮，农人称之为“熟田”；倘无乌桕，以粮交租，农人负担便重，谓之“生田”。江浙两省农人因种乌桕得利，纷纷效之，一时成为风气。“高山大道，溪边宅畔，无不种之”，可见，林业有万般，经济林实为不可忽视者。徐光启写《农政全书》，对林木于农耕、农人之利，凡育种、养殖、收获、树种等极为详尽。比如乌桕之用，取油之外，油渣返田，田乃肥，乌桕木可刻书、可雕造器物。乌桕木长寿，树愈大，子愈多，种一株乌桕能收子孙数代之利。有两种乌桕最佳，一为葡萄桕，一为鹰爪桕。

乌桕木实为一种风景，明代摇曳于江浙的风景。它稳固了江浙土地，又造福江浙农人，且浑身是宝。后人当感念徐光启，否则这历史的风景早已荡然无存。如今徐光启活在风景中。明代的农林著述，除影响最大的《农政全书》，还有《茶叶全集》《救荒本草》等书。

明代相关桑麻农事的资料告诉我们，从开国皇帝朱元璋始，对农耕对林业不可谓不重视，而前述免税、罢征的记载所透露的信息是：哪一朝代不是农民养活的？明朝农业税之多一直征到“桑枣”“蔬果”“蒲草器物”等等，民不聊生，后来罢征。永乐十三年实行竹木抽分，“令照例抽分”。并有详则：“松木、柏木、椴柴、椴木、长柴、把柴、杂木块柴、鞭杆、松木块、煤炸、木炭、檀木、片柴、杉木板、猫竹、水竹、桂竹、杉木篙、车轴、车辋、车辐、杂竹、箭竹、黄藤、鞭杆、杂木檐板等为三十分取六；棕毛、蒿柴等为三十分取三；杉木、黄藤、白藤、软竹篾、黄杨木等为三十分取二；茅草、稻草等为三十分取一；芦苇为三十分取五；芦苇柴为三十分取十五”。(《明会典》)。

明宣宗宣德二年榜谕两京：“果树每十株岁纳钞一百贯，……差御史同户部官各一员，按月催收送库。如有隐瞒不报及不纳钞者，地亩树株房舍没官，犯人治罪。”“没官”即今城管对路边小商贩之罚没也。

明代除了争皇位，削亲王对森林有破坏之外，明成祖永乐帝迁都北京后，有过一次全国性的规模极大的征集木材之举，为修紫禁城也。当时崇文门外有二厂，一曰神木厂，二曰大木厂。诏令各省伐大木，主事者为工部侍郎刘伯耀，《明会典》记所有大木伐自四川、云南、贵州、湖广，实际上还很可能到了海南。是次采木，可以说伐尽了中国除东北外的美木良材，而且均是木中之王者如黄花梨，紫檀木、金丝楠木，大红酸枝等已为次之者也。明成祖之举，使清廷再修紫禁城时，几无上佳大木可采。今日若游故宫、中南海，其紫檀梁柱，楠木门窗，花梨桌几等，明朝所为，十居八九。中国森林也从此丧失了绝大部分古树、大树、神树，千百年以上之树，得以幸免者，惟崖深山险，人迹罕见，车马不达处。

永乐帝设神木、大木二厂，除去营建宫殿，还用来造船，船之大，为当时世界之最，是有郑和七下西洋的壮举。作为郑和下西洋的背景，明朝之初，中国沿海地区经常为日本倭寇侵扰，波及山东、江苏、浙江、福建等地。在日本南北朝封建割据中的失败者，那些没落的诸侯、武士与浪人和海盗，屡屡驾船至中国沿海杀人越货，无恶不作，其时中国有船而没有水军，海岸线不设防，于是新设海防卫所，操练水军，消灭倭寇自不在话下。可是明王朝却退避龟缩，明令海禁："片板不许入海"。禁海，禁何人？中国人也，倭寇乘禁横行，变本加厉。朱元璋于洪武四年"禁濒海民不得私出海"。明世宗更加严厉：所有出海者，"一切违禁大船，尽数毁之"，并屡发诏令："私造双桅大船下海者，务必一切捕获治之。"

能造大船的不让造船，捕鱼为生的禁止出海，应该歼灭的倭寇侵略者任其烧杀，这就是朱元璋的罪过了。而在明朝初年大兴文字狱，百官奏章中不能出现"光"字、"生"字，"光"与"生"秃头和尚也，做过和尚的朱元璋以为在骂他。可为文的不能为文，能思想的不能思想。退却与规避，明朝之大趋势也。

这个大趋势到想有所作为的明成祖永乐帝时，却成就了郑和下西洋，中国航海的鼎盛期，历史吊诡如此，真莫可解者。或者谓，历史若非吊诡还能成为历史吗？

也许，我们要回想森林利用之大者，也是森林文化之大者——木船的历史——没有船，人类怎么交通？怎么易货？怎么打仗？怎么开疆扩土？史书记载木船航行的几个节点，不是中国人造船用船之始，却是有史以后劈波而行推动历史之要者。秦皇岛碣石港，史书称"燕塞碣石"，燕国之通商门户也。碣石港在燕国时的规模、设备等无从查证，唯史籍记载：燕国缺粮，从海路以木船运往碣石的积粟，"可供燕国十年之用"，其帆狄狄，其船众众，亦可想而知。

秦始皇统一中国，重修碣石港，再造木船数以千百计，先后发兵三十万北征匈奴，发兵五十万南下一统岭南，盛况可见。到汉武帝时，"凿通西域"之外，海上也有大作为，造船业、航海业极为兴盛，除统一沿海，又征朝鲜、海南，辟海上丝绸之路。其时著名港口有碣石、琅玡、芝罘、番禺（今之广州）、泉州、福州等。商船结队，战船云集，光是船的名称便可见航海业之一斑：楼船、斗舰、桥船、戈船、赤马、斥候、大翼、小翼等等。汉武帝用兵越南，水师十万，楼船一千艘。汉代楼船是何等样子?《释名·释船》称:“船上层曰庐,像舍也;其上重屋曰飞庐,在上故曰飞也;又在其上曰雀室,于中候望,若鸟雀之惊视也。”楼船高达三层,有记载说最大的楼船存兵万人,但《酉阳杂俎》认为,万人不可信,应为兵丁一千人。在船的制造上,中国已经用铁钉替代竹钉和木钉,而油灰捻缝则为中国首创,使船的结构强度大增。而同时期的西方,仍在以皮条和绳索捆扎造船。中国船不仅多桅多帆,到东汉时又发明平衡纵帆,与木舵配合,不再望风、候风行船,而是可用八面来风,甚至逆风。

> 木船、帆船时代,是中国的时代。在西方,公元7世纪,地中海出现可转动的三角纵帆;公元14世纪始用双桅三角帆;公元15世纪才有多桅纵帆。

即使在元代惯于骑马驰骋的蒙古统治者,因为海上漕运之需,也有促进造船业空前之举。据载,元初曾在上海一次造海船六十艘。这些海岸航行的船排水量在40—70吨之间,为运粮船。而另有驶往远洋的海船有4桅、张12面帆,水手200名,每一个橹需由四名水手合力摇动。明朝时,木帆船的制造技术可造出5桅战船,6桅座船,7桅粮船,8桅马船。9桅宝船,桅杆可收,风帆可转,多层甲板,水密分舱。一艘中等宝船船长136.5米,宽51.3米;大型宝船长151.8米,宽61.6米。巍然于波涛之上,无有可敌者。

明代给后人留下了诸般困惑:

有大船而不战倭寇,自取其辱,一也。

有海禁而郑和下西洋,七下西洋之后海禁依然,楼船、战船几成废物,二也。

倘郑和下西洋为通商之利,明朝自朱元璋始,中国几千年抑制商业的传统达到顶峰,“片板不得入海”,何能通商?就连外国送上门来的“朝贡贸易”,数量也少之又少。有大船通达,无贸易之利,三也。

郑和之后再无郑和,四也。

但,我们仍然要回想郑和,感念郑和,这位曾经让中国成为世界第一海洋大国，旋即又因朝廷封疆锁国而退却至陆地上的航海家。

郑和首下西洋专门营造的船分五个等级，宝船最大，长 124 米，宽 50 米。9 桅 12 帆，最大排水量 14000 吨，载重 7000 吨，水兵 500 人。船舱富丽堂皇，航行时犹水上宫殿。其次是马船，又名马快船，水战、运输兼用，8 桅 10 帆，护卫宝船之用。然后是粮船、战船、装载淡水的水船。整个船队共大小船只 200 艘，水兵杂役人等 27000 名，其中随船医生 180 人，翻译、工匠、大厨连同金银、珠宝、瓷器、古玩应有尽有，以赠他国。说郑和下西洋——今之南海、印度洋是专为寻找建文帝朱允炆恐涉牵强。郑和深知禁海之害，极盼西洋之行能打开海上朝贡贸易的通道，亦使中国威名远播，此其初衷乎?

明代商业因朱元璋之顽梗保守而不振，明成祖时稍有起色，郑和当推首功。七下西洋历时二十八年，航迹遍及南海、爪哇海、马六甲海峡、印度洋、波斯湾、红海，最远至非洲木骨都来——今索马里摩加迪沙，共三十多国。1422 年，郑和六下西洋返航时，船上有亚非十六国使者一千二百多人，携朝贡礼品及奇珍异物，随郑和到中国。一为朝贡，二为洽谈海上贸易。其时都城洋人不时出入，民众驻足观望，街谈巷议尽是郑和下西洋，海外西洋客。明成祖朱棣在位二十二年，郑和出海六次。1424 年，朱棣病殁，即位的明仁宗下令停航，郑和进言:“欲国家富强，不可置海洋于不顾，财富取之于海，危险亦来自于海上。”郑和并强调了南海的重要性，“一旦它国之君夺得南洋，华夏危矣！我国船队战无不胜，可用之扩大经商，制服异域，使其不敢觊觎南海也”

明仁宗朱高炽在位仅一年，朱瞻基继位后，六十岁的郑和又七下西洋，1435 年辞世。

郑和是伟大的航海者，人皆言之也;郑和是更其伟大的海洋思想家，则鲜有人说。美国人马汉与郑和比，后起者也，望其项背者也。

梁启超曾作《祖国大航海家郑和传》(《饮冰室合集·专集》之九)，赞美有加之外，剖析极为深刻：

及观郑君，则全世界历史上所号称航海伟人，能与比肩者，何其寡也。郑君之初航海，当哥伦布发现亚美利加以前六十余年（另有一说为八十余年，笔者注），当维嘉达哥马（即达·伽马）发现印度新航路以前七十余年。顾何以哥氏、维氏之续，能使全世界划然开一新纪元，而郑君之烈，随郑君之没以俱逝。我国民虽稍食其赐，亦几希焉！则哥伦布以后，有无量数之哥伦布；维嘉达哥马以后，有无量数之维嘉达哥马。而我则郑和以后，竟无第二之郑和。噫嘻！是岂郑君之罪也。

梁启超还写道，因何而航海？哥伦布“为觅印度也，印度不得达而开新大陆”，达·伽马“为觅支那也，支那不得达而仅通印度”。而明成祖命郑和航海，“若我国之驰域外观者，其希望之性质安在？则雄主之野心，欲博怀柔远人万国来同等虚誉，聊以自娱耳！”梁启超并告诫后人，被宫刑的“刑余界中，前有司马迁，后有郑和，皆国史之光也”。

明朝无盛世，明朝有盛举。

郑和以 9 桅 12 帆的宝船，率 200 多艘船队的远航，皇帝“聊以自娱”，而郑和七下西洋，起航、返航，似重复如斯，郑和开辟的水道当船队驶过，海上仿佛一切依旧，依梁启超言郑和下西洋，亦如同“一切身心活动，都是一刹那一刹那的飞奔过去，随起随灭，毫不停留”。那么郑和及他的船队什么都没有留下吗？一切尽是泡影归于乌有吗？不，还是前文已记的梁启超之论，“但是每活动一次，他的魂影便永远留在宇宙间，不能磨灭”。“魂影”何解？“业”也，“共业”也，人类心能所开积出来之有价值的文化也。又何谓“心能”“开积”？心灵、智慧，亦包括技能之开辟累积也。所有叙写郑和远航的，均称郑和为中国第一大航海家，其业绩则称之为航海文化的开辟者，善哉斯言！然还可追究的是，从“心能”“开积”而言，还应追溯至林中取树。伐树成木，先识木可浮于水，然后“刳木为舟”独木舟也，后为舢板，小船也，再造大船、宝船，其心能之开积，历人类千年之进化，又何能一言以当之？再需深思的是，能为独木舟的凡稍粗大之木即可。而大船、宝船必得精心选择，船木非一木十木百木且非一般之木，集多少大工匠之大智慧之血汗辛勤，剖木，造“龙骨”，造“层楼”，等等，再树之以桅，挂之以帆，操之以舵，摇之以橹，始能浮以海，不是近海，而是南海而是印度洋，极大风极大浪也。于此可见，当时移势迁，人类对文化这一几乎无所不包的词语之理解日见狭隘、浅薄，至今几成文章、歌舞的专用词时，现代人的目光中已经没有“史性”，因为没有“史性”，便不识心能开积之文化大源，而津津乐道于当今浅薄之文化，“聊以自娱耳”！

即以郑和航海论，人知宝船而不知船木，人知船木而不知森林，人知森林而不知拣选，人知拣选而不知工匠、绳墨之技艺。宝船若呼之即来，航海似挥之即去，轻忽漂浮，岂可为文化？倘识郑和之船来之于木，来之于巨大森林中的比较、挑选，然后伐木、运木。然后经千百道工序，由千百匠人以心能、技能合力为之，再视郑和之下西洋、郑和之浩荡船队，则知明代之远航，非仅明代也，远在初民认知木能浮水时；而郑和之出发地可说是太仓刘家港，亦可说是上古苍茫大森林也。

对于人类而言，森林与海洋，是无尽的物质，无穷的智慧，无比的诱惑。正因为如此，造物主先造海洋再造山岩大地为使大地有生命而又造森林。从而成为人类出现之后的两大文化系——海洋文化系、森林文化系，如同水养木、木涵水，海洋与森林相望相闻，互为独立而又互为依存，在人类心能开积下，有无限之气象。观乎刳木入海，孤舟独渡，扬帆远航，由河及海，得地理大发现，是有文化之开积也。

有明一代，经略山泽林木资料如下：

《明通纪》：洪武三年八月诏曰："农桑衣食之本，学校道理之原，朕尝设置有司，颁降条章，使敦笃教化，务欲使民丰衣足食，理道畅焉，何有司不遵朕命，往往给由赴京者，皆无桑株数目，学校缘由，甚与朕意相违，特敕中书令有司今后敢有无农桑学校者论拟违制，民有不奉天时而负地利者如律究焉。"

《明书·食货志》：洪武时命种桐，棕，漆树，棕于朝阳门外钟山之阳，总五十万余株，设漆园百户，二甲军百；棕园百户，一甲军百；桐园百户，二甲军二百四十。棕、漆三年一采，仅二百斤，桐树岁得油百五十斤，所费几百倍，然太祖为之不惜，意在率民也。至宣德三年朝阳门所植漆桐棕树之数，乃至二百万有奇。

《明会典》：二十五年令凤阳，滁州，庐州，和州，每户种桑二百株，枣二百株，柿二百株。

二十五年户部尚书王杲请征收山场等税，以济边储，从之。

二十七年令于天寿山前后龙脉相关处所大书禁地界石，有违禁偷砍树木者照例间拟斩绞等罪。若止是潜行拾柴拔草，比照家属事例，问发辽东地方充军。巡山官军妄拿平人扰告居民者，事发一体治罪。

二十九年定"凤阳皇陵，泗州祖陵，南京孝陵，天寿山列圣陵寝，承天府显陵，山前山后各有禁限。若有盗砍树株者，验实真正桩楂，比照盗大祀神御物斩罪，取土取石，开窑烧造，放火烧山者俱照前拟断。""又盗砍山陵树林为从者，缘边官旗军民擅将应禁林木砍伐贩卖者，充军烟瘴。"三十年遣官查采大木。

明代关于研究农林之专著，有《农政全书》，《茶书全集》，及《救荒本草》等书。

《农政全书》：徐光启撰，六十卷。合时令，农事，水利，树艺，蚕桑，牧养，荒政诸大端，条而贯之，汇归于一……就中水利数卷，远法西洋，是为我国农事采用西法之始。

《茶书全集》集《茶经》《茶谭》，种茶之业，饮茶之好，已风靡全国。中国历史上多有灾荒，民饥饿而死者历代皆有。《救荒本草》记可食之木叶草实，并绘图以辨，凡四百余种，明周定王朱棣之功也。

中国几千年的农耕文化，因时代演进，人口增加，毁林拓荒，在所难免。另一方面，除去刀兵战乱，又有一种自给自足，自然循环的机制，非今日之保护生态也，而是农人种地为吃饭，求生之道也。精耕细作寸土不荒，一则精于业，二则人口之多，土地之利用达致最大化，可是其中真正的奥妙却在于土地保有肥力，土地不退化，土地持续几千年的对于农人辛勤耕稼的报酬不减。以上回答了一个问题：华夏民族从夏商周开始人口便已超过1000万，“到洪武二十六年（1393年），我国人口总数达到6054万人”（程志光语），是中国的土地，中国的农耕，中国农人的辛勤汗血所换来的五谷杂粮，养活了中国愈来愈多的人口。其中另一原因是中国农耕大体上一直处于森林水泽之保护涵养中。纵观历朝历代，中国森林草场山泽之地，有禁有放，以禁为主，又倡导人造林、经济林，加上原始森林之地远偏荒难以采伐，或只伐其修筑宫室之美木、余木尚在。余木，次生林也，次生林仍森林也。

除去吃饭问题，还有：古代的中国人生病吗？当然会生病。生了病怎么治病？答案很明确：草药，靠无以数计的野草中既可治疗外伤又能治疗内伤的那些草来治病。倘仅至于此，上古时期地球上的原始人大约无不如此。用野草治病疗伤之始，是一种偶然，是在人们寻找籽实果腹过程中的偶然发现，这一偶然的过程相当漫长，是点点滴滴、口口相传的累积，是中国森林文化中起死回生的独特篇章。人类初民共有的偶然经历，却只是在华夏民族成就了“望、闻、问、切”辩证施治的举世无双的中医药文化。从神农尝百草开始，中国的先民对草情有独钟，神农之后有无量之神农，亲尝辨识大森林中、大森林边缘、高山峡谷、悬崖陡壁上的奇花异草，开而积之，屡开屡积，是有中国独秀于世界的中医、中草药。唐人孙思邈前文已记，考查典籍唐之前，之后代有名医，从“国医”

到穷乡僻壤的“草头郎中”，维持了一套唯中国独有的遍及深山野岭穷乡僻壤的医疗体系，保障了华夏民族的健康、延续，而存于今世。

从神农尝百草始，不知道有多少人尝过多少草，寻过多少药。有记载的历史告诉我们：明朝李时珍的《本草纲目》录药草、药材1892种，中药方11000多，共190多万字，可谓洋洋大观矣！

然则又岂止洋洋大观？

草木有神性。草木集天地山水之精华灵气，而无言，而柔弱，而自匿于荒郊大野、深山密林，无欲无求、自生自灭，灭而又生，往复无穷。造物先造河海林草，花卉果实，再造人，其中有大美之深意。饮水的路、果腹的路、治病消灾的路已经铺就；那就是尚象造器的路，那就是生生不息的路，那就是苍生大医的路。当森林绵延无际岿然耸立，从幽暗的林木间走出森林或走进森林时，更加亲切而柔和地与人们接触的、接近的是荆棘，是野草，是如此生动而优雅地从树根旁生出的一支野花，一丛杜鹃，人会感到惊喜愉悦，以及生命的不再孤单，头顶是高大乔木的宏伟，周围是藤蔓灌木的簇拥，脚下是苔藓香草的清新，大自然展现着永恒的淡泊宁静，典雅辉煌。人喜极而泣，心有所动。心有所动便是灵魂飞逐，灵魂飞逐便是精神的诞生。我们甚至可以想象：上帝的天堂不在白云之上，便在森林之中。

试举《本草纲目·草部》几例：甘草，又名蜜甘、蜜草、美草、草、灵通、国老，根甘，性平，无毒。主治：伤寒咽痛少阴症。用甘草二两，蜜水炙过。加水二升，煮成一升半。每服五合，日服两次。此方即“甘草汤”。

桔梗，又名白药、根草、荠，辛，微温，有小毒。李时珍：“当以苦、辛、平为。”主治：伤寒腹胀，阴阳不和，用桔梗、半夏、陈皮各三钱，生姜五片，水两杯煎成一杯服。此方即“桔梗半夏汤”。桔梗配伍之后还可治痰咳喘急：以桔梗一两半，研细，用童尿半升，煎成四合，去渣后温服。童尿亦可治病，李时珍遍尝千百野草还尝过童尿吗？桔梗，野草也，却能治大病，肺痛咳嗽，先吐臭痰，后吐臭脓者，用桔梗一两，甘草二两，加水三升，熬得一升，温服之后有脓血吐出，大病渐愈之象。此方为闻名古今的“桔梗汤”。

白术，亦名山蓟、杨、蓟、山姜、山连、吃力伽，甘，温，无毒。白术研细，每取一匙，白水送下。白术可治“五饮”之症，五饮者饮食胃寒、饮茶过多所致，即水在胸部，留饮一也；水在两胁下，癖饮二也；水在胃中，痰饮三也；水在五脏间，溢饮四也；水在肠中，流饮五也。用白术一斤干姜半斤，桂心一斤，研为末和蜜成丸，每服二三十丸，温水送，此方即“倍术丸”。又：中风口禁，不省人事，以白术四两，加酒三升，煮成一升，一次服尽。又：产后中寒身冷口禁，不省人事，用白泽四两，泽泻一两，生姜五钱，加水一升煎服。

远志，苗名小草、细草、棘莞、绕，其根苦，温，无毒。主治：善忘症，取远志为末，冲服。

贯众，又名贯节、贯渠、百头、草头、黑狗脊、凤尾草，根苦，微寒，无毒。主治：妇女血崩，贯众半两，煎酒服。鸡鱼骨鲠，以贯众，缩砂、甘草等分，研为精末，棉包少许含口中，嚼汁咽下，久则骨刺随痰吐出。

淫羊藿，亦名仙灵脾、放杖草、千两金、黄连祖、三枝九叶草、刚草。辛，寒，无毒，李时珍谓：“淫羊藿味甘气香，性温不寒，能益精气……真阳不足者宜之。”主治：阳萎，腰膝冷，用淫羊藿一斤，酒一斗。浸泡三天后饮服，此方为“仙灵脾酒”，等等。

《本草纲目·木部》可以入药者，有柏、丁香、松、杉、榆、柳、皂荚、合欢、槐、楝、椿樗、杜仲、厚朴等等，举不胜举。

《本草纲目》不仅有草部、木部，还有火部、谷部、果部、鳞部、兽部、禽部、虫部、介部（龟、蚌、贝、螺等，有甲壳者也，笔者小注）、菜部、水部、人部（尿、发等）、金石部。可以说，我们的先祖、圣贤，为扶伤祛病、益年益寿，不仅尝草且尝木、尝水、尝石，尝遍了天地间一切可尝之物，辛酸苦辣甜，乃至毒，才有中医药之渊源，东方草药学巨典之出。

每一个朝代都有各自的辉煌，但，当后人回首明朝时，却于中晚明人文思潮与文艺复兴的蓬勃生机中，多少能得见其悲凉气息。当时社会文化心理，集中于“情”“理”之间，是“存天理，灭人欲”，还是“发乎情性，由乎自然”？宋明理学作为当时的一种新儒学，重构了孔孟思想，尤其把儒家伦理观念提高到本体论的哲学高度，把封建伦常理纲堂而皇之地推到了最为严酷地统治民众的境地。先是北宋的程颢、程颐创“天理”说，“存天理，灭人欲”，“饿死事极小，失节事极大”，可见其压制人情、人性到何种程度，此所谓理学也。理学的集大成者是南宋朱熹，更进一步把二程的“天理论”更系统化，并推向极致：

> “所谓天理，复是何物？仁、义、礼、智，岂不是天理？君臣、父子、兄弟、夫妇、朋友，岂不是天理？”“人之一心，天理存，则人欲亡；人欲胜，则天理灭，未有天理人欲夹杂者”。（《朱子语类》卷十三）

宋明理学对儒学的整合，并开出一番儒学的新气象，自有其突出的贡献，但从根本上“灭人欲”，就连“食色，性也”也要灭之，走向反面却是必然的，一个社会人欲尽灭，天理何存、何用？没有人性、人情、人道的社会，又何论孔子的“大同说”、孟子的“王无罪岁”“守望相助”？孔孟之道岂是尽灭人欲而存所谓天理？天理若何？天地阴阳之变，刚柔相摩之道，宇宙未济之说也。或以老子言，“人法地，地法天，天法道，道法自然”。宋明理学的天理说，不仅灭人欲而且灭自然。明初期，朱元璋把程朱之学作为官学，文字狱兴，思想之不得自由，从社会心理而言，明朝之初，为压抑深重者也。

王阳明心学的出现，并没有完全脱离程朱之学，只能说是理学的一个新的阶段，王阳明集陆九渊的哲学思想与禅宗的“明心见性”，立“致良知”为框架的心学体系。其“知行合一”中的“行”、行动、要做实事，为王阳明的最大贡献，亦区别于程朱。而在“存天理，灭人欲”这一极荒谬而大错特错的观念上，王阳明与程朱大体相同，故阳明有“破山中贼易，破心中贼难”之句。“破心中贼”之说全是“灭人欲”吗？恐怕未必，这里似有孟子的“苟得其养”的养心存善不“旦旦伐之”意，但总体上却脱不开“存天理，灭人欲”。阳明心学与程朱之学区别在于：程朱以“理”为本体，为最高；阳明以“心”为本体，为极峰。王阳明之学便多了一份心与情感之相接相连，理性和感性相纠缠相冲突。后来的王学中的有一派，即“王学左派”以王阳明的“心即理”为旗帜，而称“人心本自乐”“百姓日用即道”，到“天理者，天然自有之理也”（清黄宗羲《心斋语录》《明儒学案》），已经有“道法自然”的意味了。嵇文甫先生说得好，“一部晚明思想史，几乎可以说是一部王学解体史。这个解体过程结束了，新时代也就出现了”（《晚明思想史论》，东方出版社，1996 年）。

一方面是王学的解体，一方面是戏曲为代表的艺术争奇斗艳，并以人欲、人性、人情反程朱所谓“天理”，在汤显祖的《牡丹亭》中，有“天地之性人最贵”，借杜丽娘发出了“一生儿爱好是天然”的声音。有明一代到晚期，“情”“理”之争的以情为重、一往情深，已经颇具市井大众的味道了，徐刚有解：

> “一生儿爱好是天然”，什么是天然？天造地设，此即客体之天然也。而人在其间，顺从之，呼应之，赞美之，自况之，则主观之天然也。主观与客体相融洽、相移情，付之笔墨，山水草木，鱼虫花鸟，则由有生命而成无生命，由无生命而成不朽之生命，大美出矣。此何人哉？徐谓其一也。时代不幸，人生多难，艺术之幸也。徐谓创泼墨大写意，其中山水皆神，草木有灵，他画的杂花图不问四时，而只是水墨淋漓，勾勒天然。徐谓花卉，源出王维，有自题“芭蕉伴梅花，此是王维画”。徐谓追求“兴会神到”，而于时序、规律则一概轻忽。只有满纸烟云，杂花无数，牡丹、荷花、菊花、兰花、竹石、老松、绣球、石榴、水仙、梅花、小桥、流水、人家。天然也。

徐谓是将水墨大写意花卉推向巅峰独创画派的一代巨匠。因其自号青藤道人，画史亦称“青藤画派”。徐谓与唐时王维的心灵相通，则是自然、山水、草木、花卉的延续，是人类对天生万物的情感的延续，是泼墨于纸上不求形似的神韵的延续。读徐谓的《榴实图轴》(台北故宫博物院藏),能读出一个面对山林自然,取石榴而缘物抒情。榴实,山野之一物也,榴实不语而徐谓笔下,却分明写出了画者的通透狂放,目空千古地张扬个性。画幅上无山无林无草,只有石榴两枝,方寸而已,石榴枝凌空而下干湿粗细弯折天然,榴实开口,辅以淡叶,疏密有致,榴根何处?树在何山?山有林泉否?林为松柏乎?泉乃瀑布乎?删去了一切烦琐的背景,只留下大片空白任尔想象,却以连绵飞动的狂草题诗道:"山深熟石榴,向日笑口开,深山少人收,颗颗明珠走。"另一幅《墨葡萄轴》枝叶稍为繁复,笔墨淋漓出变化,瘦笔破笔断笔相间,笔断意为连,墨止而仍有无限伸展者,葡萄藤、枝、叶、果尽在水墨浓淡中,笔墨纵逸,老干横出,带有苦意,葡萄闲抛闲掷,亦徐谓身世也。题诗道:"半生落魄已成翁,独立书斋啸晚风,笔底明珠无处卖,闲抛闲掷野藤中!"书法更为古怪精灵,跌宕欹侧,点划中有楷隶草行,结体时东倒西歪,奇崛狂野,又不失法度,一时无连两!

徐谓书画,不朽于世者,除去书画本身应有的技巧、功底外,却在于他的思想自由、精神独立。因此二者,徐谓笔下从无泥古不化,而独有其自己的笔墨芬芳。徐谓画牡丹,富贵花也,今世画牡丹者不知几许,姹紫嫣红,以媚态富态为荣,世人亦皆以此为美者也。徐谓的牡丹则以泼墨为主,在墨色的干湿浓淡中,看似一改其本性,其实绚丽万般唯黑白永恒。徐谓画花卉"不问四时",兴之所至,笔下尽是杂花杂草杂果,有"游戏人生"意。

我们且不说"游戏人生"是不是人生的本义之一端,但对于苦难中的幸存者如徐谓而言,即便不是苦难的全部解脱,也是心境的稍得宽舒。此一所谓"稍得",乃是泼墨纵笔之一瞬间,而此一瞬间却为才华毕露、性情喷发的一瞬间,留于纸上者,魂迹也。这"魂迹"中有苦香寒意,徐谓笔下那花卉草木在风雨中的姿态,是挣扎的姿态,是抗衡的姿态,也是我自逍遥的姿态,总之是生存的另一种姿态,徐谓以此自况,却是道出了人生的真谛。如他自题《四季花卉图》:"老夫游戏墨淋漓,花草都将杂四时,莫怪画图差两笔,近来天道壳差池。"

徐谓的山水画多见于杂画册中，单幅山水仅剩《青藤书屋图》，现藏于英国，有徐谓自题款："几间东倒西歪屋，一个南腔北调人"，亦俗亦雅，似俗而雅，俗表雅里，风格如青藤，"风格即人"也。徐谓的水墨大写意，其影响绵续于晚明到明末清初的动荡时代，青藤画派之泼墨所至，流风所及，若陈洪绶，若八大，若石涛，若"扬州八怪"，直至近代吴昌硕，齐白石皆余音所在也，而今世未见。

与徐谓泼墨山水同样影响巨大的，是明中叶至晚明的木刻、版画。徐谓的画开明代文人画之青藤一派，画坛为之振奋。而木刻版画的兴起，则以走向坊间为特色，与民俗、民间艺术有更多的碰撞与结合，使文化不再仅仅为骚人墨客所独有，为更多人所享用，文化多样化的趋势，宋代底定，明时大成。其中，如陈洪绶画版画，实则意味着：大师与工匠的结合，并有不同凡响之效果。中国传统轻匠人，明代匠人如黄肇、项南州则为陈洪绶激尝，某种程度上可与陈洪绶平起平坐，晚期文化影响社会心理之又一特色也。

中国古典雕版印刷，以宋代为最精美；而木刻版画至明代，可称流派汹涌，繁华绚烂。一般认为明代版画有明显的阶段性，而每个阶段之间的过渡，则又体现出既平稳又创新的持续性，所有这些特点从版画艺术的载体木质材料的选择，到题材与风格的多样并渐臻精美绝伦，浑然一体，并与书法、绘画相结合。其中谱类版画中笺谱与画谱所创造的水印木刻套印术，具开拓意义，最有代表性的是《十竹斋笺谱》《十竹斋书画谱》。

明代版画的非凡成就，却离不开画家，陈洪绶可称为卓然杰出者，他的《九歌图》《水浒叶子》《西厢记》戏曲插图、《博古叶子》等，不仅为一代荣耀，也可作万世流芳观。

了解认知明代的木刻版画，以及走向开派立范的篆刻、书画等，我们必须说在文化的意义上，明朝不是一个平庸的朝代。

洪武三十一年，即1398年，南京刻成《大藏经》，亦称《洪武南藏》。扉页刻印有《六祖大师法宝坛经》插图。

永乐十九年，即1421年，刊刻《大明三藏圣教北藏》，时称《永乐北藏》。扉页绘刻有祇园说法，另有五页相连的《说法图》，有飞天及十方佛，相拥于佛的有菩萨、金刚等参差四列，法相庄严，笔画生动。

明英宗时，刻道教经典《正统道藏》。扉页为《三清图》，绘有道教神仙100多人，神态各异，惟妙惟肖，线条如锥划沙。时人有论：所绘者，神仙也，其有神助乎？

明宣德以后，版画题材更加大众化，我们不妨称之为版画的普及与市民化。宗教版画中有成化六年，即1470年刊刻的《天神灵鬼像》，包括佛道众神、地狱诸鬼，是整部绘写佛道神像的版画图集，“也是唯一流存至今的以版画形式出现的水陆道场画图集”（参考资料:《中华艺术通史简编》，李希凡主编，北京师范大学出版集团，下同）。更饶有兴味值得史家大书一笔的，一是戏曲、小说版画渐渐流行。据《中华艺术通史简编》称，成化年间刊行的“《花关索出身传》《石郎驸马传》《薛仁贵跨海征辽故事》等说唱词话十种，是完整保存下来的现存最早的明刊戏曲小说插图本”。而弘治十一年（1498年）北京金台岳家刊本《新刊大字魁本全相参订奇妙注释西厢记》，“是现存完整保存下来的最早的《西厢记》插图本”。二是题材多样化，如《圣迹图》，是孔孟儒家圣迹图的母本；而《历代古人像赞》所描绘、木刻的人物自太古第一人伏羲起，而到宋代黄庭坚迄。为“存世最早的版画人物图像集。”又有《武经总要》《饮膳正要》，前者是宋版重刊的军事著作，后者已关注到生活日常的最基本、亦为最根本而且是最普通的话题：饮膳吃饭。

假如明代木刻版画，在明代文化中可称之为一相对独立的文化支脉，则不能不联想到王阳明开启的心学的社会思潮。阳明心学与程朱理学于“存天理，灭人欲”并无根本差别，王阳明之学的进步在于以“心”为本体，而对程朱理学之“理”的反动。冲出“理”的紧束之后，“心”与血肉情感相连，可说是还人欲了。王学左派即泰州学派其代表人物王畿、王艮，把难以界定似云似雾的“天理”，导向“百姓日用”，有了人间烟火味，前文已记，从而引出一场思想解放的风潮，是有戏曲之盛，版画之美，篆刻之精等等。但这一思想风潮的推动，与明晚工商业者的壮大及追求财富有关。人人讲心学，“天理便是人欲”的旗帜下是贫富分极，是满街圣人，个个狂禅，这就是王学兴盛也忽，解体亦速的原因之一。

可以称为晚明思想风潮旗手，或者也可称为造反派首领的李贽（1527—1620年），号卓吾，又称温陵居士、百泉居士。这个被视为异端的思想家，不遗余力地攻击程朱理学，虽然李贽的思想直接来源于王学左派，然而在他挞伐程朱理学的同时，实际上也在攻击宋明理学。李贽最大的贡献，是在为“私”“私心”辩护张目，认为“私则人之心也”，“如无私则无心矣”。李贽并将“发乎情，止乎礼义”变成“发于情性，由乎自然”，伸张其义曰：“自然发乎情性，则自然至乎礼义，非情性之外复有礼义可止也”（《中华艺术通史简编》，第五卷，北京师范大学出版社，2013年8月）。李贽推崇戏曲《西厢记》，小说《水浒传》为“古今至文”的识见与气魄，当时不作第二人想，至今仍为高明之论。李贽等人推动之下，晚明文坛进一步张扬人性走向民间，时人以“曲海词山”为之名。

明神宗万历年间（1573—1620年），对前、后七子复古思想反对最激烈的是袁宗道、袁宏道、袁中道，公安之为首者也。他们的文学主张直面现实，写现实生活，写血肉性灵，而反对“弃目前之景，摭腐滥之辞”，以及东抄西摘无所创新的“剽窃成风，万口一响。”公安派人对直言时事直抒心性的民间艺术作品之肯定和推崇，可谓得风气之先。因民间的作品无扭捏之状，不装腔作势，是最可宝贵的“任性而发”。袁宏道对当时不少文人嗤之以鼻的市井小曲的赞语是“当今无文字，闾巷有真诗”（同上）。

我们再回到明代木刻版画。其风格多民间气息，尤为可爱者有二：一为朴，二为拙。其版式有宋元之风：上图下文，图的两侧为此一章回的题目。图中人物线条简约，神态生动；刻字工整大方；眉批有简评。一部《水浒传》，配图过千幅。倘加以连接，便是图文并茂的连环画册，宋、明木刻版画，实为中国连环画之始也。建安版画中也有单页式、双页连式插图，如忠正堂、乔山堂所刻之《西厢记》全本，乃整幅大图，画法仍为清朗明快，其人物以粗犷圆满之线条造型，风姿曼妙，肥硕为美。在鲜明的民间格调中，还能读出唐人余韵。

建安版画在中国古代地方版画业中何以成为翘楚？福建多山区，而福建人好读书，对书籍的需求量也多，此一也；福建多山区故，森林竹木繁多。其木刻竹雕手工艺由来已久，此二也。

金陵于朱元璋开国时为明朝京都。时设国子监兼有刻印图书之责，世称:“南监本”。朱元璋兴文字狱，罪也；然对佛典经卷与官刻书籍的重视，功也。明中期以后，时移势变，民间刻书业活跃，多生气，而不让官刻。当时木刻书坊，还有文人直接经营书坊的。地区版画的兴旺是版画艺术生命之根脉而得以延续的另一重要原因。明时版画大致可分为：历史悠久、粗犷清新的建安版画；木刻雕印精美的金陵版画；飘逸秀丽的新安版画；精粗相得兼容的武林版画。

纵观以上四大家版画圣地，其共同相通处是文化悠久，且均有作为木刻版画载体的美木良材，而浙江与苏州的“武林派”——因杭州邻武林山故而得名——其中的苏州版画，因苏州明中期后工商业的发达而作为新军崛起。

建安刻书业在北宋便大有规模，声誉如日中天。到南宋时，《新刊全相三分事略》《全相平话五种》，乃早期版画名作。至明代嘉靖、隆庆年间，一百多家刻书坊争奇斗彩。声名远揄中国，首屈一指的为余氏书坊，木刻、雕版、套印等皆为一流，人皆美之而不及之也。到万历年时建安刻书业五姓争雄，以余象斗的双峰堂最为盛名，《京本增补校正全像忠义水浒志传评林》《新刊京本春秋五霸七雄全像列国志传》等，为其代表作。余氏书坊尚有三台馆、萃庆堂、克勤斋等。熊氏家族则有试德堂、种德堂、忠正堂；另有刘氏乔山堂；杨氏清白堂；詹氏进德堂。

新安版画藉徽州古朴的文化底蕴，黄山境界，早在元末明初就有《报功图》

流行于皖南，至万历时，歙县虬村黄氏鹊起，黄姓中人不仅擅长木刻雕版，其中有闻名当地的书家画家。刻《汪虞卿梅史》的黄时卿，书家也；为《明代状元图考》《闺范》绘图者黄应澄、黄应缵，画家也。黄氏家族之刻书版画业延续四百年之久，有工匠四百，其中善木刻文字者三十人，善刻图者一百人。黄氏木刻其影响所及初为皖南，继之皖北，然后江南，乃至全国，有明一代，“黄刻虬版”几成精美木刻版画的代表语，倘三五文人一杯清茶，论及当下木刻绘事，其必有人谓：“与‘黄刻虬版’可比乎？”黄氏刻书业延续四个世纪，实为中国古代刻书业之冠。能绵延如此之久，其必有佳作，如万历二十五年即1597年，汪云鹏《元本出相南琵琶图》，名重一时。黄一楷、黄一凤刻，插图双面式，笔画细巧，繁简相得着重人物形象，眉眼衣纹无不栩栩如生；又不惜篇幅，描绘山水草木，情出于人而境衬以情，写树，柳条轻扬；描石，块垒生动；画人，线条细致。至此，古代中国版画经历了一次革命性的变化，“由粗豪变为秀隽，由古朴变为健美，由质直变为婉约”（郑振铎：《中国古木刻画史略》）。徽州刻书业，尚有汪、刘、王、蔡、郑、吴诸家，均有名工佳作传世，皆为古徽州之荣耀。

徽州刻书绘画，以戏剧插图成就最高。徽派版画到明末明朝风雨飘摇时，仍然兴盛。

你自王朝更替，刀枪火拼；我自刻书绘画，轻钩细描。人皆死，王朝必更替，而山水常存，草木有根，文化不朽也。

武林版画所处的浙江杭州，自唐末而五代而宋元，其为中国雕版印刷中心之地位从未动摇，宋版为一时之重，亦为万世之重。到明代中期以后，宋版者，大多为书籍，宋版书也；明版者，除书籍而外，绘事版画勃兴，有题材之广。武林版画历经的一个嬗变是，徽州版画名满天下之后，如徽商之善于捕获商机，有为数众多的徽州木刻雕版好手到了杭州。为什么不去建安而去杭州？地理相近也，而刻绘之工亦有相仿处。离开家乡的徽州雕工，先是浪迹杭城，自立门户，后与武林派相接触，日久之后武林版画的风格与徽派版画风格相近相融，以精细见长，另一种则更多保留了武林特色又兼得徽派秀美，粗犷而不失细巧，所谓粗细兼得者也。著名书坊有夷白堂，清绘斋，集雅斋，容与堂等。作品有《金瓶梅》《原本牡丹亭记》等。其时苏州亦随经济发达而刻书业活跃。苏州因商业繁华，水陆码头故，建安派，徽州派刻画工匠纷至沓来，呈现出采各家之长，纳多种流派的气象，而自成重典雅、富韵味的苏州特色。

木刻雕版印刷，除了它自身的集木材之材质、刻字、绘图、套印等工艺之美外，还起到了不可替代的文字、文学与艺术的普及作用，宋明两代于此有功焉！为明代版画贡献之大者，首先是数以千计的刻工画匠；能使明代版画成为中国古代版画之翘楚，则应归功于当时热衷版画艺术的书家画家，而陈洪绶居功最伟。

陈洪绶是晚明最有人望公认的著名人物画家，也是杰出的版画家，他与木刻雕匠的合作，成就了中国古代版画史上一页绚丽灿烂的篇章，使版画艺术达到了前所未有的高度及广度，陈洪绶一生创作了七种木刻人物画稿，最早因在来凤季家研读《楚辞》而作《九歌图》《屈子行吟图》，时在万历四十四年（1616年），陈洪绶十九岁。陈洪绶绘《九歌图》有感而作也，不曾想过作版画插图，又两年后，来凤季的《楚辞述注》付梓，便以十二幅画稿奉上作插画。《九歌图》因《九歌》十一章而绘十一幅，《屈子行吟图》则用线描法，白描人物，细部有民间艺术的影响，更多呈现出来的是文人画风貌。《屈子行吟图》中屈原，其峨冠博带之丰满，泽畔行吟之潇洒，忧患焦虑之深邃，荒草美人之无奈，纤毫毕现，神思苍茫地向读者走来。或可说中国人物画中的屈原形象由此诞生，陈洪绶之后有无数人写屈原，有不依赖陈洪绶之屈原否？无之也。

张岱，陈洪绶至交好友，其《陶庵梦忆》记，其友周孔嘉八口之家，小儿嗷嗷待哺而一贫如洗，与张岱商议求告，能否得洪绶之画救济。张岱遂为陈洪绶求画，陈洪绶以四个月时间画成《水浒叶子》，为宋江、吴用、林冲等四十余人造像，赠周孔嘉。张岱有赞："有索必酬，无求不与。"

《水浒叶子》由黄肇初木刻，崇祯十四年刊印，当即轰动画坛，乃至民间。与《九歌图》相比，线条圆润老到，多方折，劲健，糅和了民间艺术的特点，如纹饰的装饰性。人物性格多样，四十位水浒人物，服饰各异，则线条、纹饰之勾勒各异；姿态各异，则神情、心性之描绘各异。吴用虽然伏莽，却着儒衣，双目炯炯，衣纹上密下疏，上收下放作侃侃而谈状。每一叶一人物，画像约居三分之二，余皆留白，款识简明，如宋江一叶左上角书“呼保义宋江”，右穷边处有“刀笔小吏尔乃好义”字样。

陈洪绶的水浒人物版画至少有四种版本，同样呕心沥血为之造像写意的还有《西厢记》，时下所知版本有三，以《张深之正北西厢》，项南洲刻，刻本并有陈洪绶自题年款:“己卯暮冬”，己卯，1639 年，崇祯十二年也。二年后刊印有“崇祯十四刊本”字样。《张深之正北西厢》绘六图，首为《双文小像》，再绘双面连式像五幅，《目成》《解围》《窥简》《惊梦》《报捷》。陈洪绶匠心独具以秋冬春夏四景为人物烘托，而四景之绘意独到，四景之中人物的形象之美，神情之变，自刊本问世至今仍为识者所津津乐道。如秋景中有一鸟落寞独栖，多情男女相识之前皆为独鸟也，飞来飞往各栖其枝。次画冬景，有芭蕉白雪，相思之苦，苦到冰冷，如此等等。

明代木刻版画的成就，既是艺术的创新，又是文化的延续，从竹管毛笔发明、竹木简之最早的书册纸张发明、松烟墨发明而书写于纸，而木刻雕版印刷，而木刻插图绘画，华夏文化从诸子百家，到佛教经典，到小说戏曲、谱类版画、彩色套印，可以流泽万古，睥睨世界，凡此一切，森林为无可替代之文化载体者。而建筑物、桥梁、生产生活器具等，本书另有专章论述，如凝固而不失温柔的历史，见证着森林文化于此已大备而盛，而造福千秋万代。

明中期以后尤其在晚期的社会思潮，可以称之为有启蒙意义的“思想解放风潮”（《中华艺术导论》），这一风潮持续的时间只有几十年，所涉及的社会生活亦有限，但从历史的角度看，已是思想解放的星星之火，在紧接着的王朝更替中，它将蛰伏，成为火种。“天理便是人欲”是对“存天理，灭人欲”的反动，开启了一反宋明理学的解放之门，却也带来了人欲横流，芜杂不清的倾向。晚明社会便在这思想纷纷扬扬，形态缠杂不清中，走向末路。

有论者认为，“明朝的人文精神更是大大退化”（《作家文摘》2013 年 12 月 24 日），此说可商榷者有二，其一，禁锢思想严酷的宋明理学的解体始于明朝，而得思想解放，人文精神在戏曲、书画、艺术上“笃于其性，发于其情”（汤显祖语）而能弘扬，何为退化？此说谬也。其二，李贽、汤显祖、徐谓等人的人本思想，可称为“已走在时代前列”（《中华艺术导论》），继宋时传统而宋人无之也，更何为“大大退化”？

对明朝时中国文化及人文精神影响至深至远的，还有万历年间广及自然、人文科学的中欧文化碰撞与交流，其代表人物为利玛窦与徐光启。两人合力译著《几何原本》，受利玛窦《格里高利历书》启发，徐光启上奏崇祯帝重修历法获准，“正式任命徐光启领衔历局，率传教士以西法修历”（余三乐著《徐光启与利玛窦》上海古籍出版社，2010 年 1 版）。崇祯十六年（1643 年），有日食，再次验证了西洋历法的准确，其时徐光启已辞世，李天经续修而成。崇祯帝于是年八月下诏：“西法果密，即改为大统历法，通行天下。”惜乎为时太晚，明王朝大限已至。明代新历法“在清顺治年间以‘时宪历’之名颁行天下。当时的摄政王多尔衮还在历书封面题‘依西洋新法’五个大字”（《徐光启与利玛窦》）。

徐光启可谓沈括、郭守敬之后的又一个中国古代的伟大科学家，且是思想解放的先驱者之一。徐光启饱读史书，却又笃信天主教，受洗礼，教名保禄。光启一生，不仅重修历法，他作《农政全书》六十卷，尤重农事、水利、蚕桑、林木、树艺、救荒，其中水利卷为解召西洋水利之始。徐光启又从福建引种地瓜，因其产量高，饥民可食；又在天津试种水稻，期北方可食大米。徐光启是个读书人，又是孜孜不倦的实践者，行动者，仅此一点，有明一代无人可及。

在建筑于世纪之交的中华世纪坛的青铜大事年表中，利玛窦独占三则：

公元1582年壬午，明神宗万历十年，意大利耶稣会传教士利玛窦来华；

公元1601年辛丑，明神宗万历二十九年，利玛窦献自鸣钟、《坤舆万国全图》，准留居北京传教；

公元1610年庚戌，明万历三十八年，利玛窦卒，葬于北京，著有《利玛窦中国札记》。

利玛窦，西学东渐之肇始者也。

徐光启得西学风气之先，他是中国第一代“睁眼看世界”的知识分子中最杰出者，他留下的中国不能故步自封，扼衰求胜的十六字不可不录：

欲求起胜，必须会通，会通之前，必须翻译。(《徐光启集》)

利玛窦带来了《圣经》，徐光启所说的“必须翻译”涉及西学种种。但为了传道，《圣经》的翻译也是中国翻译史上最艰难、最光荣的使命。而译文之雅俗共赏、简约生动，文质彬彬，如周作人所言，是中国白话文之最美者。

《圣经》告诉我们人是神造的，此谓创造论也，与后来之进化论迥然相异，但有一处相近：无论创生与进化皆先有野地，然后长出树木、花草，并且离不开河流。《圣经·创世纪》说：

天地万物都造齐了，到第七日。神造物的工已经完毕，就在第七日歇了一切的工，安息了。神赐福给第七日，定为圣日。因为在这日，神歇了他的一切的工，就安息了。

创造天地的来历，在耶和华。神造天的日子乃是这样：野地还没有草木，田间的菜蔬还没有长起来，也没有人耕地，但有雾气从地上腾，滋润遍地。耶和华神用地上的尘土造人，将生气吹在他的鼻孔里，他就成了有灵的活人，名叫亚当。耶和华神在东方的伊甸立了一个园子，把所造的人安置在那里。耶和华神使各种各样的树从地里长出来，可以悦人的眼目，其上的果子好作食物。园子当中又有生命树和分别善恶的树。

有河从伊甸流出来滋润那园子，从那里分为四道：第一道名叫比逊，就是环绕哈腓拉全地的。在那里有金子，并且那里的金子是好的，在那里又有珍珠和红玛瑙。第二道河名叫基训，就是环绕古实全地的。第三道河名叫底格里斯，流在亚述的东边。第四道河就是幼发拉底河。

耶和华神将那人安置在伊甸园，使他修理看守。耶和华神吩咐他说："园中各样树上的果子，你可以随意吃，只是分别善恶树上的果子，你不可以吃，因为你吃的日子必定死。"

耶和华神说："那人独居不好，我要为他造一个配偶帮助他。"耶和华神用土造成的野地各样走兽和空中各样飞鸟都带到那人面前，看他叫什么。那人怎样叫各样的活物，那就是它的名字。那人便给一切牲畜和空中飞鸟、野地走兽都取了名，只是那人没有遇见配偶帮助他。耶和华神使他沉睡，他就睡了；于是取下他的一条肋骨，又把肉合起来。耶和华神就用那人所取得肋骨造成一个女人，领他到那人面前，那人说：

"这是我骨中的骨，

肉中的肉，

可以称它为女人，

因为她是从男人身上取出来的。"

为着被蛇诱惑，吃了智慧果，亚当和夏娃被赶出伊甸园。

耶和华神说："那人已经与我们相似，能知道善恶。现在恐怕他又摘生命树上的果子吃，就永远活着。"耶和华神便打发他出伊甸园去，耕种他所自出之土。于是把他赶出去了。又在伊甸园的东边安设基路伯，和四面转动发火焰的剑，要把守生命树的道路。

这就是《创世纪》的开始，土地、树木、花果、蔬菜以及人之初。人最初的使命就是“修理看守”东方伊甸园，修理树木，看守花果，耕种土地。

地必须给你长出荆棘和蒺藜来，
你也要吃田间的蔬菜。
你必汗流满面才得糊口，
直到你归了土。因为你是从土而出的，
你本是尘土，仍要归于尘土。

在没有归去尘土之前，我们能做写什么呢？汗流满面地劳作，在荆棘和蒺藜间穿行，管理我们的东方伊甸园——在耶和华降生时三个来自东方的博士赠黄金、没药、乳香。没药、乳香，名木也。且让我们把中国现存的森林、草泽、江河，称作为东方伊甸园吧，倘若蒙神恩准。

子孙蒙福。

大地有幸。

还需记一笔的是利玛窦的《利玛窦中国札记》及与徐光启得互为“效习”“教化”的影响之深远。利玛窦带来了西方的自然、人文科学，带来了一幅很可能是出现在中国的最早的世界地图、《坤舆万国全图》，徐光启、李贽等凝视良久，知世界之大、海洋之广，中国居其一矣。其时，中国盛行“大中国”“中国为中心之国”而“小四夷”；西方则持欧洲为中心，中国文化西来说的“白人至上殖民主义”，徐光启首破“华夷之别”，主张“西海东海，心同理同”，利玛窦尊重中国文化、传统、习俗，“衣华衣，读华书，写华文”（《徐光启与利玛窦》），为当时世界所仅见，也为后来世界树一不同民族，中西文化可以交流融洽之典范。德国哲学家、科学家莱伯尼茨认为：

利玛窦“在中国的传教活动，是我们这个时代最伟大的壮举。它不仅有利于上帝的荣耀，基督教的传布，亦将大大促进人类的普遍进步。以及科学艺术在欧洲与中国的同时发展，这是光明的开始，一下子就可完成数千年的工作。将他们中国的知识带到这儿，将我们的介绍给他们，两方的知识就会成倍增长。这是人类所能想象的最伟大的事情”。（《莱伯尼茨中国书信集》转引自《徐光启与利玛窦》）

利玛窦之后三百年，法国学者裴化行在《利玛窦评传》中，有如此言说：

摆脱了与咄咄逼人的有害牵扯，利玛窦便能够充分自由利用基督教西方人文主义的贡献。正因为如此，他才能得以在北京获得尊贵的地位，从而把自己的影响扩展到全中国……事实上北京是东方文明的交会点，它始终是吸引的中心，整个东方都围着他旋转。

裴化行极有远见地把中国明朝后期虽然短暂却已闪现的启蒙思潮，称之为“已见曙光的文艺复兴”。(《利玛窦评传》，商务印书馆，1993 年)

历史充满了吊诡，——我不得不再用吊诡——“已见曙光的文艺复兴”，李贽、汤显祖等人的人本思想，《水浒传》《金瓶梅》等小说，《牡丹亭》《西厢记》等“文山曲海”，徐谓的泼墨山水，陈洪绶的木刻版画，都未能挽救一个朝代，此文化不能救国之又一例也。明朝何以亡？据黄仁宇先生研究称，“宋真宗时代，国家财政收入 1.6 亿两白银。明王朝在 1570—1580 年间，平均每年财政收入是 3078 万两，不过是宋朝的 19%”，“农业税占明朝政府总收入的 8%，工商杂税只占总收入的 12%。这个数字告诉我们，相对宋代，明朝的经济结构是何等落后”。(转引自《作家文摘》2013 年 12 月 24 日 4 版)。经济落后，民生维艰，苛捐杂税，民怨沸腾之下，一个朝代走向没落。当明朝走向没落时，文化依然是辉煌的啊！我们只能说一个朝代有一个朝代的文化，各种文学艺术作品——其中有堪称伟大精美者——会发生于某个时代，但从根本而言它属于一个民族的历史，它记录的是此一族群“心能”所开拓积累的“共业”，它像一棵树，一片树，一处大森林，开花结果生生不息。它密切于此一时代，它又相对独立于这个时代，它不在乎改朝换代，它也不会随之灭亡，在社会思潮的意义上，它甚至还参与了这一灭亡的过程。灭亡了就灭亡了，“天地不仁”也，王朝腐朽而文化要日新。

崇祯十七年，（1644 年）三月十八日，崇祯帝出神武门过护城河步上景山，举目可见沿北京城中轴线而来那富丽堂皇、殿台嵯峨的紫禁城，恰以景山为收结，崇祯帝随即挂树自尽。这一棵树有二说，一说为槐树，一说为海棠，总之是景山上的一棵树。树是风景，树是庇荫者，树好善乐施，树亦可为上吊者提供上吊的方便，崇祯帝一心要“煤山私幸”，这棵树便成了一个朝代毁灭的见证。

孔尚任，孔子六十四代孙，清初诗人，戏曲家，其《桃花扇》有吊哭崇祯句：

> 高皇帝在九京，不管亡家破鼎，那知他圣子神孙，反不如飘蓬断梗。十七年忧国如病，呼不应天灵祖灵，调不来亲兵救兵，白练无情，送君王一命。伤心煞煤山私幸，独殉了社稷苍生！

树木、森林在更广大的意义上是生死相依的见证，吊死树上，树的高度、枝丫适可供求死者之便，这是森林文化之所以浩瀚，林中路之所以深邃之又一侧面了。生是文化之一端，死何尝不是？死法万般，而悬于树上最让人动情，为何？恍若树木之一枝一节也。树参与死亡，不仅是一个皇帝的死亡，还是江山易主的朝代的死亡。此不足奇也，倘若树本身死亡，树失养，国人只以金钱为重，则江山危殆！在广义的森林文化意义上，与人类生存更为密切、更加亲近，而现代人不屑一顾的却是草——芳草野草。

第十三章 野草芬芳

为什么我们的先人逐水草而行、而居？因为大地到处都是草，无草不成林，林地外缘也是草，东部何以有稻？西部何以有黍？因为各色野草，其中有可食者、可疗伤者、可观赏者，以可食者为最盛——发现最早最多——为生命之延续为求一饱也。因此故，先人留给我们的基因，使后来人对三种物质最有亲近感：土、水与草。

在我童年的记忆中，崇明岛上除了农田里的庄稼，沟河边的芦苇，田边地头到处都是野草、荠菜、马兰头等可食用的草不下数十种，还有可以入药的如车前子等，更多的是开花不开花的无名小草，缠结于田埂路使其稳固的是马斑草，开着各色小花的是花被单草，如小太阳一般金光闪亮的是野菊花草，专门用来斗蟋蟀的是蟋蟀草，太多的蒲公英随风飘散……回想起来，认识这片土地是从草开始的，而江边芦苇荡里丛生的丝草籽，很可能是这个世界最小的坚果，半粒米大小，饥饿的岁月里曾经以之果腹。后来知道原始人逐水草而居时，有顿悟之感。

人之初，有水可喝，无饭可吃。人类经过了吃草、吃草实的漫长岁月，后来才有能力捕杀野兽，吃肉。今天我们吃蔬菜，其实是吃草的延续。野草是我们的衣食之源。人类中一部分人的忘恩负义，疏离自然，始于疏离野草。

我们不知道拔去了多少野草，我们甚至把消灭野草与爱国卫生运动相联系，汉语——我一向认为是世界上最美的语言文字——却出现了极为残忍的一个成语，“斩草除根”。现代化的推土机，在今天更是势不可挡地在铲除一切野草，代之以水泥楼房、水泥地，这个世界便干净了吗？活在当下的每一个人，都曾目睹并感受了消灭野草的过程，以发展的名义。

20世纪80年代初，我住团结湖小区，一箭之遥便是农村、农田、庄稼与野草。每到夜晚，无数的青蛙齐鸣合唱，此起彼落，虽然喧闹却不会扰乱人心，多了一种野趣，添了一点乡愁。半年后，代之以蛙声的是混凝搅拌机，建筑工地的日夜赶工，然后是新楼连片，庄稼、野草、蛙声一起飘逝。不到十年，北京三环以外的农村几乎全部消失，没有耕地，没有野草，只有层垒叠加的水泥楼板耸入云天。

就这样，我们的社会变得不再温柔。

2000年，因为不堪忍受造楼、装修，可以让人发疯的喧嚣、灯光与气味，举家迁往通州区张家湾，路边有麦田，池塘有蛙声，小院里开着太阳花——俗称死不了——日出花开，日落花闭，自以为找到了一个好去处。待住下才知道，我住的小楼地基原来是生产队的打谷场，整个小区所占用的全部是农田耕地，当地农民告诉我："黑油油的耕地。"难怪水泥房基，路面的边边角角，会长出各种野草甚至麦苗秧，无助而孤苦地望着路人，好像在问："千百年在一块地上厮守，情何以堪？"有专司拔草的清洁工，长出来便拔，拔出来又长，小草希图展示自己的生命力的顽强，令我唏嘘不解：野草何害？人类必欲除之而后快？

2005年，我又迁往广安门外新居，紧邻住处有一块荒地，有杂草丛生。杂草成块状，茁壮旺盛，夏秋之际开着红色和金色的小花。有几只流浪狗来回奔走，有时还追逐流浪猫，荒地中有两棵树，流浪猫情急之下便上树，流浪狗在树下大吠，继而退隐于野草丛中，伏莽而待。这已经不是猫狗游戏了，流浪狗想吃流浪猫。荒地紧靠二环的边沿，还有两间已拆毁的旧平房，住着一家拾荒者，夫妻俩带一个小女儿。女孩出来打水时，流浪狗紧跟其后，女孩便喂狗，似乎是窝窝头之类。戏耍片刻，女孩回去时流浪狗一路相送。偶尔，在秋日的阳光下，这个七八岁的小女孩会摘一朵野花捧在手里凝视片刻……这是我从住处的窗口所见之场景。是冬大雪奇冷，拆毁的旧平房扫荡而尽，那拾荒者以塑料布搭起帐篷，太冷了，便以捡来的零星木块燃一堆火，三口人，几只流浪狗，围着火堆相对无言。在寒夜雪地，这火堆绝对谈不上熊熊烈焰，悠明而已。有人报警，火堆熄灭，拾荒者被驱逐，流浪狗落荒而去。融冰化雪时，那些野草开始返青，到夏天便茂盛，便开花，如是往复五年多，流浪者与他们的狗不知何往？挖土机开始挖土，混凝土搅拌机昼夜轰鸣。挖出的土堆成了大土丘，以网络覆盖着，一场春雨过后，从网络的千孔百眼里，又有青青野草探出头来，茫然地望着这一处耸立起吊车、脚手架的工地……

凡草木皆有根，人类无法阻挡推土机、挖掘机，它们可以毫不费力地斩灭野草，却无法除根，因为它蛰伏于地下。倘若都市林立的水泥楼群使它们窒息、枯亡于地下，那么对这个世界而言绝不是好消息：大地的稳固者不再稳固大地了。

使这个地球变得有生机的首先是海洋，是水和草木。当地球成为草木世界之后，才有姗姗来迟的人类初祖。与其说人类当时离不开森林，更确切的意义上还不如说更亲近荒草。荒野荒草，连接起森林、河流，在人类发展史上如里程碑一样，记录着人类先人的生命故事：荒野是人类最初的原始家园；荒草提供了最早的食物；荒草中盛放的各色花朵，荒草的自生自灭、自灭自生，使原始人有了最早的惊讶，促进了自然崇拜的发生；在只知其母不知其父的漫长岁月里，荒草丛中又是当时人类共有共享的爱巢；以荒草为生，想来也发生过悲剧，有的草吃了人便死了，草的能吃不能吃，使原始人有了对草的分辨和思考，进而发现有的草能止血，有的草能止痒，则是草可治病之始。而流传至今的仙草一说，除了草能给人以温暖，大约便是草可以治病了。

“仙草”一词，是人类对草的最恰当的赞美，去昆仑山盗“仙草”是故事。在更加广泛的民间传说中，稻草是“仙草”，由此推溯，“仙草”应是泛指可食可医的所有野草，没有“仙草”，人类不可能延续至今，也就是说人类有诞生，但不可延续。

在野草所属的植物世界中，至少有五种植物影响了人类文明的历史进程，从而改变了世界。它们是：烟草、茶叶、甘蔗、白薯、土豆。它们在原生地往往是默默无闻的，越洋贸易的船只和水手是传播者，广及世界。那些植物的传播，如烟草只是因为哥伦布的水手好奇、无聊，却越洋跨海遍及世界，或多或少改变了人类的日常生活，并且使远隔重洋不同种族人群的生活习惯，产生了趋同性。

哥伦布的船队，是烟草最早的传播者。

烟草源出美洲，哥伦布率船队到访，当地土著以礼物相送，其中之一，哥伦布航海日志有记："发出独特芬芳气味的黄色干叶"，即烟草。再到古巴，当地土著把烟叶卷成筒状抽吸，青烟缭绕于口鼻，悠然自得。水手们学而卷之抽吸之，别有风味，是为欧洲最早的烟民。船队返航先至西班牙，西班牙人跟着抽，再到葡萄牙，葡萄牙人也纷纷上瘾，烟草随之落地生根。1580 年之后，烟草的传播速度更加提速，传播范围日益扩大，大致途径是：经葡萄牙进土耳其，烟雾又缭绕至伊朗、印度、日本。从烟草的广泛传播中看到商机的是西班牙人，他们把烟草水运到菲律宾，开始规模种植，很是赚得不少银子。接下来就要到中国，17 世纪初叶前后，福建的船工与商人，在与菲律宾生意往来时，不经意地把烟草带到中国。只要气候适合，烟草不难栽培。很快，先是在沿海省份，进而烟雾弥漫遍及中国。

烟草在 16 世纪的欧洲还曾享受过"神药"的待遇，除了抽吸烟卷、烟斗之外，欧洲的医生还用来治病，从牙痛、口臭到肠道寄生虫、破伤风乃至癌症，皆以烟草医治。实际治疗效果没有明确记载可证。倒可以想见当时欧洲医疗水平之低劣。

从哥伦布水手发现并吸食烟草，到传遍世界，所用的时间不到一百三十年。今天几乎所有国家都处在吸烟有害与烟草制造业巨额利润的夹缝中。笔者本是烟民，这一如风如潮的烟草传播却使我想起，所有风靡一时的时髦与时尚，大约都带点毒。

在烟草传到中国之前，欧洲人抽烟，中国人喝茶，两相比较，不仅有习俗不同，文明高下程度也可立判。茶的温醇芳香，渗透在我们的民族性中，是为中庸、中和、温良恭俭让，与“斩草除根”相反，生出了一个绝美的词语“齿舌留香”。

与人类文明史密切相关的，就动物与植物而言，动物提供了肉食，此食物所不及，但在更多的层面上植物远胜于动物。原始人除了采集果实之外吃菜吗？在很长的历史时期内所谓菜，就是野草和树叶。距今约八千年前，新石器时代又一伟大的创造：各种陶器的出现，其中的食用器用来煮饭煮菜煮汤。在中国的北方如大地湾，在中国的南方如河姆渡，先民们偶然地用几种他们吃过的草或者树叶，投之于陶罐，这是第一罐汤，也是人类历史的第一罐茶。在几千年前便有稻饭衣麻的太湖流域，极有可能这第一罐茶和第一罐汤难分先后。后来的饮茶史却是明了的，把茶汤从别的所有汤饮中区分剥离出来，但好茶者仍视之为汤，茶之汤色也。

中国人最早享用茶叶，并在千百年饮茶的实践中，知晓了茶树栽培、茶树加工、茶叶分类，以何种水达到何种温度泡何种茶为最宜等等。西方人第一次喝中国茶并为之倾倒之后，给中国的茶叶取了个在16、17、18世纪西人熟知的流行词：中国树叶。这一称谓在某种程度上恰恰说明，中国茶树之众，享用茶叶的人群之广。从皇帝到山野草民，皇帝喝贡茶，山民饮土茶，土茶的味道甚至远胜贡茶。从都市到小镇，有了茶铺、茶馆，茶叶已和经济民生相连接。中国的文人雅士情有独钟于茶，则又有了文化意味。

> 中国士人饮茶、品茶、论茶，并为琴棋书画助兴，以一管羊毫作书画写出满纸烟云时，欧洲人还在茹毛饮血。

因为丝绸之路，与丝绸传到西方差不多时间的大约公元纪年开始之后八百多年，阿拉伯商人用骆驼把茶叶——他们认为的东方神奇之物运达西方。最早享用中国茶并炫耀于上流社会的是威尼斯商人，直到16世纪中叶，中国茶才传到欧洲。威尼斯商人颇得物以稀为贵的真传，始入欧洲的茶叶价格昂贵，唯贵族才可享用，那个时候普通欧洲民众的梦想之一，就是有一日可享用一杯中国茶。

17世纪开始，英国东印度公司取得特许经营权之后，中国茶叶一则大行其道，一则渐渐“变味”。东印度公司每年以低价从中国进口四千吨茶叶，再以高批发价出手至欧洲各地。大发茶叶财的是东印度公司，而英国购买中国茶叶的银子日趋紧缺。赚足了中国人的钱而又丧尽天良的东印度公司，竟向中国输入鸦片回笼白银，中国人以茶叶使英国人得到愉悦，至今下午五点喝下午茶仍是英国中产家庭的生活习惯。而英国人回报中国的是鸦片，是铁壳船和洋枪洋炮，鸦片战争爆发。鸦片使中国人成为病夫，接下来的中华民族被奴役被瓜分的屈辱史，鸦片之害当为外因之首。

由“中国树叶”而演变成鸦片战火，这一巨大创伤的历史，在西风笼罩的今天，早已被人们淡忘，中国再一次落进了欧美主导的世界经济一体化的樊笼中。生产大豆的中国忽然变成了进口转基因大豆的中国等等，国人莫名其妙，而其妙处实不外乎：帝国主义的本质永远是侵略和掠夺！“呜呼！毋忘！毋忘！呜呼！吾其如此健忘之民何？”（梁启超语）

欧人喝茶好红茶，放糖，以小点心佐饮。喝茶所连带的是对糖的希求。蔗糖从甘蔗中提取，最早种植甘蔗并品味糖的是亚洲人，其时欧洲所得的甜味，是蜂蜜，欧洲无糖。11世纪，十字军骑士幸运而雀跃地在叙利亚尝到了糖的甜味。随着海上新航路的开辟，西班牙、葡萄牙等老牌殖民帝国开始种植甘蔗，甘蔗种植园如风起云涌般出现，糖产量急剧升高，价格大幅降低，欧洲享用糖之甜蜜的不仅是皇室、贵族、大商人，普通的市民百姓也开始吃糖，欧洲似乎成了“甜蜜蜜的欧洲”。

“甜蜜蜜的欧洲”，说明了糖对饮食习惯的世界性的改变。糖的诱惑就是甜的诱惑，在我儿时，能吃到一块糖，上海的大白兔糖，是一种奢望。可见此种诱惑所持续的时间之长，与之相比更重要的是，因为甘蔗种植需大量劳动力，又产生了世界人口种族版图的改变。当欧人在加勒比大批量种植甘蔗时，便从非洲一个船队一个船队地运来黑人，成为奴隶，辛勤劳作。一个我难以确证的话题是，这些被称为“黑奴”的黑人，在非洲就是奴隶吗，还是在白人的皮鞭下成为奴隶的？

说不清有多少“黑奴”在漂洋过海的途中，便一命呜呼了。《环球时报》2006年8月29日刘作奎先生的文章称：“据统计，16世纪以后的三百年间，从非洲贩卖到美洲，从事包括种植甘蔗在内的大量种植园劳动的奴隶达1170万人，最终仅有980万人活着到达目的地。”刘作奎先生说得好，“糖的甜蜜是与奴隶的血与泪掺在一起的”。笔者再加一句：尤其是自诩为文明富有的西方！

所谓人类文明史，充斥着野蛮、残暴、血腥的不文明，以及对真相的掩盖。

相比较而言，能够使人类解除饥困，平和地传输到世界各地的是土豆和甘薯。也许，我们以及我们的后人，都要记住一个土豆原产地的地名：南美洲安第斯山区。与北美洲有的国家的霸悍、好窥探相比，南美洲温和，“有抵御别人暂时成功的能力”（南美洲哲学谚语），南美洲的地下埋藏有人类初始文明的种子，土豆其一也。土豆的特点是有土便可以种植，不仅产量高而且富含淀粉和别的营养。也是新航路的船长和水手们，把土豆带到了欧洲，然后以极快的速度传遍播到世界各地。土豆告诉我们，人类——无论西方还是东方——都曾长时间地为饥饿所困，在不缺淡水的前提下，吃饱肚皮是生存的第一要义。土豆养活了更多的人，土豆可以取代面包。我在云南、贵州山区采访时，一户一家，一个火坑，墙角只有一堆土豆的山民不在少数。在河西走廊古浪八步沙，我曾三次踏访六个农民的治沙地，他们留我吃饭，吃香喷喷的羊肉，而农民们吃的是煮土豆蘸盐巴，我和农人争吃土豆，真香！河西走廊的土豆个大，农人告诉我，“没有土豆早就饿死了”。

奢靡、过度的享乐，是暂时的。当今中国贫富两极，官员、土豪万不要以为子民百姓过着和你们一样的生活。他们中的边远山区贫困者，仍住土坯房，老人和孩子都在吃土豆。大米白面，依然是奢望。谁还记得李商隐的诗句："历览前贤国与家，成由勤俭败由奢。"愿治国者一读再读三读之。

甘薯多别名，山东叫地瓜，北京叫白薯，河南叫红薯，江苏叫山芋，湖北、四川称为红苕。甘薯一物，欧洲有植物考古学家认为，是印第安人的先民最早挖掘地下根茎时，发现了甘薯根块，再通过根系再生繁殖而成为栽培作物。甘薯有惊人的繁殖力、适应性，很快传播于整个南北美洲。因为甘薯的硕大而味美，生熟皆可食，食之者强壮，此印第安文明之所以曾经繁华之一端也。

很少有一种植物如甘薯那样，吸引着闻名世界的专家学者的眼光，并据此勾勒了古代先人的生存技能及其发明，摩尔根在《古代社会》中说："由栽培而来的淀粉性植物的获得，必须看作是人类经验上最伟大的事迹之一。"摩尔根所说的淀粉性植物是泛指，其中无疑包括了经过原始人选择之后选择的产物——甘薯。考古者在秘鲁的古墓中发现了距今八千多年的甘薯块根碳化物。1974年，伊恩著《甘薯和大洋洲》中进而记述，古代秘鲁的印第安人把甘薯块根的图案绘制于陶器、编织在纺织品中，最为壮硕的甘薯在印第安人宗教仪式上，被供奉为神灵，视同法器。

此一时期，距甘薯进入中国的明代，相隔几千年，一种有趣的历史现象出现了：当甘薯即将传播世界各地时，在它原产地的印第安族群中，它不仅是植物的块根、可吃的食物，历经岁月的陶冶之后，已成为文化，具有神性。它使我想起了距今七千多年的大地湾彩陶所绘制的鱼、花草纹、水波纹、葫芦纹。我们的先民有意无意间记录了洪荒岁月中人赖以生存的若干图像，与印第安人把甘薯图案绘于陶器、编于织物，何其相似乃尔。制图之始也，爱美之初也，自然崇拜之萌芽也。它对今人至少有两点启示：文化首先是物质的，是物质与人的想象与劳动的结合；其二，文化必具有真正的创造性、创造力，与人类发展同步，除去“利用厚生”的生存需要，还有美的需求，即精神文化。

一般认为把甘薯引进中国的，是明代福建长乐人陈振龙，曾侨居吕宋，即菲律宾。吕宋产甘薯，但其时吕宋的西班牙殖民统治者严禁甘薯外传。1593 年，在前两次偷运未果后，陈振龙把薯藤系于缆绳，涂上污泥，才过得关卡运抵福建。当年六月，陈振龙之子陈经纶依父命呈《献番薯禀贴》于福建巡抚：“番薯功同五谷，利益民生，是以捐资买种，并得夷岛传授法则，由舟而归。”当时的福建荒年频发，官府即令全省“依法栽培，滋息繁衍”。甘薯自此落地福建，其产量之高使沿海饱受风袭水灾的福建人，度过了一个又一个灾年。福建人称甘薯有二名，一曰番薯，二曰金薯，记巡抚金学曾试种之功也，福建乌石山海滨有“先薯祠”，记陈振龙父子之功德，当地人告诉我，这是中国独一无二的祭祀甘薯的祠堂。其实，在广东电白县霞洞乡有“怀兰祠”，又称番薯林公庙，记载广东吴川人林怀兰从越南引进番薯之功。

甘薯在江南的种植，功推徐光启。江南水患经年，农人无衣无食，闻知福建的番薯抗旱抗涝，块根大，可食，便经由他在福建的学生，在松江三次试种，终获成功，时在万历三十六年（1608 年）。徐光启并赞扬番薯高产味美，济世备荒，向万历皇帝进《甘薯疏》。甘薯惊动的另一个皇帝是乾隆，乾隆五十一年（1786 年）旨谕全国“广为栽种，接济民食”。中国当今的甘薯种植面积仅次于水稻、小麦、玉米，居主食之四，为世界甘薯种植面积的 60%，总产量 80% 以上。（资料来源：《森林与人类》2011 年第 2 期）

甘薯的大行其道，广为人类所喜好，其实质只是说明了一个真理：食物之于人类的生存发展，永远位居第一。“手中有粮，心中不慌”的古语不含时代性。一个以牺牲农民和耕地而求经济发展的时代，必定是危如累卵的时代。

南国多青草，乃为宝中宝。如同笔者已写过的对二十五亿亩集体林地的忽略一样，在食品安全迫向中国时，被忽略的还有草地畜牧业以及可以开发的南国草地资源。以淮河——秦岭以南，青藏高原以东为限而界定的中国南方，气候温暖，年降雨量在1000—2000毫米之间。南方区域内，丘陵和山地占总面积的70%以上。考察南方的草地资源，以及原生植被，往往会心生困惑：这是繁荣的土地，还是凋敝的土地？南方当初的森林何止是现在我们所见的林区？占南方土地总面积之大部的丘陵山地上，曾经多为森林覆盖，千百年人类活动，砍树伐木，林区成为农区，是有南方森林被砍伐之后形成的草山草坡，亦即今日之天然草地资源。

南方的草地确切地说，是原始森林被破坏以后的次生植被，它们的演化方向依自然规律，应是次生林。在人口增加、人类生产开发活动强力干扰下，规律也只能变通，南方植被终于未能成为次生林而成为草地。

20世纪80年代农业部的一项调查资料说，南方天然草地的总面积为7958万公顷，另有560万公顷的人工改良草地。在我踏访过的南方十多个省区中，贵州的天然草地和人工改良草地使人耳目一新。寒冬腊月，中国北方内蒙古草原冰天雪地、牛羊饥寒瑟缩时，贵州威宁灼圃草场上，牧草青青，大群牛羊津津有味地吃草，悠然自得地散步，牧羊人在草丛中闲庭信步。草场位于海拔2400米的云贵高原，本为牧草结构单一、牧草产量甚低的天然草地，20世纪80年代初实行飞机播种改良，改良品种主要为三叶草、黑麦草。天然牧场的产草量在每公顷年产干物质1500—2500公斤左右，粗纤维含量在3%—5%之间。改良后的南方草地，牧草干物质草量在每公顷7500公顷左右，载畜力为每公顷7.5个羊单位。

贵州西南部的晴隆县，从2001年开始，在石漠化丘地上退耕还草，建立人工改良草地，放牧山羊。中国石漠化土地遍及贵州、云南、广西等岩溶山区。牧草以其植物世界中离土地最接近、对土地最亲密、生命力最顽强著称，从而为人类提供了不可或缺的动物蛋白，保护了土地，提供了中国粮食缺口中主要的饲料粮紧缺。同时，我们在这些中国最贫困的岩溶山区农村，可以见到畜牧业为基础的草原经济模式，是循环的可持续的。那里的农民远远谈不上富裕，但不再穷下去，晴隆农民的年收入从 2000 年的 1156 元，到 2006 年时为 1680 元。

只要有地，哪怕是石漠化土地，也能长出青草来。我们忽视草地的时候，也同样忽略了一种悲哀及一种希望。在天然林破坏以后的草山草坡上的草，是这一块土地植被演替中最后的绿色，此非悲哀乎？在石漠化土地上的人工改良草地，那青青牧草却是生态修复的先行者，此即希望也。在未来岁月里，压垮人类的很可能是一根草，拯救人类的——假如人类还值得拯救——也可能是一根草。

前述农耕之初始于林缘草地，其时农耕之状态先是以草、草实为食，进而捕猎食草动物并驯化之，此种形态可称之为草地畜牧业，而非耕地农业，可见中国森林文化中，草、草地、野草、草业乃先行者也。我们一再强调的是 18 亿亩耕地红线，鲜有提及的是 43 亿亩林地，其中 25 亿亩是集体林的林下经济，其中包括了全国 77% 的草场。中国正面临着已经迫在眉睫地向着草地农业的转变。(《森林与人类》2013 年第 3 期)《草可富国》称："现在中国的谷物大约 2 亿吨用于口粮，3 亿吨用于饲料，2020 年左右饲料用粮将增加到 5 亿吨左右，即使我们坚守持 18 亿亩耕地红线，以耕地农业的旧传统，再增加 2 亿吨粮食将是极大的挑战。" 善哉斯言！

南国草青青，南国花烂漫，那是一些发生于草根、炫目于草根而不与名花游的草花、草根的花。在广东、海南气候炎热的深山野地，我见过状若牵牛花的甘薯花，娇嫩地美艳着。有植物学家告诉我，野生牵牛花很可能是甘薯的野生祖先。我对野生牵牛怎样牵出甘薯来无从考究，但我惊讶、艳羡、沉醉于野草的神奇美妙。我在大地上行走时会在山野荒草间席地而坐，坐拥野草、抚摸野草就是坐拥自然、抚摸自然。轻轻地抚摸野草时，会生出抚摸孩子的感觉，但我很快听到了一种天籁之音：

不！是野草在抚摸它的孩子！

我对汉语中“茶”字释放的信息曾反复思考，由此而生发出的对造字者的敬重，及汉字之美，常常拍案叫绝。“茶”，草字头下一个人字，人中间为木，它既说明了中国古人与茶的悠远密切的关系，又指向人在何处？人在草木中。一个汉字，茶字，却包盖了人之初、人何以为人的意涵。

人生一世，草木千秋啊！

第十四章 黄土高原林与草

原上有林乎？原，黄土高原也。

稍带史性的写作，都会沉入历史的烟云中，森林及森林文化伴随着一个又一个朝代的兴衰更替，其中或有惆怅乃至困惑，如从大草原发迹之元朝国祚甚短，如崇祯帝之自悬于树，如可以傲视世界的精美无比的木构建筑、木刻印刷、书画艺术——我们均可称之为森林文化或森林文化的外延，其雄伟，其兴盛无法挽救任何一个朝代，汉唐以下，有哪一个王朝不是崩溃在文化鼎盛时？从中得到的启发则告诉我们，正如前文已写到，王朝可以更替，文化不会灭亡，虽然我们可以看到各个朝代有不同的文化特色，但文化或文化系是相对独立的，它只循自己的规律发生、发展、衰变然后再发生。不同的时代有不同特色的文化，每个时代又有每个时代的时髦，这种时髦或可喧嚣于一时，狂热于社会，甚至成为一时风潮，但烙印在华夏民族的心理印迹，流淌于中国人血液中的传统的文化因子，必然会驱使人们在孤寂与沉沦中回溯，找回真正的文化，以得到精神的慰藉及重新奋发的力量，乃至社会前进的方向。人类只有在迷失之后勇于修正自己的自觉，才能称为万物之灵，当其时矣，我们便会惊喜莫名地看到：

历史，华夏民族的历史，只是因为文字与文化而从未断裂，后来人始能得享其烂漫之大美。

在历史的源头处，假如我们不否认伏羲是华夏民族的第一个王，正是伏羲、燧人氏在黄土高原发明了用火，使初民从生吞活剥而吃烧烤之肉，并开始泥水相和在火中制陶，及以后的历代皇帝皆重农桑，那么我们应该这样说：历史是帝皇和人民一起创造的。

只有历史的，才是经典的。

森林是好的，美的。惟木器时代才会伴随之后发生的所有时代，对于个体的人而言，则人与草木无不生死与共。

回首黄土高原森林的消失，非苛责前人，只是以史为镜而警醒今人、后人也，追溯历史上的黄土高原、古西域、塔里木河、胡杨林，或能告诉我们：在当今森林最稀少，生态环境最恶劣的中国西北沙漠、戈壁、黄土地上，森林以及森林文化曾经孕育、产生了何其辉煌的历史、文化。

> 假如历史上的黄土高原，如今天一样千沟万壑、干旱连绵，有的地方甚至寸草不生，黄土高原上的甘肃大地湾，陕西八百里秦川，何能成为华夏文明的发祥地？
>
> 假如历史上的河西走廊，如今天一样风口日益扩大，流沙不断汹涌，而祁连山冰川后退、雪线上升，来水量越来越少，张骞怎样凿通西域？丝绸之路又怎样抵达长安？
>
> 假如历史上的新疆，如今天一样，在1949年时森林覆盖率为1.5%，至20世纪90年代初为1.03%，大片大片的胡杨林被砍伐倒地，塔里木河节节断流，何来昆仑山北麓、塔克拉玛干沙漠南缘的丝绸之路南道？又何来森林文化光芒独特的古西域三十六国？三十六国，胡杨集群之国也。

据笔者所见西北地方志所载，黄土高原曾经是水草丰美的，仅以内蒙古西鄂尔多斯荒野为例：展示在眼前的是草原到荒漠的过渡，地质学家则从保存完好的太古年代到今天地质地层的分布得知：

> 远在太古年代，这里就开始有陆地抬升，从此以后这块土地便开始了陆上生态演变的全过程——它曾拥有繁荣茂密的热带雨林，包罗万象的生物物种，然后演变成亚热带森林、温带阔叶林、温带草原，直到今天的荒漠黄土高原，并成为古老珍稀植物的避难所，如野生锦刺、沙冬青、半日花等，中外生态学家惊叹之后的一致结论是：这是一处天然完美的自然地质博物馆。

与内蒙古乌海市相邻，与乌兰布和沙漠隔黄河相望的西鄂尔多斯荒野，不能代表黄土高原全部，但它是中国六十万平方公里的黄土高原的一部分。我们不能断定整个黄土高原都曾有过从热带雨林开始的生态演变，但我们更不能判言，黄土高原从来就是沟壑连绵、干旱缺水的。

> 《史记》称："龙门、碣石北多马、牛、羊、旃裘、筋角"。龙门、碣石即今之榆林地区，太史公告诉我们，在春秋战国时，榆林草木丰美，否则何来马、牛、羊之多？笔者踏访榆林红墩界乡时，农人告诉我，这里就是白城子。白城子即为匈奴单于赫连勃勃所创之大夏国都统万城。方志载，赫连勃勃在榆林有此一叹："美哉斯阜，临广泽而带清流"。广泽清流，形胜之地也。

只有到了新疆，你才能真正感觉西部。

如果得到了西部感觉，你便有了诗人和哲人的感觉，就能更切实地感觉对于生命、族群而言，一片胡杨林意味着什么？因为有胡杨，胡杨生长之地必定有水，新疆的大漠荒野告诉我：人生的负重何必如此之多！对于生命而言有树有水有树下的草和地，可牧可耕足矣！

2000 年，我应凤凰卫视之邀，为专题节目《穿越风沙线》与杜宪搭档，做嘉宾主持。从敦煌出星星峡踏访哈密、高昌、交城、若羌、且末、焉耆、轮台、楼兰、罗布泊、于田、和田、莎车、疏勒即喀什等地，再上葱岭—帕米尔高原，直至乌兹别里山口。

可是我绝少看见树，除了塔里木河两岸胡杨林、轮台胡杨公园沧桑满目的古老胡杨，及别的几处胡杨树外，目力所及是茫无边际的大漠黄沙荒野，以及当地维吾尔族人称为"雅丹"的高矮不一形状各异一律狰狞，兀立于罗布泊荒沙中的"魔鬼城"土丘。在罗布泊"魔鬼城"，地上无寸草，天上无片羽，可是当我和杜宪主持这一天的节目时，突然飞来一只苍蝇漫步于我的秃顶，使我有了原先未曾想到过的主持人语："会不会有一天，苍蝇也会成为我们的保护动物？"俄顷，这一只苍蝇飞走了，飞向一处高大如城墙的"雅丹"，我们紧跟着寻觅时已不知所踪。

楼兰有罗布泊，罗布泊在丝绸之路初兴时烟波浩渺，湖边有茂密的芦苇，湖中有鱼，大鱼，楼兰人以粗大胡杨制成独木舟，可以泛舟湖上，捕鱼为生。古楼兰人死后怎样安葬？考古学家曾经发掘过楼兰古墓葬，葬具是一根挖空的胡杨木。古楼兰出土有一具美丽的女性干尸，尖下颌，深陷的眼窝，又高又尖的鼻子。女尸上身裹在一条手织的羊毛毯中，下身围羊皮，头戴的羊皮小帽上插着两根雁翎。女尸身上的虱子,作为当今世界最稀有的寄生虫标本亦保存完好。这是一个楼兰本地爱美的劳动妇女，她的墓穴里还有草编的箩筐及篓子，在另一个世界，她仍然挽着箩筐，背着红柳编织的篓子吗？

如果她活着，现在是三千九百多岁。

她活在楼兰时有大片胡杨树，罗布泊有苇草和清水的日子里，还有大雁。后来晋代有高僧寻访楼兰不遇，但罗布泊还在还有水，高僧留下的几句话让人毛骨悚然，“恶鬼热风，遇者皆死，无一全者，上无飞鸟，下无走兽。”

楼兰已经被沙漠埋葬，表明这里曾经是楼兰的，是零星可见的胡杨树的木材残片。

尼雅是楼兰的“姐妹城”，古西域三十六国之一的精绝国，《汉书·西域传》载：“精绝国，王治精绝城，去长安八千八百二十里，户四百八十，口三千三百六十，胜兵五百人。精绝都尉、左右将、译长各一人。北至都护治所二千七百二十三里，南至戎卢国四日行，地阸狭，西通扜弥四百六十里。”东汉以后，精绝并入楼兰，成为楼兰国南方重镇，与于阗相邻。但自东汉始精绝国似已渐渐衰落，到唐代成为古于阗的一部分，精绝改称尼雅，尼雅维吾尔族语“遥远”的意思，另说因有古尼雅河而得名，总之“精绝国”“精绝”这一令人怦然心动的西域古国，连同它的名字，正渐渐退出史书没入沙漠。唐初精绝是何种景象？在《大唐西域记》中玄奘笔下的尼雅为“尼壤”，同名异译也，玄奘有记：“行二百余里，至尼壤城，周三四里，在大泽中。泽地湿热，难以履涉，芦草荒茂，无复途经。惟斯域仅得通行，故往来者莫不由此城焉，而瞿撒旦那（即今之和田，笔者注）

以为东境之关防。”玄奘的记载说明，作为三十六国之一的精绝国已不复存在，但，水泽尚未湮枯，尼雅河已成为沼泽，仍然是丝绸之路南道的必经之地。

玄奘还告诉我们，其时尼雅“芦草荒茂”。芦苇是草本科植物，但在江南水乡，我的故土崇明岛江滩海涂却也高挑秀美。芦苇又是生态环境标志性的植物，在水量充沛的河海边沿，在咸淡水交接处，芦苇的成片成荡说明生态环境的优良，倘若芦苇变成芦草，水生态已经恶化，盐碱已相当严重。今日我们在新疆包括大漠边沿所见的均是苇草，长不过尺许而芦花雪白硕大。也有青碧繁荣若江南的芦苇，博斯腾湖可见。

尼雅遗址位于民丰县城一百三十公里的浩浩沙海中，古尼雅河的沙丘链之间，处在东经82度、北纬38度为中心的狭长地带，遗址面积约69平方公里，遗址之多远胜楼兰。尼雅遗址有已经沙化的佛塔、寺庙，房屋住宅，果园，蓄水池等，以及烧造陶器的窑炉，墓地，有一座桥的遗迹，这桥其实就是横亘于河上的一根胡杨木，它很可能是古代中国留下的一座历史最久的独木桥。1995年10月，中日联合考察队在尼雅遗址一古墓中发掘出了一件罕见的彩锦，云纹铺地，织有鸟、独角兽与虎，铭文为“五星出东方利中国”，同墓另出一残片为“讨南羌”三铭文。古拙典雅，可谓空前绝后。同时出土的还有“王侯合昏千秋万代宜子孙”字样织锦被，“昏”同“婚”。

在荒沙之上，最让人惊心动魄的是尼雅人完全以胡杨木搭建的房屋的立柱，有的梁木还在，有大门一、小门二，有完好的房柱木础，胡杨大木根。更多的是林立的、歪斜的、散落的、成片集群的胡杨木，在沙漠埋没之前，与日益迫近的高大沙丘相望对峙，仿佛传来无声的呼喊：我在等待主人归来！我的主人还没有归来！

那是一个已经沉睡的古代绿洲。

那是一处中外考古学家公认的世界历史上规模最大的木结构城市遗址。

1901年1月28日，斯坦因在塔克拉玛干沙漠南缘听说有写着字的胡杨木板后，跋涉至尼雅遗址。斯坦因所见者为，从官衙到居处、果树、耕地，在房屋密集、锅灶犹存、房柱林立的遗址上，虽已沙化却仍若有人管理一般井然有序，唯独不见人，不见活着的人，不见活着的树，不见流动的尼雅河水。斯坦因最大的收获，是在尼雅遗址中，找到一处房屋，这一处屋子中竟然存放了数以百计的封存完好的木简，或称木牍。木牍上书写的文字，是消失了十多个世纪的楼兰官方文字——佉卢文书。斯坦因是次发掘所得的几百件佉卢文木牍，超过了当时世界已经发现的此类文书的总和。佉卢文是公元前3世纪—公元3世纪印度北部使用的文字，刻于木简用于行政，其形状有长方形、楔形、矩形，上书布告、命令、报告书等，佉卢文随印度贵霜王朝消失而消失，却保存于中国西域，人称"沙海古卷"，有800多件，尼雅占9%。斯坦因再发掘，又发现并获得的尼雅文物有陶器、铜镜、铜箭镞，还有欧洲人见所未见的捕鼠夹、靴熨斗、胡杨木盾牌，红柳木笔等，还有桑田遗址，以及枯死的桑树，从纵横排列推断，这是人工桑园，玄奘记和阗有"桑树连荫"语，西域三十六国丝织之盛可证。谁能相信这一切会是真的？会出自一个沙丘掩埋的距斯坦因探险尼雅时一千七百年前的遗址？斯坦因于1906年、1913年又来尼雅，发现并绘图记录了遗址41处，掳走的文物马驮车载不知其数。

斯坦因为尼雅倾倒、惊愕，面对那些林立的胡杨木房柱，他留下了这样的感慨：

> 仿佛来到失事海船搁浅的海滩，水手们早已弃船而去，只有樯橹犹存的沉舟，仍然不向大海低头告饶。

以木制器具、大量木牍、木结构房屋遗址为代表的尼雅文明是突然消失的。在塔里木盆地，一处绿洲衰落，村落随之消亡，新生的绿洲家园继起，普通而寻常。但此类绿洲的消亡在沙海中一般会留下的轨迹是：在绿洲衰亡的过程中，居住的人们总是先后撤离，另觅家园。后走的或者是流连故园，到非走不可时再撤，他会充分利用先行者留下的所有生活资源。当这一处绿洲彻底消亡，能使用的可以带走的牲口、物品已经一无所有，只有流沙已成为新的主人，于是沉寂。

尼雅不是这样的，考古发掘者在流沙堆砌下清理出来的场景，显露出公元4世纪初叶，晋末南北朝时的某个毁灭的时刻，充满了突然、仓皇：

> 那些佉卢文公文木牍显然已经整理完毕，正待运走；尼雅人居住的房门半掩，开着窗户；有一处居室内还有一辆纺车突然停止了纺线，纺车的女主人和一个女孩扑倒在场院中，院门口拴着一只狗；房屋内一应生活用品齐全，作为柴火的胡杨木柴叠放一角……

佉卢文书记载，尼雅河水量骤减，流程缩短。因为沙漠植被的破坏，水的紧缺，尼雅有严格的管理方法，比如有偿用水，专人管水。第482号木牍文书记载:居民舍迦在自家田园耕作，为百户长、甲长无端干预，强占了舍迦的农田，还砍伐了舍迦的树木。舍迦直接向国王告状，国王下旨即482号文书，宣布百户长、甲长的行为非法，舍迦胜诉。在这一文书中国王并重申了国家保护森林的法律：

> 活树严禁砍伐，违者罚马一匹；如砍伐活树树杈，则罚母牛一头。

我们完全可以说这是两千年前中国最早的《森林法》。

精绝国是古西域三十六国中的小国，却位处丝绸之路的要道，有胡杨林、红柳林、桑园与尼雅河。商旅往来，驼铃不绝，东西珍奇集于此。它集中了丝绸、铜镜、珠贝制品，还有犍陀罗风格的佛塔残迹，佉卢文木牍，汉地木简、锦帛，精绝风格的木构建筑、木制家具，都在这里汇合，汇合成沙海中东西文化的斑斓长河，标志着当时西域、当时精绝丰富的物质与精神文化，学者称之为“尼雅文明”——胡杨林孕育，尼雅河滋润，胡杨木架构于沙海中的一方古文明。

> 一个国家突然间消失，一处文明在沙海中永存，我们可曾听见，那

一片世界最大的木结构遗址的言说？

怎样研究、追溯华夏文明的历史？1922 年，梁启超在清华学校讲演《地理及年代》，有精辟之论：“历史者，因空际时际之关系而发生意义者也，吾尝言之矣，曰：史迹之为物，必与‘当时’‘此地’之两观念相结合，然后有评价之可言。故于地理及年代托始焉。”不妨说梁启超此论是近代中国历史地理学的发端。

梁启超进而以黄河流域为例，“剌中国地理特点数端，而说明其与史迹之关系”。梁启超并谓：“人类征服自然之力，本自有限界，且当文化愈低度时，则其力愈薄弱，故愈古代，则地理规定历史之程度愈强。且其所规定者，不徒在物的方面，而兼及心的方面。往往因地理影响形成民族特别性格。而此种性格，递代遗传，旋为历史上主要之原动力。”因“愈古代”，“地理规定历史之程度愈强”。故西域沙海有独特之尼雅文明、罗布泊故事，其文明、其故事仰仗人之心能，却累积于胡杨木、那么，历史更古老而开启华夏之始的黄土高原呢？“故治史者于地理之背景，终不能蔑视也。”梁启超以十八条理由从地理背景探求，黄河流域何能成为华夏文明之发祥地？举其要者：

1. 中国黄河流域原大而饶，宜畜牧耕稼，有交通之便，于产育初民之文化为最适。故能于邃古时即组成一独立之文化系。

2. 该流域为世界最大平原之一，千里平衍，无冈峦崎岖起伏，无湾碕俶离旋折，气候四时寒燠具备，然规则甚正，无急剧之变化，故能形成一种平原的文化，其人以尊中庸爱和平为天性。

3. 以地形平衍，且规则正，故其人觉得自然界可亲可爱，而不觉其可惊可怖。故其文化绝不含神秘性。与希伯来、埃及异。居其地者，非有相当之劳作不能生活，不容纯耽悦微妙之理想，故其文化为现世的，与印度异。

4. 天惠比较的丰厚，不必费极大之劳力以求克服天然，但能顺应之即已得安适，故科学思想发达甚缓……又以爱乐天然顺应天然之故，故伦理的人生哲学最发达。

梁启超所称黄河流域之原，应是指黄土高原、历史上的黄土高原，“原大而饶”，“千里平衍”，且“天惠比较的丰厚”。梁启超没有说或者还来不及续写此文的是：原何以饶？天惠何以丰厚？梁启超所处的时代，黄土高原水土流失已经成患，沟壑连绵不再平坦，这处富饶的土地已经十分贫瘠了。梁启超之后。中外史地学家探求华夏文明的起源时，无不把目光集中到了历史时代的黄土高原：当邃古时，黄土高原是什么样子的？它有没有植被？假如没有植被又怎能畜牧耕稼？“产育初民之文化”？并在“邃古时代即组成一独立之文化系”？

发明“丝绸之路”一词的德国地理学家李希霍芬在其《中国》一书中，做出了陕甘一带所在的“黄土高原的原始植被是草原”的论断。20世纪30年代，我国著名的地质学家丁文江也持与李希霍芬相同的观点。至50年代，著名历史地理学家史念海提出了黄土高原曾经有过广大森林的观点……与此同时，我国古生物学家在陕北等地考察、科学院黄河中游水土保持考察队的考察，均断定黄土高原原始植被属于森林草原（赵珍，《清代西北生态变迁研究》，人民出版社，2005年4月）。

感谢科学家们，在这需要回望历史的时刻，我们终于得到了答案：黄土高原之所以富饶、之所以“天惠比较丰厚”，是因为黄河，因为高原上森林和森林草原的植被。

你只需闭目想象：历史上的黄土高原上森林耸峙，那是真正的原始森林，有万类万物，有古木有老树，以乔木为主，下木与荆棘灌木覆盖林地，覆盖林地下的细小真菌。森林草地则是农耕的开始，渐次扩大为农耕区，有耕作的农人信口而歌：

呦呦鹿鸣，食野之苹，
我有嘉宾，鼓瑟吹笙……（《诗经·小雅·鹿鸣》）

皇皇者华，于彼原隰，

駪駪征夫，每怀靡及……（《诗经·小雅·皇皇者华》）

伐木丁丁，鸟鸣嘤嘤。
出自幽谷，迁于乔木。
嘤其鸣矣，求其友声。
相彼鸟矣，犹求友声。
矧伊人矣，不求友生？
神之听之，终和且平……（《诗经·小雅·伐木》）

信彼南山，维禹甸之。
畇畇原隰，曾孙田之。
我疆我理，南东其亩……（《诗经·小雅·信南山》）

《诗经》中时有“原”字出现，这是中国最早关于“原”的记载，而隰者，湿也。“原隰”，原有水也。史念海先生由此认为，“从文字记载看‘原’的名称，是在西周春秋时期才有的”（史念海，《河山集·二集》，三联书店，1981年）。我们当然不能说，“原”有记载之时是“原”的出现之时，随着地质时期已经形成的黄河河道、黄河支流，以及崇山峻岭，黄河的冲刷便已经有了黄河中游“原”的雏形。我们亦可更能理解梁启超所言“原大而饶”之原，当作何解。

原何以称大？

历史上的大原是何等模样？

用梁启超的话说，历史需要钩沉；而梁启超之后历史地理学家史念海认为，历史需要复原。因为“事物时时皆在变化之中，变化不十分显著的，还可依稀看到当时旧况。变化幅度稍大，往往已非本来面貌，和有关的文献记载就不能尽相符合，这样就需要从事复原工作。以期能和文献记载参照”（史念海语）。那么“原”的复原又是怎样的呢？今日支离破碎之黄土高原，原来如何？且让我们钓沉，原、周原、黄土高原的变迁。

《诗经·大雅·文王之什》称:“周原膴膴,堇荼如饴。”这是岐山之下劳动者对周原最早也是最真实的赞美,《诗经》中与周原相关的篇什还有不少,周原有充沛的水,水中有鱼,周人称之为嘉鱼,有樛木,缠绕着葫芦的藤蔓,还有鹁鸪鸟,《诗经·小雅·南有嘉鱼》就是一幅美丽的素描。南,南山,终南山也,岐山,北山也。南北两山森林郁闭,流泉淙淙,杂草丛生,《南山有台》谓:

南山有台,北山有莱。
乐只君子,邦家之基。
乐只君子,万寿无期。
南山有桑,北山有杨。
乐只君子,邦家之光。
乐只君子,万寿无疆。
南山有杞,北山有李。
乐只君子,民之父母。
乐只君子,德音不已。
南山有栲,北山有杻。
乐只君子,遐不眉寿。
乐只君子,德音是茂。
南山有枸,北山有楰。
乐只君子,遐不黄耇?
乐只君子,保艾尔后。

这是一首对德高望重之人的赞美诗,用一连串的比兴,而借以抒怀的全是草木。有台,台草也,其茎皮可做蓑衣;莱,茅草也;然后是桑树、杨树、枸杞、李树、栲树、杻树、枳树、楸树,南北二山、周原大地,草木之繁盛可见。通览《诗经》可以说是先秦时代的一部草木大典,鸟兽次之。《论语·阳货第十七》中孔子要弟子们读《诗》,实为孔子对中国第一部诗歌总集的评论,而“多识于鸟兽草木之名”为一端：

子曰：“小子何莫学夫《诗》？《诗》，可以兴，可以观，可以群，可以怨。迩之事父，远之事君，多识于鸟兽草木之名。”

回到周原。史念海先生何以用“锦绣的周原”名之？周原在历史上的地理位置，便是答案。“周原位于陕西省关中平原西部。它北倚崔嵬的岐山，南临滔滔的渭河，千河逶逦经过西侧，漆水河蜿蜒纵贯东面，包括凤翔、岐山、扶风、武功四县的大部分，兼有宝鸡、眉县、乾县、永寿四县的小部分。东西绵延七十余公里，南北宽达二十余公里，顺着渭河成为西北东南走向。周原广漠，地势大体平衍，土壤肥沃，气候温和，余量比较充沛，很早以来就以秀丽富饶闻名于世”（史念海，《河山集·二集》，三联书店，1981 年 5 月）。

周原因周人而得名，周人未至、周王朝建立之前，这里就是黄土高原的一处大原，只是未得周名。周人迁往周原之前，居住在今陕西彬县、旬邑一带。（石璋如《传说中周都的实地考察》，见《历史语言研究所集刊》第 20 集下册）。“他们在那里居住了三百多年，到古公亶父时，才迁到周原”（史念海，《河山集·二集》）。

周人迁居，有北方游牧部落袭扰的缘故，也代表了古代中国族群迁徙的一般规律，既为安全，也为生活、生产着想，必定要在水源附近，还要有茂盛的森林草木，周时周原有高耸的岐山，山上林木葱郁、有泉，谓河水。周人南迁的路是翻过梁山，到了漆水附近，止于岐山之下，岐山之下就是周原。“那时的周原广漠平衍，不似现在的分割破碎。原上主要的河谷虽已基本形成，谷地尚浅，不似后来的深邃。周人称当地河流，以漆沮并举，漆水就是现在的横水河，而沮水则是现在的漳河”（史念海语）。

周人有足够的水源，有南北两山的森林花草。岐山茂密繁华的森林中还有各种野生动物，周人务农，也狩猎，《诗经·小雅·南有嘉鱼之什·吉日》：

吉日维戊，既伯既祷。
田车既好，四牡孔阜。
升彼大阜，从其群丑。

吉日庚午，既差我马。
兽之所同，麀鹿麌麌。
漆沮之从，天子之所。

瞻彼中原，其祁孔有。
儦儦俟俟，或群或友。
悉率左右，以燕天子。

既张我弓，既挟我矢。
发彼小豝，殪此大兕。
以御宾客，且以酌醴。

四马疾驰，弓箭齐发，鹿、野猪、野牛皆已猎获，只待煮酒宴客了。

周人吃堇吃荼，“而堇荼只是有苦味的生菜”（史念海语），很可能是周原上被周人挑选出来或是人工培植的野菜。周原上林木无数，仅从《诗经》可知有李、杨、桑、杞、栲、檀、柘、灌、栵、柽、椐等等，森林多多便是野草多多，吃菜不成问题，还可狩猎吃肉。周人吃了多少肉？《左传·昭公四年》有记：岐阳附近是一个闻名的狩猎场所。文献的记录，假如有考古实物可证，那就是确定无疑的了，“黄堆公社云塘村发现周人的制骨作坊，就是证明。这个遗址范围有五万多平方米，是全国已发掘的最大制骨作坊，目前发掘的还只是一小部分，就已经整理出加工过的废骨几万斤”（史念海，《河山集·二集》）。周人好吃肉，还吃鱼，《诗经·周颂·潜》：

猗与漆沮，潜有多鱼。

有鳣有鲔，鲦鲿鰋鲤。

以享以祀，以介景福。

一般以为西北人甚少吃鱼，周人时代所吃的鱼大约不在长江流域江南一带族群之下，鱼的种类之多即从《诗经·周颂·潜》这一短诗中可见一斑。鳣，鳇鱼也；鲔，鳝鱼也；鲦，白条鱼也；鲿，待考，而鰋即鲇鱼。周人爱吃鱼，其味鲜美也，诗的首句是赞颂：啊，漆水，沮水潜游着多少鱼。

渔猎是周人的副业，自新石器时代原始农耕发生于黄土高原陇山下大地湾林地边缘草地中始，因“原大而饶”及水资源充沛故，黄河流域、长江流域的先人一直以农耕为主要生计，而周时周原为盛。古代社会无不经历着这样一个过程：人口增多，耕地开始紧缺；以木柴为能源的消耗量增加，如有战争——而战争争霸是如此频繁，则为行军打仗，或防御故，则放火烧山毁林，其数无可计，其害无可比。虽然，孔子极力推崇周朝的礼乐：“周监于二代，郁郁乎文哉，吾从周”(《论语·八佾第三》),但周时便因农耕的发展而砍伐森林,使草原变成耕地。耕地因人口增多而增加，林地和草原因耕地增加而减少，岁积代累，没有历史资料告诉我们耕地增多少，森林减多少。地理的变迁只告诉后人，在失去森林的保护之后，所有增加的耕地都只能收一岁几岁之利，久而久之，因为水土流失形成的切割，原来连片的大原变小了，破碎了，周人之周原渐不复见矣！

郦道元作《水经注》，周原的范围在今渭水河流入沣河河段东北，岐山之下。郦道元所记无误,乃郦道元之周原也。考周人所言之周原“居岐山之阳,在渭之将”(《诗经·大雅·皇矣》)。“将”为侧为旁之意。当时周原在岐山之南，渭河之侧。可知，郦道元所见所记之周原，是已被切割破碎周原之残存也。

随植被消失而变迁的周原，其“显著特征就是原面的缩小和破碎”，分出各种以原为名的地方来，《晋书》记，魏晋时有积石原，唐朝有三畤原、西原，西原到明代时为雍原，读毕沅的《关中胜迹图志》、乾隆时《凤翔府志》可知，时代愈往后，原的名称更多，周原、黄土高原的切割破碎愈烈。“凤翔有五畤原，石鼓原，彭祖原，岐山有七里原，扶风有饴原。如果算上那些以‘原’为名字的村庄，就更为繁多了”(《河山集》)。我踏访秦岭、秦川，所见所闻原最多，字的写法各异，也有写成“塬”的，原、塬一也。

周人迁居周原时，岐山森林之多、之茂密可以从下述例子中证实：据《新唐书·地理志》载，唐时建都城长安，需大木良材，遂砍伐岐山、陇山之大量树木，并开凿升原渠以引千河水东流引木材至长安。这些树木还是唐代长安的能源基地，读“卖炭翁，伐薪烧炭南山中”可知。唐代以后，岐山有次生小树而无真正意义上的森林，惟陇山还有所剩，“于是采伐区域向西推移。宋代建都开封，秦陇两处都成为砍伐林木的重点”(史念海)。

黄土高原土性疏松、多空、垂直节理发育、层理不明显、透水性强，黄土有独特的沉陷性。中国黄土地区的主要部分为举世闻名的黄土高原，以自然地理学的观念界定，黄土高原的位置为：青海日月山以东，山西太行山以西，晋陕长城以南，甘陕秦岭及豫西崤山以北。大致在北纬34°—40°，东经101°—114°之间。包括山西全部，陕西北部与关中地区，甘肃东、中部，宁夏南部，青海河湟流域及河南西北部。黄土实际覆盖面积近30万平方公里，占我国黄土分布总面积的68.18%(史念海、曹尔琴、朱士光，《黄土高原森林与草原的变迁》，陕西人民出版社，1995年)。另说为，“中国黄土面积达63.1万平方公里，占全国土地面积的6%”(方知康，《中国自然地理知识丛书·中国的地形》，商务印书馆，1995年)。

中国华北的黄土平原，是世界最大的黄土平原。

中国西北的黄土高原，是世界最大的黄土高原。

我是因踏访风沙线，采访写作三北防护林，而始识黄土高原的。初见时惊心动魄，继而不胜苍凉：黄土高原原面沟谷密布，丘冈起伏、峁梁迤逦，支离破碎，人怎样耕种？怎样生存？适遇一场大雨，雨水顷刻变成黄水浊流冲进黄河，陪同我的当地老乡长叹一声：最后的黄土就这样冲走了。黄土高原的贫瘠已无以复加。而陡险的山坡上农人还在修梯田，收成则微乎其微。更甚者，还可能在一场暴雨中毁为废田。河山破碎，水土流失，除去零星的枣树，鲜有草木，更不用说森林了，满眼黄色，如同黄色的海洋，连绵于黄河中游，而此一地域是华夏文明的发祥地。怎么敢想象历史上的黄土高原，“原大而饶”，且能组成“独立之文化系”，成为华夏文明的源头之地？

> 黄土高原的自然因素，显示出这里本是一个农、林、牧相互交错的地区。也就是说，既有广漠的草原，又有茂密的森林，农作物也到处发育。因为三者相互交错，也就各得其宜，使这锦绣河山显得绚丽多彩，同时也使这片土地具备了发展生产的良好条件（史念海、曹尔琴、朱士光《黄土高原森林与草原的变迁》）。

《孟子·滕文公下》：“当尧之时，天下犹未平，洪水横流，泛滥于天下，草木畅茂，禽兽繁殖，五谷不登，禽兽逼人，兽蹄鸟迹之道交于中国。尧独忧之，举舜而敷治焉。舜使益掌火，益烈山泽而焚之，禽兽逃匿。”然后“禹疏九河”，“中国可得而食也”。史念海认为，“这段描述当然不只是指黄土高原，不过应该包括黄土高原，这是没有疑义的”。又：“有关尧舜的传说很多，今山西南部汾河和涑水河流域是传说中他们的主要活动地区。汾涑流域后来长期是富饶的农业地区。但在尧舜时，却遍地森林。黄土高原上有两处富饶的农业地区，汾涑流域之外，就是泾渭下游的关中。”关中，周原所在也，前文已记。可为补充的是周原“棫林作为地名，以林名地的还有桃林。桃林虽不在周原一带，在今潼关，却也居关中。周原还有平林、中林，平林和中林就是一般林木的泛称。既是泛称，就不以某一地区为限，而是在一些地方都有”。读《诗经》可知，周人为农耕肯定毁伐不少森林，但至春秋，关中仍有众多森林，尤多乔木，乔木中又以桑、梓为最。梓树制材，桑可养蚕，周人宝之。自《诗经·小雅·节南山之什·小弁》始，桑梓之地即为故乡之地。

自此，在《诗经》普遍引用的借草木的比兴中，桑梓成为流传最广最鲜亮的比兴。中国先民不仅把桑梓与乡土、安居、生活和生产联想在一起，而且赋予了桑梓诗的文化意味，民族的心理印迹——桑梓之地——无可争议地成为中国森林文化中独特的一部分，而烙印、流传千年万代。

……维桑与梓，必恭敬止。
靡瞻匪父，靡依匪母。
不属于毛，不离于里。
天之生我，我辰安在？

菀彼柳斯，鸣蜩嘒嘒，
有漼者渊，萑苇淠淠。
譬彼舟流，不知所届，
心之忧矣，不遑假寐……

假如不是历史时期黄土高原的森林、草地、河流，以及各种飞禽走兽，使得“周原朊朊”，并激发诗情，何以观之兴之怨之？何能成为《风》，成为《雅》，成为《颂》，成为《诗》《诗三百》《诗经》？而使吾族吾国吾人，有了华夏文化史上第一部诗歌总集。若长河也流淌几千年犹浪花飞溅；若草木也，生长几千年仍花枝扶疏。

中国文化中的此种史实，笔者称之曰：诗为先。而诗之可观可兴可群可怨，使中国文化从源头起有了自己独特的表述方法，以及和大地自然的血肉相关，可兴、可观、可怨、事父、事君。如上述无谬，便可结论如下：诗，乃中国文化的根本，诗的语言，是一切文学样式的基因；诗人的心能与大自然的沟通、碰撞，并与社会民生联结，可兴可怨。中国之成为历史上独秀于世界的文明古国，诗其一也，诗其初也，诗其最也。

周原啊，秦岭啊，黄土高原啊，除非你现在身处最后的原始森林中，否则真是难以想象了，诗何以独爱吾国？吾土何以能生诗？我曾经两次踏访秦岭仍为太白峰下花草林木感动。可是读《河山集·二集》始知，秦岭现在的林木均为残存者了。从《诗经》《山海经》等书中，史念海检获的美木有："关中南北二山，皆富于森林。南山有桑、有杞、有栲、有枸，而北山有杨、有李、有杻、有楰。南北山上都有苞棣，南山上有条、有梅，北山有杞，有棫朴。岐山之上不仅有柞棫，而且还有更多的松柏。除此以外，南山森林还有更详尽的树种记录，其中有松、荆杞、棕、柟、杻、橿、丹栗、榖、柞、棫、棘等"。读者谓予不信，可读《诗经·小雅·南有嘉鱼之什·南山有台》《诗经·小雅·谷风之什·北山》，或《大雅·文王之什·棫朴·皇矣》等。《山海经》是中国最早的可靠的一本地理书，其《中次五经》称："良余之山，其上多榖柞。""升山，其木多榖柞棘。"《水经·渭水注》考良余之山、升山，在今华阴县境。《山海经·西山经》谓："华山之首曰钱来之山，其上多松。小华之山，其木多荆杞。符禺之山，其上有木焉，名曰文茎，其实如枣。石脆之山，其木多棕、柟。英山，其上多杻、橿。竹山，其上多乔木。浮山多盼木，羭次之山，其上多棫、橿。南山，上多丹粟。大时之山，上多榖柞。"郝懿行《山海经笺疏》及杨守敬《水经注图》考证，华山之首的钱来之山，小华之山，符禺之山皆在今华阴县境，竹山在渭南，浮山在临潼，南山及羭次之山，在西安市南，大时之山即太白山，上录《山海经》诸山，皆秦岭北坡之山峰也。山同而名不同，亦如树木之名，多有闻所未闻者，若文茎若盼木。竹山之乔木，恐非现时所指之高大树木，而为树之一种。

秦岭之东为崤山，崤山山脉各处或崤山的山峰在《山海经》之《中次三经》《中次六经》中被称为"宜苏之山，瘣山、榖山、傅山、橐山、夸父之山"。"宜苏之山，其下多蔓居之木。"何为蔓居之木？古今注家无解，是有藤蔓丛生义？待考。"瘣山，其木多柳楮。榖山，其上多榖，其下多桑。傅山，其西有林焉，名曰墦冢，穀水出焉。橐山，其木多樗，多构木。夸父之山，其木多棕柟，多竹箭，其北有林焉，名曰桃林。”

从西周始，黄河中游山间原上森林之众，树木之多，还可以举证的是由于林木众多而易得，因而人们的安居之所多以木材建筑，史称“板屋”。《诗经·秦风·小戎》：

……言念君子，温其如玉。

在其板屋，乱我心曲……

板屋，注家注为“西戎板屋”“秦之西垂民亦板屋”，垂即陲也。

木结构板屋始于先秦之前，林木为当时族群以木构板屋的安居，提供了物质基础。

林木之多之繁茂之连绵无际而成为历史上的要塞，《史记·周本纪》《左传》等记有棫林、桃林之塞。“棫林在今陕西扶风、宝鸡一带，桃林在今陕西潼关，迤东且至于河南灵宝。这个桃林曾长期成为要塞，棫林先后发生过战争。”“崤山上的‘桃林之塞’和‘松柏之塞’，就是分别因为多桃树、多松树而得名”（《河山集》二集）。“松柏之塞”即函谷关，十年前我慕名踏访河南灵宝函谷关，有瓦砾堆，有城门洞遗迹，崤山北麓到黄河岸边的缓坡上村落依稀，小道茫然，何来松柏？哪有要塞之险？“松柏之塞”语出《荀子·强国篇》。是时也，函谷关之险要，之松柏成为密林《水经·河水注》有记，史念海写道：“这里的关城本在深谷之中，东西十余里，绝崖壁立，山崖上到处都是松柏树林。在这里经过，几乎看不到头顶上的日光”。易守而难攻，是为要塞，函谷关松柏之塞也。

除了典籍文献的记载，陕县庙底沟新石器时代遗址中出土的木炭，则是考古学的证明了。炭从何来？炭由木燃烧所得；木在何方？黄土高原、关中大地、秦岭南北两山，皆为森林也，出土木炭的年代测定，见夏鼐《碳-十四测定年代和中国史前考古学》所附之《现已发表的中国考古资料碳-14年代一览表》及中国社科院考古研究所之《放射性碳素年代测定报告（六）》。

正是那些不能不让人肃然起敬的田野考古工作者，面对只向往未来，而丢弃和遗忘历史的当今世界，却以最简单的工具——锄头和洛阳铲——发掘着那些时空凝固的废墟，然后在细致轻柔的剥离中，发现或者还原历史的若干细节。如约翰·罗梅尔在《考古的故事》一书中所言："它向我们展示了全人类最老的一些祖先，它给地球上每个民族提供了长达几千年的先前未知的一段历史。"而且，它还会告诉我们：远古大地是什么样的？我们的祖先怎样生存？森林与河流还有"板屋"会令人心动，何以心动？草木有根，上善若水，迭代相传，血脉相连也。

还有木炭，余温犹存，余香可闻的木炭。

黄河中游出土的木炭远非庙底沟一处，在平原地区的遗址中木炭屡屡现身：关中平原的西安半坡，大地湾，宝鸡北首岭，华阴西关——山西汾涑流域，河南伊洛河流域，偃师二里头等处新石器时代文化遗址中。而临潼姜寨遗址中还发现有木柱、木椽。半坡遗址中有已经炭化的榛子、栗子、朴树子等。

我们还用得着怀疑黄土高原曾经拥有的森林吗？为什么不去诵读《诗经》呢？你翻开《诗经》便有林中的风扑面而来，《唐风·山有枢》《魏风·伐檀》《魏风·园有桃》《魏风·十亩之间》等。考中条山一带，中条山南的黄河岸边有檀木，"坎坎伐檀兮，置之河之干兮"，伐檀之声可闻。檀木珍贵，需有一定的气候条件，中条山今日之天文气象当大异于周时。从《诗经》中可知，魏国人工种植的桑树很多，《园有桃》写的是桃树和棘树，此棘非荆棘之棘，《毛诗注疏》注为枣树。

原上有树，"坎坎伐檀"，且可吃桃、吃李、吃枣，狩猎吃肉，烧木柴、住板屋；如此等等，使我们知道，西周春秋时人，是怎样活着的。人皆死，死后如何安葬？侯马乔村出土的古墓有椁木炭末。这一战国时代的墓葬（中国社科院《放射性碳素测定年代报告（五）》）告诉后人，“正是由于当地树木繁多，那时的人没后，饰终之典，在棺木之外，还有椁”。

黄土高原的森林啊！

黄土高原的森林又是如何消失的呢？

森林的破坏和消失，不外乎自然及人为两种因素。气候与环境的变化，土壤盐碱化、森林病虫害，都会招致森林的灾害，乃至一些树种的消失。但几千年来毁坏森林最主要则是人力所致，人为因素。而人为因素中又可以分出渐变和激变两类。

渐变者以平原地区农耕的发展和森林的消长为最。

“原大而饶”的黄河中游黄土地成为华夏文明的发祥之日起，便以农耕为主要的生产方式，多在平原，此类平原有关中泾渭流域，晋南汾涑流域，河南伊洛河下游，太行山之南诸地，且富森林。农田向着林区的推进，大体循序渐进，有规律可循，一是人口、牲口增长。粮食需求随之增多，于是伐木垦田。二是随工具的改良，伐木毁林变得稍为容易，如铁器出现之后。三是以尧舜旧法用火烧，但当时的生产力所限，耕地渐次扩展，似乎不必去烧毁大片森林，而只限平原上的低树灌木草地，然低树灌木荒草亦森林之属也。四是畜牧业对林区的蚕食，黄河中游一带有林区有农区有牧区有半农半牧区，主要养羊，我从山西而陕西而河西走廊而新疆，深知这些地方所产羊肉之鲜美，也从牧羊人处得知：羊，山羊是攀爬者，且无与伦比，壁立的山上只要有草，山羊都能登顶大嚼。另，山羊在青草丰茂时只吃草叶，草荒时则连根刨出统吃，还吃树叶啃树皮，对山羊而言，平原牧区与半山区，山区的林区是没有界线的，它们喜欢无边界的优哉游哉。最早精辟地阐述山羊与森林之关系的是恩格斯的《自然辩证法》中的几句话：

希腊的山羊不等幼嫩的灌木长大就把它们吃掉，它们把该地的山岭都吃得精光。

我们已经看到山羊怎样阻碍了希腊再成为多森林的地方。在圣海伦那岛，第一批航海者带来的山羊和猪，把岛上旧有的一切植物都吃光了……

山羊困扰中国几千年，在草木遍地人口和牲口相对稀少时，山羊不是问题。随着人口增加，牲口增加，牧草减少，山羊就成了问题，如内蒙古鄂尔多斯，还有几许草原？只好改换羊的品种，并圈养起来。风吹草低见牛羊，今已难得一见或不可再见。除了牧区蚕食林区，农区还不断地蚕食牧区，相比较于到山上林区拓荒垦地的艰难，在牧区要容易得多。农区向牧区推进，牧区向林区推进，古已有之。吃饭问题，是我们这个民族自古以来的大问题，虽然当时人口不过几千万，与同时代世界各国相比已经是人口大国了，秦统一中国之前有诸多小国，比如兼有晋南汾涑流域及太行山南的魏国，《汉书》有记，李悝为魏文侯规划土地利用，除去山地、河泽与民居处，其余土地都要成为农田，此所谓“尽地力之数也。”于是河东——汾涑流域’河内——太行山南悉数成为耕地。《孟子》对此似有察觉，在《梁惠王上》中有“斧斤以时入山林”“五亩之宅，树之以桑”等语。历史上的君王对于森林和农耕所需的土地，均处在两难之中，孟子时代倘论国力，粮食多寡为第一，其次才是兵丁控弦之士，老百姓吃饱饭是第一位的，魏国似曾有过王有肥肉、肥马，“民有饥色”的饥荒，孟子对梁惠王有所教诲：

庖有肥肉，厩有肥马，民有饥色，野有饿莩，此率兽而食人也。兽相食，且人恶之，为民父母，行政，不免于率兽而食人，恶在其为民父母也？仲尼曰：始作俑者，其无后乎！为其象人而用之也。如之何其使斯民饥而死也？

天下大事最不堪的，莫过于王吃肉，民饿死。孟子用“此率兽而食人也”

相比拟，孟子是当时之世最有担当、为民直言者。孔子所谓“始作俑者”即以人形木偶、土偶殉葬，孔子恶之，“其无后乎”？更何况让子民百姓活生生地饿死呢？

看来有没有足够的耕地，能不能产出足够的五谷的粮食问题，一直是中国的大问题。其中还有为民父母、官员如何行政的问题，大概也就是今天所说的贫富悬殊、两极分化了。对于王，统治者而言，这是什么性质的问题？仁与不仁也，而仁者无敌，不仁者殆。

在使得森林减少的渐变诸因中，耕地的扩大是主要因素，这个过程虽渐而为之却几千年一以贯之，且愈演愈烈。因为中国的人口从二三千万，五六千万至清朝乾隆时已超过一个亿。这个过程的另一方面，又促成了中国几千年历久不衰，使中国在历史上成为强盛大国的农耕文明，以文化辉煌、文明悠久而独立于世界民族之林，没有森林草原，何来农耕？没有森林文化，何来农耕文明？不妨说，华夏民族所有的文化荣耀，皆来之于森林，森林垦拓后的土地，森林涵养的江河流水。

森林减少的激变因素，主要是几千年间不可计数的自然灾害，如地震、泥石流、雷火、大规模筑宫殿等。其次是几千年的战争，毁林开道，与农耕不同，为军事行动的毁林，必是大规模的、惨淡悲凉的。从平原森林的砍伐到山地森林，“远程采伐的范围不断扩大”（史念海），为什么？平原森林所剩无几不敷所需，所需者为何？自商周始，每一次改朝换代均另筑宫殿楼台新城，所用之木均为大木、珍贵之木，否则不能为栋梁。“蜀山兀，阿房出”，建阿房宫砍树砍到蜀地而使蜀山光秃，这里也许有夸张的成分，还留下来困惑：为什么不就近采伐秦岭之木？可能的解释是，因为先秦不断地战争毁林，及先秦之前建设所需，秦岭时无大木。到隋唐时建都长安，规模宏大，气势非凡，一切均为木构或砖木结构建筑。木材何来？未见记载。很可能是休养生息后秦岭南北二山一带重又郁郁，据《河山集》二集，隋唐筑城之木伐自终南山中，“因为这时义谷山道初开未久，正宜充分利用运输。唐玄宗天宝二年（743 年），还曾在长安城开凿一条漕渠，引潏河水入城，置潭于西市，以贮木材”（《新唐书·地理志》）。又从《旧唐书》中得知，唐代先是就近采木，但无法满足长安城中建筑、取暖、官用、民用的需要，采木的范围扩展至今宝鸡、眉县、周至、户县，“设监所属有百工、就谷、库谷、斜谷、太阴、伊阳等监……掌采伐林木”。其分工是“百工监在陈仓（今宝鸡），就谷监在盩厔，库谷监在鄠县，太阴监在陆浑，伊阳监工伊阳，皆在出材之所。”后来又扩大至岐山和陇山。“长安附近诸山已无巨木可采……岂特无巨木而已，象岐山这样不太高深的山，已经说不上所谓森林了。后来到北宋时，这座山上无树木，成了赭色的土山”（《河山集》引《苏东坡集》）。

岂止长安，尚有东都洛阳；岂止隋唐，宋元明清皆然。沈括《梦溪笔谈·杂志一》先记“鄜延境内有石油”又以石油烟灰制墨锭，“黑光如漆，松墨不及也”，“不若松木有时而竭”。松墨即松烟墨，其制作原材料是松树，当北宋时沈括所见是何种景象？

今齐、鲁间，松林尽矣，渐至太行、京西、江南，松山大半皆童矣。

京西，北宋京西路，治所即今之洛阳，洛阳亦为北宋西京，以繁华著名而松山童秃大半。

宋代对森林的破坏，较隋唐有过之而无不及，汾河流域唐代砍余的树木，宋时伐尽，一直砍到吕梁山中的离石县。今之汾阳县在吕梁山东麓，是北宋又一处砍伐地。汾阳之木借一条小河运至汾河再转至开封。据《古今图书集成》记，北宋末年汾阳大旱，小河干涸，无法漂运，而“修楠巨梓”因此积压，堆积树山达数万株。“修楠”，修长之楠木也；“巨梓”，巨大之梓木也。

北宋初建，朝廷派出到秦陇采木的人往来不绝。另有达官自丞相赵普以下遣亲信采购贩木发财（《宋史·赵普传》，《续资治通鉴长编》十二）。每年采大木万株以上，官员枉法，小民随之，其人其木不知其数。《宋史》记，当时开封城内美木良材堆积如山。但秦州的百姓没有烧炭的柴薪，只好冒死到西夏和羌人控制区去采伐（《宋会要辑稿·兵》二十七）。当时周朝的桑梓地岐山荒芜，水已浊，苏东坡有诗记道：

况当岐山下，
风物犹可惭，
有山秃如赭，
有水浊如泔。

惜哉！汉唐雄风！赵宋之盛的另一面却是赭山浊水了。

史念海在《河山集》二集中说，明清“这一时期是渭河中游森林受到摧毁性破坏的时代。严格地说，这种摧毁性的破坏是从明代中叶开始的”。其中有朝廷组织的砍伐，守边将士的砍伐，以及屯垦的毁林开荒。从《关中两都文钞》《三省边防备览·道路考》及《小方壶斋舆地丛钞》等书中，可以钩沉出明早期秦岭东端华阴谷中，有“高达千寻，粗逾十围”的松柏数十章，后来伐尽，山成秃山，水为浊流。我们难以用科学界定老树古木对一方山水家园的影响。但先贤有教，见老树古木要垂首，从树下经过时脚步要轻，切勿大声喧哗，春节、元宵则奉香火或轻悬红布条以为祝祷。至今在中国几乎所有山区，或有劫后余生之古老树木，乡人均奉为“风水树”，一村一乡平安富足之所望也。从心理学而言，老树古木的存在，扎根于原上石间，印迹于百姓心理，则无可疑也。而不可理喻者为：树如此知人、爱人？人怎样知树、爱树？

更何况有大风则遮风，有大雨而挡雨，有骄阳则蔽日。乡人聚会，乃至婚丧嫁娶，无不在这大树的庇荫下。笔者每一次踏访林区，每每见到这样古老美木，总是心生感激、流连忘返。我看见孩童嬉戏，我和乡人一起在这树下饮茶，如是夜晚花前月下还会有情侣的身影闪过。

在百十年或者更长时间的迭代相沿中，树与这个村落，这个村落里的死者、生者、将死者、将生者的生活和精神已融为一体。树参与了这个村子的变迁，村子中人群的生活及生活方式——怎样生？怎样爱？怎样死？这棵大树知道一切，知道人们生活的所有细节，却保守着生命的秘密。想起了西哲所言：人是树的最高枝节。但我想说何必最高？枝节便可以了，假如不是每一根枝节、每一片叶子、每一朵花朵、每一粒子实的启示及其恩赐，人类哪能行走？何来精神？又怎么谈得上文化的创造？

因为历史地理学家的复原，我们终于得见历史上拥有森林和草原的黄土高原，华夏文明一处发祥地的摇篮的美轮美奂得以勾勒而成。同时也解开了不少历史文化疑云。比如因为森林，7000多年前天水大地湾遗址中才有灰坑，才可验证伏羲、燧人氏用火的发明及保存；以木柴火烧制的中国最早的大地湾彩陶；大地湾的从半地穴式木结构居处，从六七平方米，几十平方米乃至5000年前平地起建的420平方米木构大房子。笔者称之为中国新石器时代最早、仅见、最大的浩然圣殿（详见《大地湾考古研究文集》，程晓钟主编，甘肃文化出版社，2002年10月），（拙著《荒门》，作家出版社，2013年1月）。大地湾文化以下，连绵于黄土高原的有半坡文化、马家窑文化、齐家文化、青海乐都柳湾彩陶文化等等，即便你拾得一角彩陶残片、一撮灰坑中的灰或炭、一粒已经炭化的黍的种子，你都会感觉到它的温度，你已经在接触黄土高原历史上的火光了，那是树木燃起的最初的华夏文化之光。就在这火光之下，在黄土高原森林边缘的野草地带。以黍为主的原始农耕的历程开始。

黄土高原和其上的森林草原，是负有使命的，在造物的运筹帷幄中，它们不仅是人类的引领者、启迪者，同时也是人类的造福者、牺牲者。它们和华夏先人一起同是创造五千年农耕文明之辉煌的开拓者。我们失去了太多的森林。而黄土高原亦几乎已奉献其所有，这就是历史。我们通常说这是人类的历史。可是倘若没有黄土，没有草木，没有泉流，没有一定的地理环境，则断无人类历史可言。确切地说，这是人与自然的历史。开辟之初对自然的破坏为求生，是创造；几千年后，我们正面临着一个全新的课题：认识自然。如歌德所言："她完好，却可怕，她无力又万能。""她保有一种包罗万象的固有意识，而人无法获悉"。

第十五章 云南山水

2010年春，我从西部大漠到了西双版纳。2012年秋，我又从西双版纳，走向塔克拉玛干胡杨林。更早一次是1987年，从武夷山、天目山到海南岛尖峰岭、西双版纳热带雨林，后来写了《伐木者，醒来》。

在所有的原始森林中，最为奇特而让人流连忘返的是热带雨林，海南岛尖峰岭雨林已在《引子·森林之门》中略记。从自然环境、生物多样性以及物种而言，那些拥有大片热带雨林的国土是格外幸运的，如果那里的人能够抗拒当今世界金钱和物质的诱惑，那么他们就是最有希望的，在不远将来的某一天，他们的荣耀与安乐将冠绝于世。

地球上的热带雨林，包括几种拟雨林类的森林，在南北回归线之间环绕地球，并有几处伸向温带地区。除去非洲东海岸，雨林几乎横贯遍布赤道的所有地区，美洲、非洲、东南亚三处雨林集中地的分布面积约为世界雨林的四分之一。热带雨林被称为“森林中的森林”，“森林之上的森林”。我第一次踏进西双版纳雨林时的感觉是，我的身心、我的思绪、我原先构想的语句，全部被温柔、苍茫与高大淹没了，回过神来，只有惊叹。还记得雨林中护林人走过的小道，在根之上、根与根之间的泥泞小道，湿漉漉的树叶与藤交织的小道，愈往前走愈发幽暗的小道，偶尔有几声鸟叫，偶尔会传来啄木鸟啄树的声音……热带雨林中的高大树木，再加上整个雨林的郁闭状，使自命为万物之灵的人顿生卑微。一旦面对雨林树木的巨大与奇特，内心除了叹服以外，几乎不会留下任何空隙可作林外之想。乔木的粗壮——也有并不粗壮的——却一律坚挺高大，和我踏访过的江南乃至北方的森林相比，似乎少了一点风姿，却多了几分傲然之气。细细观察，雨林中又不乏缠绵，悬挂在树上的各种开着小花的藤本植物，攀缘而上，缠结枝干，在大树的最高枝节又垂向林地，再缠结，再攀缘，一棵树一根藤一首诗。一首根植于地，只有在热带雨林中才能读到的生命奇特的诗。

我百思不得其解的是，在大江南北见过的草本植物，在热带雨林中却长成了高大植株。竹子成为木质，高三十七米，地衣类植物长得类同苹果树，远志科的藤条在距离地面几十米的乔木的顶端，繁华飞动，尽得风流。而这一切，热带雨林是喜欢的，它包容一切，它是森林中包容性更大的慈爱而友善的森林。

可是，看起来这雨林似乎有点单调，它没有四季色彩的变化，雨林有悖于森林的一般规律，没有厚厚的落叶层，少有低矮的植物，甚至连林地的表土层既谈不上肥沃，更遑论深厚，只能以贫瘠名之。雨林无冬天，雨林无冬眠，它永远在极度潮湿与相对潮湿的交替中生存。雨林的使命几乎就是快速地吸收水分和营养，然后细密有致、不慌不忙，甚至是缓慢地向上生长，寄望于岁月，高踞蓝天的一角。雨林中的生物种类，是名副其实的大地之上最富有、广泛的物种基因库。使我惊讶的是，几乎每天都有的大雨小雨，显然是雨林的雨量太充沛，充沛到过分，是否有水淹之虞？就连森林学家也难以明确地告诉我，雨林为适应这特殊的潮湿多雨走过了多长的演变之路？可以肯定的是环境使然。

所有的独特均源出环境的独特。

雨林不可能如温带森林一样，从容地使根尖、根毛游走地下吸取水分和养料。雨林发育出了一种快速有效的生命供给系统，它让雨林的树根把输送水分及营养物的距离缩短，具体言之，便是依靠真菌发生的大量营养物质和水，从林地表层直达树木的浅根，然后开始合成、循环，成为分解物与立木之间一条既简单明了，又生死攸关的食物链。这就是草本植物在雨林中高大，甚至成为木本的秘密。

有关雨林的最通常的误解是，因为它的快速吸取营养，它的高大乔木便是速生的吗？不是，绝对不是，雨林的形成是以历史年代为背景的，雨林的生长不仅有向往天空的高大，还有在贫瘠林地上生根、那些浅根粗壮地蔓延交错，使高大植株稳固的艰难。雨林在某种意义上排斥速生，雨林乐意享受生命的漫长。你看海南黄花梨就知道了。

雨林在快速吸收水分的同时，因为气候的炎热也在快速蒸发，由气而云，由云而雨，如是往复，循环不息，那里的多雨是因为有雨林，而雨林又因此蓬勃。我们所能想见的美好的纽带，也无法与雨林之雨与林相因连接可比。

中国的热带雨林占国土总面积的3%，可谓珍稀之极、宝贵至极。但如同中国森林的整体命运一样，从古至今，屡遭劫难。中国的热带雨林仍在被蚕食与破坏中。中国热带雨林、季雨林的分布地带地貌复杂多样。依我的观察，凡属珍稀、奇特的树木或别的物种，它们总是出现在不同寻常的环境中。以盆地、谷地、台地、平原为点缀，山地、丘陵是主脉，而北方极寒、南方极热之地，必有美木良材出。从西部云贵高原南沿开始，地势由北向南倾斜，山地海拔在1000—1500米之间，少数为2000米以上。中部为低山丘陵，海拔300—800米，少数达1000米。海南岛中部为山地，周围是丘陵、平原滨海沙滩。台湾岛有5条平行山脉，高峰绵亘，海拔3000米以上。这一地带植被种类丰富，据不完全的统计，高等植物在7000种以上，是中国森林最美丽的自然风景带。

最美丽的往往也是最脆弱的。

我国稀有的热带雨林和季雨林中，仅乔木、灌木树种就达1000种以上，为中国任何林区所望尘莫及，其中有亚洲热带雨林的骄傲树种——望天树——生长于西双版纳雨林中。西双版纳的雨林中，那些闻所未闻的树名意味着它们的少见、奇特，如刺栲、红木荷、云南龙脑香、四属木、番龙眼、千果榄仁等树木层出不穷，雨林中或者大象巡游，或者山雀啁啾，或者飞蜥爬行，或者兰花怒放。西双版纳雨林是中国高纬度、高海拔地带保存最完整的热带雨林，生物多样性之丰富仅兽类约130种、鸟类近500种，超过中国鸟类种数的1/3。

我们也可以说，所有这些至今仍然被称为“植物王国”“动物王国”中的诸多物种，是幸存者，也是西双版纳雨林仅剩的最后守望者。有最新的资料来说，绿孔雀“现存的数量极为稀少，多年没有确切的目击记录”(《森林与人类》，2011 年第 9 期)，由于栖息地迅速破坏和无处不在的人类活动的侵扰，盗猎，白颊长臂猿、小熊猫等已经消失，或者濒临灭绝。代之而起的是日甚一日、雨林和野生生物不堪其扰的旅游、餐饮、烟火、喧嚣，我不能不三复斯言：当人们以金钱为唯一目标的时候，美好飘逝了。

西双版纳在 1950 年的森林覆盖率为 50% 略多，如果我的领会没有大错，庇荫西双版纳 50% 的森林覆盖率中大部分森林是热带雨林。到 1972 年时锐减至 33%，22 年减少了 17 个百分点。1985 年又减少至 27.4%，至今又是 28 个年头，其间大规模的毁林盗伐得到了控制，代之于政府的经济开发。为了一方官员的政绩，为了 GDP，在西双版纳，不破坏雨林，哪来的地？哪来的土地财政？ 2012 年，作为凤凰卫视《大地寻梦》专题节目的嘉宾主持，我又一次来到西双版纳，游人如织，喧哗不断，一种直接的感觉是：热闹、太过的热闹，已经驱逐了雨林环境的安详宁静，一切都成为表演。在人的驯化下，那些象和鹦鹉之类的彩鸟，服从而且配合，做着各种动作，发出鸣声。游人拍照留念，然后付钱走人，然后走进景区内或景区边沿的大大小小的饭店，大快朵颐。垃圾扔往何处？脏水流往何处？店主的回答几乎是统一的，“不知道啦！挣点钱过日子啦！”我在西双版纳逗留的几天，闷热而无雨，在雨林边缘那些稍微低矮的植物的叶子，有的已经半作枯黄，藤蔓有气无力地垂挂着。至少在我视野所及，这片雨林不再是蒸腾勃发、生机旺盛的，我甚至能感觉到在人类活动与喧嚣的折磨中，它们纠结而忧郁。

当最后的雨林消亡，家园还在吗？

西双版纳的森林状况到底如何？时下森林覆盖率为多少？

我问林业厅的工作人员，他答道：“雨林一直在保护之中，西双版纳的森林覆盖率为90%。”这个答案让我惊讶，即便1985年以后在雨林地区之外大规模种草种树，怎么可能在28年间，提高62.6%的覆盖率？

我又随机问路边的市民，“西双版纳雨林环境这些年有些什么变化？”他问：“你以前来过吗？”“20世纪80年代曾到此一游。”他们告诉我：“那时的西双版纳树比人多、比楼高，在版纳的任一角落都能闻到雨林的气息，都能看见望天树。现在造的高楼大厦，地从哪里来？除了强征农民的耕地，就是蚕食热带雨林。游客从无限制，楼堂馆所包围雨林，雨林区内又遍布饭店和演出场所。雨林一年比一年少，天气一年比一年旱。”

西双版纳雨林已成为“孤岛”，而且是仍在为人类勒索和奴役的“孤岛”。

云南位居全国雨水总量的第三位，云南有“三江并流”，云南满目绿色，可是云南为什么连年大旱？中央电视台播放的一组镜头让人刻骨铭心：一户山里人家，爷爷、奶奶带着一个小孙子，还有一只狗。奶奶把一碗大半都是泥浆的泥浆水递给孙子，孙子舔了一口，小狗汪汪叫，孩子又让小狗舔了一口，孙子把这碗泥浆水递给爷爷，爷爷不喝递给奶奶，奶奶不喝递给孙子，小狗又汪汪……2012年，我从西双版纳到普洱，到元谋，到昆明，到陆良，一路所见，田也干裂，草也枯黄，在喀斯特地貌区域，高大的和并不高大的石柱遍布林立，农人辛勤耕种的极小极小的一处处地块，无苗无禾……这是云南的春夏之交时，冬旱盼春春无雨，春旱盼夏夏干热，有稀落的人群在山里找水，而从金沙江虎跳峡传来的推土机、挖掘机的隆隆声响中金沙江的梯级开发、高坝大库正在矗立，我们的大江大河不再有一条河流是自由流淌的河流，而江河生命却在于自由流动。始于20世纪80年代的圈地圈水，既改变了那些地和水的形态，也改变了地和水的属性，地不再“厚德载物”，水不再“善下之”“利万物而不争”。

权力和利益集团已经并还在瓜分子民百姓的地与水。

江河有水，却没有流向农田和农人的最后一公里的渠道，农田水利荒废的几十年，中国已成为世界第一筑坝大国。民生民生，无水缺水民何以生？

云南到处都是森林，开着知名不知名的小花。一路所见又经采访证实，云南森林的树种，正经历着灾难性的变化：大量的先前未曾见过的高大挺拔而甚少旁枝侧叶的树叫桉树，由大集团、跨国公司与当地政府洽谈，从林农手中租购土地，引进苗木，用来造纸，实行规模化、标准化经营。桉树的生长期一般为5—6年，迅速吸水汲取地底下的营养然后速生。一茬砍伐之后再种，如是往复。到二三十年左右，这片桉树林地便寸草不生，当地农民称一棵桉树就是一个抽水机，因为枝叶极少蒸发量也极少，云南能不少雨？桉树的种植不仅在云南，广东、广西亦然。如果考虑到建材的需要，少量的在严格控制下的桉树种植未尝不可。但大规模的乡土树种的被更替，生态效益为眼前利益而被忽略，必将带来大灾难。

> 云南桉树，还有橡胶树的大量种植，给出了一个明白无误的警信：树种尤其如桉树这样的速生经济林树种的扩展，如不得到纠正，势必危害中国森林以及林地的生态安全。时下的经济发展，所换来的是森林的衰败和林地的贫瘠，谁来庇荫我们的子孙？

云南别有风景。

哀牢山分界云贵高原和横断山脉，山上哈尼梯田的上方是村寨，村寨上方是森林。在1000年的岁月里，哈尼族与别族人民一起，在横断山脉东缘几百平方公里的范围内，海拔高度由几百米升至2000米的山形地貌上，开掘了约600条水渠，连接着山上的森林、梯田与村寨。

哀牢山是山，当我面对哀牢山，又仿佛面对着一种精神，一种相当高大且湿润的精神，一种足够古老而新鲜的精神，一种始于生存，在筚路蓝缕之后，无关乎辉煌于21世纪所谓信息时代科技昌明，却只是人法自然的精神。没有人知道我的此种感叹，山呢？水呢？森林呢？梯田呢？只是在云雾、气团的环绕中，若沉若湿，若隐若现。当红河与元江缓缓流动于峡谷时，分不清是水汽或热浪，先是被卷起，后来再升腾，两岸山谷呈暗红色，偶尔有不知名的植物，无助无望地任由热浪水汽蒸腾而上。那蒸腾而上者所向何处？

横断山脉是中国山系走向的终结者，横而断之，如伏虎，如卧龙，如睡狮，跃跃欲动于山势起伏，毋躁稍安于云霞奔走。

哀牢山是横断山脉干热火燥的另类，位处红河州，海拔 3166 米，是横断山脉南段的主峰。山上是沉默、蓄积了千万年的原始森林，低处是面积 166 平方公里、垂直落差 3000 多级的人工湿地，种稻的哈尼人家。酒店在山腰向上处，烟云弥漫，沉浸于林木之间，极轻柔地掠面而过，山林中有鸟叫声、泉水声。哀牢山是另一种风景，是自然赐予人类所造的堪称完美的结合，这里所说的人类所造，不是传说意义上的造景，一园一亭一楼阁之类，而是梯田、水稻、沟河水系。当一处自然风景有人的创造渗透其中，且延续千年与大自然能和谐相融时，这一处风景才可称之为文化风景。

哀牢山哈尼梯田的全部意义为：在以生存要吃饱肚皮为出发点的人类活动中，不是以经济翻番、发财致富为目的，而视辛勤劳作然后诗意地安居为幸福生活，从而蒙福，成为人与自然相亲相爱的文明宝典。

首先是环境使然，在一个族群的发展过程中，环境是制约者，制约人们以适合此一环境的方式劳作、活动、安居。其次是历史印迹，哈尼族从古老的羌族地区迁徙而来，哈尼先人熟悉的是平坝农耕，可以想象当初，身在高山，何以为生？怎样把平坝农耕移植至亚热带的哀牢山上？或有读者问，中国那么大，有的是黄土高原，平原沃土，又为何跑到崇山峻岭为衣食生存忧？这就是历史年代的一种景象，大的族群，华族，就是现在说的汉人汉族，不断地以战争吞并弱小部族，弱小者打不过，又不甘灭族灭种，便逃跑，逃往边远，跑进深山，以避刀兵之灾。怒族在几无土地的怒江岸边求生，哈尼族进哀牢山，皆因为此。

历史给出的一种现实，是发人深省的：

> 汉族拥有中国最平坦肥沃的土地，是中国历代王朝中除去元朝、清朝以外的最高统治者。仅就人与自然的关系而言，所有被驱赶至边远山区的民族，对自然的敬畏却远胜汉族，甚至可以说是汉族在背离了道家、儒家传统之后，如今已成为财富的最大追求者，自然的最大掠夺者，而哈尼族等少数民族，则已成为今日中国天人合一，仁者爱人并广及万类万物的典范。让人惊叹的是，他们不是饱读史书的智者，他们只是做，是行动者、实践者。

哈尼族先民一定跋山涉水，掌握了哀牢山的地理环境，最让他们欣喜的是山顶的大片原始森林，以及森林中流出的源源不断的水，他们试着在山坡上开凿饮水的沟渠以及小块梯田，试着种水稻，第一次收获之后再开凿再修建，一点一点地开凿，一片一片地修建，千年之后有了六千条沟渠，仅哀牢山腰便坐落着十几个村寨，三万公顷梯田。哈尼族流传着很老很老的哈尼民歌，其中有大智慧：

> 上了哀牢山，就是最孤独的人。石头做伴，虎豹为邻，后来找到了命根子，老天相助哈尼人。人的命根子是田，田的命根子是水，水的命根子是树和森林。

哈尼人绝不开山建水库，而是极为严苛地保护山顶的原始森林，不要说砍伐了，甚至不许惊扰它们。哈尼人告诉我，“人喜欢热闹，森林好清静”。山上的森林是天然的蓄水池，从溪涧淌出，汇聚成流。森林下是村寨，开凿出的沟渠使水流进村子是为生活用水。村寨下方是梯田，水渠又把水送往梯田。梯田大小不一，经过计算将要灌溉的梯田面积，用刻好量度的木闸板按不同比例分流，进入每一块梯田。所有这些梯田又都是人工湿地。农历三月，水稻播种时鱼苗也随之撒放。水稻返青，鸭子进驻稻田，斯时也，除了长不大的小鱼，鸭和鱼在梯田里共游共生约一百天，不同物种间互为依存的生物链循环，使稻子有了抵抗病虫害的能力。

高山森林汩汩而出的冷泉水，从夏天流到冬天，从冬天流到夏天，往复无穷。从山腰上的第一级梯田到山脚的最后一级，哈尼老人告诉我，一千五百米的落差在转折回流中,涵养了三千个阶梯及其间的梯田。每一丘梯田都有足够的水量，哈尼梯田的深水稻有极强的水资源保护与储备能力，暴雨时蓄洪安澜，干旱时直接排放至江河下游补给水资源，从山顶森林中流出的水，滋养哈尼人、哈尼梯田、哈尼族的万类万物之后，最终汇聚于河谷。干热的横断山河谷地带又迅即使其蒸腾，如云如气，回归于哀牢山、山顶的森林中。哈尼人小心翼翼地与哀牢山林水生态链相连接，既为受益者又是这一生态系统的保护者，是有哈尼梯田奇迹：

在自然界，所有生态系统可称完美，因为完美而脆弱，因为脆弱而极其敏感地抗拒所有外力的介入。迄今为止，哈尼人哈尼梯田是我目睹的少有例外，在哀牢山，森林、人类、梯田和水系，成为一个同构系统。使这一人口密度达到每平方公里三百人的深山峡谷，成了一处古老而又鲜活的家园。

广而言之，哈尼梯田是中国农民在工业文明之前的节约资源，敬天惜地延续农耕文明的范本和缩影；在不是村的华西村成为中国新农村样板之后，哈尼梯田所指向的，是工业科技发达的时代，农耕、农人如果不回归天人合一，便无农村可言。

这是一个很难言说的时代，没有地的哀牢山上有哈尼梯田，而本来有地的至少一亿多农民,成为失地农民。城市的无度扩张所产生的泡沫，鲜艳地毒害着民族之根本，国家之基石。我要对所有的农业经济学家说：

“笨蛋！关键是土地和水！”

哀牢山顶的原始森林历经沧桑，至少千年以来未曾为人类砍伐破坏，即便有雷火之灾，也能自我修复，林木种类多样，壳斗科树木其生命都在五百年左右，水冬瓜树与旱冬瓜树岿然高大，不仅长寿，而且长根瘤，能蓄积水分。板蓝根清热解毒，嫩叶可作染料。原始老林绵延一百公里无间断，更让人惊讶的是在海拔两千米以上，居然生长着面积如此宽广的常绿阔叶林。森林之于水、生命之水意味着什么？云南大旱，几乎三年不下雨，但哀牢山顶森林中流出的泉水却从未断流，哈尼梯田成为云南大旱的幸存者。

哈尼族的族规之一就是巡山护林爱树。不少哈尼族老人在临终前的最后一句话是，“看好山上的林子”。

巡山的人经过严格挑选。两个护林员的生肖必须是龙虎属相，林中多野兽，巡山者要命大故也。村里人家每年出一斗米，作为护林员的报酬。哀牢山的巡山者是把巡山当作是护卫山林之神的使命，早上七点进山，下午七点回村。偶尔有人砍了林子里的枯枝，必以族规处罚。巡山不仅辛苦每天爬山四公里，也寂寞，但那些护林员不这么看，“快乐得很！”哀牢山南段的这片深山老林里，优势物种是山茶科、杜鹃花科。有一个叫李文和的巡山者最爱茶花，如数家珍：山茶花开二月里，红白相间，这边热烈烂漫，那边洁白素雅，“十三天，花谢了。”李文和有点不舍，“还好，明年又开了。”他还知道这两句诗，“年年岁岁花相似，岁岁年年人不同。”跟游客学的。

“森林对哈尼族最大的好处是什么？”

“水。”

“森林中你最深刻的印象是什么？”

“静。”

“这片森林的变化是什么？”

“过去有虎、豹、熊，现在没有了，但野猪回来了。”

哈尼族，这是一个以亲和与族规融洽并治理自己的民族，哈尼人把劳动视为愉悦，劳动的过程已成艺术的过程。当布谷鸟叫第一声时，抽烟筒喝香茶的休闲日子便告结束。检修五孔犁，然后犁田耙地，把梯田犁成什么样子？耙出什么范来？松松的，蓬蓬的，像蒸糕一样松软，像小孩的皮肤一样光滑。哈尼人把愉悦注入劳作，使劳作有了某种象征意义，其中甚至还吐露出原始的母系社会的流风余韵。撒秧由妇女撒，撒进秧田的是母亲的祝福，生养万物，多子多福，丰收是也。在我们看来，这些没有任何学历的哈尼人，却是有着丰富精神生活的族群。

哈尼人拥有文化，而我们则读了不少书，追名逐利，乃至斯文扫地。

哈尼族对死亡的态度是：人死即意味着死者幸运而有希望，他其实并没有死，他只是以别的形式存在，他将回到祖先由大森林护佑的大寨子里。老人死后，生者的哭声如歌如诗：

最早死的不是你，最后死的也不是你；江河干枯了，江河也要死，天边那个皇帝也得死；你好好去吧，你的子孙像哀牢山的泉不断流出来，你田里的稻谷像马尾巴一样垂下来……

还有吹拉弹唱、饮酒作乐的年轻人，他们在欢送老人。

使我想起了庄子为亡妻的鼓盆而歌。

哀牢山是恒久的，哈尼梯田还能保有千年吗？

我们这个时代，是轰轰烈烈地制造垃圾和泡沫的时代。

我们这个时代，是无情无义地毁灭自然与经典的时代。

云南人好茶，茶叶为“中国树叶”之最名至实归者，是云南普洱茶、普洱树。笔者特意在《花与种子》中写茶而不写普洱茶，是因为：彩云之南，倘无普洱树，则风景缺如矣！普洱树，乔木也，高大粗壮，树冠如盖。在普洱市景迈山上、澜沧江畔，普洱树一身沧桑、普洱茶叶却鲜嫩碧绿，沧桑者，景迈山古茶园迄今已有一千七百年，能不沧桑？其普洱茶叶嫩绿如此，又有谁能叩问其中奥秘？

在景迈大寨一处状若手掌的土地上，古茶园近三万亩，千千万万的古茶树杂生于其他古老树木之间，相形之下，与那些合抱之木、千百年的凌霄古树，却显得娇小。茶农告我，普洱茶树生长速度慢，这一“慢”字，有分教：普洱树的生长从容精微，因此故就需慢，不与它树争高峰也。有从容精微的生长，才能从容精微地汲取，在地底下；是有普洱茶独特芳醇。森林中的每一种树木，乃至每一棵树木，都有它自己的生长方式，普洱树其一也，问题是普洱树叶怎么就成了有别于千百种茶叶的茶叶？我们只能说上苍恩赐了，恩赐给了如哈尼族一样求生于深山老林中的傣族、布朗族、佤族等少数民族。

> 景迈山上的少数民族，于每年4月16日、17日、18日三天过傣历新年。为什么傣历新年在四月？笔者的联想是，四月正是头春茶、二春茶采摘时节。新年的一个盛举是祭茶祖，茶祖何人？古濮人也，这是景迈山上所有少数民族的共同祖先，也是世界上最早发现野生普洱树、并驯化培植者。古濮人，伏羲之后也，河边之人也。到夏朝时，仍有伏羲所传之风夷部族与夏人抗争，不敌逃亡至西南，大山中的少数民族至今仍祭祀伏羲、女娲。濮人不再逐鹿中原后，得到了云南山水普洱树。

原住民之外的少数民族，并非生来就是少数民族，是迁徙之后完全陌生的生存环境，如大西南之崇山峻岭，百木万草，走兽出没，有石无土，彻底改变了他们的生活方式，于求生之道多发现，有创造，哈尼梯田其一也，景迈普洱其一也，如此等等，并有了本族的族规民约，宗教信仰。极富意味的是景迈山少数民族信小乘佛教，同时也信奉原始宗教。自然崇拜的意味极浓重。在所有这些民族的心目中，一山一神，一树一灵。古茶林中最老和最高大的普洱树，被视之为“茶神树”，树下设祭台，有供奉，以求其守望茶园，守望山水，守望茶林，守望家园。

我从普洱县又到了西南丝茶古道上澜沧江畔的临沧，一款冰岛生茶，三杯下肚，芬芳由肺腑而出，妙哉！临沧地处北回归线，日照雨量充沛，冬不严寒，夏不酷热，为当今中国乃至世界最古老粗壮达三千二百年的凤庆香竹箐茶树王所在地，仅野生普洱古树有八十万亩。那些普洱树、大森林中的散发幽香的活化石，独步其间，心生一念：

时光从大地上掠过，草木从大地中生出，如果不是森林文化，中国人的思想家园又在何处？我羡慕景迈、临沧的快乐，他们心有所住。我要走了，带着普洱茶香从云南而西北，从普洱树到沙漠中的胡杨树，那又是一番风景了。

第十六章 大漠胡杨

第一次走风沙线，从兰州进河西走廊，沿腾格里沙漠西行，我见到的沙生植物是如此低矮、细小。它们是梭梭、红柳、沙拐枣、白茨等等，所有这些沙生植物，几乎没有叶子，或者说把叶子缩小成刺，裸露的须根盘绕着一个又一个沙丘，只有在远处那些已经被流沙撕裂的风口，有高高的白杨树，无风时宁静地站立，有风时上下晃动左遮右挡着沙漠的推进。三北林业局的朋友告诉我：这些树、这些低矮灌木及半枯的小草，便是三北防护林的一个章节。眼前的景象告诉我，森林有多种形态，广柔郁闭为其一。无疑，我现在面对的，是中国森林中最为艰难的沙漠防护林，没有郁郁葱葱，只有“灰头土脸”，而且在极旱极干渴之地，它们是在严重缺水的状态下，为阻挡沙漠化推进而奋不顾身于家园最前线。有的枯死了，有的还活着，那些活着的荒草也如死去一般肃静沉默，献身就是使命，什么样的语言才能赞美它们的崇高与生命力？

夹峙在祁连山与大漠之间的一条长廊，河西走廊是也。我坐在一个沙丘旁，看祁连山顶乌云和白云相纠结，时维九月，序属深秋，祁连山顶已经下雪了，隐隐可见的是雪线——白色的带状似的线。河西走廊的农人是这条雪线最孜孜不倦的关注者：雪线一年比一年升高，雪线升高必定伴随着冰川后退，这一切意味着：使河西走廊成为粮仓的水资源正面临日渐减少的危机，与此同时腾格里沙漠，巴丹吉林沙漠便活跃，便推进，更多的草木将会枯竭而亡……

在河西走廊的沙生植物中，白茨好与沙丘为伍。在一个个沙丘的顶端，生出一根根枝条把沙丘包裹揽入怀中，这个躁动的沙丘便成为固定沙丘，不再推进掩埋农田和家园，成为腾格里沙漠边沿的一道风景。我用手轻轻地触摸沙丘，比起暴晒于阳光下的沙子，有了一点点湿润感，我知道这细微的湿润便是大漠中最美好的感觉——生命感觉。在不同时光的日照下，所有的沙丘都有向阳和背阳的侧面，因为白茨，因为那一点点湿润，在早晨，你静静地坐在沙丘下，会看见沙麻雀、沙蜥蜴，在沙丘的背阴处寻食、游动。麻雀的个儿要比城市里的麻雀小一半，真是删尽烦琐留精瘦，问题是这些麻雀怎么会来到缺水缺食的沙漠中？它们是麻雀中的逃亡者还是修行者？或者竟是为人类发出的某种警示：

你们迟早都会面临在缺水状态下的生存、生活，可是你们还在奢华地浪费水、无情地污染水。在水和钱财之间，你们毫不犹豫地选择了后者，也就是毫不犹豫地选择了毁灭。

从河西走廊一路西行，我能感到水汽在我光秃的头顶上的急速蒸发，流淌在血管里的血的呼唤：水！水！从年降雨量400毫米、300毫米、200毫米而年蒸发量1000多毫米乃至2000多毫米，河道烤干了，河床成瓦块状，瓦块状之间有裂缝，我试着探寻裂缝中有没有水残留的气息，除了窒息的干旱，祁连山上汩汩而下的多少冰雪融水，已经飘逝。

同时我也为河西风沙线上农人不舍家园，年年种树种草而感动。对他们来说，有水有地就是幸福，家园稳固就是梦想。这样的对幸福和梦想的诠释，也许是最简单的，却是最本质的。我曾见过他们的包含着幸福和梦想的笑容，在河西走廊民勤县，我和农民一起种梭梭，先是准备水，一桶又一桶的水，从远处水库里运来，积攒了半个月的清水，孩子们想喝，只被允许用手指头蘸一下，然后放到嘴里吮吸。梭梭种到沙窝里时要浇足够的水，就浇这一次水，沙地像漏斗一样漏水，梭梭种子便争分夺秒地汲取水分，这是存亡的赛跑，生命的速度,四小时以后获得了足够水分的梭梭种子便发芽。我看见了大漠中的生命时速，在干热沙窝中一粒种子的新生，极度干旱的环境，改变了植物生长的若干环节，梭梭种子的迅捷吸水，震撼我心灵的是一种紧迫感，水的紧迫感。

在被荒沙掩埋之前，梭梭发芽生长了，会长出一片、几片叶子，这时候民勤的农人笑了，笑得如此灿烂，他们告诉我，风沙年年推进，假如不是不断地种树种草，民勤早就成为沙海了！

花棒是荒漠低矮灌木的另类，高约一米多，年耗水仅为相同面积的农田用水量的十五分之一，人工种植的花棒开始两年需补水，第三年即可自己平衡。所以称为另类，是它的花色鲜艳多彩，一朵接一朵开放于花枝，一丛花棒有花枝五六枝到十数枝不等，摇曳于荒沙丛中。我第一次看见花棒是 1994 年 9 月，踏访古浪八步沙时，这是花棒凋谢的时节，偶尔还有几丛将谢未谢的，笑盈盈地等待着秋风。

红柳好伴生于胡杨林中，在没有胡杨的荒沙中，则独立沙丘，独自成林。其枝干悠长坚韧，好蔓延，好交错盘结，覆盖着十米高近百平方米的沙丘，很难分清这是红柳的根节还是枝条，开小红花，虬曲裸露于沙丘表层，一为抱沙拥沙使沙丘固定，二为吮吸沙漠之中极少极少的一点点露水，以维持红柳的生命，不致沙丘分崩而成为凶猛的、陷落家园的流沙。

白茨、红柳等沙生植物使沙漠变得温柔。也只有沙生植物才能固定流沙，不致危害家园。我们见过沙暴的暴戾，沙生植物的启示是：怎样使我们变得温柔起来？怎样使社会变得温柔起来？

沙漠就是神奇。

八步沙六个治沙种草的老人告诉我，沙漠里三五年间偶尔会有一场不小的雨，孩子会在雨中呼叫，羊群也高兴得欢跃奔跑。更神奇的是沙漠中突然会开放出一片鲜花，“我们从来没见过的花”，雨停，阳光炽热的照耀下，这些花迅即枯萎、结实，喷射出大量的种子，蛰伏于沙漠中，既是沙生植物的食料，也在等待着下一场雨，三年、五年甚至更久。

总有绚丽烂漫的一天！我要开一次花！

有时我会在戈壁滩上流连忘返，那些巨石是谁在什么年代摆放的？为什么排列成此种形状？中国西部大戈壁上的石头阵，会使人想起造物主的沙盘，是火、风与水的杰作，所谓“道法自然是也”。奇妙的是这些乱石一律不再嶙峋，所有的棱角都在风吹日炙中变得光滑圆顺，类似和田玉的籽料。沙漠学家告诉我，先有山再有沙漠，那么这些石头就是千百万年前的大山上崩塌跌落的了。它们

是随遇而安者，曾经高大过，落地了就平静了，不再高大又如何？偶尔会在乱石堆中看见一根、几根野草，开着无名小花，红色，黄色，紫色皆有。这时候会感觉到石头的灵气，凡物质都有自己的想象力，乱石托举的无名花草便是我们无以名之的生命奇崛的想象。我坐在石头上，不敢去触摸这些小草小花，只是注目凝视，内心充满感动。想起了华兹华斯的诗句：

> 最卑微的花，
> 也能给人以深沉得不能用眼泪表达的情绪。

戈壁滩上的牧羊人告诉我，出星星峡就是新疆了，新疆有一条大河，河边长着连片大树，活着一千年不死，死了一千年不倒，倒下一千年不腐。那是我神往已久的塔里木河，胡杨树。

摩尔根为什么说，“世界文化之门的钥匙在塔里木河”？摩尔根说这句话的时候，白人文化中心主义正盛行世界，中国的几乎一切，在欧洲的一些史学家看来，都是从欧洲输入的，从黍到陶器，就连长江流域有没有新石器时代的考古文化，都曾被怀疑过。可是摩尔根却认为，只有在塔里木河，找到了那把钥匙，世界文化的秘密就打开了。在新疆独特的地理位置上，没有塔里木河就没有胡杨树，没有胡杨就没有西域三十六国，没有丝绸之路，河与树与文化之间的关系竟是如此奥妙，一时却又说不出妙在何处？是欧亚大陆从相望相闻到相连相接吗？是人种的接触吗？是骆驼背上器物的交换吗？是世界古文明在塔里木河畔上的碰撞吗？如是言之，丝绸之路、古西域三十六国便是世界文化的里程碑了。

我要去寻访塔里木河。

我要去朝拜胡杨树了。

胡杨，《汉书》称胡桐，又称英雄树、异叶杨、异叶胡杨、水桐、三叶树，是杨柳科属胡杨亚属的一种高大乔木，耐旱、耐寒、耐盐碱、抗风沙，生长在沙漠中，有极强的生命力。雌雄异株，胸径可达 1.5 米，树高达 15—30 米。

胡杨何来？

追溯胡杨的身世，可与《圣经》相关联，有研究者认为，《圣经》绘画中悬挂竖琴的那棵柳树就是胡杨。1801 年，有植物学家在幼发拉底河岸边发现了一种奇异的树，树枝上长着杨树和柳树的两种叶子，各有风姿互为映衬，后被命名为幼发拉底杨。古希腊的亚里士多德曾观察并记载过这种树，从一个侧面说明，当古希腊圣人迭出时期，幼发拉底杨曾经陪伴过他们，甚至可以想象，他们曾经在幼发拉底杨的树荫下，有过精彩的辩论：关于地球的来源，关于星空，关于生和死……

根据化石判断，幼发拉底杨是古地中海时期的孑遗树种，距今六百万年左右，它保留着地中海植物的遗传，在适应漫长的炎热干旱之后，九死一生，至今屹立于地中海沿岸和中亚、西亚地区。流落在中国的，则称为胡杨。胡杨钟情中国乎？中国独爱胡杨乎？世界上超过 90% 的胡杨与中国的大漠荒沙为伴，而其中的 90% 以上星散或聚集在最干热的塔里木盆地，塔克拉玛干沙漠中，塔里木河两岸。

古地中海时期的胡杨怎么会流落到中国，而且流落得如此繁盛壮观呢？

> 现在我们要去寻找古地中海的波涛与浪花，它湿润了欧亚广阔的地域，它负有创生的使命。大约距今两亿年前，古地中海覆盖了中国今西藏、青海南部、云南西部和中部。四川盆地和湖北西部，则是古地中海向东突出的海湾，这一辽阔的海湾一直延伸到今日长江三峡的中部，就连长江中下游的南半部，也在古地中海海底悄无声息。

中国西部，新疆，为亚欧古陆的东部，地势高亢而未被淹没。但，古地中海风涛大作时，塔里木盆地，塔克拉玛干沙漠，一次又一次地遭到海侵，胡杨随之。地质运动又将休眠的海底抬升为山脉，伴随着火山爆发，同时也逼退了古地中海，留下海滩，留下了胡杨。在塔克拉玛干沙漠中，有一座红山、红色的山，叫玛扎塔格山，维吾尔族语，意为“坟墓山”。我们的维吾尔族先民肯定认真仔细地勘察过这座山，对于山的红色，大约认为不可思议而无可解，其实那是火山喷发熊熊烈焰所致，但他们发现了玛扎塔格风化的岩层中，有海洋生物支离破碎的化石，一个鱼头，一条鱼的尾巴，当这一条尾巴划水游动的瞬间，沧桑巨变发生了，于是被分解被凝固，化石是地球的传记，也是塔克拉玛干曾被海侵而成海洋后来成为沙漠的证据。考古学家经碳-14测定后证实，玛扎塔格山周遭，是距今两千八百万年前古地中海的一处海滩。

有胡杨在山脚下，回想。

那波涛还回来吗？那游鱼能死而复生吗？那曾经在海滩边沿岿然壮观的胡杨林，在海滩变成荒漠的火热中，已经所剩无多，但在平均海拔超过四千米的天山、昆仑山的怀抱下，任何一点湿润的气息均被阻挡的“死亡之海”中，却有胡杨屹立着，淡然高贵。

《圣经》中的竖琴，“人啊，你要悔改”的呼唤！拯救的象征，能不高贵？胡杨！

车行沙漠公路中，满眼都是荒沙，偶尔路边有几丛矮小的沙芦苇，晃动着银发似的白色芦花之外，没有梭梭，没有红柳，没有芨芨草，没有白茨，更没有“沙姑娘”花棒。只有一种颜色：黄色；只有一种景象：荒漠；只有一种不断重复的地貌：形状各异的沙丘。简单的极致，是不是简单的重复？不，不是简单，是单一，一般而言，它有相较于太复杂的可爱，但我在置身大漠时却产生了另外一种感觉：可怕，测不定的可怕。这一望无际的沙丘起伏单一，肯定掩盖了什么，遮蔽了太多，不仅是古地中海的波涛，那坟墓山中的粉身碎骨者使我想起一个维吾尔族老人曾告诉我：关于塔克拉玛干的含义有多种，除了死亡之海，它的另一种解释是：曾经的绿洲家园。

忽然看到了一棵胡杨树。就一棵，屹立于大漠边沿，高约三十米。我小心翼翼地走近它，树干中部有一黑洞，是人将其挖削还是风沙使之剥蚀而空？但在胡杨的另一侧还有裂纹如沟的厚实树皮连接着，通体呈铁灰色。十月，正是胡杨金碧辉煌的时节，这一棵胡杨树却没有一片叶子可以辉耀它的色彩，彰显它的生命，就这么孤独傲然地站立着，在树干的顶部有铁灰色的枝干，苍劲有力地指向远方，像一只手，一只引领的手，一只宁可倒地而永不缩回的手。

这是一棵已经死亡依然高贵的胡杨。我不知道，在包括所有动植物的生命世界里，还有没有站着死去的种类；除了胡杨，死而不倒、倒而不朽者为谁？为何物？

因着这棵铁灰色胡杨的引领，我来到了塔里木河畔。枯水时节，塔里木河的水在河床底处如白练一般似流非流，河岸两侧裸露的河滩上，有小动物在爬行，一只饮水的狐狸拖着火红的尾巴掉头而去，隐入夕照下的胡杨林。洪水时节如野马奔腾的塔里木河，现在是平静的，做沉思状，人来人往与它何干？

塔里木河畔的胡杨林，因着塔里木河的水而生机勃发，那金色的叶子似乎比西下的阳光还要辉煌，在微风中抖动着，开始时心迷目眩，俄顷定神，仿佛走进了另一个世界。脚下黄叶铺地不忍踩踏，树上金光摇曳目不暇接。每一棵胡杨都是一种姿态，每一片树叶都是一种风情，有直干凌霄的，有虬曲蓄势的，所有的树干在风沙的吹打中，无不遍体鳞伤，那伤口的自身修复处便有了树皮上的沟壑块垒嶙峋凸凹，不少胡杨的主干处是一个被岁月风沙掏空的黑洞，甚至还有从树顶到根部完全空心只有残存的树皮维系生命，而犹有树枝伸张着疏疏密密的枝条，或昂首问天，或鞠躬于地，但少有叶子，少有金色的绿色的叶子，或者无叶。在这棵空心的胡杨的周遭，是高矮不一的同样只有铁枝铜干的胡杨。高丘上，有一丛蔓延、断裂却依旧如网一样铺陈于沙地的红柳枝干。从这些枝干回溯，这是一片有红柳包的胡杨林，曾经遮天蔽日，是大漠深处的一方荫凉、一处家园。可是当胡杨的根在十米深的地下吸收不到水分，一米以内沙地总盐量超过 3% 时，胡杨死了，相伴一生的红柳随之而去，留下了一片黄沙苍凉，那依旧站立的空心胡杨，却告诉我：

要期待，不要绝望！要站立着期待，期待有水的日子，期待人心如同水一样柔和。珍惜塔里木河，对每一条河、每一滴水报以敬畏和感恩。沙漠和中国就会有更多的水，清水，淡水，那是复活的日子，《老子》与死去的胡杨都会复活。会有一场甘霖，荒漠里蛰伏的种子会开出鲜花，如同上帝的园圃，蓝天中的白云好像白衣天使飘然而下。期待是美好的。

胡杨之期待，可谓千姿百态。

胡杨之生存，可谓千磨万劫。

老去的、死去的胡杨，一般都已被剥光树皮，谁剥的？当疾风卷起沙尘暴，胡杨们奋力阻挡时，风以及风卷起的沙子，便像刀一样扑向胡杨，那是无数细小而又尖锐的利器的宰割。胡杨的痛楚谁能得知？这一被剥皮宰割的过程，部分地解释了我的思虑：除了站着死去的胡杨，还有一些死亡的姿态一样让人惊心动魄：一棵棵有着百年寿龄的粗壮胡杨，在根部往上三五米处，折弯垂地，折弯垂地的树干上，所有的旁枝侧节依然保有原先的姿态，曲折的、向上的，相互缠结，而且总有一根枝节在折弯处，伸向天穹。在垂地的荒沙中，还可以看到这一棵百年胡杨生命的终结，胡杨的根部还有几根已经枯干的新生的胡杨，它想留下自己的后代，守望这块沙漠领地。这些小树不幸夭亡后，便偎依、缠绕在老树的根部，做恋恋不舍状。这一切因着生离死别而天然架构成的图像，有称之为金蛇狂舞的，我却更愿以慈母襟抱名之。倘有水，那胡杨小枝能否复活？

胡杨是荒漠的历史。

古精绝国所在，今称为尼雅遗址，前文有记。

楼兰人、尼雅人的生存为沙漠所制约，又与当时当地的环境融为一体。我们可以大致无误地推测，当时民居，在尚未断流的罗布泊、尼雅河畔不远处，有成片的胡杨林环绕。这些遗址揭示的无非是：离开了水和树，人类将无法安居。

因为塔里木河的流水，塔里木盆地的胡杨林，是世界上最大也是最后的一片胡杨林。胡杨极耐干旱，却又因水而生，胡杨的高贵在于：它把自身水的消耗控制在最低限度，而在对生命的渴望，尤其是种族延续的梦想中，艰难却又雍容大度地面对着生死煎熬。塔克拉玛干沙漠的春天到了，不要说这个世界流沙面积最大的沙漠就连春天也是死寂的，度过严寒的胡杨从冬眠中刚刚苏醒，便紧张急迫地开花，开更多的花才有更多的种子，胡杨林里花事的繁忙，不亚于南国。胡杨雌雄异株，花粉与花柱均为紫红色，大漠深处点点红啊！这时候假如面对一棵雌性胡杨，你会看见那花朵凝结了一个冬天的水分和能量，希望与期待。期待着风，风为媒，只有风才能带来雄树的花粉。花粉干燥而轻盈，似乎是为飞行专门设计的，雌花的花柱多黏质，与随风飞来的花粉一见倾心相互胶着。雌的雄的都在等着大漠风起，风啊风，没有风哪有风流韵事？

胡杨的艰难是贯穿生命始终的，当胡杨花粉盼望大漠起风时，那些细小的沙子，静极思动，也在等待着风，张扬起沙尘暴，足可把花粉们扼杀于寻爱之途。花粉明白凶险，凭着自身的轻盈，在小风乍起时便扶摇直上，寻觅雌树。这时候雌树的花朵颤抖着，发出某种信息。终于在沙尘暴之前，花粉找到了花柱。胡杨要孕育新生命了。

胡杨开花以后约一百五十天，成功授粉的胡杨树上种子已挂满枝头。为什么是一百五十天？为什么胡杨的花果期如此之长？胡杨要经历又一次等待，等待一年一度的洪水。如同胡杨花粉乘风而去一样，胡杨的种子却要待水而飞。胡杨种子也是一种奇观，每一棵雌性胡杨孕育上亿颗种子，所有的沙生植物因为生存环境的恶劣，都会生出太多的种子，胡杨尤甚。在酷热干旱中，哪怕有万分之一能够成活，不也是种族的希望所在吗？我们可以想见，在三十三万平方公里的塔克拉玛干大漠中，除了细小而又能汇集成瀚海，流动若波澜的沙粒之外，还有多少胡杨的种子挟裹其中！胡杨种子极多而且极细小，一粒种子的重量为万分之一克，谁能想象这细微的种子，一旦成活便能长成沙漠中唯一的高大乔木？胡杨种子长满白色绒毛，既可助力飞行，又能在水边抓紧潮湿的土壤而生根发芽。

六月，塔里木盆地周边山上冰雪融化，成为河流，涌向沙漠。沙漠中没有地形的落差，也无法形成固定的河床，在历史年代，塔里木河凭着水量之大，在塔克拉玛干沙漠中横冲直撞，似脱缰的野马。因为冰川后退，截流改道所影响，夏日洪水高峰期，水溢满了河床，今日之塔里木河已无力脱缰矣。

也许我们看不见，也许被忽略，塔里木盆地的夏日，到处都有胡杨的种子在飘荡，数以百亿千亿计。夏季的塔里木上空不仅繁忙甚至稍显拥挤，它们看上去很像是漫游者，种子的自由飞翔，是胡杨一生中除了花粉以外唯一鸟瞰沙漠的时间，漫游和巡视这浩浩大漠都只是飞过路过，但不能错过，种子在寻找水，寻找河流。

大漠里，洪水漫流的年代早已过去了。

胡杨种子寻水的艰难还在于：造物主为每个种子设定的生命时间只有三十天，在干热风中的飞行，每一刻、每一天都消耗着种子的生命。最后的结局是：千百粒种子中，有一粒落进水中，六秒钟之内吸足水分，水温升高时，胡杨种子便在水中发芽。请注意，胡杨的种子在水里发芽，这是一棵胡杨一生中第一次得到的水的补充，最大方的补充，六秒钟之内这粒万分之一克的种子，会被水溢满生机。但，它必须找到立根之处，立根之处是塔里木河畔的滩地。

> 如同所有植物一样，胡杨离不开水也离不开土。不一样的是：胡杨的种子要艰难万倍地在沙漠中找水、找土，然后成为胡杨，大漠胡杨。

寻找立根之地的种子依靠着自身的绒毛在水里游动，运气好的时候可以直接上岸，或者抓紧并依附在一片落叶、一根浮木上，随波逐流趁落水时落在沙滩上。然后在夜色中迅雷不及掩耳地生根、下扎，胡杨之始，便要有足够长的根。洪水过去了，地表水流不再汹涌，岸畔河滩又淤积了一层泥沙。这一层湿漉漉的泥沙，成了不少沙生生物的立足之地。种类繁多的小苗密密相拥，而胡杨苗是最细小的，它集中几乎所有的能量于地下的根，一根胡杨苗的根系很快就超过了幼苗身体的几十倍。对胡杨来说，它成活之后的使命，便是一切为了高大。

胡杨幼苗的根向着地下生长，长大以后胡杨的主根深入地下十米处找水，找到的是苦咸水、盐碱水，塔里木盆地年降雨量不足三十毫米，最高蒸发量超过三千毫米，水愈来愈少，盐碱度越来越大。水对于胡杨来说，是维系生命的最重要的物质，但其中的盐碱又足以致胡杨于死地，这一棵沙丘上的胡杨，除了设法找到淡水之外，又万般无奈地把盐碱排出体外，盐碱流出处就是胡杨的伤口，盐碱呈褐红色，此即胡杨泪。

胡杨泪还是胡杨血？

蒸发之后的胡杨泪成为白色结晶，西域百姓以此为面食的中和剂，胡杨泪结晶的含碱量为70%，主要成分是苏打，胡杨把自己的泪水也奉献于人了。

就连当地的牧人都以为这棵沙丘上的胡杨已经死去，它的伸向天空的树干躬身垂地，旁边是一丛零散的胡杨枯枝。仔细观察之后发现，这棵高大的胡杨在狂风狂沙的吹折下，倾斜倒地，它死了，可是在枯亡的表象下却经历着不可思议的重生的挣扎：大树胡杨正把自己变成若干小树，原先的主干成为根，托举起树枝，让新生命接续过去与未来。而倍受盐碱之苦的根不再垂直下伸，而是作水平运动延伸、再延伸，伸到一条湿气尚存的干枯水渠边上。在胡杨的水平根上，科学家还惊喜地找到了萌发的胡杨幼苗，胡杨除了花粉飞飘的有性繁殖外，还具有无性繁殖的能力，根蘖的胡杨以母树的根系为根系，此一发现所带给人们的惊喜是巨大的：

从一粒种子开始，一棵胡杨的寿命，因为其发达的根系有可能繁衍出一片胡杨林，而无法计算。新疆的沙海中，一片胡杨其实在寻根问祖后，很可能就是一棵植株。但前提是必须要有水。

那棵死而复生的胡杨，是因为它的后代水平根在不远处还活着，并且找到一处已被废弃却尚有残存的水源，因为根系所维持的水分的流动，在点点滴滴地施于救治后，老树的生命在沉睡中被唤醒。

塔里木盆地胡杨保护区的面积为3800平方公里。

胡杨见证着中国西北走向荒漠化的让人痛心疾首的过程。胡杨曾经广泛分布于中国西部，新疆库车、甘肃敦煌、山西平隆、内蒙古草原都曾有大片胡杨，后来发现的胡杨化石距今六千五百万年以上。如今除内蒙古阿拉善、青海柴达木盆地流进沙漠的河流两岸还有少量胡杨外，中国的胡杨集中到了塔里木盆地、塔克拉玛干沙漠，因为那里有一条塔里木河。

胡杨是怎么消失的？

据史料记载，西汉时楼兰、尼雅的胡杨覆盖率超过40%。楼兰人、尼雅人以胡杨木建房、建城，严寒冬日则以胡杨木生火取暖，以胡杨泪做面食，沿着胡杨或在胡杨林中劈出小道以为交通之利，丝绸之路以及先于丝绸之路的玉石之路就这样开拓而成。使者商贾、戍边士卒相望于道，相聚于胡杨林，不同种族，不同语言，不同服饰，互为交流，互为碰撞，此即中西文化之汇合集成、碰撞也。至清代，罗布泊已经萎缩，楼兰国已经消亡，但仍“胡桐遍野，而成深林”。20世纪50—70年代的二十多年间，是新疆砍伐胡杨、红柳的疯狂时期，塔里木盆地胡杨林由52万公顷被砍伐17万公顷而减至35万公顷。塔里木河中下游因为垦殖扩展耕地截流夺水，胡杨及林下植被纷纷枯竭而亡，随着塔里木河断流，塔里木河一节一节地缩短，曾经全长2400公里的总长度，缩短为800公里。我在新疆采访中得到的资料为：20世纪50年代，塔里木河中下游胡杨林面积为580万亩，70年代为297万亩，到90年代仅剩152.25万亩。胡杨林的减少，还意味着野生生物物种的锐减，耕地的增加，激发了沙漠化的动力，风起沙扬，家园遭殃，而人类不仅是风沙的帮凶，还是风沙的制造者。

在这片荒漠中，只要河流改道或者干涸，只要没有水，胡杨林随之消亡，生命和家园便不复存在。但会留下胡杨的残骸，在干热的砾石大漠之中，无声地重复着大自然两千年前发出的警讯，我们还能无动于衷吗？我们还要沿着毁灭胡杨从而毁灭自己的路，一条道走到黑吗？

赞美胡杨，不能不怀念胡杨，怀念那些造福人类及万类万物，而最后毁于人类之手的胡杨。还记得在古代文人笔下“弱水三千，取一瓢饮”的居延海吗？源出祁连山的黑河，是甘肃河西走廊最大的内流河，古称弱水，下游流入内蒙古额济纳旗，注入居延海，因为有水有大片的胡杨，故有“居延粮仓”之名。西夏建有黑城子，13世纪马可波罗前往元大都经黑城子时，说这里“水源充足，林木茂密，野驴和各种野兽出没其间”。直到20世纪40年代，居延海仍有300多平方公里的水面，青草胡杨流水牧歌，居延海是为有清一代至民国骚人墨客的流连忘返之地。其风景形胜堪称奇绝：居延海周围从黑河、北大河到额济纳，在长约200公里，最宽处15公里的苍茫戈壁滩上形成了一大块呈扇子形的胡杨带，古人有“芨芨芦苇入望迷，红柳胡杨阔无边”之句，近人有“胡杨似扇天风来，庄生不曾观此海”之誉。

居延海日渐萎缩，胡杨红柳大片死亡，内蒙古的牧人、内蒙古林业厅的朋友欲哭无泪地告诉我，自20世纪60年代以后，黑河流域建百万立方米以上水库三十座，层层截水，级级拦水，把一条黑河敲骨吸髓而尽。地处下游的居延海在黑河不时断流之后，日渐干涸。没有了水，没有了芦苇芨芨草，居延海的河底干裂，所有的裂缝都在呼唤水。随居延海干涸而死亡的是85万亩胡杨、红柳、沙棘，林业部门未及统计的是数量更多的芦苇、芨芨草，5000万亩草场沙化。劫后余生的胡杨林至今仍以每年5万—7万棵的速度递减。自此一片绿波居延海，千百草场额济纳，在1998年4月以张扬的沙尘暴席卷北京、济南、徐州，乃至南京而扬沙中国，扬名世界。

中国有多少像黑河一样不再自由流动的河流？中国有多少如黑河上的高坝大库？不再自由流动的河流是没有生命的河流，河流又是大地生命的血脉，太多的高坝大库就是在制造人为的“心肌梗塞”，置中华大地以死地。灾难频发的三门峡水库前车可鉴，可鉴而不鉴，非但不鉴，以更大规模造坝截流，何以故？中国水利向何处去？

2012年11月，我担任嘉宾主持的凤凰卫视开拍一年的《大地寻梦》即将关机，从天山南麓的库尔勒，赶往孔雀河北岸的尉犁县。尉犁又称罗布淖尔，因罗布泊得名，有最后的罗布人家。我们要在这里立一个寻梦碑。一百里的车程，一百里的荒沙荒草，有沙芦苇、骆驼刺、红柳、芨芨草、沙蒿、沙柳们，你几乎看不清楚这些沙生植物与荒沙大漠的区别，在经年累月又年复一年的与风沙的抗争中，它们一律成为灰黄色，删削了所有植物本应有的风姿绰约，在这片越来越干旱的沙漠中，所有的抗争既没有退路也没有出路，成为献身的榜样，给予人一种精神，一种遗世独立、超然物外的精神："勇敢地完成你自己！"（尼采语）

在更远处能看见胡杨，三三两两不再成林的胡杨。

我走向一棵胡杨，胡杨边上是已经枯竭的小水塘，在罗布淖尔，在整个塔里木盆地，我的经验是，你看见胡杨你就看见了水，在远离塔里木河的沙漠腹地，则会使你想起胡杨耸立处，哪怕是浑身铁灰色的死去的胡杨耸立处，必定曾经有水，有河的尾闾，有飘逝的水泊。大约在一百多年前，塔里木盆地周边高大山脉的冰雪融水，在夏日的洪水季，一直可以冲击到塔克拉玛干沙漠的腹地，众水欢跃，激流奔逐，大漠胡杨的黄金岁月啊！胡杨耐干旱，这是沙漠环境使然，胡杨又极亲水、爱水，这是古地中海赋予的本性。在三十三万平方公里的塔克拉玛干沙漠中，或者独株，或者成林，或者三三两两地耸立的胡杨，都有河道已被黄沙深埋的痕迹，都在诉说水，所有的诉说都如歌如泣。歌者，往昔之冰雪融水也；泣者，今日之盐碱苦水也。

胡杨的生存，是一种别样的生存。

大漠深处有一个高大沙丘，沙丘上有一棵胡杨，周边没有一根荒草，唯有倒下的胡杨残枝。胡杨的枝干上还有这个深秋时节最后的几片黄金叶，像旗帜，晃动在茫茫沙海中。枝条上系着红布条，沙漠中的一点红色都格外鲜艳醒目，那是探险者对这棵古老胡杨的祝福吗？

它到底有多古老？

沙漠学家的计算是，以塔克拉玛干沙漠每年沉积一公分沙子计，胡杨脚下的巨大沙丘的堆砌，至少需要800年。从沙丘顶部下探可知，这棵胡杨的主干是被黄沙掩埋之后树冠残余，然后成为新的树根，长出新的树干。这一景象解释了我心中的疑团：为什么有的胡杨顶部脱落枯焦而根茎处生机依然。在严酷的沙漠环境中，可以吸取的水分越来越少时，胡杨以自残的方式，使自身的一部分死亡，而让树的生存得以继续。

高丘胡杨，这棵孤独的高丘胡杨，在放弃了原先的根茎之后，重新挺立在沙丘上了。

它是新的胡杨，它是老的胡杨。它的水平根不知游走何处？但肯定找到了一点水。

只须在冥想中，把远离塔里木河的那些大漠胡杨加以连接，同时连接起古地中海、西域三十六国，我们便可以得出这样的结论：死亡之海，曾经是洪波之海。而今我们惊叹的今日残剩的千姿百态、千奇百怪的胡杨，与其说是守望塔克拉玛干沙漠，还不如说是在守望水、冰川雪水，守望人类生存与世界文化之门的一个公开、却又被淡忘的秘密：

胡杨的边界是水的边界，水的边界是绿洲的边界，绿洲的边界也就是人及万类万物辉煌或者崩溃的边界。

第十七章 辉煌与崩溃

清王朝是中国封建社会历史的最后一个王朝、最后一个封建帝国。当清王朝立国，挟北国冰雪，厚积而薄发，满族中的英才豪俊，勒马长城，遥望九州，问鼎中原后，何尝不想物阜民丰，江山永固？为此，清王朝建立了中国历史上最为完善而严密的君主集权制度，在清初残酷镇压“反清复明”的战争与杀戮之后，清朝民族政策的成功，使华夏民族实现了空前的统一。因为民族的统一又以辽阔的疆土版图，屹立于世界东方，此种盛况的余威，一直到清朝国势业已衰退的左宗棠平定新疆阿古柏之乱时。而世界为之瞩目的清三代康熙、雍正、乾隆盛世，则于当时世界可谓傲然而称雄者也。

有清一代，从文化意义上说不同于前朝者有四：

其一，多开创的意味，清朝中后期，不但发生了政治制度上从封建社会向半殖民地半封建社会的演变，且在思想文化领域实现了从古代中国向近代中国的转变。

其二，多总结的意味，清代是封建社会终结的朝代，此一历史的走向使清时文化起着整个中国封建社会文化的总结完善的作用。

其三，多激荡的意味，时移势迁，从万国来朝到列强瓜分，社会心理迭起波澜，人心思变，社会思潮撩拨之故也。

其四，人口众多，清代至乾隆帝，“废除按人口收税而实行均田赋、修武备、减徭役政策”。“加之中国特有的人口生育传统，人口数量猛增到1亿以上”（程志光《中国土地可持续利用与人地关系调控》科学出版社）。世界第一人口大国自此确立。

清八旗挟兵马之勇，踩着冰雪，携长白山松风林涛立国。他们以长白山为祭祖之地而实行严格封禁，清人对山川林木自有一种天然的感情。因此从顺治元年始便重修林政，设上林苑，下属四署：蕃育、良牧、林衡、嘉蔬。雍正二年（1724年），敕令不可耕种之地一律种树，并严禁“非时斧斤”滥伐林木，以及牛羊践踏及盗窃之害。雍正的敕令上谕中指出：“课农虽无专官，然自督抚以下孰不兼此任也”。这是清朝立国明令，督抚以下官员兼管农桑之业，“量度土宜”即根据土地的不同情况，“种植树木，桑柘可以饲蚕，枣栗可以佐食，柏桐可以资用，即榛楛杂木，亦可以供炊爨。”以孟子古训上谕明令：“仍严禁非时之斧斤，牛羊之践踏，奸徒之盗窃。”那时没有农业部也没有林业部，督抚以下兼管农桑，而雍正在上谕中的明细可为一叹。雍正五年，又有谕旨，为二年敕令荒山荒地种树之后，地方官员不敢怠慢，雍正说的是“劝民种树”“悉心相劝”，“并不时咨访疾苦”，地方官在执行时出现了偏差而成为强令种树，甚至不种者以违法办。雍正重申：种树之举，“原为利济民生，必须详谕劝导”，“令其鼓舞从事”，有不从者即不种树者再劝导，而“不得绳之以法”。雍正时有严格的地方官员考核评价制度，评价若何？政绩也；政绩若何？升官也。但雍正又明确指出，地方官员只为政绩只为考核而“督课严急，则小民转受其扰矣”。为此“若地方官员怠忽不加劝导，或有逼勒过严者，着学臣稽察奏报”。直至动用三路巡察御史“悉心稽察”。

> 雍正的林业政策，是向小民倾斜、严责官员的政策。是时为什么要悉心劝导种植树木？其原因大概为荒地上农民更习惯于种植粮食，为糊口也；其次很可能在执行荒山荒地种树之初，权属不清，畏租税之加重。

雍正十二年，谕令免去贵州遵义等县山场百姓种植之林木税。这一年的上谕还规定了向朝廷进贡的额办林产品，分“户部物产”“工部物产”两种，史料给出的信息是，雍正时解贡朝廷的木材物资还未及陕西、四川、云南等地。另，所贡木材中有广东之花梨木，但不见紫檀及金丝楠木。

乾隆帝对农桑，全国粮价涨跌，不时查访，尤为重视，“升斗小民以食为天也”（乾隆语）。随着人口的增加，粮食问题日益迫切，为利用土地之宜，尽燥湿之利，知谷种物性，尽人力增产，乾隆帝召一众廷臣，集历代农书精华，编成《授时通考》“七十八卷，凡八门”：一、天时，耕耘收获有时令也；二、土宜，高卑燥湿分利害也；三、谷种，种之优势别物性也；四、功作，精耕细作尽人力也；

五、劝课，农桑之重无可代也；六、蓄聚，家有余粮而备荒也；七、农余，种植蓄养为副业也；八、蚕桑，纺线织布可衣被也。

“全书准今酌古，有备实用。”书成，乾隆帝亲为校阅。

有清一代，始终为两大民生之业困扰，一是人口骤增，牲口骤增，粮食何能随之增？增粮食必得先增耕地，地从何来？二是能源问题，城市人口增加，农村人口更多，从烧柴煮饭直至北方冬日取暖，无不以木柴为唯一燃料，“伐薪烧炭南山中”，已成为“伐薪烧炭万山中”，斫树为木，劈柴作能源，实为生民之日常必需，但日积月累无止无尽，如此消耗，森林殆矣！不以柴烧，还有什么办法呢，历史时期既无石油也不见煤，有识之士，却早已指出，有树可伐，有树不可伐，如水源地如风水树。且伐且种，树可永续。伐则不仅伐当其时且要伐当其法，斫其枝条，留其大本一也，收拾枯木，蓄养森林二也。可是在具体的操作上，却是只图方便只从眼前利益着想，大山林木于是呜呼哀哉。

笔者在太行山采访森林资源时，山里的老人告诉我，太行山原来多原始森林，遮天蔽日不可胜数，后来因何枯秃？砍树烧炭砍光了一座太行山。这一砍伐的范围还包括北京郊外的军都山、燕山。史念海《河山集·二集》证实了此一说法。“太行山素称森林茂密”，明朝都北京，先是以太行山林险隘为关防；后因“距北京不远，遂为都中人取给木炭的处所”，在易县设立柴炭厂，“民夫几千人采薪烧炭，以供皇室诸司及宫廷使用”（丘濬：《守边固圉史略》）。然太行山木炭仍不足京城之用，再伐燕山、军都山，这两山上原有几百公里的松林，其间小道只一人一马可通行（明《经世文编》），后来荒芜。史念海认为“这几百里的松林，应该包括密云县境诸山在内”。密云县北有九松山，山名何来？康熙帝所命名也，原来康熙经过时见山上有松。一一数去为九松，由是得名（《清一统志·顺天府》）。这九棵松告诉我们密云县境山上松林曾与军都山、燕山森林相连接，借山势而起伏，绵延几百公里宛若巨龙，为北京屏障。后来伐尽，成为木炭，温暖了宫廷与百姓，变作烟尘，消散于历史的天空。岂止明朝，到了清朝，宫廷和百姓所需之炭更是猛增，再去采伐太行山、燕山残林。而在中国更广大的山区，民间百姓为烧柴在无木可伐之后便挖树根，草原、荒漠草原则挖草根。

清朝时对森林的破坏由近及远，据《三省边防备览》记载，秦岭山中西南至洋县三百公里，山有深谷，林木虽经明代砍伐，因山深路远运输不便故，森林依然茂密有老木、古木，以油松、华山松、巴山冷杉及太白红杉和众多的栎树、葛藤，到这里“砍伐林木的人经常不下数万”。又据王士祯《秦蜀驿程记·小方壶斋舆地丛钞》记，何止秦岭，陇山亦然，《河山集·二集》详述道：“陇山东侧，千阳县南千河流经的归家峡附近有一座灵山，清代初年已经没有林木了。陇山西南的清水县城和宝鸡县之间的往来路程，以循陇山南侧旁渭河岸边的一条最为近捷。其间由于森林的阻隔，通行较为困难。可是到清代中叶，这条将近二百公里的道路上却只是‘间有未辟老林’”（《三省边防备览·道路考》）。

陇山故道使我想起了林中路，自人类创生，行走，这个世界就需要路，但造物造山川森林，造人，却唯独不造路。倘若容我揣测，太初倘有各种各样的路，倘若不是从密密的森林中走出一条路，还会有人类心能所开创的历史与文化吗？原来，道路是隐秘的，道路的秘密只有森林知道，只存在于树与树的间距中。人之初只有经过此一小路，感激并敬畏森林的恩赐，然后走出森林，我们方可拥有大地，并且把脚印留下，那就是道路之始吧？美妙的是，当我回顾这一切时，不仅行走陵谷，而且思接千载，思有道而行有路也。

明清对森林生态破坏而使环境失衡的另一大主因是“屯垦实边”。即以秦岭为例，自西周而春秋而战国而秦，秦岭被破坏的程度不断加重，以秦时为最，大兴土木，掘石伐树，从秦岭南北二山一直到楚山蜀林。西汉建都长安“实关中”而人口骤增，“明中叶以后流入旬阳山区的人数即达到二百万以上”（《森林与人类》2014 年 2 期）。二百万人干什么？毁树毁林，刀耕火种，以求果腹，并伐薪烧炭。“实关中”的政策随着人口的增加和军事的需要，地域范围不断扩大。到明代，朱元璋先是把江浙富户连同丝绣织锦一起远徙青海，后发展为“五屯艺术”。又据《天下郡国利弊书·山西》载，“天下兵卫邻近闲旷之地，皆分亩为屯”，《关中两朝文钞·屯田议》记明代“屯田遍天下，而边境为多，九边皆设屯田，而西北为最”。

清朝变本加厉向西北移民屯垦，把农牧交界处的草场辟为耕地。“在统一全国后，清朝为发展农业经济，将陕北地方的垦殖拓荒向迤北的额尔高原延展，不过这时候的垦荒是限制在边墙50里以内，即今毛乌素沙地境内”（赵珍《清代西北生态变迁研究》，人民出版社2005年4月）。笔者曾三度在毛乌素做田野调查，赵珍所记之当年的毛乌素是毛乌素草原，是游牧之地。康熙三十六年（1697年），先是，“雁行”垦地，汉人可在毛乌素边地垦荒，但不得定居，如大雁之南来北往也。后因“鄂尔多斯荒歉，复准蒙古情愿招民人越界种地，收租取利者，听其自便”（《河套图志》民国十一年版本）。汉人大举进入口外，并以农耕的经验垦草辟地种粮，毛乌素草场被毁，植被渐至荡然，是为毛乌素草原成为毛乌素沙地之始。其规模之大，据乾隆《府谷县志·田赋》，赵珍在《清代西北生态变迁研究》中有详录：至乾隆三十三年（1768年），汉人招垦者在蒙古地“租牛二千二百二十六头，年租银为三千八百六十六两四钱五分，租糜一千九百七十一石一斗一升一合，伙盘处（即所垦口外耕地）为449处”。

毛乌素殆矣！

清朝的皇帝不是昏君，尤其是康熙、雍正、乾隆可称为明君，有为之君。屯垦成边实为不得不然，边防要稳固，官兵要吃饭，更何况全国人口处于中国历史上前所未有的超过一个亿的高峰值，且还在继续增长中。让老百姓有饭吃，已经是头等大事了。于是为拓地求粮，农业从低地、从平原扩展至草地、牧区、丘陵，森林边缘地带、林区之内、深山老林，乃至河西、青海、新疆。本来生态环境脆弱的中国西北，更陷入沉沦不复之境。

前文引《河山集》所记之森林破坏大体在周原秦岭南北二山至陇山一带，陕南老林因地处陕、蜀、鄂三省交界处，因交通运输艰难之故，明末清初尚有未辟处，其地望，“时人界定的范围是由陕西之略阳、凤县，东经宝鸡等县，至湖北之郧西，其间高山深谷，统谓之南山老林。由陕西之宁羌、褒城东经四川南江、陕西紫阳等县，至湖北之竹山等地，中间统称为巴山老林”。再进而作田野考察，陕西境内地界在渭河东南、汉江之北，再由汉江南流到岷江北岸，挟三江而迤逦至大巴山麓的若干州县。此一山高水险谷深的广大地域，密布原始森林，林中有时负盛名的各种珍稀野生药材，若黄连，若朴厚以及野生动物老虎等。其原始森林的景象为“周遭千余里，老树阴森，为太古时物。春夏常有积雪，山幽谷暗。入其中者蒙蒙不见天日”。但，至清三代时，已有“川楚棚民转徙开垦”（《三省山内风土杂识》）。“棚民”一字在方志中屡有提及，也有称之为“流民”者，似应为流徙砍伐老林，搭棚而住居无定所者之谓。记述棚民详尽者为梅伯言，先是为安徽巡抚董文恪作行状，“尽览其奏议”，知其“奏准棚民开山事甚力”而“棚民能攻苦茹淡于崇山峻岭，人迹不可通之地，开种旱谷，以佐稻粱”。后梅伯言到宣城求教乡人，乡人所给出的答复却是现代意义上的森林涵养水土说了，棚民不可取，森林不可伐。乡人告之：未开之山，土坚石固，草树繁密，腐叶积数年，可二三寸，每逢下雨，雨水从树至叶，从叶至土石，历石罅，滴沥成泉，其下水也缓，又水下而土不随其下。水缓，故低田受之不为灾。即有林有草之山，虽遇大雨而无水土流失之害。倘若伐尽林木，山为童山，然后耕种，是什么结果呢？乡人告诉梅伯言：

今以斤斧童其山，而以锄犁疏其土，一雨未毕，砂石随下，奔流注壑，涧中皆填圩不可贮水，毕至洼田中乃止。及洼田竭，而山田之水无继者。是为开不毛之土，而病有谷之田，利无税之佣，而瘠有税之户也。

说得好啊——“开不毛之土，病者谷之田，利无税之佣，瘠有税之户。”

梅伯言很是无奈，人要吃饭，只好让“棚民”开山伐木而得谷。伐木之后，为害山水，是得灾。谷收于三年两载即无可获，灾害于千秋而无穷。“嗟夫！利害之不能两全者久矣”。

棚民已到了黄山脚下，我们还是回到陕西老林，“仅周至所辖的山内地方，西南至洋县三百公里，山深路远，砍伐林木的人经常不下数万，周至南山区共有大小木厢数百十处，以至于黑水河上游的老林，在道光二年（1822年）时，已退缩到老君岭一带，其地南距渭河、汉江间分水岭才不过二十余公里。所谓辛峪、黑峪、西骆峪等森林地区都已渐次辟为畴，直达渭河河谷”（赵珍《清代西北生态变迁研究》）。

棚民，开山伐木者以数万之众纷至涌来，其开山砍树之法，《三省山内风土杂识》《三省边防备览》有记载：

> 开山之法，数十人通力合作，树巅缚长絙，下缒千钧巨石，就根斧锯并施。树既放倒，本干听其霉坏，砍旁干作薪，叶枝晒干纵火焚之成灰。

或者：

> 就树干中挖一大孔，置火其中，树油内注，火燃不息，久之烟出树顶，而大树成灰矣。

时无开矿筑路之举，开山就是毁林的代名词。先是少数棚民，砍伐在原始森林的边缘，一旦小有收获，便有棚民的老乡结伙而至，毁林处也由边缘深入，渐至中心地带。林地有落叶层，放火毁林之后遍地草木灰，大约二三年时间，不须精耕细作，不须施肥，撒下种子即有收成。最多五年，肥力耗尽，而山地的耕作层本来稀薄，千百年的原始森林是以强劲的主根、须根深入岩缝得以屹立成林，此黍谷所不能也，于是废弃，转而毁灭另一片森林。宝鸡一带毁林开荒的以川楚平民居多，他们的生活状况《秦疆治略》称：“缘山内砂石多而土少，各就有土之处垦种，即于其处结茅栖止，零星散处，迁徙无常。”

毁林开荒带来的另一种后果是促进其他行业的出现，毁林需刀斧，是有铁厂，炼铁也，亦称“打铁”制作工具；毁林后大木古木纷纷倒下，是有木材商人之贮木场或简易加工的木厂；木材加工过程中需剥皮，大量树皮堆积，是有造纸厂。铁厂打铁需烧木柴且是上好木柴，纸厂亦然，在铁厂、纸厂做工的需吃饭，有棚屋，能结茅，一轮又一轮的恶性循环，加速了各处老林、原始森林的毁坏。汉中府定远厅有纸厂四十五处、铁厂二处。西乡县纸厂三十八处，凤阳铁厂十七处，拆厢十三家，安康纸厂三十六处，等等。道光初年，周至县至秦岭山区的黄柏园、佛爷坪、太白河等处大木厂，所伐老林已深入二百余里（《秦疆智略》、道光《西乡县志》、赵珍《清代西边生态变迁过程》）。

清嘉道以后，西北的森林破坏一发不可收。最基本的原因仍然是人口增多需要耕地、粮食。而中国传统文化中天人合一的思想几乎扫荡殆尽，老子之言，孟子之教，管子之论，也尽弃脑后。不加节制的人类生产活动，使西北生态环境日趋恶劣，由此而始。

笔者曾记板屋一词语出《诗经》，又有注家称“西戎板屋”，“秦之西陲民亦板屋”等。西戎何处？《汉书·地理志》：“陇西山多林木，民以板为屋。”板房不止一地。陇西其一也。《嘉庆重修一统志》记，祁连山在张掖、酒泉二界上，有松柏五木，美水草。冬暖夏凉，宜畜牧，因有冰川雪山故。正是祁连山的森林草木河流滋润了河西走廊。并使腾格里等沙漠的流沙望而却步，而自汉唐以来河西走廊由是成为粮仓，嘉道以后垦土伐木者涌进祁连山，毁林毁草，垦地抛荒，生态恶化不断加剧。至20世纪90年代河西走廊缺水缺到民勤水库滴水全无，祁连山来水量骤减，雪线上升，冰川后退，流沙汹涌，这是我踏访祁连山、河西走廊时所目睹，追溯历史，其生态破坏由来已久。

河西与新疆的森林植被被破坏与秦岭、陇西除了毁林造田，还有能源紧缺。红柳、沙枣乃至极为宝贵的胡杨均作为柴薪而砍伐。此种砍伐人多量广面大，对荒漠植被的破坏可谓万劫不复，世代居住在新疆的老白姓向以胡杨、红柳、梭梭等作为燃料，一者煮食，二者取暖。在历史时期因为人口少林草多而造成的影响有限。本地人口增加，清军驻防的官兵也屯垦、取林木为燃料，破坏愈烈。钩沉有关新疆生态极少的史料，可知当道光年间（1832年）时南疆巴尔楚克有地名树窝子者，于此“九站可至喀什噶尔，再北九站至阿克苏，该区原本‘空无人烟，密林乱草，遮蔽天日’，叶尔羌参赞大臣壁昌亲自主持垦殖，‘令兵一千名，周围放火，焚烧林木’，而后‘兵丁扎营，纠工筑城，开渠引水，招民种地’”（壁昌《叶尔羌守城纪略》）。

为伐木征林，清廷驻阿克苏副都统征调“乌什回人二百四十名挖运沙枣树，引发乌什暴动，于是清兵镇压，《回疆通志》载，有关此一事件，伊犁将军明瑞奏报朝廷称：乌什之城，南依山崖，北临大河。自河至城半里，皆林木深深、密布其间，隔河望城，不见。”清兵发炮，轰在林木间，乌什城未能攻陷。“忽一日不知何故，回人尽将围城树木连夜全行砍伐。”明瑞“不知何故”，是明瑞糊涂，你挖运沙枣，又炮轰林木在前，回人“连夜全行砍伐”在后，当地百姓视木为命也。

清代西北生态变迁，以上可略见端倪。

对大清而言，西北生态破坏所引起的荒漠化过程，其影响是一场又一场的沙尘暴，从20世纪一直刮到21世纪。但另外一种发人深省的现象是：清朝三代之后的衰败直至无可挽回的溃亡，却是从1894年甲午战败始，1905年沙俄掠夺北满中路一带森林、1908年日本强占鸭绿江右岸之森林，东北大片林权丧失终。

中国东北大地最宝贵的林权的丧失，意味着象征华夏民族自立于世界民族之林的高大、独立、葱郁之轰然倒地，为沙俄、为日本所强占。割地赔款之外，林权沦丧鲜有史家提及。美木良材之被占，岂非意味着狂澜既倒、大厦将倾？它在显示封建社会最后的辉煌之后，又为列强争相欺凌然后蚕食，末世的惨淡与悲凉铭刻于华夏大地。

清代森林史料陈嵘叙述如下：

大清会典顺治元年置上林苑监正七品衙门设监丞一员，其属有四署，曰蕃育，曰良牧，曰林衡，曰嘉蔬，各设署丞一员。林衡署凡地赋归之。顺治元年原额地二百八十六顷十六亩七分，办进上供果品。十五年归并良牧署。

雍正帝诏令各省荒山种树及招民垦殖四川苗疆山林坡岗雍正二年敕直省督抚，各董率有司，实心劝督。其不可耕之地，课令种树。禁非时斧斤，牛羊践踏及盗窃之害。

雍正二年谕直隶督抚等官；今课农虽无专官，然自督抚以下孰不兼此任也。

五年谕内阁修举水利，种植树木等事，原为利济民生，必须详谕劝导，令其鼓舞从事，方有裨益，不得绳之以法。

十二年遵义等县山场小税，著照黔省通例一并豁免。至于所贡林产物，各省额办户部物产：直隶解榛，栗，黄栌木；江苏，安徽，浙江，均额解桐油；江西额解桐油，五倍子，台连纸；福建额解扛连纸；湖北，湖南均额解白蜡；山西额解毛头纸，呈文纸；广东额解降香，紫榆，花梨木，自蜡。又各省额办工部物产：江苏每年额解桅本，杉木，架木，桐，皮槁；湖南每年额解桅木，杉木，架木，桐，皮槁。

清季森林摧残最甚者，以太平天国时期为最。公元一八五四年广东白云山之枞树及罗浮山森林，大部为战争所毁。又在浙江所剩余之森林，多为双方争战所来到之处。其他财率皆靡有孑遗。至在安徽，湖北附近长江两岸之天然林，因战事损失甚臣。故在此一时期，乃我国近百年来森林破坏之最甚者。而曾国藩之书牍中，亦有“兵燹所至，无树不伐”之语。可见当时森林摧毁之状。

至西北森林，在清季以回疆之变摧毁为甚，而最著称之秦岭森林，亦于斯时罹于浩劫，据西北农林专科学校教授德人芬次尔博士（Dr. G.Fuuzel）述，在六十年前，秦中回变，为秦岭森林之浩劫，经六十年之生息，今始渐复旧观。左宗棠开府后，东起潼关，西迄新疆之兴筑大道，沿途种植树木，颇多建设，当时且张谕“有毁树者即军法从事。”其保护之周密如此；惟自民国成立，军阀战乱，及早年西北大旱，已被毁伐殆尽，当年之盛况，不可复见，今但于将至平凉时，尚见有道旁杨柳，及六盘山麓，有合抱老杨夹道数十里而已。

东北及西南备省之天然林状况清季长江一带因太平军起义，森林被毁者已如上述。然东北之奉天，吉林，黑龙江等省。则天然森林之存在极富。仅以鸭绿江两岸而言，自发源于长白山顶之天池，沿途汇合两岸大小流而入黄海，计长二千图百余里，濒江山岳重叠，所产林木，葱郁连绵，荫蔽千里，蓄积丰富，自古人迹罕到，都为原生状态。其树种针叶树占十之六，以落叶松，鱼鳞松，红松较广。阔叶树占十之四，以柞木，椴木，杨木为多。至大小兴安岭林木蕴藏之丰富，更勿论矣，如此大森林区之形成，盖缘清初划为四禁之域，即禁伐森林，采矿产，及渔猎农牧，而保障满族发祥之地。以此封锁，始克成为苍翠葱茏之大森林。盖清时刑律有凡“皇陵山前山后各有禁限，若有盗砍树株者，验实椿楂，比照盗大祀神御物律，斩奏请定夺。放火烧山者俱照律分别首从拟断，充军边卫。”

至西南之四川，西康一带及云南，蕴藏亦富。尤以云南与交趾连界之处，有连亘数百里之大森林，其主木为滇柏多系数千百年古物，矗矗挺立，洋洋无涯，诚宇内之奇观。

北满中东路一带森林权之丧失，始于光绪三十年由黑龙江铁路公司与东省铁路公司订立伐木合同。

东省铁路沿线，昔日均为广大森林所被覆，自与东省铁路公司订立伐木合同后，迨今不过三十年，沿铁路两侧五十里内之森林，均已斫伐净尽，近更向远方采伐，有达百余里之远者，此种现象，无非受不平等条约之限制，加以国人在昔不知森林之可宝贵，一任彼帝国主义之俄罗斯之要求，将大好森林，为附属铁路之供应品。是以中东路自开办以来，举凡枕木，建筑材，皆无偿取自林中；其暴殄天物之尤甚者，则将良材，任意劈成柈子，作为燃料。自通车以来，无论工厂，机车，站台，事务所，道班房，及员司工人住宅等，俱以柈子为唯一之燃料。中东路职员约计二万人以上，平均每人每年应用柈子约一百立方尺，其所需已达二百余万立方尺之多；而工厂，机车，工事房所需木材之量，虽百倍以上犹不止焉。是以中东路一带无限宝藏之森林，不转瞬间已荡然无存，言之至可痛惜也。

光绪三十四年（1908 年）四月十五日，清朝外务部会办大臣那桐与日本特命全权公使林权助签字画押于北京。至此鸭绿江林权为日本强占，日本侵略中国，以日俄战争为契机，以豪夺东北森林始，锯声隆隆，大厦分崩。可是，清朝曾经是灿烂的，其灿烂之内核是影响久远、余音不绝的文化和学术思潮。何等灿烂？集中国古代文化之大成，而又成为中国近现代文化的引领者。清朝是中国几千年文化殿堂的最后一个烂漫迷人的展厅。于此回溯，则可深入中国文化之堂奥深邃；于此前行，则能纵览近代文化之思潮激荡。

你走进故宫，你漫步北海，或者眺望瀛台，这样的感觉便会油然而生。所有这些精美绝伦的建筑，一桥一水，一桃一柳，一砖一瓦，一梁一柱，无不闪烁着中国传统建筑举世无双的美妙，成为文化，文化符号，无言地诉说一个王朝辉煌时的光彩。故宫依旧是金碧辉煌的啊，北海依旧是波澜不惊的啊！还是笔者曾经感叹的：王朝更替兴衰，文化源远流长。

有清一代文化艺术的高度普及和空前繁荣，达中国古代文化之最，择其影响最巨者约略言之，如小说有曹雪芹的《红楼梦》；如戏曲有洪升的《长生殿》、孔尚任的《桃花扇》、李渔的《笠翁十种曲》，李渔还是清代戏曲理论的大家著有《闲情偶记》。清代中叶地方戏曲的兴起，使昆山腔、弋阳腔、梆子腔、皮黄腔众腔齐发、此起彼落于北京、扬州两大演出中心，直至乡野农村。“清代美术是中国古代美术发展史上的最后一个高峰，其总体形态呈现出变化的加剧与丰富的多样性特征”（李希凡主编《中国艺术通史》北京师范大学出版社）。自明朝以降，绘画语汇至清代可称完善，山水画极兴盛，花鸟次之。山水画尤兴盛于江南，为何？江南文人气息之浓，一也；清代绘画更有删尽繁华、直指中国传统文化审美之最要者——抒怀写意——此二也。清代绘事的此一变化，其影响不独画坛更遍及文人者，心灵之自由，人格之独立，个性之发挥。笔意墨趣，淋漓尽致，发乎心而溢于尺幅。卓然特立而不朽者如八大、石涛、渐江、髡残，“扬州八怪”，八大尤甚。清代书法因为碑学之兴，而有了意味深长的复古味道，深入到古汉字的嬗变之中，篆书和隶书复兴在点画之间凸显着古朴与金石之美，理论著作有《艺舟双辑》《广艺舟双辑》等。“使中国书法在结构和笔法上都有突破性的拓展和创造，这一进程的影响，延至近现代书坛仍历历可辨”（《中华艺术通史简编》），清中期以后，考古发现如甲骨文、汉魏竹木简、敦煌写经僧之文体，为书坛注入无穷之活力，宗北碑者众，至晚晴，其中翘楚一为康有为，落笔汪洋恣肆，用墨浑厚凝重，结体枯老古朴，以“能移人情，乃为书之至极”，独家独法，毫不泥古流连于他家他法。次为黄慎、吴昌硕，毕生临池，顶礼徐谓、八大而以书法入画。

清代文化艺术还得益于清廷对手工业的重视，尤在康、雍、乾三代官营及私营的手工作坊众多，各种工艺美术之精美以宫廷造办处为最。民间小作坊为求得市场一席之地亦各逞其能，各有创新，形成了清代文化艺术的另一重要特色：原创性及多样性。原创是手工作坊存在的前提，多样是各色人等的需要。在功能上突出摆玩、陈设之玲珑美感，玉作、牙作、木作、珐琅作、金银作等等琳琅满目。景德镇青花瓷，江宁、苏杭丝绸织品登峰造极。小小作坊实为原创之地，盛世风景之一端也。

从物质而言，清代留下的最可宝贵的财富是建筑。清代建筑，以集大成和继承前朝而言，与清朝其余文化艺术包括造型艺术相似。不同的是书画、戏曲等在清朝结束以后仍然广布，流风余韵，传承不息。而清代建筑其阴阳理念，其渗透着中国传统哲学的美妙布局，其巧夺天工的木构营造，随清王朝的结束戛然而止。封建社会崩塌了。中国自古以来恢宏美妙的民族建筑的历史亦告中止，此殊为可叹可惜者也。

清时建筑一本传统而时有更新，中国建筑传统为何？

梁思成说：

> 中国建筑乃一独立之结构系统，历史悠久，散布区域辽阔。在军事、政治及思想方面，中国虽常与他族接触，但建筑之基本结构及部署之基本原则，仅有和缓之变迁、顺序之进展，直至最近半世纪，未受其他建筑之影响，数千年来无遽变之迹、渗杂之象，一贯以其独特纯粹之木构系统，随我民族足迹所至，树立文化表志，都会边疆，无论其为一郡之雄，或一村之僻，其大小建置，或为我国人民居处之所托，或为我政治、宗教、国防、经济之所系。上自文化精神之重，下至服饰、车马、工艺、器用之细，无不与之息息相关。（梁思成，《中国建筑史》，百花文艺出版社，1998年2月1版）

梁思成并且认为：“中国建筑之个性乃我民族之性格，即我艺术及思想特殊之一部，非但在其结构本身之材质方法而已。”

梁思成又写中国建筑之主要特征有四：“一、以木料为主要构材。”因此故便产生了中国建筑因材料而产生的独特的结构法，又因独特的结构而有了形式上的特征，此种特征即“为木造结构之直接表现”。“尽木材应用之能事，以臻实际之需要，而同时完成其本身完美之形体。匠师既重视传统经验，又忠于材料之应用，故中国木构因历代之演变，乃形成遵古之艺术”。而唐宋少数遗物，在梁思成看来，“其结构造诣之精，实积千余年之工程经验，所产生之最高美术风格也。”“二、结构原则乃为梁柱建筑之构架制。以立柱四根，上施梁枋，牵制成为一‘间’。”这一构架的最大特点是“使建筑物上部之一切荷载均由梁架负担，承重者为其立柱与梁枋，不借立于高墙厚壁之砌累”。“中国建筑之所以能自热带至寒带，由沙漠至两河流域及滨海之地，在极不同之自然环境下始终适用，实有赖于此构架之绝大伸缩性也”。“三、以斗拱为结构之关键，”“一系统之建筑自有其一定法式，如语言之有文法与词汇，中国建筑则以柱额、斗拱、梁等之法式为其‘文法’”。“四、外部轮廓之特异”，有“翼展之屋顶部分”，“崇厚阶基之衬托”，“玲珑木质之屋身”，“院落之组织”，“彩色之施用”，“绝对均称与绝对自由之两种平面布局”。“绝对均称”往往用之于“宫殿、官署、庙宇，乃至于住宅”，而“庭园建筑，则常一反对称之隆重，出之以自由随意之变化。部署取高低自由之趣，间以池沼花木，接近自然”。关于“平面布局”，林徽因亦有著名的“浪漫平面”之论：

> 例外于均衡布置建筑，也有许多。因庄严沉闷，致激起故意浪漫的变化，此类若园庭、别墅、宫苑楼阁者，是平面上极其曲折变幻，与对称的布置正相反其性质。中国建筑有此两种极端相反布置，这两种庄严和浪漫平面之间，也颇有混合变化的实例，供给许多有趣的研究，可以打消西人浮躁的结论，谓中国建筑上是完全的单调而且缺乏趣味。（1932年3月，《中国营造学社汇刊》第3卷）

上述引文为林徽因1931年11月19日在北京协和小礼堂为外国驻华使节讲演中国建筑中的一节。林说虽然与梁说相似，但对中国建筑的“平面布置”，用了“浪漫”一词，批评了西人认为的中式建筑“完全的单调而且缺乏趣味”；同时也告诉我们浪漫可以是平面的，平面亦可浪漫。以此观中国古建筑中除去宫殿、官署、学宫等庄严、对称之外，相当一部分是有浪漫式彩的，是自由意志的创造。中国木构建筑的色彩如何？林徽因所说“是因为木料不能经久的原始缘故，中国建筑又发生了色彩的特征”，即涂漆于木料，但不是现代科技意义上的涂漆以防水，而是彩绘，且施用极其慎重，“部位多限于檐下结构部分，在阴影掩映之中”。林徽因又说，“设使滥用彩色于建筑全部，使上下耀目辉煌，必成野蛮现象，失掉所有庄严和调谐。别系建筑（东方建筑有中国系、印度系、阿拉伯系，笔者小识）颇有犯此忌者，更可见中国有超等美术见解。”辉煌亦可成野蛮，而庄严和谐全失，林说高哉！妙哉！（附带说一句，是日徐志摩专程从上海赶赴北京，为听林徽因演讲，谁曾想到机毁人亡！）中国建筑绝非色彩之建筑，中国木构建筑首重木的材质、纹理，梁思成在《中国建筑史》中彩色施用之论说：“唐宋以来，样式等级，已有规定。至于明清之梁栋彩绘……其装式结构有严格之规定，分划结构，保留素面，以冷色青绿与纯丹作反衬之用，其结果为异常成功之艺术。非滥用彩色，徒作无度之装饰可比也。”

梁思成，林徽因的论述告诉我们，中国建筑，木构建筑也，始终以木材为主要建筑材料，然后结构之，“尽木材应用之能事”，前文多有引论，不赘。林徽因从物质即木材料出发，说结构之特征：一建筑物高度“绝不出木材可能的范围”；“极庄严的建筑，也是呈现绝对玲珑的外表”等。在梁、林笔下，中国建筑之历史悠久，成一独立结构系统，“乃其民族特殊文化兴衰潮汐之映影，一国一族之建筑适反鉴其物质精神，继往开来之面貌”（梁思成语）。

梁思成并告诉我们，“建筑之始，产生于实际需要，受制于自然物理，非着意创造形式”，如前文所记述，构木为巢，有巢即可，然后有板屋，“随其国其俗，思想制度，政治经济之趋向，更同其时代之艺文、技巧、知识发明之进退”而创制而变化。西方建筑以石材为主而堆砌，西人谓“建筑是凝固的音乐”，只是音乐而已；中国的建筑以木材为主而架构，却可以说是凝固的历史。所谓凝固，无论木、石，均不可能恒久不朽，比喻而已。然何以视之为凝固的历史呢？木材，只有木材，只有人类对于木材的无以复加的眷恋，木材本身给人的温顺、肌理、美感。安居于木材架构而得的房屋中的诗情画意，以及生活生产之赖以木材等，使华夏民族有了自己独特的文化系：森林文化，从物质文化而言，木材是华夏先民一切财富之综合；从精神文化而言，草木万般见之于中国最早的典籍并启迪引领先哲，如《山海经》，《诗经》，《易经》，老庄，孔孟，《管子》等，使之成为极优美之学识、流派、精神。倘若没有这些先秦时代的文化经典，华夏民族就不再是一个有文化的民族，也断无历史悠久可言。无“道”之说、“气”之说、“礼”之说、“仁”之说、“节”之说等等。读者或问：“道”之说、“气”之说、“礼”之说、“节”之说等与森林草木何干？与建筑何干？答曰：大有干系！草木之无为而治，道也；草木之生生不息，仁也；草木之长幼有序，礼也；竹子之中空有节，节也；草木之立地接天，气也；草木之摇曳生姿，风也；风之所向包罗万象也。

东西方建筑的形制大有不同，西方以石材为主，东方以木材为主，但在建筑的意义上即建筑为何用？在大哲笔下却是相似的。西人把建筑与安居、“诗意的安居”、“得到思考的安居”相联系，从而成为一个哲学命题(《海德格尔选集》孙周兴选编，上海三联书店)。海德格尔并称：“如果我们倾听到语言在筑造一词中所道说的东西，我们就听到以下三点”：

一、筑造乃是真正的栖居。

二、栖居乃是终有一死的人在大地上存在的方式。

三、作为栖居的建筑展开为那种保养生长的筑造和建立建筑物的筑造。

在海德格尔的译本中，“栖居”更多译为“安居”，其意无太大差别，但，在我看来，栖居或更有古意、更多东方味。虽然我通常选用“安居”，安居似更适合海德格尔的如下释语：“就人居住而言，人存在；但这个词话同时也意味着爱护与保养，诸如耕种田地，养殖葡萄。”

中国典籍中的“构木为巢”者有巢氏也，巢为何物？人类最早的栖居处。巢建于何处？先树上，后树下，盖人从森林中走出至地面。人类筑巢的老师是谁？林中鸟也。先是鸟有巢，人无之，后来于树枝间构巢，舒适多了。至平地，或有山洞则穴居，但山洞口置树枝以为遮挡，门之初也。或挖地洞，人居其内，洞穴入口处有树木柴草围护，洞穴周围则攒顶，上尖下圆作棚状。我在大地湾见过七千多年前大地湾人这种安居之所。这样的居所不断改变，后来到地上以栋、梁架构盖房，伏羲手下有职官名大庭氏，专司建筑，筑造大房者。在七千年前的河姆渡遗址，有纯以木构的干栏式建筑，为江南水多湿热避虫害。河姆渡遗址有“悬虚构屋”的桩木十三排，至少有三座干栏式长屋，一律榫卯结构，企口拼接。凡此种种，即是筑造，即是安居；人类文明初创年代的筑造与安居，人在其中又是怎样生活？怎样生产？“河姆渡遗址中最丰富的是稻谷遗存，我们甚至可以说这是一个稻谷王国。无论在建筑遗存还是废墟灰烬中，到处可以见到稻谷，锅底残留的锅巴中也可发现碳化的米粒。遗址中稻根、稻秆、谷糠、谷粒的堆积厚达40—60厘米”。

“悬虚构屋”的干栏式建筑，成为河姆渡人的栖居，河姆渡人的生存方式。如同大地湾的大屋，周原上的板屋一样，成为中国木构建筑的开始，延续，且有变化，这一过程用海德格尔的话说，便是“根据栖居而筑造，并且为了栖居而运思”。中国建筑乃木构之筑造、运思也。

建筑随人类的脚步而发展，让我们回到清代，梁思成在《中国建筑史》中说：“现存清代建筑物，最伟大者莫如故宫。清宫规模虽肇自明代，然现存各殿宇，则多数为清代所建。今世界各国之帝皇宫殿，规模之大，面积之广，无与伦比。”但，我们也可说，故宫、北京，从历史沿革看，她自有其漫长积累的历程。后人已经无法寻获最初周代封召公于燕时的建筑物，时称蓟城，城址在今房山区琉璃河乡董家村，东西五百米，南北六百米，长方形之城，内附墙，护坡，此即北京之初也。皇宫在其内，据史载有碣石宫、黄金台、宁台、元英殿等。其时燕山森林浩浩，大木耸峙，蓟城的宫殿均为木结构建筑。秦汉以降，蓟燕城始终是中国北方的政治、文化、经济中心，亦为兵家必争之地。五胡十六国时，中国战乱大兴，后赵鲜卑族首领率军攻占蓟城，是为前燕的都城，筑造太庙、宫城、正阳殿等。隋唐时，北京为幽州城，南北七里、东西九里，周长三十二华里。五代后梁时刘守光建古燕国年号应天，都燕州。辽时耶律德升幽州为燕京，即辽之南京。城高三丈，厚一丈五尺，城周三十六华里，有八门，城内建筑鳞次。辽代大内在燕京西南，其闻名的宫室有永兴宫、兴圣宫、太和宫、积庆宫、延庆宫、长宁宫、长春宫、延昌宫、水晶宫、洪武殿、昭庆殿、临水殿、元和殿等。这些宫殿的有一些名称一直沿用至明清。

1153 年，金主完颜亮改燕京为圣都，旋即又改称中都，为金之都城。金代的大内禁宫在中都城中，一律木构建筑，辅以砖石，宫城前有千步廊，正门通天门，楼高八丈，自此北京正式成为名副其实的北国政治、文化、经济中心。金中都一本木构建筑之传统，仿北宋宫城规制，筑造主持人为张浩和孔彦舟，征夫百万，伐木无数，历时三年。城分大城、皇城、宫城。

元至元八年（1264 年），忽必烈改国号为元，次年改中都为大都。是次大都的营造总管为刘秉忠，从至元四年至至元二十七年，历时二十三载。刘秉忠利用高梁河的水源，在原中都东北郊大宁宫的基础上重新改建营造，城为三重，周长六十华里。其时城墙由土夯筑而成，基部宽二十四米，土墙中间树有大柱和纤木，墙顶为瓦管排水管道，城墙表层以芦苇编织而成的草席覆盖，四周筑角楼，城外有墩台，城内前宫后坊，五十个街坊市井布列有序。大都城内的元皇城俗称“马墙”，以万岁山、太液池为中心展开大内宫城。大内宫城在皇城东部，太液池迤东一带有城门六，南为崇天门，左为星拱门，右为云从门，北为厚载门，东为东华门，西为西华门。崇天门是宫城正门，进崇天门深十一间，即为大明殿，大明殿东为文思殿，西为紫檀殿，后为宝云殿。宝云殿后为延春阁，即清之乾清宫。

明代的北京都城，分为外城、内城、皇城、紫禁城。内城在元大都的基础上改建，城高 12 米，城周约 46 华里。城墙一律用砖砌。皇城在内城中，按《周礼·考工记》规制，“左祖右礼”布局。皇城北端正门为承天门，即今之天安门，进天安门，即是明清帝后生活之宫城——紫禁城。紫禁城东西 750 米，南北 960 米，周长 3420 米，墙高 14 米，占地 72 万平方米，有宫殿房舍 9000 多座。

紫禁城始于永乐五年筹建，动工则在永乐十五年。督建为陈圭，规划师吴中。筹建长达十年，一是要把太液池清水引入城内，并精妙细致地设计整个城市的工程。二是改造元大内紫禁城的布局，取北宋汴京宫前的布局——“周桥南北是天街”的神奇壮丽、天人合一。一改元大内正门崇天门到大都正门丽正门之间的单调、仄迫，而把京城南墙推出一里之外，形成了正阳门—大明门—承天门—午门的天街布局。三是紫禁城工程的建筑几乎全是由木料组成。且不是一般的木料而是木料中的良材美木，大多为金丝楠木。木材主要来自浙江、江西、湖南、湖北、四川等省，浙江的大木走运河，富春江而杭州而通惠河。其余各省分别由赣江、湘江、汉水、嘉陵江入长江进大运河到通惠河，再从通州张家湾到北京崇文门，送往神木厂。笔者曾在张家湾住过四年，访过旧码头，张家湾其时亦称皇木厂，为储木之地。除南方的木料外，还有山西名木，经桑乾河入永定河进北京（向斯，《紫禁城秘闻》，大地出版社，1989年7月）。这一史料有记的木材输送途经，也证实当明朝重修紫禁城时，陕西秦岭等曾经林木耸峙之地，因为自周以后的开发，千年以来八百里秦川黄土高原已经疲惫支离！

最令人叹为观止的是，“明代宫城所用木料，均为楠木”。宫城即紫禁城也，紫禁城的辉煌，就是楠木的辉煌。有清一代对紫禁城多有维修改造，其木材仍来自南方数省及东北，但多为松木，或可说，明朝永乐年间为修筑紫禁城几乎采完了南方各省森林中已长成大木的金丝楠木。清人重修，用松木。后来人观瞻紫禁城，能睹楠木之金光，可闻松木之清香，此宫殿之极者乎？此森林之极者乎？此森林文化、华夏文明之极者也！

梁思成说：“纵观清代大内沿革，一切巨规宏模，无不沿自明朝。然其修筑之宏，抑又不逮。康熙二十九年，诸臣等复奏云：‘查故明宫殿楼亭门共七百八十六座，今以本朝宫殿数目校之，不及前明十分之三。考故明各宫殿九层，基础墙垣，俱用临清砖，木料俱用楠木，今禁内修造房屋出于断不可已，凡一切基础墙垣，俱用寻常砖料，木植皆松木而已。’两代营建优劣之势于此可见。”孰为优劣？非工而材也。感叹之余，梁思成又谓：“唯满人颇能保守，纵观清代，大工可数，火灾亦少，故能汇为大观保存至今，然其规模之宏伟，已世无与伦比矣。”

史说清有三代之盛，木构建筑其一也；史说清末丧权辱国，林权之失，此亦其一也。如果说清代建筑，在某种程度上是中国封建社会“根据栖居而筑造，并且为了栖居而运思”的辉煌作结的话，同样甚或更令后人讶异、骄傲的是有清一代的文化学术，“运思”是也，为栖居而运思也，人栖居，思亦栖居也，孔子云，“居于仁”。

清末衰落，割地赔款，“瓜分豆剖”，地权丧失，林权丧失，国权丧失。皇城建筑犹在，那楠木松木殿角楼台不知是怀念前朝呢，还是回想森林？无论如何作为森林文化建筑之泱泱大者，将会昭示世人后代，亦为清朝曾经辉煌之佐证，而所有的衰朽均起于辉煌之时。随清王朝的崩溃，梁启超所言之昙花一现的文艺复兴亦告结束，颜习斋长号之“灭文”之惧一一展现，先灭八股，再灭文言，西风东渐而知识阶层日益西化后，又“打倒孔家店”，不知“仁”为何物、仁何以生、树、果、核之循环往复，亦不知道法自然，草木柔弱之美妙，什么“水几于道”，什么“上善若水”“厚德载物”，弃之若敝屣，文化飘逝矣！

大地山川，是“最高的存在者本身”（海德格尔语）。因此或可说，人必死，朝代更替为必然，清亡、封建历史结束亦为必然，而文化或有盛衰，甚至会生出颜习斋所说的“厌文”“灭文”，却不是文化本身的问题，是某一时代中文人离开生活，对于民间疾苦置之度外的结果，此种所谓文化可指其为清谈文化，甚至连清谈都算不上，空谈而已，胡扯而已，其本质是粗鄙，其要害是钻营，其根本是谋私，文坛成为圈子、成为江湖，满街大师，各有“老大”，本应使社会有“清气”的文人之一部分，却与污浊为伍。粗滥、粗俗、粗鄙的文字又是对世界最美好的汉字、汉语的篡改、切割，是汉语常识的无知与抛弃，且不以为耻，反以为荣。此种现象可谓愈演愈烈，中国文人啊，情何以堪？！依笔者之见，一个时代思想混乱的原因大致有三：

历史虚无主义弥漫，弃离借以立族立国的中华民族之根本文化，使文坛成为官场，一也；不知人之何以为人，学而不习，二也；语言混乱、词语破碎，看似正确的废话泛滥成灾，三也。

后人不会为清朝覆亡而可惜，却应为中国文艺复兴没有完成而扼腕，继起者为谁？复兴在何时？何时能有新的思潮汹涌？

以下略记民国，及新中国成立之初的林业状况。陈嵘先生在《中国森林史料》（中国林业出版社）自序中称："作者于清季留学国外，专习林学，民初返国即从事于实地造林，经办公私林场凡六处。其中所最觉困难而为一时不易解决者，厥为国内各处森林荒废已达极端，致缺乏林业复兴之基础；地权不能确立，常起无谓之纠纷；以及一般社会对于林业观念之薄弱是也；此三者均为今日振兴林业莫大之障碍。"陈嵘先生在国外专门学习林学，回国后实地造林，既识林学理论，更是可敬可佩的造林实践者。不仅如此，又痛感于前文所述之三大障碍，"其所以致此者，原非一朝一夕之故，而势不得不求于历史之中，此本书（即《中国森林史略》，笔者附识）所由作也"。本书中所用的历史森林史料及民国的若干史料，均取自陈嵘先生之作，除去感激，亦作说明。民国初建，"国内各处森林荒废已达极端"，振兴林业已成共识。

南京政府成立后，设立实业部，以张謇任总长，分设农务，矿务，工务，商务四司。林业行政，由农务司主之。南北统一，迁都北京，袁世凯为民国第一任大总统。农林部成立于元年五月，以宋教仁任总长，分设农务，山林，垦牧，水产四司。林业行政，由山林司主之。为我国林业行政空前之最大组织。当时明定林政方针，通行各省，"凡国内山林，除已属民有者由民闻自营并责成地方官监督保护外，其余均定为国有，由部直接管理，仍仰各该管地方官就近保护，严禁私伐。"二年十月十日，农林，工商两部，又合并为农商部，仍以张謇氏为总长，分设矿政局，及农林，工商，渔牧三司。林业行政，改由农林司主之。

民国三年十一月三日公布中国第一部《森林法》，内分总纲，保安林，奖励，监督，罚则，附则等六章，共三十二条。

民国三年九月一日颁布中国第一部《狩猎法》。

民国四年七月一日，农商总长周自齐有呈大总统文，事缘袁世凯命政事堂就植树造林事宜谕文命农商部办理，农商部以“查我国林政失修，童山满目，亟应通盘筹划，普及造林。一以备社会材木之需，一以为国土保安之计”而提倡设苗木试验，优选树种，因地植树，承领荒山等项，此一呈文中有袁世凯谕文：

袁世凯大总统谕：兴办森林为发展实业要图，外国人论森林缺乏之国，每引中国为例，所有木料，多由外输，遂致利权坐溢，沃壤就荒，广土众民，时虞艰困。近日外国教习裴义理在南京紫金山创办林业，救济穷民甚众，成效已著。皖省亦有外国人前往考察。予昔时养疴于苏门，洹上之间，植树不下十万株，该地人民至今利赖。现在各省林业亟待扩充，虽设有东三省林务局及试验场等，然皆限于局部，各省尚宜应力举办，用图普及。应先由各省地方官体察情形．斟酌士宜，广劝植树，以利推行。俟造林奖励规则及森林法施行细则核定颁布后，再通行遵照办理。著交农商部先分别转行各省认真提倡，切实筹议具覆等因。

民国四年七月三十一日农商部又呈大总统文，拟定清明为植树节，中国有植树节之始也，呈文纵横历史，自周设林政为近代而“欧美各邦，植树有节”。其端倪可见者，不独“斧斤以时，戴礼重山林之典”，且因“林政一端，为用最广”，“于人民生计，关系甚重，尤其显然者也。”更以欧美植树有节为例，可见民国初年已初具世界意识。虽为官场文书却声情并茂，节录于后：

呈为拟定清明为植树节，请以申令宣示全国、俾资遵守，惟是造林事项，须酌量寒温之度，适合燥湿之宣，非由政府宣示定期，不足以树风声，而资观感。故欧美各邦，植树有节，推行全国，成效维昭。查普通植树之期，当以每岁仲春之月为最适，本部现为提倡植树起见，拟请申令宣示，以每岁清明为植树节。京师为首善之区，人民观瞻所系，届时拟由本部呈请大总统谕定地点，特植嘉树，缅亲耕之遗意，著应候之新猷，昭示来兹，垂为令典。京兆尹，各巡按使，都统，暨道尹，县知事，县佐，均应敬谨遵照，如期举行。至全国学校，地方绅董，亦应祇遵植树节，广为种植，庶几四方风动，知所景从，林业前途，实多裨益。

民国十二年后，时局多变。孙中山先生于广州建立国民政府，公开演讲《三民主义》《建国方略》《建国大纲》。与森林相关者有“森林与民生”“建造森林”“开发森林”“山林测量”“森林与建设”。

治本方法也是种植森林，有了森林，天气中的水量便可以调和，便可以常常下雨，旱灾便可以减少。

古人云：治水即治国，然水从何来？水以何养？水从山上来，水唯林能养，中华民族的治水治山治林之路，延续几千年虽有兴衰而从未中断。从周官虞衡到民国《森林法》之颁布，植树节之创立，览观历史上之人类与文化，无不为林所养，亦为林所困。何所养？前文已记;何所困？困在为养活越来越多的人口，历史时期起便毁林垦荒；困在“秦汉以后林政废弛，对于森林之设施，既无一定之方针，又缺一贯之政策”，陈嵘先生并进而感叹道，“国内之山泽，时而封禁，时而开放”，秦汉以后据陈嵘统计“封禁九次，而开放至二十三次之多”。封禁为何？非为封山造林，“乃为统治者一时游乐及享用之便利”；开放因何？陈嵘在“自序”中说：“故封禁以供皇室之游乐，实足构成民怨；而开放一任民众之樵采，唯益恣其放肆而已。仅此一端，可知我国今日森林之荒废，地权之纠纷，与夫人民缺乏爱林之思想，有由来矣。”

陈嵘所论极为重要，如“地权之纠纷”一直延续到新中国成立后，直至“林改”兴起，始得“均山、均权、均利”，“山定权、树定根、人定心”。本书最后一章“大森林”有详述。

可以为陈嵘先生稍作补充的是，实际上如文中已论之我国古代先贤对于林、水、土之重要及相互关系的哲学思想，在先秦时代便已占领了理论高度，当世后世只能望其项背。封建统治者除陈嵘所指出的“开放”“封禁”之弊外，历朝历代的统治者为江山社稷永固计，亦均有修林政、倡桑麻、植林木之举，到民国袁世凯准备恢复帝制时，仍颁布了中国第一部《森林法》，第一部《狩猎法》。

中国森林之缺乏，更主要的原因是：

> 朝代更替后的大兴土木，修筑宫殿，所谓“阿房出，蜀山兀”是也。明代修筑皇城全为楠木，清代则尽用杉木也是一例。农耕的发展，为养活越来越多的人口，农田不得不向林地、草地扩展，直至屯垦戍边，这是中国森林之缺乏的又一大因。然从另一角度视之，以紫禁城为代表，且广及城市、乡野的世界无有其匹的木构建筑之辉煌美丽，以及木器家具等，难道不是中国文化无比宝贵之物质与工艺美术遗产？汉字以及举世皆无的书画艺术，则传承几千年，以中国人对自然和生命的独特领悟，“知其白而守其黑”（老子语），移“天籁”如山水、如草木、如花卉等笔墨于心灵、融化在吾族人民之血液中，成为我民族精神优美之一端，此大山水、大森林所赐也。再者，倘无耕地之扩展，五谷之播种，何有农耕文明？何能养活越来越多的人口？倘无农耕之延续，人口之众多，谈何文明古国？俯瞰既往，中国之为中国，森林之贡献为不可替代者也。对中国森林造成极端猛烈之破坏的是灾荒与战争。仅以近代论，清末屡次败战，林权大片沦陷；民国军阀混战；随之有“八年抗战”等战事；所毁之森林草木，不可计数。到 1949 年 10 月 1 日，

中华人民共和国成立时，不是“国破山河在”，而是“国在山河破”了。

一个朝代的崩溃，并不是文化艺术的消失，本章之末，有不能不续记者，一为青花瓷，从元至明清达至极盛，清代民窑青花尤甚，青花，大森林之倩影也。二为清代戏曲直到民国，可谓繁荣依旧，余音绕梁，尤其是京剧形成之后，达至戏剧、舞蹈、音乐“有声皆歌，无动不舞”的完美结合，其代表人物是梅兰芳，他所饰演的林黛玉、洛神，他的唱腔、舞步，已成为民族文化的记忆，正如姜德明先生所言，“在戏曲舞台上，梅兰芳可说是第一个成功地创造了淡雅、高傲又满含哀怨的林黛玉形象”（《梨园书事》，姜德明著，北京出版社，2015 年 1 月版）。《梨园书事》所记者梨园也，相关梨园之事也，细读之下却是眼界大开。因为京剧，因为梅兰芳，姜德明所著集合了民国的一代名流，及其他们的戏曲论著，什么是戏曲？优伶唱舞不足道乎？戏曲亦文学也。王国维的《宋元戏曲考》说：

凡一代有一代之文学。楚之骚、汉之赋、六代之骈语、唐之诗、宋之词、元之曲，皆所谓一代之文学，而后世莫能继焉者也。

王国维慨叹说“而后世莫能继焉者也”，大概如此。可以讨论的例外是明承元，清承明之后，戏曲艺术却不断呈现多元化、综合化、大众化，到清代，“地方化和群众化，是清代戏曲的总体发展趋势，其结果不但使戏曲艺术获得了最广泛的群众，也使戏曲艺术能扎根于民间，并从民间汲取丰富的营养。这种良性循环不仅使清代戏曲因为得天独厚而得到长足发展，也使广大劳动群众得到了最大限度的艺术享受”（《中华艺术通史简编》）。善哉斯言。

梅兰芳之后，中国戏曲艺术确乎“后世莫能继焉者也”。

姜德明的《梨园书事》还告诉我们，梅兰芳何以成为梅兰芳？书中有记，近代中国戏曲艺术研究代表人物，王国维居首，以文字发先声；梅兰芳总其成；而齐如山则是梅兰芳身边的不二推手，1928 年 4 月 15 日北平《晨报》编者按语云：

“梅兰芳之名无人不知，而使梅之借获享盛名，实为高阳齐如山先生，则世能知者鲜矣。梅氏所演诸名剧，剧本以及导演胥由齐氏任之。”梅兰芳身边极民国文坛名流一时之盛，泰半为康梁门下或好友，如张謇、姚茫父、许姬传、罗瘿公、徐志摩、林徽因等。而齐白石与梅兰芳的交往，则与芳草花事相关。梅兰芳爱花、惜花、好画牵牛花，“齐白石亦常到梅宅赏花，并为梅家的牵牛写真”（《梨园书事》）。梅兰芳还著有《花杂谈》一书，其中有“花语”说，“即以花代言的种种知识与趣闻，以及花的传说与神话”梅兰芳认为“余实深信爱花能益剧事，盖戏剧主于美，而至美莫如花，途径虽殊，趋向则一，以观心涵养其心灵，以莳花活泼其举动，无形中策进艺事”。姜德明为此有妙论：“森林是美的，森林的精神亦即戏剧精神。”倘蒙姜德明先生不弃，徐刚不妨接续此论：“森林是美的，森林的精神亦即戏剧精神。”亦即大森林、森林文化神奇美妙之一端也，《梨园书事》未记者，梅兰芳还喜养鸟，盖鸟鸣婉转，其声动人，可学可仿也。

综上所述，梁启超所说的清代文艺复兴思潮到民国时流风犹在，表现为学术上的以康梁为首，尤其是梁启超的历史研究、中国文化史等学术著作；艺术上的则是戏曲鼎盛，梁启超并且是身体力行者，他为《桃花扇》详为评注，并能吟唱全本《桃花扇》，王国维“一代有一代之文学”把戏曲与楚骚、汉赋、唐诗、宋词并列，使戏曲艺术从优伶小道恢复其本来面目：皆一代之文学也。王国维不言艺术、艺事而称之为文学，其中或有深意：骚赋诗词皆诗也，诗性乃一切文学艺术之根本，而戏曲是集诗词歌舞传说故事之大成者。戏曲之有京戏、有梅兰芳，而登峰造极矣！

梅兰芳的词语向着天空开放花朵时，忽然想起：花朵之开放及开放之过程，其姿态，其曼妙，不若牵牛乎？其风骨，其傲然，不若古梅乎？其唱腔，其声音，不若天籁乎？梅兰芳莳花养鸟中获得的天然生机，完成了从模仿艺术到有个性特质的天才艺术的过程。花鸟之境，自然之境也。王国维《人间词话》之三十一，有境界说：“词以境界为最上，有境界则自成高格，自有名句。”诗词如此，一切文学艺术皆如此。梅兰芳莳养的一丛牵牛，其花语，其飘逸，在与梅兰芳对视时生出的感动与启迪，创造力之跃跃欲动，今人鲜有言之者，无有行之者。

光绪三十年十月（1904 年），陈去病、汪笑侬等在上海创办《二十世纪大舞台》，当时年仅 18 岁的柳亚子撰《发刊词》：

> 张目四顾，山河如死……而南都乐部独于黑暗世界，灼然一线之光明。翠羽明珰，唤醒惊天之梦；轻歌妙舞，招还祖国之魂。（《梨园书事》编后赘语，余京京）

当年梨园在，曾照民族魂。

时代演进到了 1949 年，新中国的成立意味着中华民族自此将要自立于世界民族之林，破碎的山河亟待拯救，拯救之路何在？

第十八章

草木拯救中国

新中国成立之初，中国的森林覆盖率为8.6%。这一数据告诉我们，当时中国大地草木颓败，劫后残存的森林完全不能庇荫土地、人类及别的万类万物。“待重头，收拾旧山河”的方方面面中，振兴林业，重修林政实为其要者之一。1950年2月17日，中央林垦部召开第一次全国林务会议，林希部长的开幕词确立新中国林政重点为：“普遍造林”，“重点造林”，“合理采伐与利用”，“筹集开发大兴安岭林区”，“整理木材工业”以及“森林调查”，“加强护林”等项，毛泽东主席并发出了“绿化祖国”的号召。中国森林自此便开始了漫长艰难而曲折反复的复兴之路。

百废待兴，国家建设离不开木材，因西方长期经济封锁，不得不以木材换取外汇，于是砍伐，只能砍伐，砍光了小兴安岭的几乎所有红松。新中国的大厦离不开东北大、小兴安岭的参天大树吗？另一方面，全民的植树造林从未中断，问题是统计的数字太多，成活的树木太少。待中国森林稍有起色，又经历了砍树伐木土高炉炼钢铁、毁林毁草种粮食的全国全民性的破坏。加上改革开放之初农民分田到户后，惟恐“共产党的政策像月亮，初一十五不一样”，再一次大规模砍伐。同时又面临着人口增加、耕地紧缺、烧柴匮乏的民生之困，便有树砍树，有草挖草根，至20世纪80年代，森林、草场告危，荒漠化汹涌，人口以每年一千万人的速度增加，耕地以每年一千万亩的速度减少，生态危机不是报纸上说的迫近，实际上已降临中国。

我们都曾记得：荒漠黄沙离开天安门广场的直线距离只有一百公里略多；朱镕基总理站在被荒漠堵住门户的民居前，神色凝重；1998年的大洪水之后是不绝的警讯：塔里木河断流、黄河断流，以及地表水大量污染的信息，还有北京、上海地下水的大幅沉降……

从生态环境而言，有一条真理极深奥也极浅显：

只有草木才能拯救中国。极富意味的是，在森林颓败，土崩木坏，及种草种树，向着大地寻求拯救的历史时刻，中国森林文化，以自然文学为代表，挟焦虑呼告与赞美，登上中国文坛，并走向大漠荒野。

20世纪70年代开始的治理荒漠化的“三北防护林工程”，及后来的“长江防护林工程”“退耕还林、还草”工程等，可以说是中华民族历史上最伟大的大地工程，何为大地工程？那是修复人与大地、自然关系之工程。笔者有幸躬逢其盛，并在三十多年间目睹了荒漠化、水土流失的初步有效的遏止。1996年，我应国家林业局之邀，全程采访了长江中上游防护林工程，三本采访记录，至今翻阅仍然动魄，谁能想到，四川嘉陵江畔仁寿、乐至因为没有林木、没有烧柴而历史倒退的景况以及有柴草以后农民可以煮熟红薯的欢欣，记于后，与读者共享。近三十年写作森林生态的过程中，多少人物使我难忘。那些或已不在人世的智者，看似并非当下而近在眼前的数据，却记录着中国人民在20世纪后半叶开始的种草种树，拯救中国复兴森林的历程。虽非当下，却是昨天，而足可为明天警醒！

人啊，你要警醒！世间万物，唯草木才能拯救人类。

没有森林，历史可以倒退。

长江意味着什么？1996年10月21日，深秋的蒙蒙细雨中，我去采访四川长江防护林工程，穿行在四川盆地底部的山川丘陵间，一个拂之不去的问题是：对于中国、中华民族而言，长江意味着什么？仁寿、乐至、遂宁、南充、阆中、盐亭、梓潼、绵阳……我问巴蜀大地上一位风尘仆仆的林业局局长、造林人、护林员；我问川柏，我问桤木，我问马桑；我问那些已经有了绿荫、而在五年前还是荒山秃岭，只要一下雨红色的泥流便滚滚而下的连绵的山丘……人与树与山都可以作证：长江是我们的乳汁、清泉和命脉。

可是，我们知道长江吗？

我们之中又有多少人心里牵挂着长江？

我们渴饮长江水，并用来灌溉农田、喂养牲畜，直到注入工厂的锅炉，在长江流域180万平方公里的面积中，四亿人的生命、工农业的生机、两岸青山的树木、竹林、小草、走兽的吼声、百鸟的翅膀，难道不都是一江流水托起的吗？

长江只有涛声不会言说。

当那些祖祖辈辈生活在长江两岸，又目睹了泥沙俱下、大河沧桑，并且用自己的双手再造森林从而护卫了长江中上游的人们，终于代表长江与这灯红酒绿的世界大声争执时，我们才能说："长江可以期待。"

长江期待什么？

长江全流域的地貌结构为：山区约120万平方公里，占66.1%；丘陵区39万平方公里，占22%；平原18万平方公里，占10%；水面1万平方公里，占0.4%，是为八山二丘一水一分田。

田，太少了，却养育着4亿人口。约略言之，长江流域的工农业总产值占全国34%，其中，粮食产量占全国35.38%，而稻谷占58%，棉花占31%，茶叶占7%，蚕桑占40%。林业产量中，木材占全国25%，竹材占85%，茶油占80%，桐油占95%，生漆占96%。还有水上航运的"黄金水道"，内河的捕捞养殖，著名的三峡景观，以及三峡地底下埋藏的"活的中国通史"……长江流域是世界上最完整的水系和几近完善的流域，长江不仅是世界第三长河，而且被称为"天赐中华的神圣、美丽之河"，它源出青藏高原，奔行于横断山脉，横贯"天府之国"的四川盆地，奔腾于"湖广熟，天下足"的两湖之间，滋润着"江淮稻粱肥"的苏皖大地，灌溉着"富甲海内"的长江三角洲，沿途汇聚了七百多条大小河流，有容而乃得其大、其长，然后浩浩荡荡一泻千里，沿崇明岛注入东海。相比之下，美国的密西西比河略显平坦，埃及的尼罗河更易泛滥，印度的恒河更多浑浊。当世界同纬度地区河流干涸、沙化汹涌、树少地薄之际，独独长江，迄今为止依然是不尽江涛滚滚来。

我们怎能不感恩长江?

但，这不是长江的全部。

一代又一代的人向着长江无休止地索取的过程中，残酷地破坏了大地的完整集合，森林植被遭到严重破坏，水土流失日益加剧，以致水患连绵、地质灾害不断，每年有成百万亩良田失去农业耕种价值。

我们面对着毋庸置辩的事实：长江流域优越的自然条件，正被恶化的生态环境所取代，长江正在衰败中。

专家认为：长江流域的土壤侵蚀速度成百倍地超过了新形成表土量所需要的时间，砂质地区土壤已经由再生资源变为非再生资源。20世纪50年代，长江流域水土流失面积为36万平方公里，占流域面积20%；到20世纪80年代已扩大到56万平方公里，占流域面积31.1%；每一年长江流域被侵蚀的土壤为22.4亿吨，相当于一年便失去30厘米厚的耕地830万亩。陕西、湖南、贵州等山区县的调查表明，水土流失形成的岩石裸露面积正以每年5%—7%的速度增加，乌江上游石化面积已占总面积的15%—20%，长江中上游的地理形势均具有山坡陡、土层薄、雨量集中的特点，表土层一旦被冲刷则极难恢复。观测资料说，坡度在10度以上的旱地，每年流失的表土为8.5毫米，长江全流域旱地面积约为2亿亩，土层厚度多数在50厘米以下，而护卫这些土层的森林植被已经大体破坏殆尽，一种对后代人来说绝对可怕的前景出现了：50年后全流域2亿亩旱地的一半便不复存在，100年后长江流域则不再有一块可以耕种的旱地。

你看金沙江沿岸的石化地便知道了。

你看长江三峡的光板田便看见了。

到那时，我们留下的全中国的城市化，高楼大厦、立交桥、大饭店、高尔夫球场、歌舞厅、是什么样的明证呢?

1982年止，当时长江流域共建成大小水库48522座，总库容1210亿立方米。可是因为始终没有解决好泥沙淤积的难题，每年损失的库容达12亿立方米，相当于每年报废12座大型水库。长江中下游地区在20世纪50年代尚有湖泊面积2.2万平方公里，因中上游水土流失泥沙淤积，到80年代已减少到1.2万平方公里。江汉平原湖群蓄水总量由1949年的83亿立方米，下降到50亿立方米。1949年以来，洞庭湖每年淤积泥沙1亿吨，每年缩减湖面54平方公里，如果此种恶化的速度得不到遏止，洞庭湖烟波浩渺总有一天便是如梦往事！

长江告诉人们的一个惨痛的教训是：水库修得愈大、愈多，泥沙的淤积量便也随之增加。

历史记载如下：

乌江渡水电站总库容达到21.5亿立方米，已淤积2亿多立方米，相当于设计测算50年的泥沙淤积量。也就是说，我们的几乎所有水利工程，都在不同程度上轻视了长江中上游水土流失所带来的泥沙淤积的后果。白龙江碧口水库，1978年建成蓄水，8年即淤积泥沙1.15亿立方米。大渡河龚咀电站，只13年时间泥沙淤积达2.32亿立方米，为总库容的2/3。亲爱的读者，如果你沿着长江走，看那些明珠般的大大小小的水库，一池水清，波澜不惊，那自然是很美的，但就在清水之下，每一座水库都潜伏着巨大危险：不断增加的泥沙淤积，不仅削弱了蓄洪泄洪能力，而且还给国计民生带来了巨大的损失。据湘、哪、川三省不完全统计，20世纪50年代与70年代相比，通航里程收缩32.1万公里，缩短45%。淡水鱼捕捞量湖北下降60%，湖南下降50%，安徽下降55%，江苏下降33%。

“黄金水道”啊，当风帆找不到航程，鱼虾不再有归宿，人类的安居之地又怎么能得到稳固呢？

洪水、旱灾、泥石流已成为长江流域的三大灾难。其发生频率由20世纪50年代的每年0.58次，增加到80年代的每年0.81次。时至90年代，则每年1次或更多，2000年以后更甚。湖北省在1951年前的86年中，特大洪灾只出现过1次，1951年至1983年的32年间，则发生大洪水5次，其中特大洪水2次。1980年的洪荒之灾淹没农田4283万亩，粮食减产31亿公斤，棉花265万担。四川省50年代发生水灾4次，70年代8次，80年代年年发生，90年代一年几次。1981年的水灾遍及巴蜀大地138个县，淹没县城57座，场、镇76个，冲毁耕地112万亩、水利设施3万多处，减产粮食13.35亿公斤，3000多家企业停产。进入21世纪，决堤溃坝，屡见报章。2003年，国家水利部的数据说，全国共有病险水库30，413座，占水库总数的36%。经过治理，这一数据已大为减少。

洪荒岁月，应当记取。

1981年，中国林学会在长江流域的考察纪要中说，仅四川省因水土流失每年减产粮食49亿公斤。“天府之国”的不少地区经历着一场严重的、几乎使巴蜀人民倒退到“新石器”时代的生态危机，四川盆地的丘陵地带，因缺少建材与柴料而毁林毁草，又因无木可伐无草可挖而将木质家具当柴烧，最后只好造石房，坐石凳，睡石床，碾石磨，甚至用石料做风车、电杆……乐至县每年花人工600多万个，把冲下山坡的表土一担一担地挑回去；遂宁县为了抗旱曾一年得花去财政经费339万元；没有柴料只好买煤，南充地区每年补贴运煤费70万元，长防林一期工程的145个县中，有贫困县63个，山区人民每逢雨天，看着水土流失，伤心不已，说：“长江滚滚向东流，流的都是粮棉油！”

“谁把红薯煮熟了，谁就是好官！”仁寿县古称陵州，位于四川盆地西南部，在岷江、沱江之间，属丘陵农业县。1949年，仁寿的森林覆盖率为13%，1960年锐减至3%，1980年为4.7%。荒山秃岭遍布全县，水土流失面积达1837平方公里，占全县辖区面积的70%。

龙泉山，迤逦而去的龙泉山，现在已经有连绵的绿色了，尽管这绿色还是嫩绿、细小的绿，但毫无疑问这是仁寿的希望之所在。龙泉山从中江县西北部由东北而西南，斜贯金堂县，经双流和简阳的交接地带蜿蜒而来，到仁寿县境内扭动了一下，转向正南留下200多里崎岖的身影后，疾驰而去了。

这些红色的丘陵又称红石骨山。

红石骨山上原先有树有草，到20世纪80年代，树砍光了，草连根挖尽了，为什么？只因没有柴烧，锅里有米、有红薯，锅底下没有柴，煮不熟、蒸不烂。“这是另一种贫穷，没有柴的恐慌。”仁寿县林业局李局长对我说。

没有柴，没有火，没有炊烟，没有温暖。

有的是为了仅剩的几棵树、几根草、几片落叶的纷争，甚至挥动老拳。全县男女老少，乃至党政机关都在为柴而奔忙、而发愁、而苦恼。为了省柴，农民一天吃两顿饭，有时煮到一半断柴了，只好吃夹生饭；为了捡得柴火，农民挖草根用筛子筛，高家乡有两个农民为争几片竹叶而砍断了手指；还有两家农户因争一截可作柴料的干竹筒，大年初一吵到乡里让领导“断案”，把书记堵在被窝里……

柴啊柴，没有柴的日子是冰冷的。

柴又从哪里来呢？荒山秃岭哪会有柴？挖净了草根的红土地怎么能生出柴？只有风吹过时的沙尘弥漫，雨落下后的红土像瀑布一般倾泻流失。那时，仁寿人说，“一刮风就眼痛，一下雨就心痛，一煮饭就头痛。”

仁寿的农民说：“谁把红薯煮熟了，谁就是好官！”

1989年，长防工程启动，仁寿的目标是：三年消灭荒山，五年绿化仁寿。还有的乡干部下军令状：三年内解决不了农民烧柴问题，自动下台！

高家乡鹰头村的高树成老汉从解放时到1955年，一直是村支部书记，他是村里的老革命也是绿色兴衰的见证人。1957年前鹰头村见树不见山，1958年大炼钢铁砍树烧炭，办公共食堂又砍树煮饭，林子便稀少了。1960年搞两季稻，寒冬腊月在水田里育秧苗，砍树烧火人工升温整整烧了两个月；1962年集体食堂解散后，农民又纷纷上山砍树建房。就这样折腾了几年，林子没有了，最后一根川柏倒下了。没有树之后，开始还有草，农家煮饭除了收获的粮食秸秆就全靠割草。

那些年，每天进山捡柴割草的人比赶场的还要多，至少在1000人以上，连几十里外方加区的农民都来。草割完了，就挖草根，山光了，水浊了，人穷了。

“那时为什么不种树呢？”

高树成说，从60年代到70年代，他带领社员种了十年的树，但今天种，明天就有人割跑掉，年年栽树不见树。“种树要有个大环境，国家有号令、政府要发话、干部要带头，然后是种、管、护都得硬，这林子才能栽起来，活下去。”

仁寿人常说，栽树桩就跟生孩子一样，不给水喝不给吃奶他活得下去吗？

土地承包后，高树成几乎天天在红石骨山挖坑种树。

人问：“你哪年哪月才能把山栽绿了呢？”

他说：“栽一棵算一棵，绿一点是一点。”

村里人看他弯腰弓背不知寒暑便劝他：“你岁数那么大了，留给年轻人干吧。”

他说：“再等下去，留下的都是荒山秃岭，子孙连烧柴都没有，那是我们作的孽！”

高树成一个人种树种了8年，种活了68000株各种树木。

1989年，长防工程启动，高树成终于等来了这一天，用一生攒下的1000元钱请了30多个帮工，种了16万株美国松和墨西哥柏树，成活率达99%。

我常常思及1996年一个秋日去高家乡的下午，看见了这些树，荒山因为这些新生的树而有了生机，这生机如同那些小树，在仁寿的红石骨山立地生根已经有两米多高了。

两米多高的生机啊！

我在仁寿林业局看过一个录像片，那是长防工程大会战的实录，12岁的孩子挑水浇苗，60多岁的老人挥锤打钎，县委书记尹志君和山上植树的农民同吃同住同劳动……10月23日傍晚，我从黑龙滩赶到龙正区古建乡，看望白马寺山林的老护林员刘德根。夕阳的余晖从山林间洒下，刘大爷的老伴正在呼鸡进棚，两脚泥巴的刘大爷刚从山头上巡查归来，高血压、腰腿痛、半身风瘫后刚刚能站起来，刘大爷便拄着棍子又走上山护林了。1400 亩山林中一草一木都认得刘德根，只要他颤颤巍巍地往林子里一站，放牛的、偷砍树枝的便落荒而去，“这是子孙的山林啊，你不是在砍子孙的胳膊吗？”

都说刘大爷该退休了，享清福了。

仁寿的老人却这样告诉我：“嘴里没气了，活路就算干完了；”“眼睛闭上了就是退休了。”

不过，面对红石骨山上的绿荫，不再缺柴烧的日子，总是比以往舒心多了，“啥子叫幸福生活？有饭吃、有茶喝、有柴烧，传一片林子给子孙，安居乐业还不够幸福吗？”

这是山里农民的幸福观，我告诫自己要记住。

当仁寿县的森林覆盖率上升到 18.3%，水土流失面积便下降到 1010.3 平方公里，比长防工程实施前减少了 826.7 平方公里。年侵蚀模数也从 1988 年的 11301T/KM2 减少到 3940T/KM2。全县年产柴薪 7.1 万吨，既解决了农民的烧柴，又改善了居住条件。

长防工程前，仁寿县农业总产值为 80587 万元，其中林业 4400 万元。占农业总产值的 5.5%，农民人均年收入 600 元，其中林果收入 32.7 元，占 5.45%。长防工程 6 年后，仁寿县 1995 年的农业总产值为 135057 万元，林业产值 9772 万元，占农业总产值的 7.2%，净增 5372 万元，农民人均年收入 849.5 元，其中林果收入 70.3 元，占 8.28%，净增 37.6 元。

沱江、泯江在龙泉山的东西两侧滔滔流去。

仁寿的山里人知道这两条江，祖祖辈辈喝的就是泯江、沱江水。水浊了，水清了，他们看得见，至于长江或长江防护林工程，一辈子没有出过山的人会告诉你：“不就是栽树桩桩吗？我们咬牙坚持，你看这山都绿了！”

关于种树的好处，山里人的回答就和这山丘一样实在：“不用再为捡柴火打架了。”刮风不用戴帽子了。“山“热天可以躲阴，”里的泉水多了，沱江的水清了。”“花也开了，雀儿也回来了！”

林业局局长告诉我，高家乡的农民说，有了林子就有了风水，风水一好就会时来运转。这个乡在20世纪50年代前出了连长以上的官230多个，都是上了家谱、族谱、乡谱的。60年砍光了树再没出过一个人才，连一个大学生都没有。种了树，有了林子，80年代后，高家乡一个村就考走了24名大学生、中专生。

风水，什么叫风水？

我站在龙泉山下，我可以触摸的深秋的风正从山林间吹来，吹动着潺潺的泉水，那细碎的涟漪有时撞到石头上变形了，有时便隐没在草丛中了。这是一片经济林，前几年种的枇杷树明年就会结枇杷了，但此刻已经开始落叶，再从经济林把视线沿着山坡往上推移，是川柏和桤木的混交林，川柏还是瘦小的，据说它生长慢，材质坚硬，耐干旱，在中性、微酸性及钙质土上均能生长，即使是土层浅落的石灰岩山地，也能艰难而顽强地求索扎根之处，然后把常绿的针叶伸向春天也伸向冬天。

风水，风水，青山绿水就是好风水。

仁寿林业局的朋友把我送到了乐至。

乐至林业局的朋友对我说：“乐至最出名的人物是老县长王隆瑛，号称‘草鞋县长’‘种树县长’，老县长最大的政绩便是他把乐至农民的红薯煮熟了！”

我和王隆瑛彻夜长谈。

乐至县地处四川盆地川中丘陵的腹地，是涪江、沱江的分水岭。这里是陈毅元帅的故乡，元帅在回忆家乡时曾说，乐至太穷，在历史上军阀割据时都无人争夺。县境内，“地下无矿藏，山上不见绿，有水留不住，旱滩难吃粮”。20世纪60年代至70年代，十多年间，办食堂，炼钢铁，割资本主义尾巴，毁灭地砍伐森林，致使森林覆盖率降低到1.37%，严重的水土流失之下，眼看着乐至这一处农民的家园岌岌乎可危哉了。

1981 年的调查说，全县水土流失面积达 161.9 万亩，占全县总面积的 81.52%。

乐至是川中丘陵地区的一个典型。

缺水、缺柴、缺资源的典型。

贫困、落后、水土流失的典型。

从这个典型扩大开去，关于天府之国的生态忧患便不能不让人警醒了：

> 四川省 62% 的人口，居住在川中丘陵地区；四川省严重的水土流失面积，集中在川中地区；四川省土地资源不堪重负的严重超载地区，也是川中地区。
>
> 乐至这样的地方，如果生态环境继续恶化，草木不长，家园不再，四川还能称为天府之国吗？

乐至告诉我，作为土地、河流的屏障的森林解体之后，大地的完整性是怎样支离破碎的：1981 年的调查表明：乐至的土壤年均流失量曾达 418.7 万吨，也就是说每天都要流失近 1.2 万吨，年均侵蚀模数为每平方公里 4454.4 吨，每年泥沙淤塞的水利工程占全县设计库容的 5%。原为水库因泥沙淤塞而成了石河堰、山湾塘的就有 4 处。烧柴用材奇缺，农民除烧掉大量作物秸秆外，每年缺柴烧的时间为半年，缺柴户达 10 万户，占农村总户数的 54%，即乐至县过半数的农民在一年中的半年时间里，面临冷锅冷灶，没有火光，没有炊烟的威胁。

> 乐至的地里还能长出红薯，但怎样把乐至的红薯煮熟，却成了关乎农民生存、家园存续的严重问题。
>
> 红薯是这样煮熟的——
>
> 砍了板凳桌椅的脚当柴烧；
>
> 砍了木床的脚当柴烧；
>
> 然后再把床面、桌面当柴烧；
>
> 更有甚者，把祖宗的棺材挖出来当柴烧……

王隆瑛告诉笔者，20世纪60年代中的大约五年时间，“乐至又回到新石器时代了”，农户家里用的石桌石凳睡的是石床，就连扬谷的风车都是石风车。

当那些木制的、竹制的家具当作柴薪，就连棺材板也挖出来烧光之后，乐至的红薯又煮不熟了。

乐至县不得不从外地每年购进8.7万吨煤，农民卖了细粮买煤炭，买回煤炭煮红薯。

还有的是把一部分红薯切片晒干，然后当柴火煮红薯，这是我在乐至听说的红薯煮红薯的往事。

关于煮红薯的话题，是乐至生态环境恶化之后种种困扰之一，再举其要者，如连年干旱，塘、库干涸，稻田龟裂是常见的，全县80多万人不得不重提“生产自救”，农村纷纷打井靠抽取地下水解决人、畜用水，县城居民则靠汽车从简阳沱江中运水定量供应。旱则旱了。洪涝也不放过川中丘陵地区，1981年7、8月两次紧连着的特大洪灾，使乐至县农业的直接经济损失达1600多万元，相当于当年财政收入的1.5倍。还有泥石流，最严重的一次把一个乡政府、一所乡小学都淹埋了，泥沙堆到窗户沿，发生泥石流的那一面坡上树干砍光了，就连草也没有一根了。水土流失带来的另一个困境是人地矛盾激化，愈来愈贫瘠的土地上的人口的愈来愈严重的超载，乐至县垦殖指数曾高达62%，在每一轮加剧对自然资源的掠夺之后，便会引发新的更大范围的水土流失。为了维持尚能糊口的生计，和简单的再生产，乐至农民每年冬季挑沙还田，还兴修了8000多处蓄水工程。

可是，贫困依旧，水土流失日趋严重，那更多的已随着江水流走的泥沙，谁能把它们还原到乐至的土地上呢？

王隆瑛告诉我：“简言之，为煮熟红薯而运煤，为抗旱而兴修水利，为使愈来愈多的人口吃饱而千方百计多种粮食，其结果是，粮食、水和烧柴问题都不可能从根本上得到解决。”

一个陌生而富吸引力的名词跳进了王隆瑛及乐至干部、农民的脑海中：生态农业。事实再明确不过了，没有生态保障的农业是无以为继的农业，只有林木兴旺下的农业才是大农业，新的思路出现了——发展农区林业，建设生态屏障。

我们的土地是最富有想象力的，可是靠土地养活的人类却越来越疏懒于想象了。一旦脚踏实地地去思索，去想象，去工作，像王隆瑛那样，像乐至人民那样，那么土地就会给我们丰厚的回报。

1981年，王隆瑛任乐至县副县长，600多个村子，他一个一个地走，造林种树，生态农业的思路，他一遍一遍地说。1982年，省林业厅作为试验项目，在乐至营造15000亩水土保持林，抓住这一机遇，王隆瑛到每一个乡去作报告，农民听得进去，因为他做过调查研究，他说的不是官话、套话，他的理想其实很平常，撇开农民感到陌生的"生态农业"不说，就是山脊要有防蚀林，坡面种上滞流防冲林，地塄地坎要有固埂林。王隆瑛还编了绿化顺口溜，但这顺口溜却由乐至人民的双手变成了现实：坡顶马桑盖帽，坡肩柏树马桑混交，岩脚油桐走边，桤柏缠住山腰，田头土边栽腊桑，地塄地坎乔、灌、草，零星片地小果园，四旁宅周竹林高。

1989年，乐至又成为长防林工程启动县。

乐至在短短几年内，因为有了符合县情的路子，因为有了一个穿草鞋走遍每一个村的县长，因为有了全县人民目标一致的上山种树、管树、护树的踏踏实实的行动，乐至变样了。"乐至走出了一条川中农区发展林业同时也发展农业的新路子"，这是国内专家们的一致意见。原联邦德国艾伯特基金会驻成都项目执行人约·马克斯博士到乐至考察后，于1990年9月撰文，称乐至县堪称丘陵农区发展林县改善生态环境的典型。

1994年7月14—17日，受林业部长防办委托，四川省林业厅对乐至县长防林工程进行了实地踏访、勘查的验收。

1996年，乐至的森林覆盖率为28.5%。2015年乐至的朋友要我再访乐至，他们说乐至的森林更多更美了！

长防工程后，乐至县水土流失面积由161.9万亩下降到65万亩，减少了60%；年侵蚀模数从每平方公里4454.4吨下降到2356.4吨，下降幅度为47.1%。

有林了，也有柴了。

全县年产柴薪29万吨，每户平均2800公斤，农民烧柴自给有余。活立木蓄积54万立方米，年生长量50832立方米，年消耗量28378立方米，每年净增生长量22454立方米，用材基本自给。

一种传统的观点是，种树占了农民的地，一个大的防护林体系工程会占去更多的地，会不会影响农业生产呢？乐至是这样回答的：乐至县在长防林工程启动前的1987年，农业总产值为31776万元，林业产值为2475万元；工程建设后的1993年，农业总产值提高了17470万元，林业产值为8400万元。

王隆瑛62岁，白发红颜，高挑个儿，声若洪钟，他带着我去看马桑林，我气喘吁吁地跟着他钻林子。

好大一片马桑林啊！枝条繁茂，一丛一丛，叶子像桑叶，又显得瘦长一些，林间还种有桤木。

王隆瑛告诉我："马桑原是野生灌木，过去没人注意，现在是我们造林的先锋树。"

乐至的丘陵地有很多是泥质碎屑岩，坚硬而贫瘠，也称石骨子山，直接种树很难成活。马桑树耐旱耐贫瘠，它的发达的根系能四处搜索，寻找立根之地，并能使石骨子山的石块破碎、风化。一处石骨子山头，种上三年马桑，山头变绿了，也可以种别的树木了。

王隆瑛靠着马桑精神首先在乐至推广马桑，只要种下成活，年年能砍一部分枝条，老百姓有柴烧了，"红薯就这样开始煮熟的。"老县长边说边笑了。

王隆瑛毕业于西南农大，当学生时即被划为右派，毕业后到乐至当农业技术员。乐至的3300多个山头，他都走遍了，"可是这又算什么呢？"他说。老百姓相信他，从1981—1989年做了三届副县长，第四届换届选举，442名县人大代表庄严地行使了选举权。结果，未列入候选人名单的王隆瑛以440票当选。1990—1993年，王隆瑛又当了一届县长，然后退休。

他带着我一边钻山林，一边大声地说着“生态大农业”的思路：“现代社会生产是一个生态经济有机系统，包括物质生产、精神生产以及生态系统的再生产。”

“生态经济的财富观认为，进入人类生命、生活、生产过程并使这一过程正常进行的一切自然、环境、精神与物质条件都是财富。”

我在松木和柏木的混交林间大口地呼吸着，这满眼的绿色，这清新的空气，是多么宝贵的财富啊！

夕照里，是一缕一缕轻柔的乐至农家的炊烟……

我的1996年的采访笔记记着：我在南充小住一夜，便由热情好客的林业局苏局长送到了阆中。

阆中，我在读《三国》时便知道了，刘备定益州，任命张飞为巴西太守，镇守阆中。章武元年（221年）镇守荆州的关羽被害，张飞闻此噩耗决定挂孝伐吴，命部将范强、张达赶造白盔白甲，限三日完工。两部将要求宽限时日，张飞不允，并将二人捆在树上各打了四十军棍。范、张二将怀恨在心，相约杀张飞投奔东吴邀功。

其实，我只知道故事，不知道阆中究竟在哪里。

现在，阆中就在我眼前，一个依山傍水的小城、古城，现有的九十条街巷，五分之一仍保持着唐宋时的格局，并有两处元代建筑、四处明代建筑、十二处清代前期的殿堂，以及众多的唐宋以来的街市和古民居，阆中独特的地理位置使它成为历来兵家必争之地，又是人文荟萃，群星灿烂之城。阆中位于四川盆地北部，嘉陵江中游，东枕巴山，西倚剑门，以嘉陵江为主干的一江四河聚集，形成山水缠护的形胜，上通广元、汉中，下达重庆、武汉，古人概而括之为“前挡六路之师，后依西蜀之粟，左通荆襄之财，右出秦陇之马”。

这样的地方肯定出人物。

一定的地理环境总是孕育着一方文明。“阆中”这一地名使我颇费思量，查典籍，东汉许慎的《说文解字》说：“阆，门高也。”北宋《太平寰宇记》注解阆中为：“其山四合于郡，故曰阆中。”这是说环绕阆中的山丘其状如高门，而郡在其中。《旧唐书·地理志》谓：“阆中纡曲，经郡三面，故曰阆中。”嘉陵江流经阆中的一段古称阆水，山中水边之城便称之为阆中了。总之，阆中之名得于山水地貌，其名也，融山水城郭于一体，当无异议。

阆中是可以教人浮想联翩的，近几年的考古发掘使阆中地底下新石器遗物纷纷出土，它告诉我们，中华民族的先人不仅在黄河流域也在长江流域曾经踽踽而行；它还启迪后人：即使在更早的上古时代，人类便寻找着有山有水有林有草之地了。从这个意义上说，人类家园是天赐的、自然的。

阆中从公元前316年秦惠王置巴西郡，阆中为三十一县之一而得名，其间除避隋朝文帝父杨忠讳一度改称阆内外，两千多年来，阆中县名相沿不辍，是中国至今仍唯一保持初始原名的历史悠久的文化古城之一。

汉武帝时，阆中诞生了天文学家和历算学家落下闳，他在阆中创制了世界上第一台用于观察天体的浑天仪，落下闳观察天体的学说奠定了中国最早的浑天说的基础。落下闳主持制订的《太初历》影响弥久并启迪了张衡、袁天罡。东汉时期，阆中人任文孙、任文公父子俩为著名气象学家，夜观天象、预测风云，时人奉若神明。三国时期，这里又出现了周舒、周群、周巨祖孙三代天文学家。一个使人惊讶而又困惑的话题是：两汉三国时期，阆中为什么始终是中国天文研究的中心？此外，从晚唐至清朝的一千多年间，阆中竟出了尹枢、尹极、陈尧史、陈尧咨四个状元，九十四个文武进人，举人则数以百计。而三国名将马忠、南宋张宪、元明花木兰式女英雄韩娥、清代农民起义领袖顺天王兰廷瑞等，都生于阆中。

难怪苏东坡有诗叹曰：阆苑千葩映玉宸。面对阆中，我们今天或许还可以发出这样的感慨：所有历史悠久的形胜之地，在经历了久远的环境代价的付出之后，都已经疲惫、甚至衰落了。

20 世纪 80 年代初，阆中的森林覆盖率已减少到 10.7%，低于全国平均数。1989 年的统计资料说，其时阆中水土流失面积 161.64 万亩。阆中人民不会忘记，当暴雨过后，从山上冲下来的泥沙形成大量泥包，连绵起伏，169 条大小溪沟浊水滚滚，流向嘉陵江。嘉陵江水已不再是清澈的水了。

长防林工程六年后，阆中新增有林地面积 47.5 万亩，森林覆盖率上升到 36.48%，水土流失面积减少到 62.6 万亩，每年减少的水土流失量为 335.1 万吨。

阆中的山绿了。

阆中的水清了。

阆中的人民从 1989 年开始的建设长防林的奋斗，是可歌可泣的，阆中人又翻开了新的一卷，那是一大群为着长江、为着绿色、为着家园永续和可持续发展而无私奉献乃至献身的普普通通的阆中人。

阆中有个从 1983 年起做了三届九年林业局长的老局长何荣先。

我在阆中采访的每一个人都告诉我："没有何荣先，哪有阆中绿？""你务必要去看看老局长！"

何荣先已经退休了。

1996 年 11 月 1 日，我赶往阆中石子乡何荣先的家。

这是个普通的农家院落，房子还算宽敞，何荣先的卧室里摆着去世不久的他老伴的照片，慈眉善目，眼神里又带着忧郁和无奈。她走的时候肯定不放心，何荣先只知道种树拖了一身的病，大儿子患精神分裂症还在医院里住着……何荣先说："现在，我可以经常看看老伴陪陪老伴了。"

1989 年 6 月，何荣先腰部长了一个 12 厘米大的恶疮，发烧疼痛之下，他拖了 20 天才去医院。这 20 天正是长防林工程育苗的关键时刻，没有好苗哪有好林？何荣先奔波在田公、双龙、哑口乡现场指导。20 天过去了，医生一次抽出了 200 多毫升脓血，第二天，拴着绷带，右手按着伤口，左手拄着拐棍又到石田和枣碧乡检查工程造林去了。1991 年 3 月何荣先的大儿子精神分裂症发作，住精神病院的 10 个月中，他只去看过一次，儿子泪如雨下，何荣先说：“爸爸对不起你，等长防林造好我再补上亏缺的父子之情。”1991 年 6 月，何荣先老伴患食道癌卧床不起，7 月 6 日，何荣先在林业局职工大会上向全体职工告假说：“我妻子过去治风湿性心脏病、胃大切除，都是她自个去的医院，如今又得了食道癌，医生判了死刑，夫妻一场，尽我最后一点责任，我要耽误几天。长防林工程到了关键时刻，应该做的大家各自去做，拜托！拜托！”

何荣先说着说着就哽咽不止了。

会场上鸦雀无声，但，多少人在心里说：老局长啊，你没有过一个星期天，你的儿子你的老伴都躺在病床上，你还告什么假？哪有你这样告假的啊！

何荣先最可以告慰自己的，是实现绿化阆中的愿望，超额完成了国家下达的阆中长防林建设的任务，他说：“我只是尽了绵薄力。”九年林业局局长的苦差事，他带领阆中人民种了三十亿棵树，绿化了阆中大大小小的所有山头。何荣先告诉我：“这些成绩不是我个人的，我哪有那么多山头，我要那么多山头和树木干什么？做棺材也就一根木头足够了，况且还要火葬。功劳是大家的，区、乡两级真正发动起来了，农民最穷最苦承受最多，坑是他们挖的，树是他们栽的，林子是他们护的。我常说，你们别夸我，把林子管好护好，一代一代往下传，子子孙孙都有青山绿水好家园，就好了！”

何荣先还特别告诉我：“你要写文章还得写几句话：治千山、绿万山、农民兄弟是靠山。”

何荣先送我出门。

门前是山，门后是山，门前门后的山都是青山。

我的另一个采访对象是王大明——时任阆中市河溪乡党委书记——长防工程期间是水观镇党委书记。1991 年 6 月 2 日，王大明要离开水观镇了，老百姓纷纷相送舍不得他走，十六个村的党支部书记和村主任和他挥泪告别，“座中泣下谁最多？”老山寨村主任金继富。

王大明是这样一个典型，他不仅带头种树，而且关心干部，爱护百姓。水观镇每人筹三十斤粮或者十元钱一共筹到十七万，有苗钱了，就上山种树。一踩一个窝，一个窝里一棵苗，那样搞法是种不活的，哄完了上级哄自己。这一次是工程植树，每个窝都有标准，每根苗都必须合格，干部带头，全体上山，为了炸石掏窝，每个村都买 5—10 吨炸药，一壕一壕整地，一个一个掏窝。风里雨里，没日没夜，时饱时饥，吃干的啃冷的喝不到热水就更不用说了。就这样，阆中人得了“长防病”——胃病。

老山寨村的金继富一手捂着心口一手扶着苗苗在山上坚持着，这一天王大明从工地上下来没见到老金，便急忙赶到他家中，金继富昏睡着，床前是一大摊殷红的血。就在把金继富送往水观医院的路上，他的胃仍然在大出血。人一到，医院便下了病危通知，马上手术，偏偏又碰上停电。急中生智的王大明跑到水观镇电影院，王大明大声疾呼道：“我是王大明，有一位乡亲胃大出血必须马上手术，急需用电，各位的经济损失，乡政府负责赔偿！”电影院里一片寂静，有的还报以掌声。发电机抬到了医院，手术室的灯亮了，金继富的命保住了。

金继富说：“要不是王大明，我坟头上的草都有一人高了。”

王大明说：“长防林的树还没有长大呢，谁也不能走。”

我们再来看长防林建设者的另一种风采——他们的手——满是血泡老茧叠老茧的手。

1990 年 10 月，阆中大庆乡决定，给每个乡干部发一把十字镐，造林季节至少劳动二十天，到了地头到了手头不算劳动，和农民一样挥镐挖坑一天干满八个小时，才算劳动。乡党委书记李明全说：“建设长防林有没有贡献，不靠嘴上说，把手伸出来看！”

大庆乡五村距乡政府有五公里远，李明全去五村劳动时，早上五点多就上路赶工了。李明全的作息时间是：六点半上山劳动，中午就近在农民家吃饭，晚九点回乡政府，然后是在乡有线广播里讲评长防林建设中的先进人物，注意事项，晚上11—12点研究工作。

秋日的南方太阳仍像一团火，李明全接连五天带领二十六个农民放炮炸石、整地打窝，攻下了27亩砂岩。砂岩上过去不长树，李明全说，阆中哪一个山头都要有树。

李明全身材不高，矮矮胖胖，满面红光。

他说："一个月劳动二十天，手掌心是泡，脚底板长茧，工作作风自然就改变了。"

他说："你上山挖坑去了，你把'点'搞出来了，你的树秧子绿了，农民就心服口服了。"

他说："现在就是坐小车的、拎包包的、手里拿着不锈钢保温杯的、一吃饭就要喝酒、喝完酒就唱歌跳舞的官儿太多！"

李明全要我去大庆乡看一看："连每个路口都是绿的"，他已经调离了，但那留在大庆乡的为着长防林的日日夜夜，显然成了他记忆珍贵而自豪的一部分。

我在南充就看见赵正贤了，那是在一个专题片中，有一个人用背篓背着高音喇叭在田公乡的工地上动员，南充的朋友告诉我："这就是赵正贤。"

赵正贤快人快语：

1983年9月份，我到田公乡工作。胡耀邦刚好号召种草种树，我在乡里读完文件便到田公乡走了一圈，田公乡总面积9000多亩，荒山占了7030亩。不种草不种树怎么活？每天都有妇女上山拢草根，一天不找柴，第二天就没有火，乐至煮不熟红薯，田公烧不滚开水，一个样。田公的好媳妇是什么样儿的？告诉你吧，那年头只有一个标准：一天能从山上背回一篓子柴火的。

赵正贤把一座荒山做自己的点，70多亩面积，只有稀疏的杂木与青草，实行封山，强化管护，有农民拉住赵正贤哭诉道："没地方放牛吃草，挖根烧柴怎么活？"

赵正贤说："咬牙！父老乡亲啊，田公的山再砍下去再挖下去，那才真是没有活路了！"

封山管护一年就见了成效，草长到一尺深，然后开三天山，只准割草，不准挖根，不准砍树枝，赵正贤在山上住了三天，又有农民握着赵正贤的手说："真想不到封山还会长草，这山封得好！"

长防林工程开始后，赵正贤首先想到的是几代人种了几十年的树，怎么会越种越少呢？除了砍伐，便是种得多活得少，年年往上报，一年比一年多，那树桩桩不会提抗议，也不会说："我快死了，我根本就没有活！"

结果，植树造林成了植"数"造"零"。赵正贤告诉我，如果这一次长防林继续失败，那么老百姓就会彻底失去希望，那是绿色的希望啊，山里人种地的，没有了绿色还有什么呢？1989 年开始整地打窝，首先是转变观念，从一般造林到工程造林，关键在质量，一个窝 50 公分深，40 公分宽，打窝完成后，一个窝一个窝丈量、检查，差半公分也不行，反复了三次，百分之一百合格，全乡四个村 73 个队，山弯弯边边儿都走到了，量遍了。

田公乡的树活了。

赵正贤动情地告诉我："田公的老百姓想告诉胡耀邦，田公的山绿了，草肥了！"

我和赵正贤握别。阆中，仅仅是长防林工程中出现的人物，使我这个匆匆来去的走访者目不暇接了。那是一股怎样的动力？为了烧柴？为了讨老婆？为了树荫底放牛放羊？为了孩子们放学的山路上有一片树荫？是的，是这样，阆中人说，谁要是体验过锅里有米、锅底无柴的日子，谁就知道绿色是何等的宝贵了！在川西北盆地，生存的渴望，家园美好的梦想是具体而实在的，是对环境长期破坏之后的新的认识，农民没有理论，但他们心知肚明。不过，阆中人还会告诉你，长江中上游防护林可不光是为我们自个儿造的，那是为着一条长江啊，中国的龙脉，水清了，流畅了，子孙后代有福了！

我在四川盆地的山路上常常看见背着背篓的妇女。那是一背篓绿色的青菜，或是从集上买回来的花布、杂物。也有背着孩子的，在背篓里睡着了，走在山道上的，是母亲的脚步，是奶奶的脚步，是生命和希望在日光下与月光下的延伸……

那背篓背过昨天背过梦。

1996年的采访，那些山水人物，至今仍激励着我。

河楼乡当年造林还出过一个人物：乡长何海洋，翻山过坡打窝炸石，一个月穿烂三双鞋，花去了43元6角2分，占当月工资的58.9%。这是穿烂的？啃烂的？砸烂的？不，是跑烂的。

林业员敬兴民跟着何海洋跑，何海洋不说，敬兴民眼见为实。七月，天热，长防林工程在河楼乡更热，13603亩的造林任务，关键在于全乡482个育苗户的375亩树苗苗。何海洋从五月跑到七月，七月里跑得更勤，秋栽树苗眼看就要出苗圃了。7月2日，何海洋带着敬兴民在白虎村跑了一整天，村里的苗圃看完了，问题解决了，鞋底和鞋帮也分开了。晚上，何海洋只好去乡供销社用17元9角买了一双新网球鞋。7月8日，何海洋带着敬兴民去田公乡调运树苗，满山遍野地跑，一个苗圃一个苗圃挑，7月9日上午，这双才穿了七天的新网球鞋从中腰到后跟全部脱开，何海洋又花7元8角2分钱买了一双新布鞋穿上。

还是布鞋好，跟脚。何海洋又可以甩开大步了，翻山过岭，从牛鼻梁村把二十万株树苗运到天生村。7月2日，何海洋从石口村苗圃回到乡政府，脚上的布鞋又穿烂了，只好再掏17元9角又买双网球鞋穿上。

谁要重提这一个跑烂三双鞋的往事，何海洋只是一笑，他会告诉你河楼乡造长防林，贡献最大的是妇女。河楼乡在全国各地打工的共有2500名男子汉，仅1990年，从外地寄回河楼乡邮电所的汇款为32万元。也就在这一年，河楼乡列为阆中长防林工程启动乡。多数男人外出了，留在乡里的也就1000余个男人，怎么去完成1万多亩的荒山造林任务呢？别的乡人说："河楼人又想外出挣钱，又要造长防林，一手还能捉两条鱼？"

男人外出了，还有女人！河楼乡妇联主任王翠萍带着正上幼儿园的小孩住到了小锣山上，一住就是25天，妇女纷纷上山，并且搞了50亩作为样板的"三八"绿色工程，然后是开现场会，河楼乡妇女要顶起长防工程半边天。

严云南的公爹在新疆天山挖金、丈夫在广东砍甘蔗、儿子在河北采矿，31亩长防林又都在砂岩上。1990年7月16日一大早，严云南扛着十字镐上山了，一镐一镐挖，砂岩再硬终于有了裂缝，把顽石撕裂到变成树窝，又得流多少汗？挥多少次镐？砂岩立地条件极差，树窝还得又深又大，每一个都要达到直径80厘米、深70厘米的标准。

从7月16日—8月31日，严云南整整挖了46天，31亩砂岩上挖的树窝全部合格。不知道多少血泡，不知道脱了几层皮，纱布缠了几层止不住血，再扎一条白毛巾，白毛巾也染红了……

砂岩上只有石头，还得背土回填，那是怎样的背篓啊，越背越沉，就差那么几步路了，树窝窝都看得见了，却怎么也挪不开步上不了山，歇一口气，喝一口水，这才想起女儿送来的早饭还没有顾得上吃。山下长树的土长草的土把树窝窝填满了，接下来便是栽树，栽了七天，像伺弄婴儿一样抱了七天苗苗栽了七天苗苗，心里一遍一遍地说，苗儿快长大，小鸟要安家。到1991年秋天严云南栽的树合格率达100%。

长防林工程涌现出来的阆中人物，有的我已经见不到了，追寻着绿色梦想的灵魂正安息在长防林中，我能听见他们的声音，连绵不断，如歌如诉，晃动着，他们是树的最高枝，看家乡风雨晨昏，看长江滔滔流去。

敬连英，两个女儿的母亲，倒在长防工地时年仅38岁。

12月28日，阆中柏垭镇羊鹿村的村民敬连英和丈夫白玉林一起上煤坪嘴山坡栽树。这是个寒冷且干旱的冬季，一冬无雨，树窝里的泥土一捏便成了粉末，树苗苗就这样栽下去肯定活不了。夫妻俩作了分工，白玉林挑水，敬连英栽树灌水，看着水“滋溜滋溜”地滋润着树苗苗，不知不觉已是下午五点了，还剩下煤坪嘴山顶的几窝树没有栽。敬连英手持工具和树苗，向山顶爬去，爬着爬着，脚下一滑，从八米高的一刀切岩坡滚下，直滚到山脚路边右侧腰部撞在一根天然气钢管上，敬连英坐起来，叫了声“妈”又倒下了。

路过的两个小学生一边扶敬连英一边哭喊：“救人呀！有人滚岩了！”

最先赶到的是敬连英的丈夫白玉林及白友胜、白世林，他们轮番背着敬连英奔往一里路之外的柏娅区医院。

但，敬连英的路已经走完了。

她只喊了一声“妈”，没有顾得上再看一眼丈夫和女儿便辞世了。

又过了一年，煤坪嘴山坡上的小树全都吐出了新绿。

我徜徉在沙澳乡的一片树林里，在阆中这样的石骨山这样的林子多的是，不同的只是这里曾走过一辆架架车，架架车上躺着一个垂危的病人，他叫黄玉明，身患肝癌，整整一个夏天，在石骨山上挖山不止，打窝整地。两个多月，他在山上晕倒了三次。

干部、社员、家人求他：“你可以不挖了，你看着我们挖行不行？”黄玉明知道自己的病，他什么也不说，黄豆大的汗珠滴落在石头上能听得见声音，那声音便是黄玉明心里的回答：哪有比不把荒山留给后一代更幸福的呢？哪有比生命临近终结时还能挖窝种几棵树更珍贵的呢？

从石骨山上下来，黄玉明便没有再站起来过。

临终前，他说他想再看一眼长防林工程，人们用一辆架架车把他拉到工地上，奄奄一息的黄玉明睁开双眼，找那窝，找那苗，找那细小的绿色。他看见了，他可以闭上眼睛了……

关于阆中的长防林工程，我还看到过一份资料，仅 1990 年，阆中市添置钢钎凿 19 万套，挖断锄头 94323 把，投工 600 余万个，在红石骨山上打窝 2400

万个，造林 23.6 万亩。

这是历史的跨越，也是观念的跨越。

这是为着大地的完整而做出的一次艰难的努力，甚至付出了生命的代价，它也从另外一个侧面提醒人们，在经历了太久的破坏之后，改变生存环境的奋斗绝不是纸上谈兵，或者可以轻易地一蹴而就。它需要流汗流血，几代人的惨淡经营。

秋日的嘉陵江从西、南、东三面用涛声和浪头托起了阆中城，夕阳下，山水相依，城郭朦胧，锦屏山上的观星楼很快又要迎来满天星光。

落下闳，遥远年代的光的追问者。

公元前 110 年的日子里，观察太空、追问星光者留下了这样的富有科学精神的名言：“历之本性在于测验，测验之器莫先于仪表。”落下闳又说：“此后八百岁，此历差一日，当有圣人定之。”他预见到了《太初历》的不足，他只是在天文历算领域里填写了他那个时代能填写的部分，把其余的留给未来。

阆中人啊，落下闳的后代，今天我们该填写什么？

是的，阆中营造了长防林，倘若从更深远的文化背景上看，曾经日趋严重的水土流失是深刻的提醒：我们的土地以及土地之上，流失的日子太久了。因而几年、十年的造林远远不足于修复、弥补这一切，更何况还有精神与文化的流失呢？

我想起了采访赵正贤时，他说过的另一番话。

这个名闻阆中的川中汉子似乎有点伤感，当热火朝天的日子过去，然后是各奔西东，生活、工作相对来说平静了，也不用为农民的烧柴担心了，可是为什么望着满山的林子，总有对过去的苦和累的依依不舍之情？

也许是源于新的忧患。

赵正贤说：“长防林造起来了，林子的管护已经开始滑坡，中国人的老毛病又要犯了。”

赵正贤常看见砍树枝的人，“那是砍自己的手足，砍自己的孩子啊！”可是，这些道理说的人少了，听的人也听不进去了，赵正贤说：“谁都想发财，自己捞自己的，跟造长防林时，牺牲个人为了种树为了长江大不一样了。如果这样下去，十年八年又会砍光，到那时还有人愿意去种树吗？”

南充市林业局的苏局长和他们的笔杆子陈林执意要送我去盐亭，部分原因是南充市林业局还有一辆桑塔纳轿车，别的林业局几乎都是“烂坦克”，山绿了，树高了，林业局还是穷的，“农民还没有富呢！”他们都这样说。

路过南部县，苏局长告诉我，80年代初该县县委书记文明富抓种树，立下军令状：三年不绿化南部，请去官。有一个乡辖下的山头不见绿起来，他指着乡党委书记说：“依我看，你是混蛋书记，你连树都种不活，你还能干什么？”

听过农民骂干部的，上级这样骂下级却少见。但，农民很高兴地说骂得好，痛快。这个乡党委书记也心服口服，在规定的三天时间内交了绿化方案，带头上山，后来所有的山头都绿了。

这个绝非杜撰的小故事告诉我们：在中国，多少年来的习惯是不可不说，可以不做，比如种树，年年都说，年年都能应付过去，哪知道文明富这一次是动真的，“逗硬了”。

种树的真理其实非常简单：真的种树。

进入盐亭世界，便有绿色扑面而来的感觉，1月的风风雨雨中，蜿蜒的山头上桤木和柏林的混交林里，雨雾蒙蒙，湿润而清新的空气荡漾在山上山下。

盐亭不仅是四川也是中国的奇迹。

盐亭的森林覆盖率从1977年前的3.4%，到1997年已是54.75%。

这两个数率之间，盐亭人走过的是一条怎样的路呢？

查《盐亭县志》，盐亭县建置始于东晋安帝义熙三年（405年），到1997年已经有1592年的历史，1400年前南北朝时便有井盐生产，盐亭之名由此而得。盐亭的蚕桑业也曾盛极一时，“鹅溪绢”为历朝贡品。

蜀道虽难，却总有骑驴到剑阁的骚人墨客。唐代宗广德元年至二年（763—

764 年），杜甫两次路过盐亭，小住负戴山麓县云庵，传诵至今为盐亭人津津乐道的那首诗写道：

马首见盐亭，
高山拥县青；
云溪花淡淡，
春廓水泠泠。

盐亭地处川中偏北，位于嘉陵江、涪江的分水岭上，地势北高南低，只有 5% 的土地为平坝、河谷，绝大部分是丘陵。

盐亭自古以来产井盐、多林木，可谓古树参天，森林茂密，到 20 世纪 50 年代初，森林覆盖率仍达 28%，木材自给有余。

十年后，1960 年初夏的一天，时任中共西南局书记兼四川省委第一书记的李井泉从南充回成都，车过盐亭灵山铺，不见青壮劳力在地里劳作，只见童姑收禾。下车询问，路边有满脸菜色的老者告诉眼前这位大官："没柴烧，有啥法子，青壮年都去捡柴去了！"

李井泉气恼莫名："五月拾柴，这是啥名堂？"干部闻讯赶来，一个个挨了李井泉的一顿训，李井泉气冲冲地走了。

那些县、乡的干部又有啥法子呢？

一个晚上，全县办起公共食堂 6000 多个，农民早战夜战，食堂烟火不断，烧什么？山上的树，加上 70 余家木农具加工厂，每天上山砍树的木工伙夫数以千计。

据盐亭县林业局的调查资料，当时盐亭全县的公共食堂每天烧掉 60000 棵树，3 年烧掉 7000 万棵树。富驿镇五村四社的一个公共食堂 3 个月烧树 600 棵。与此同时，土法上马大炼钢铁加上熬硝，烧掉的树木又数以千万根计。盐亭有多少树？盐亭的树再多也经不起这样砍这样烧啊！

时至 1966 年，又一次乱砍滥伐。来龙乡一个月砍树 2000 棵，黑坪镇半年砍树3000棵。盐亭的老人回忆说："满山遍野砍得连掏鼻孔的棒棒也找不到一根了。"老人告诉我，"盐亭的鸟儿找不到树丫筑巢产卵，只好把卵生在地上，哪知没树了风也狂了，不是风吹卵碰石，便是飞沙走石把鸟卵砸个稀巴烂，那些鸟啊啾啾地叫，叫得让人心疼，鸟飞蛋打，盐亭听不到鸟叫了。"

1976年，盐亭森林覆盖率只有3.4%了。

> 这个数率包括的内涵是从生存到生产的一系列灾难景象：农民使用的锄把、扁担，乃至两寸长的锄楔也要从外地购买；八十年代的木材价格比二十年前上升十多倍；全县农村中小学80%以上的教室用石桌、石凳，寒冬腊月，孩子们冻得直发抖，怎么读书写字？全县农村每年有50%的农户缺柴四个月。一个挣10分工的男子汉外出捡一天柴只能煮两顿饭，后来实在捡不到了，就挖树根，挖草根。

当时就有老农民涕泪横流说："盐亭没有根了子孙怎么活？"

盐亭其时发展起来的一门民间特技便是攀悬岩，因为只有人迹罕至的悬岩上才能找到盐亭最后的树，才能挖到盐亭最后的根，这是一门技术和手艺，每个乡都有高手，不过，为此而遭难的也不少。林山乡穆少贵攀崖砍柴摔断了腿，安佛乡的一个姓任的农民在另一处悬岩上捡柴时惊动了一窝毒蛇，纷纷向他攻击，只好滚下悬岩当场磕掉三颗门牙。75%的盐亭人卖掉细粮买煤烧。黄甸镇七十多岁的养牛老人黄明山，煮饭时把石块放进灶膛里，饭熟后再把发烫的石块夹到牛喝的水槽里热水喂牛，黄明山因此而成了盐亭有名的养牛模范。

盐亭的农民说："没烧的比没吃的更恼火！"

> 盐亭没有根了，80年代川妹子外流便是从盐亭发端的，林山乡共有5000多人，光棍却占了300条，盐亭一县姑娘外流的达50000余人。

没有根的土地是破碎的，人心也破碎了，家园也破碎了。

如同前文已经写到的仁寿、乐至一样，四川省共有25个缺柴县，也就是天府之国的相当一部分地区和农民，几乎不见人间烟火，那是一种怎样的凄冷呢？为了解决柴火问题，盐亭县组织65个人的煤运工作组长驻广元，设24个供煤点，同时又派出三支小分队北上西安、西至宁夏、南下贵州打通关节买煤炭，所有的煤矿方面的供销人员都惊讶得目瞪口呆："四川没有柴烧？你们的树呢？"

"砍光了！"

天府之国曾经经历的历时近20年的能源危机，实质上是生态危机的表现之一，这一段历史之所以不能不记，是因为它生动而真实地告诉人们：无论原先是怎样的富庶之地，一旦林木伐尽，这一方地域便会陷入极度的贫困之中，此种贫困的象征还往往不是没有饭吃而是没有柴烧，因为相比较之下，水土流失的过程要更漫长一些，也就是说在彻底荒漠化之前，贫瘠的土地上还能生出红薯，在这个时间段，关键是怎样把生米煮成熟饭。如果此种情况得不到改变，不是进行大规模的认真有效的植树造林，以保持水土，接下来的生态灾难便是完全失去生存和生活条件，家园废弃，民不聊生，那就不仅是川妹子外流，而是生态难民潮汹涌。

盐亭县水电站记载：1960—1970年，盐亭年泥沙流量达523.8万立方米，相当于冲走5寸厚表土4.5万亩。10年间泥沙侵田蚀地损失粮食3亿斤。全县江河湖塘每年增厚的淤泥为10—20厘米，蓄水量以每年300米立方米迅速递减，农民每年秋冬顶风冒雨千辛万苦兴修水利所新增的畜水量，几乎与泥沙淤塞后锐减的数量相等！

我们到底应该怎样经略水利？

治水不治山，挖塘不栽树，修堰不种草，其结果是没有林木植被保护的山上照样水土流失，失得更舒服，一层一层地垒积在中国所有的大大小小的水库中。

中国从来没有如兴修水库大坝那样，上至中央下至各级政府，投入大量的人力、物力，有强制性的土方定额，抓林业办林业。成为鲜明对照的是每年的植树季，形式重于内容，死的多于活的。

如果我们以对兴修水利的重视及投入，每年在植树季节用政府行为实行强制性的造林护林，并以此作为考量地方官员政绩的一个重要方面，要不了几年，中国山河就会真正开始变样，绿色将象征着我们这一块国土是可以持续发展的土地，子孙后代有福了！

有根的盐亭与无根的盐亭之差别，还可以从另外一些数据中看出来，《盐亭县志》说，1011—1949年的938年间，县境内共发生旱灾20次，平均47年发生一次。1959—1980年的21年间，16次出现春旱、17次出现夏旱、11次出现伏旱、18次出现冬旱、3次出现秋旱，所有这些旱灾中7次为大旱、9次为夏伏连旱。1959—1961年和1977—1979年，则更是两次连续的三年大旱，山上光秃，河流干涸，土地龟裂。

流经盐亭县境的梓江，在1740—1949年的209年间，发生洪灾1次，平均17年1次。1959—1983年的24年间发生洪灾4次，每6年1次。1975年12月，出现霜日13天，为历史上所罕见。1959—1980年间出现大风206次，平均每年9.4次。1979年4月1—12日的大风风力达10级，最大风速每秒37米，刮断电线杆690多根，仅剩的树木中又有17万根倒地。农村一片末世哀号；茅屋刮倒，瓦片刮跑，麦芒折断，玉米弯腰。1962—1970年，盐亭粮食亩产为130公斤上下，比50年代初下降21%。

如此萧条的年代，老鼠的种群却日益兴旺。盐亭农民告诉我，1981年7月，林场村2.4亩玉米，只两个晚上竟被老鼠啃吃达90%。那是多少只老鼠？那是怎样的大队的老鼠？它们是不是正在做一次实战演练——当人类的家园因为森林毁坏所引发的生存环境灾难而彻底破碎，老鼠以及蝗虫或别的甲虫、软体动物便取而代之？

盐亭是不幸的，盐亭也是幸运的。

就在生态环境急剧恶化所带来的毁灭的边缘，盐亭县的领导和盐亭人民不能不警醒了：山上没有树，盐亭要完蛋，几届县委和县政府连续抓植树造林，那些年盐亭人都知道这样一个可以使人倒抽一口冷气中展颇的口号：

世界人均木材72立方米，中国只有9立方米盐亭仅有0.2立方米！

同时，盐亭又提出了“大好河山、寸土不荒”的战略性口号，这是1983年，盐亭人民用自己的双手改变生存环境的关键性的一年。我再三从当年的采访记录中寻找，又找出盐亭的两个人物：周勇和黄明俊。

> 为了治理让李井泉生了大气发了大火的灵山铺，1961年成立灵山乡，黄明俊当第一把手，上任伊始便摸索种树绿化的路子，好歹，灵山的树多起来了。1966年“文化大革命”开始，黄明俊少不了挨批斗，每一次批斗会他都要督促会议的主持者：“你们要斗快点斗，几下斗完了我好去栽树。”

光头山上和骨头山上想种活树，又谈何容易！

黄明俊经过反复观察，设想出一个适合在贫瘠之地造林的新方案——桤柏混交林——用速生固氮的桤木与缓生柏树先后配置混合成林，使桤木发挥先锋树种与伴生树种的双重作用。此种造林新技术一经试验，光头山与骨头山上便吐露出了希望，当桤木快速生长并固氮之后，柏树也在立地条件极差的山头上艰难地立地生根了。5年后，桤柏混交林使灵山乡72座荒山成了1.2万亩的人工森林公园，从此灵山改名为林山。

我在四川的长防林中到处都能看见桤柏混交林。

一种关于造林的思维方式的改变，所带来的是革命性的效果，也是盐亭植树有树、造林见林的新的开端。

但，盐亭推广恺柏混交林，却是在十年后了。

周勇17岁进西藏当兵，18年军旅生涯，带过兵打过仗，又在西藏察隅县任县委书记7年，1983年2月内调，回到故乡盐亭，挑起了林业局的担子。

在林山的林子里，周勇看着那些桤木与柏木，眼睛里流露出的慈爱使这个外表文质彬彬的局长更不像行伍出身，而是一个林学院的教授，或者环保组织中大自然的献身者。他说起桤木与柏木各自不同的特性，也可以说这就是树木的多样性，森林不拒绝多样性，乔木、灌木、野草都有各自的位置，都有自己的根。他说我们看见林子总有一种绿色与宁静及创造的诱惑，那是无言无语的，很难解释的。周勇还告诉我，他有时会想象林子地底下的根，桤木的根、柏木的根、马桑的根、野草的根、树的根，各种各样的根之间的缠结、深入、对水及矿物质的探求和吸收，谁能看见这根的世界？

周勇选择了林业，他说："我想让盐亭的山头都绿起来，如果这样我的故乡的大地就会稳固，我自己也有了根。"

周勇在县委、县政府的支持下，首先推广林山经验，桤柏混交，他的目标是"三年完成栽植，十年绿化盐亭"。搞林业，周勇是外行，但他有三句话：我是外行，我用内行；我跟内行学，从外行变内行；我成了内行，再跟大内行学。黄明俊就比周勇内行，学黄明俊，学桤柏混交。按照老方法春植桤木秋栽柏，两次混交，周勇想能不能在秋天桤柏一起栽植、周期混交呢？1984年秋天，他用一分地做试验，半个月后，小心翼翼地刨开土一看，桤木的白色根须走了3—5公分，周勇喜不自胜地叫了起来："我要的就是这根啊！"100株活了96株，按照造林育苗的要求，成活率85%为合格，周勇的试验达到了96%。紧接着开现场会，谁都心服口服，林业局开始以450亩桤木改春栽为秋栽，作为盐亭的示范点。

我问周勇，为什么要秋栽桤木呢？盐亭冬干春旱，春栽成活率低。秋天种柏，留着窝子，明春栽桤木，晚了半年，土地又放空半年。

每年秋季同期栽植桤柏，省时省工也充分利用了土地。

桤柏混交林的大体格局是这样的：两行柏树，中间一行桤木，桤木长得快，给柏树打把伞遮阴，桤木固氮还能给柏树提供养分。柏树材质坚硬，幼树生长缓慢，造林当年和次年还要除草松土两次，以后每年一次，直到幼林郁闭为止。柏树是四川的风水树，蜀人或称之川柏。周勇说，你到梓潼、剑阁，看见那些森森古柏，就会想起根的艰难、根的悠久。

这个时刻，我甚至觉到那些古老的黑根、幼小的白根，正蔓延在我的心里。

信哉斯言，搞林业的人要有根的感觉，要去感觉根！

桤柏混交林，终于在盐亭大面积推广，并且又有了新的更科学的改进。

1983—1986年，盐亭人3年育苗15000亩，打窝造林62万亩，栽下了12亿6000棵树，他们自豪地说："我们为每一个中国人栽了一棵树。"到1986年底，森林覆盖率由70年代的3.4%上升到29.8%。

1987年2月，中央绿化委员会授予盐亭县为"全国绿化先进单位"。

1989年3月，国家计委委托12名专家到南方考察，看能否通过人工造林的办法营造长江防护林工程，以控制长江中上游日益严重乃至危害国计民生的水土流失。

12名专家走了29个县，心中还是没有底。

他们来到盐亭，迎接他们的是茁壮生长的桤柏混交林，实地考察之后专家们兴奋地说："长防工程立项，希望在盐亭！"

不久，长防工程启动，盐亭为一期工程145个重点县之一。

周勇说："这就是机遇！盐亭难得，我也难得，我对林业局的干部说，咱们上山，林业的成绩不在纸上、嘴上，是在山上。"

我知道周勇有"草鞋局长"的雅号，偶然问起，周勇一笑，"走路轻快点，穿烂了换双新的也容易。"盐亭北部黑坪山区有1500座荒山28万亩造林任务。周勇扛起铺盖脚蹬草鞋到黑坪，在农民家里住了近3个月，有人说周勇是和农民同吃同住同栽树，周勇说："窝是农民打的、苗是农民育的、树是农民栽的，离开农民还能做什么？这话要这样说，我跟着农民同吃同住一起栽了三个月的树。"

每个山头都留下了周勇的足迹。

周勇有脚气病，脚底板开始溃烂，草鞋上常常有血迹，黑坪的农民至今还记得周局长是用脚后跟翻山走路的，农民开始以为他是犯了错误下放劳动的干部，农民说，好官清官怎么净挨整，他犯啥子错误也是好人。后来知道他是林业局局长来种树的，便对周勇说："你发话，再去治治脚，我们种树，黑坪要不变绿坪，你再骂我们龟儿子！”周勇一边用纱布裹脚，裹一层便渗出一层血来再裹一层、两层，穿上草鞋动情地说：“林业局局长是干啥的？就是种树的。我这脚气是老毛病了，在城里穿皮鞋烂得更厉害，我穿草鞋是治病，我来种树是本分，咱们干！”

等从黑坪下山，妻子帮他一层一层地揭开纱布，手发抖，眼泪直掉，溃烂的脚趾已经粘成血肉模糊的一块了，赶紧送医院，医生说，再晚几天，脚指头就保不住了。

黑坪的农民说：“周勇把草鞋穿烂了，把根留住了。”

盐亭的地貌结构中，有一些是砂岩或者页岩，甚至是鹅卵石垒结而成，上古年代的海陆更替为盐亭留下的一切都是财富，它能使人想起这一片丘陵和土地的出现是如此神奇及多姿，但也为后来的植树者出了难题。有的老人说，自从盘古开天地，这些山上就没有长过树。

更多的人证实，这些山头确实不是砍秃的，大跃进那年月就没有树。周勇和农民商量，咱们试试看，栽上，要是能长，长江防护林不就没有漏洞了吗？上千人的会战开始了，鸡公岭、长沟头，钢钎、榔头打树窝，打得火星直冒，钢钎断了一根又一根。在庙子山1000多亩的卵石山地上，则用铁锹掏松卵岩，再把一个个卵石用手挖出来。然后再从山下挑来土垫树窝，挑来水滋润树苗苗，一个身强体壮的男劳力，一天只能栽三棵树。关键是，这些树不仅都栽上了，而且活了，无法想象那些柔软的根毛是如何顽强地行进并且供应和稳固这些树木的，我去看的时候，鸡公岭、长沟头、庙子山早已郁闭成林，一层一层绿色蔓延着。

周勇在盐亭种树，可以说是运筹有方，指挥若定，他为了使长防林建设从采种、育苗、打窝、移栽、管理各个环节科学化，走遍了盐亭5210个山头，对每一个山头的立地条件都心中有数，防护林、用材林、经济林、特用林五林并举，宜林则林，宜果则果，宜桑则桑，宜药则药，宜草则草。与此同时，周勇又抓住造林的细节不放。这些细节可以归纳为:“五栽五不栽”和“三不准”。即:栽大窝不栽“鸦雀口”,栽大苗壮苗不栽病苗弱苗,栽须根多的带土苗,不栽手拔伤苗,栽当天出土苗,不栽隔夜苗,栽阴天雨天不栽大晴天。“三不准”是:苗床不灌饱水不准起苗,苗不带土不准出山,树窝不合格不准栽树。

周勇是农民的朋友,但他也深知几十年来农民都是认认真真种地,马马虎虎栽树,并不完全是农民的责任,但结果怎么样,政府、农民都尝到了:没有了树,种地也快种不成了。因此,周勇对农民说,种树没有别的窍门,就像种棉苗、玉米苗那样尽心、认真、细致,树就活了。山上光秃秃的罪还没有受够吗?没有林子,水土流失,非旱即涝,大风刮得嗷嗷叫,你还种什么地?咱们的子孙上哪儿去安家?

你给树苗苗打石头掏窝,你就是给子孙后代造家园。

盐亭扎扎实实的造林绿化运动中,人们的精神面貌又起了哪些变化呢?可以说,盐亭人走过了从造林到爱林、进而认识到居家安危、子孙后代、风雨调逆都与森林、环境相关联着,把根留给后人就是把家园留给后人。

大兴乡紫荆林有一处集体坡场,一位名叫敬元君的青年农民自告奋勇义务护林,为了把偷树者抓获,在搏斗中摔断了肋骨。1990 年 8 月 16 日深夜,林农镇一棵古柏被雷击着火,村长一声喊,几百村民从梦里醒来穿着裤衩跑去灭火,其中有一位姓勾的老者 70 多岁了也不甘人后。柏梓镇三村五社有位老奶奶听说有人在砍古树,她抱住大树说:“你们要砍树先把我砍倒!”30 棵古柏——盐亭农民说的国家树完好地保存了下来。盐亭县境内 1372 棵名木古柏全部建立档案,挂牌保护。全县连续 11 年没有发生侵占林地,乱砍滥伐的行为。

1994 年 7 月,经过四川省长防林工程竣工达标考核验收组检查,盐亭县提前一年完成 40.2 万亩长防林建设任务,各项指标均达到或超过规定标准,全县绿化率为 9.61%,森林覆盖率达到 54.75%。1995 年 3 月,分别由林业部、全国绿化委员会评为“长防林工程建设先进县”,“全国造林绿化百佳县”。

盐亭的森林已经并且还将继续造福盐亭人民。

1994 年 7 月的测算，全县水土流失面积为 14 平方公里，比起 1984 年的 1498 平方公里，减少了 89.6%，减少表土流失 98%；县境内的水库塘堰泥沙淤积同时开始减少，蓄水量比 1984 年增加 561.6 万立方米；全县因暴雨滑坡垮塌的面积为 200 亩，比 1984 年减少农耕地损失 17600 亩。

盐亭的生态环境处于全面优质良性状态，并且有了自己的风调雨顺的小气候。1992 年以来，年平均最高气温降低 1.7℃，年平均最低气温上升 0.6℃，相对湿度提高 5.4%，风速平均降低 90%。表土温度上升，土壤有机质、含水量明显增加，林山乡 10 厘米以内的表土温度增加 0.1—0.7℃，土壤含水量增加 20%。盐亭境内的山丘上，枯泉再发、老泉增大、新泉涌现，农民奔走相告说是祥瑞之兆。仅林山乡涌现新泉 130 处，地下水每平方公里增加 10 万—16 万立方米。盐亭粮食总产量由 1983 年的 17.5 万吨增加到 1994 年的 28.4 万吨。营林产值 4235 万元，占农业总产值的 6.4%，与 1984 年的 204 万元相比，11 年增加 20 余倍，农民人均林业收入在 10 元以上，较之 1984 年提高 15 倍。按照中国林科院林业科技信息所侯兆之先生提出的“环境—资源—经济一体化”核算方法，盐亭森林资源价值至少在 10 亿元人民币以上。

盐亭的农民说，钱要算，那数字太大，留给子孙后代慢慢花吧，就看眼前的景象心里便舒服。确实，盐亭到处是绿，山清水秀，鸟语花香，到盐亭的人都会大口地呼吸那格外清新的空气，盐亭人有福了！从此，这一块土地以其稳固及肥沃，使洪水、干旱、狂风却步，在这块土地之上的农民也正开始离开贫困。

周勇告诉我：“稳固的土地，才是可持续发展的根基。而稳固的土地，必是有各种草木之根的缠结、延伸、汲取和输送。这就叫水不在深，有树则清；山不在高，有根则灵！”

周勇好读书，谈到盐亭提出的“一分种九分管”的林业管理问题，他说周代及春秋战国时便有了大体完备的林政，并且有很细的分工。大司徒统管农林生产，山虞、林衡则管理国有山林，封人、掌固负责植树造林，司险、积方氏、土方氏管理地方林，载师、山师管理民有林，等等。盐亭如此之多的林子怎么管好护好，盐亭林业的路子以后怎么走？这些都是周勇苦心思虑的问题。

聚集着天空与大地的森林啊，那叶子写到白云上的，那根毛刻在地底下的，才是根的故事的全部。

人到梓潼，剑阁在望，那身处蜀道的感觉便愈来愈浓，拂之不去了。

一切都是因为那些古柏，矗立着的苍凉，历经千百年而依旧的雄姿和针叶的绿色。当李白、杜甫、唐明皇来了又去了；当司马相如在其时文坛独领风骚、卓文君当垆卖酒的爱情故事成为“司马石室”的遗踪；当刘备屯兵的御马岗、孔明扎营的卧龙山、张飞大战张郃的瓦口关都已经烟尘俱散；留下的便是历史迷茫、挣扎、推进的古蜀道，时间带走了一切，但带不走空间，带不走太古年代留下的山脉的褶皱，古海的化石，在灭绝和演进中留下的根……

古柏如是说。

离梓潼县城10公里的大庙风景区，方圆400余亩，漫山遍野古柏成林，根连枝接，莽莽苍苍，遮天蔽日，清气逼人。如此壮观的古柏林从梓潼七曲山起，沿古蜀道和川陕公路往北如大笔翠绿烟云绵延，直向剑阁，这便是“三百里程十万树”的“翠云廊”，在古柏下默想，我仿佛听见了遥远而清晰的吟哦声：“秦川道，翠柏天，商旅兵家密如烟。”

蜀道翠柏，真是根也久远、思也久远了。

它是巴蜀人民千百年来孜孜不倦地栽植、培育、管护的中国最大、世界也罕见的一处人造古老行道树群体。其年限，一般认为始于秦汉，完备于明清。相传为晋代张亚子手植的一株古柏可称众柏之祖，距今已有近2000年，它周身无皮，无叶，只有地下的盘根错节，伸向空中虬枝铁杆，不生不灭，有干有年，顶风傲雪，全无言说。

晋柏之侧是“应梦仙台”，今人李儒科的一副楹联，读来有点意思：

唐王应梦生无计

晋柏穿云死不休

清咸丰《重修梓潼县志》载：明万历二十二年（1594 年）——这株晋柏“高五丈余，围计高之一，巅如龙如凤，根如石如距，其腹坚实，而肤亦肥润。”

清乾隆元年，即 1736 年，重修晋柏石栏载：“晋柏……无肤甲，无枝叶，玉立亭亭，柯如虬龙根如铁石，阅十六朝，历二千年，雨淋日炙，无丝毫剥落之患。”明赵彦歌以颂之：

维城之北，柏振陀罔。
博厚高明，披拂青苍。
卜柏之寿，悠悠洋洋。
与天同久，与地齐长。

晋柏从留有文字记载的明万历二十二年（1595 年），到新中国成立后的 1962 年，曾三次立石为栏，以为防护，明赵彦在《晋柏记》中写道：“列石为栏，防其有伤于此柏也，用以告后之人，知此柏之重于此山此庙者，永为梓潼之乔木，有自来矣。”清白玉藻在《重修七曲晋柏石栏记》说：“往来观者，或解带以量其长短，或抓肌以验其生灭……昔苏长公怀吴越山水云：‘醉翁行乐处，草木皆可敬’，况兹地之草木，其可敬当何如？杜工部咏孔明庙前柏云：‘君臣已与时际会，树木犹为人爱惜’，况兹地之柏，其当惜情又何如？因急会同人，醵金百余，作石栏以卫之。高丈余，围六尺有奇，庶几使观者可望而不可即焉。嗟乎：三代法物苟有留于后者，人必曰此有神力护持。兹柏也，有神力以护之于内，而又有人力以护之于外，则亿万斯年，不且与天地相终始哉。乃取十六字以铭之曰：如佛子身，不生不灭；统神州地，惟梓惟桑。”

白玉藻所写实在是一篇声情并茂的美文，而且还具有相当的环境意识及人文精神。按照文中所述推而及之，明赵彦时所修的石栏似已损坏，在有可能或者已经影响晋柏安危的情势下，白玉藻才“急会同人”，筹集资金，“作石栏以卫之”，为的是让前来观看的人“可望而不可即”。梓潼晋柏倘不是有那么多人一代传一代地悉心护卫，怎么会传到今天呢？白玉藻感慨万分地告诉时人，一种法物能传三世，人们都会说这是有神力相助，更何况晋柏？神力助之于内，但这还不够，还需要人力护之于外，如是则晋柏便可与天地共始终了。它屹立着，若龙腾，若凤舞，铁骨嶙峋，柯似青铜，它不仅集合起了天地神人，还集合起了远古当今。

梓潼人爱种树，而且爱种如此高尚如此长寿的柏树。

查典籍，听传说，蜀道古柏并非一朝一代的产物，而是自西周以来，历代有识之士和劳动人民如同今天营造的长防林一样，一锹一石一株一株种植的。其最初的动机恐怕不是为了观赏，而是意在局部改变生存环境。相传三国时，张飞头顶烈日带兵路过梓潼，蜀道艰难自不待言，况且还有烈日当空酷热难耐。张飞便下令种树，而且要种象征长青不老的柏树，有野史说，奇迹出现了，张飞上午栽树，下午便活了。也有民间传说谓，张飞在瓦口关大败张郃之后，便传令三军并布告民众，广植柏树，以庇荫蜀道兵家商旅，并亲自督察，至今此柏树称为张飞柏。诗人白航写虬枝盘根的《张飞柏》颇为形象，说是“像张将军挺着长矛，缓步走下山来”，然后是摇落多少阴凉。

有据可查的是明代剑州知州李璧修剑阁到梓潼的官道，于官道两旁遍植柏树，动用的是剑阁、梓潼沿路的数万农民，放炮炸石、掏窝填土、育苗种植，其景况可想而知，翠云廊古道初具规模。有清一代，多任地方官以种树为荣为翠云廊两旁行道树管护补缺。乾隆年间，邑人潘渤父子宦游还乡后，出资出力并动员乡人在七曲山周围植柏400余亩，便是今天闻名中外的古柏林。

蜀道古柏历经千百年岁月沧桑，天灾、人祸、战乱，均未能将其毁灭，实在是巴蜀之幸、中国之幸。大跃进那几年，梓潼山上一样毁林成风，或许是古柏森森的威严，“翠云廊”、古柏林虽受到了不同程度的破坏，大体上却保持下来了。1962年，梓潼和全国一样民生维艰、财政窘困，但是政府鉴于晋柏石栏年久失修，拨款再建，使千年晋柏又度过了 30 多个寒暑交替的年代，至今健在。

我站在晋柏下，有一种感觉是如此强烈，历史散落在山野中，历史是活着的。

梓潼之名始于战国，集中地闪现着中国文字命名力的智慧，“东依梓林，西枕潼水”，梓潼是也。桑梓之林在梓潼一样历尽艰辛，到 1990 年时森林覆盖率不足 20%，年水土流失达 1008 万吨，年土壤侵蚀模数也高达每平方公里 8379 吨。

长防林工程使梓潼的森林面积逐年扩大，到 1995 年，有林面积为 62.6 万亩，增加 26.1 万亩，森林覆盖率达 28.9%。梓潼人民不仅珍惜古柏，而且在近年间栽植新柏 50 多万株，七曲山林场的新柏林面积达 6 万亩，梓潼蜀道上，古柏新柏，凝望着家园和长江。

我又去了绵阳。

220—280 年，魏、蜀、吴三国鼎立争雄的历史，是在绵阳富乐山翻开的。富乐山原名东山，位在城东近郊，深秋冷意中登临富乐寺，想起刘备、刘璋东山之会，欢宴百余日，刘备似乎是沉醉了，其实他已把重点布置在要冲，对川西重镇涪县亦已了如指掌，那一句使富乐山得名的“富哉，今日之乐乎”，是刘备踌躇满志的表露。才子李调元写富乐山怀古诗，道出了一个古人的心态：

当时龙战野，
此地等蒿蓬。
富乐独入眼，
方知使君雄。
…………

这一段历史限于篇幅不能多写了，我在富乐山顶独步、饮茶，无限感慨中得到的却是两句诗：天下曾经三分国，长江依然万古流。

长江在哪里？

不要责怪四川盆地的农民只知道岷江、沱江，长江这个名字是干流的统称，它在不同河段又有不同的名字，从囊极巴陇到玉树的巴塘河口称为通天河，再向下到宜宾因产沙金而得名金沙江。从江源到宜宾流程3496公里，占全长江的1/2以上，但因奔流在高山峡谷之中，流域狭小，面积只占长江的27%，又因地势高寒，降水量较少，金沙江水量仅占长江入海水量的15%。

宜宾以下，江流进人四川盆地的态势又如何呢？

四川盆地周围，环绕着海拔1000—3000米的高山和高原，盆地底部为低山、丘陵与小块平原的混杂。众多的支流由盆地边缘向盆底汇集，故有杜甫“众水会涪万”之句，水量也随之猛增2倍多，浩浩荡荡，蓄势待发，众水滔滔将要流向何方？前面就是长江三峡，眼看就要“瞿塘争一门”了！

回首1996年，人们才能真正领悟到四川盆地的水土保持，对长江来说是何等的重要！我曾经踏访过的大大小小、高高矮矮、疏疏密密的长江防护林，它们尚且稚嫩的枝叶已经部分地承担起这一使命了。面对长江，面对依然浑浊和正在加剧的严重污染，所有的中国人都不能不思考一个庄严的生命话题：怎样保全、爱护我们的母亲江？北京林业大学教授关君蔚先生说过，长江潜在的危险性远远超过黄河，黄河是一股水，防住了，水过之后就没事了。而长江汛期长，总流量大，水灾一旦发生，后果不堪设想。其次，长江流域的土壤被冲走后，剩下的将是光秃秃的石山，石化面积不断增加，哪还有耕地呢？湖北的武当山便是一个例子。长江如果出事，损失将是惨重的，长江流域是我国的经济中心和基础，那时要翻身就很困难了。因此，长江中上游防护林体系建设，对中华民族的历史和未来，具有深远的不可估量的意义。

没有可持续的林木，哪有可持续的长江？没有可持续的长江，哪有可持续的未来？

遥想长江防护林，那无林之苦难，恍若昨日。

长江中上游因为防护林而变得温柔。

第十九章

芳香与温柔

天地之间，人在其中，森林和草木，是芳香与温柔的过渡，何谓过渡？何须过渡？天高远而深邃，不知其几高、不知其几深；地起伏而重厚，不知其几重，不知其几厚。森林在其间，上接天；天为乾，乾为阳，阳光所照阳气所出，借森林草木徐而下之；树有根草有根，森林立于地面，根须深入地下，地为坤，坤为阴，阴气浮生，不绝如缕，凭森林草木徐而上之，于是阴阳相接相融相交相合。万物因之生，道因之生，"一阴一阳之谓道"（《易经》语），人享之用之，万类万物亦然，是有人间世，是有安居，是有人类的历史及人类活动之大舞台。这大舞台上，不知演化出了多少采集、取火、构巢、垦拓、生殖、祭祀与攻城略地，刀光剑影的故事，此史家所常论者也。少有论者，则关乎文学、文化之源头，森林草木，阴阳合一，生存劳作，男女相恋，是有诗，至少在中国，诗乃文学之始，《诗三百》是也，先秦周代人作，溯之于口口相传的历史，其原始之作会更早，若先民不留下这三百首诗，今天的文人墨客能取稿酬、混饭吃吗？诗是中国文学乃至文化的开道者，然后有《离骚》，然后有《史记》，然后有唐诗宋词，有唐宋八大家，有美妙无比的书画艺术，有戏曲等等。所有这一切，源出于字、世界独一无二之汉字；由字而成词，词而成句，是有以比兴发自内心热烈情感的诗。以何物比兴？草木鸣禽也。

《诗经》开卷"关雎"：

关关雎鸠，在河之洲；
窈窕淑女，君子好逑。
参差荇菜，左右流之。
窈窕淑女，寤寐求之。
求之不得，寤寐思服。
悠哉悠哉，辗转反侧。
参差荇菜，左右采之。
窈窕淑女，琴瑟友之。
参差荇菜，左右芼之。

窈窕淑女，钟鼓乐之。

诗以一对雎鸠鸣和起句而感慨，君子所求，美女也。美女何在？如同荇菜，根生水中，叶浮水面，随水漂动，而“左右流之”，求之不得也。于是不眠，于是“左右采之”，“琴瑟友之”，“钟鼓乐之”。雎鸠在洲，荇菜在水，雎鸠有和合应答之声，荇菜有水遂漂忽之态，君子好逑，逑之不易，不易亦逑。中国的第一首诗是情诗，是人之初脱离了群居群合，人只知其母不知其父年代后的求爱求偶之作，其清纯美妙，后有来者乎？细品全诗20行，以雎鸠发先声，以荇菜贯其间，荇菜何物？水生植物也，有清灵之气，有摇曳之姿，人比而兴之喻之，有诗出矣！其温柔、温情，千年犹存。

追溯诗的源头，举凡所有植物的身姿、色彩、花朵、芳香，都会引起、激发人的好奇、惊讶，树何以高？叶何以绿？花何以香？再推而广之，山何以立？水何以流？鸟何以鸣？凡此种种即为人有思想之始，是人的精神世界的引领者，四季往复，花开花残，有树常青，有树叶落，睹之日久，日久生情，有感而发，发而为声，在其时并不丰富的语言中，做出了最简约、最丰富的表达。

诗的发生应在有草木、有语言而无文字之时。正是这些带着原始的流风余韵的诗，和洁净的植物、土地、荒野的芬芳，以及鸟兽的鸣声、千姿百态，使人类心灵为之激发，携情感而飞动也。

草木多芬芳，是诗人之想象吗？非也，凡草木必有香，清香其一也，儿时崇明岛上春夏时分，芦苇似带，一带清香，青草遍地，遍地芬芳。春耕伊始，放水灌田，水有水香。农人刈草，踏草入田以为青肥，草既刈，草香留于田，长出五谷，五谷生香。季节在芳香中演替，生命在芳香中延续，谁道顽童不知香？如今忆及犹芬芳。我踏访过中国不少的森林、草地、荒野，未进山林香已闻，木香也。木有香，且奇香。小兴安岭仅剩的那些百年红松，其香浓亦醇，金丝楠木香且雅，海南黄花梨香而悠，檀香荣华，沉香高贵……木香之外更普遍而众多的是草香、花香，或闻之有香，或食之嚼香，果有香，菜有香，《千字文》云："菜重芥薑"，我们至今还在食用，芥菜以苦生香，生姜微辣而香。中国古代记花木的书比起那些洋洋洒洒的史传，向来不为重视，其实所记录的却是人类生命史、人类文化史的篇章。我们的先人是从吃野草、野菜维持生命的，历史书上原始人类之所谓“采摘”，往往被理解为采摘果实，其实是先采草叶后摘果实。明代有《野菜博录》，不同历史时期有《兰谱》《菊谱》《竹谱》《群芳谱》问世。方志范畴内，记草木犹多的是云南，盖云南山高林密花草众多而美妙也，有《滇南本草》，至近代有《云南掌故》《冥想的花朵》，还有汪曾祺笔下桂子飘香的昆明……

“松竹梅岁寒三友，桃李杏春暖一家”，此一联语几乎尽人皆知，亦为中国水墨画大家中无不描之绘之状之于情感，托之于心灵的自然物，一旦入画，移情尺幅，则为人格之象征，心灵之渲染，情绪之抒发也。除松竹梅桃李杏之外，为画者笔下之气象的，尚有兰花、荷花、牡丹、菊花、古藤等等，以兰为重。何故？诗中言兰最多、最妙者，屈原也。所谓芳草美人，兰为象征。《离骚》：

既滋兰之九畹兮，
又树蕙之百亩。
畦留夷与揭车兮，
杂杜衡与芳芷。

屈原以兰自喻高洁，并写到芳草之“莫好修之害”，芳草亦修心性也：

何昔日之芳草兮，
今直为此萧艾也！
岂其有他故兮，
莫好修之害也。

诗人笔下兰草之姿态，兰花之芬芳，无不人格化，入诗入画即为诗意，即为文化，即为艺术，有无穷况味。中国画之画兰者必画石，八大石上画兰，徐谓兰姿放逸，近代吴昌硕兰竹相杂于奇石，皆上上妙品也。自此，“兰为王者香”，“兰为香祖”，便成为中华民族独具的文化之香艳，艺术之芬芳，心灵之清气。

山水森林草木花卉，其傲然独立之形，其庇荫万类之德，其生生不息之仁，其芳香入药之妙，则为人类心能开积之始，诗歌之始，文化之始。自《诗经》而《离骚》而唐诗宋词而元明清之曲，为写人间世而以草木众芳温柔移情于心、发之以声、传之以世的如杜甫《江畔独步寻花七绝句》，杜诗中别具一格者也：

江上被花恼不彻，无处告诉只颠狂。
走觅南邻爱酒伴，经旬出饮独空床。（其一）

江上即江畔，杜甫时居成都草堂之浣花溪。为花所恼实为爱花也，恼至颠狂，于是寻邻家酒友，那知此公不知在何处饮酒乐而忘返，只剩下一张空床。此“寻花”而“独步”之由来。

稠花乱蕊畏江滨，行步欹危实怕春。
诗酒尚堪驱使在，未须料理白头人。（其二）

杜甫时年51岁，贫病经年，流离漂泊，老焉哉。注家释“欹危”通常解作步态龙钟，其实更有“怕春”“惜花”之意，恐惊扰了“稠花乱蕊”。

江深竹静两三家，多事红花映白花。
报答春光知有处，应须美酒送生涯。（其三）

“多事红花”，红花花事之盛也，而映白花，为报春光应呼，美酒送生涯。

东望少城花满烟，百花高楼更可怜。
谁能载酒开金盏，唤取佳人舞绣筵？（其四）

少城，秦时张仪所筑，杜甫草堂在少城西南二里许，红白花稠杂以他色，春风掠过花色如烟，少城时有百花楼，处百花丛中也。

黄师塔前江水东，春光懒困倚微风。
桃花一簇开无主，可爱深红爱浅红？（其五）

黄师塔，俗姓为黄的僧人往生后所筑之塔，杜甫策杖寻花已觉困倦，倚杖稍息，却见一簇桃红，野桃乎？主人栽后搬离乎？桃花红艳，有深红浅红，爱深红？喜浅红？皆红，人各由之也。

黄四娘家花满蹊，千朵万朵压枝低。
留连戏蝶时时舞，自在娇莺恰恰啼。（其六）

黄四娘家普通人家也，唐人有以“娘”或“娘子”作为对妇人的美称之习俗。黄四娘种花爱花，“花满蹊”之蹊，花径也，一径皆红，似乎也有早开早熟之凋零者，蝶戏娇莺花为媒，天然声色今犹香。

不是爱花即欲死，只恐花尽老相催。
繁枝容易纷纷落，嫩蕊商量细细开。（其七）

杜甫独步寻花结束，此行感慨良多，不寻花，不爱花，“即肯死”欲死，心如死灰也。杜甫爱花如爱命，怕花落、怕花尽，无花时怎有诗？更可痛惜者，花尚在，国已破，人已老，又奈何？而嫩叶有商量细语，杜甫闻之也。

植物花卉入诗，成诗人情感的寄托，或为心灵之倩影，亦因战祸乱世，借声色迷醉，以艳词消遣，至五代十国，由诗而词，社会无奋进之思潮，士人无昂扬之思想，所多的是风月花柳，裙裾脂粉，芳园曲径之男女情爱，西蜀和南唐一时成为两处词的中心。西蜀，《花间集》是也；南唐，李璟、李煜之作是也。虽然，对此类作品史家论说纷纭，却流传千古，影响无减，让爱之诵之者生出无限沧桑美好之感，心动不已。再者，词之初创虽为歌筵演唱，向为诗人不齿，其后来的发展却出乎意料地与诗并列独占一席，以其长短句之宕荡，花草风月之惊艳也。至李后主以亡国之痛，托家国情怀，加之质性自然，天赋绝伦而被称为“南面词宗”。诗、词之变，其中最能发人深思者，或许是：

男女求爱，自《诗经》始，芳草美人，屈原所长，其余不同历史年代，此类作品从未断绝，亦有佳作。所不同者，五代十国之乱世所造就的西蜀、南唐词人，因着诗的底蕴，就曲填词，辅之吟唱而独辟“花间”一径，直指绵绵情爱，所谓“食色，性也”发挥到极致。遂使人类求美、求爱、求欢的本性，展示到淋漓尽致，而又以遣词造句之工巧，与天地风物相融合，文以载道又文以传情，此为道乎？然，人性之道也，文之大者。或者唐诗之盛后，盛极而衰，衰而求变，直指心性也。试举几例：

春日游，杏花吹满头。陌上谁家男少，足风流。

妾拟将身嫁与，一生休，纵被无情弃，不能羞。（韦庄·《思帝乡》）

玉楼明月长相忆，柳丝袅娜春无力。门外草萋萋，送君闻马嘶。

画罗金翡翠，香烛销成泪。花落子规啼，绿窗残梦迷。（温庭筠·《菩萨蛮》）

莺啼残月，绣阁香灯灭。门外马嘶郎欲别，正是落花时节。

妆成不画娥眉，含愁独倚金扉，去路香尘莫扫，扫即郎去归迟。（温庭筠·《清平乐》）

陆游曾为《花间词》跋二，其一云：“《花间集》皆唐末五代时人作。方斯时，天下岌岌，生民救死不暇，士大夫仍流宕至此，可叹也哉！或者，出于无聊故也？”陆游此跋道出了斯时士大夫的心性由关注外部社会、追求功名而转向宴乐享受，写内心之情而为香艳之词。陆游跋二对跋一有所修正，明言诗衰而词兴：“唐自大中后，诗家日趋浅薄。其间杰出者亦不复有前辈宏妙浑厚之作，久而自厌，然梏于俗尚，不能拔出。会有倚声作词者，本欲酒间易晓，颇摆落故态，适与六朝跌宕意气差近，此集所载是也。故历唐季五代，诗愈卑而倚声辄简古可爱（《花间集》明汲古阁覆宋本陆游跋）。”陆游所言“六朝”，《乐府》也，跌宕潇洒，性情毕真：“绮声”即词也，“差近”者较之“浅薄”之诗，有复古意，“简古可爱”也。词至南唐而为巅峰极致。南唐词对凤屏鸳鸯枕，闺房香气溢的描述，有所淡化，较《花间词》，脂粉香腻已经清淡，自然风物不仅为词人心境之衬托，亦为书写者心灵之一部分，风花雪月，梅柳丁香更为飞动。多了一层又一层的忧愁伤感，有“众芳芜秽，美人暮迟”（王国维语）之感，此因南唐为周、宋胁迫之国势所然乎？虽醉花柳，亦吟风月，奢华不去忧患情，惟南唐词人可为也。及至南唐灭国，李煜被俘后所作，一字一句皆是泪字血痕，“恰似一江春水向东流”，亡国之君而成绝代词人。

南唐词以冯延巳为先行者，录其二：

风乍起，吹皱一池春水。闲引鸳鸯香径里，手挼红杏蕊。
斗鸭栏干独倚，碧玉搔头斜坠。终日望君君不至，举头闻鹊喜。
谁道闲情抛掷久？每到春来，惆怅还依旧。
日日花前常病酒，不辞镜里朱颜瘦。
河畔青芜堤上柳。为问新愁，何事年年有？
独立小桥风满袖，平林新月人归后。

西蜀词人有巴山蜀水之险，逍遥花间，声色无边，把众芳香艳溢于歌筵、酒以枕席。南唐词人则因国势危困而风吹心皱，人长草瘦，将那鲜花芜柳，变作不尽惆怅，旧怨新愁，是有芳香入诗之新格局、大气象。李璟有《浣溪沙》二首：

手卷真珠上玉钩，依前春恨锁重楼。
风里落花谁是主？思悠悠。
青鸟不传云外信，丁香空结雨中愁。
回首绿波三楚暮，接天流。（其一）

菡萏香销翠叶残，西风愁起绿波间。
还与韶光共憔悴，不堪看。
细雨梦回鸡塞远，小楼吹彻玉笙寒。
多少泪珠无限恨，倚栏干。（其二）

“菡萏”即荷花，李璟写荷独写荷之香消叶残，不写荷之高洁、出淤泥而不染等，却成为无尽伤感之不朽名句。

李煜、李后主的词多用口语白描，至后期又赋之于热烈深沉伤时忧国之情感，风月花事，春水桃红，“不失赤子之心”而流传千古，成为中国文化史上之独特符号：

林花谢了春红，太匆匆，无奈朝来寒雨晚来风。
胭脂泪，相留醉，几时重？自是人生长恨水长东。
帘外雨潺潺，春意阑珊。罗衾不耐五更寒。
梦里不知身是客，一晌贪欢。
独自莫凭栏，无限江山，
别时容易见时难。流水落花春去也，天上人间。

李煜笔下众芳香阵，非凋即谢，惜花也，无奈也，朝有寒雨晚有风也。词人以“几多愁”喻丧国之痛，人生长恨水长东也。李煜由林花春红而春花秋月昨夜又东风而一江春水向东流。于浪花飞溅涛声拍岸中，引发之艺术震撼力，树为之咽，花为之落，人为之泣，史能不为之传？

花卉芬芳性情，草木温柔人类，森林可以改变世界。此种改变除去物质意义上的进步，且带有根本性、深刻性，其根本、深刻，在于心灵的震撼，思想的触动，乃至世界观的转变，此森林文化之大者矣，而归于“人法地，地法天，天法道，道法自然”（老子语）。当人类自觉地“道法自然”时，当是这个世界芬芳、平和、温柔、可爱时。

在多少写花木者的笔下，我们倘能静心领悟便可发现：花木本身是一种植物生命，同时它们又有了一种文化意义上的生命，“丁香空结雨中愁”是也，“林花谢了春红，太匆匆”是也。此种生命是诗人文士的血脉情感心灵中孕育而生，成为诗词文赋，其生命不再为时间与空间所限，同诗人共不朽，因何不朽？有芳香与温柔溢出故也。

芳香已得而闻之，何言温柔？

当中国尚在神话与传说时代的“三皇五帝”时，后来的典籍追记三皇之首伏羲“风姓，以木德王天下”。风的繁体为風，风吹虫动，风从东方来，木有温柔之性，好生之德，前引梁启超所言之“树、果、种”，种又生树树又生果，生生不息之谓也。老子言“水几于道”，又言“万物草木之生也柔弱……柔弱微细，生之徒也。”天下柔弱莫过于水与草木，水长流，草木死而复生，为其柔弱故，温柔而不示刚硬。石上能长草，山间有森林，林花开又谢，满山皆芬芳，以柔克刚，刚柔并济，林花草木之芳香温柔洋溢于中国文化的物质与精神中，端赖众芳草木移情于笔下而入文而入心，代有传人而得美文佳构。或兰亭胜会，修禊事也；或策杖老林，方外思也；或独啸山河，家国想也。王羲之《兰亭集序》语：“此地有崇山峻岭，茂林修竹；又有清流激湍，映带左右。引以为流觞曲水，列坐其次，虽无丝竹管弦之盛，一觞一咏，亦足以畅叙幽情。是日也，天朗气清，惠风和畅。仰观宇宙之大，俯察品类之盛，所以游目骋怀，足以极视听之娱，信可乐也。”陶渊明《归去来兮辞》：“三径就荒，松菊犹存。携幼入室，有酒盈樽。

引壶觞以自酌，眄庭柯以怡颜。倚南窗以寄傲，审容膝之易安。园日涉以成趣，门虽设而常关。策扶老以流憩，时矫首而遐观。云无心以出岫，鸟倦飞而知还。景翳翳以将入，抚孤松而盘桓。”李白《春夜宴从弟桃花园序》：“夫天地者，万物之逆旅也；光阴者，百代之过客也。而浮生若梦，为欢几何？古人秉烛夜游，良有以也。况阳春召我以烟景，大块假我以文章。会桃花之芳园，序天伦之乐事……开琼筵以坐花，飞羽觞而醉月。”李格非《洛阳名园记论》有此妙语：“园圃之废兴，洛阳盛衰之候也。且天下之治乱，候于洛阳之盛衰而知；洛阳之盛衰，候于园圃之废兴而得。”欧阳修《丰乐亭记》：“掇幽芳而荫乔木，风霜冰雪，

刻露清秀，四时之景，无不可爱。又幸其民乐其岁物之丰盛，而喜与予游也。”……

君不见茂林修竹与人格共存乎？

君不见松菊桃李与人性同芳乎？

龚自珍有《病梅馆记》，不可不记，为何？龚自珍，清道光九年进士，此文之珍贵，集中展现了作为思想家的龚自珍对梅花被扭曲而成盆景病梅的痛心疾首，为之泣三日，直斥文人画家病态的审美情趣，有对自然美，进而对心灵自由之向往，读结句“穷予生之光阴以疗梅也哉”，能不为之心动？全文如下：

江宁之龙蟠，苏州之邓尉，杭州之西溪，皆产梅。或曰：梅以曲为美，直则无姿；以欹为美，正则无景；以疏为美，密则无态。固也。此文人画士心知其意，未可明诏大号，以绳天下之梅也；又不可以使天下之民，斫直、删密、锄正，以夭梅、病梅为业以求钱也。梅之欹、之疏、之曲，又非蠢蠢求钱之民，能以其智力为也。有以文人画士孤癖之隐，明告鬻梅者，斫其正，养其旁条，删其密，夭其稚枝，锄其直，遏其生气，以求重价，而江、浙之梅皆病。文人画士之祸之烈至此哉！

予购三百盆，皆病者，无一完者。既泣之三日，乃誓疗之、纵之、顺之。

毁其盆，悉埋于地，解其棕缚；以五年为期，必复之、全之。予本非文人画士，甘受诟厉，辟病梅之馆以贮之。呜呼！安得使予多暇日，又多闲田，以广贮江宁、杭州、苏州之病梅，穷予生之光阴以疗梅也哉！

龚自珍何以疗梅？“纵之，顺之，毁其盆，悉埋于地，解其棕缚”。捆绑之下，安得自然？何来自由？岂有天籁？龚自珍疗梅，其实疗心也，疗社会之病态、人心之扭曲。

甲午清明，与同乡好友龚斌兄在崇明岛小聚半日有余，获赠其大作《鸠摩罗什传》。再一次谈及森林与宗教之关系。《五灯会元》记世尊在灵山会上拈花，一众默默，唯迦叶“破颜一笑”，涅槃妙心所在也。又：“文殊菩萨一日令善财采药，曰：‘是药者采将来’。善财遍观大地，无不是药，却来白曰：‘无有不是药者’。殊曰：‘是药者采将来’。善财遂于地上拈一径草度与文殊。”世尊一花，文殊一草，无花不香，无草不药。佛有好生之德，于是寻药采药，草药也，而大地无不是草、草无不是药，却不只是“冰上过烈焰”的佛门故事了，包含着人类为求生治病而求之于草木的中草药源头所在了。回京后读到2014年4月18日《北京青年报》所载秦燕春之《药香严，花圣贤》。开头便引人入胜：“《楞严经》卷五写到如来妙语解结，问大众‘从何方便入三摩地？’须菩提、舍利弗、普贤菩萨等在座，当即纷纷起答佛问，诸‘方便’中居然有‘香方便’与‘药方便’”：

香严童子即从座起，顶礼佛足而白佛言：“我闻如来教我谛观诸有为相，我时辞佛，宴晦清斋，见诸比丘烧沈水香，香气寂然来入鼻中。我观此气非木非空，非烟非火，去无所著，来无所从。由是意销，发明无漏。如来印我得香严号。尘气倏灭，妙香密圆。我从香严得阿罗汉。佛问圆通，如我所证，香严为上。”药王药上二法王子并在会中五百梵天，即从座起，顶礼佛足而白佛言：“我无始劫为世良医，口中尝此

婆娑世界草、木、金、石，名数凡有十万八千，如是悉知苦醋咸淡甘辛等味，并诸和合俱生变易，是冷是热，有毒无毒，悉能遍知。承事如来，了知味性，非空非有，非即身心，非离身心，分别味因，从事开悟，蒙佛如来印我昆季药王药上二菩萨名，今于会中为法王子，因味觉明，位登菩萨。佛问圆通，如我所证，味因为上。”

沈水香之沈即为沉，沈为沉之本字。

《南方草木状》，是中国古代第一本植物学著作，书中有八种香同出一处说，八香为：蜜香、沉香、鸡骨香、黄熟香、栈香、青桂香、马蹄香、鸡舌香。稽含说：

案此八物，同出于一树也。交趾有蜜香树，干似柜柳，其花白而繁，其叶如橘。欲取香，伐之经年，其根干枝节各有别色也。木心与节坚黑，沉水者为沉香，与水面平者，为鸡骨香，其根为黄熟香，其干为栈香，细枝紧实未烂者为青桂香，其根节轻而大者，为马蹄香，其花不香成实乃香为鸡舌香，珍异之木也。

《南方草木状》所记草木众香不绝如缕，如紫藤之香，还如水松，出南海，“而此木不大香，故彼人无佩服者”。可是到了岭北，“岭北人极爱之，然其香殊胜在南方时”。稽含有妙论：“不香于彼而香于此，岂屈于不知已而伸于知己者欤？物理之难穷如此。”稽含又记“蜜香纸”，“抱香履”，履即屐也，其中有东方朔语：“木屐起于晋文公时，介子推逃禄自隐，抱树而死，公抚木哀叹，遂以为履，每怀从亡之功，辄俯视其履曰：‘悲乎！足下。’足下之称亦自此始”。这一段文字道出了“足下”之来由。但木屐始于晋文公不确，前文有记始于良渚（《文明的曙光》72 页，浙江人民出版社，1996 年 3 月出版）。有出土文物为证，制作木屐的年代已达五千年左右，“木屐，古称屐，后称木头鞋”。据传，吴王夫差得到越国进献的美女西施后，命匠工在今苏州的灵岩山造“响屐廊”，先挖坑，再埋陶缸，又在坑上架构美木长廊，雕梁画栋，一时称奇。再于陶缸之上铺设梓木板，然后由西施着玉佩衣裙、精巧木屐于梓木地板上翩翩起舞，于是廊中有玉佩叮当，响屐之声，是为响屐廊。到战国时木屐传至日本、朝鲜、越南等东南亚国家。因为不怕潮湿，着之凉爽。而传到北方，孔子喜之，孔子履也。晋文公之“木屐”当为木屣，因北方寒冷故后成为布鞋之“履”，南为屐而北为履。屐也，履也，或可说华夏民族几千年历史，始于足下也。

弘一法师《庄闲女士手书〈法华经〉序》（转引自秦燕春文，同上），不能不记：

> 十法行中，一者书写。考诸史传，
> 魏唐之际，书写经典，每极殷诚。
> 先修净园，遍种楮树，香草名华，
> 间杂交植，灌以香水。楮生三载，
> 香气四达。乃造净屋，香泥涂地。
> 觅匠制纸，斋戒沐浴。盥漱薰香，
> 易服出入。剥楮取皮，浸以香水。
> 竭诚漉造，经岁始就。又筑净台，
> 于上起屋。乃至材瓦，悉濯香汤。
> 堂中庄严，幡盖铃佩。周布香华，
> 每事严洁。书写之人，日受斋戒。
> 将入经室，夹路焚香。梵呗先引，
> 散华供养，方乃书写。香汁合墨，
> 沉檀充管，下笔含香，举笔吐气。
> 逮及书就，盛以宝函，置诸香橱，
> 安于净室。有斯精诚，每致灵感。

弘一法师教诲我们：香有仪式感，佛礼也；香有庄严感，佛重也；香有启引感，佛灵也。书者与香草花木共，书香是也。

地球上何处无森林？何处无芳草？皆可闻香也。必死的人总得有心灵安放处，于是有宗教。东方有佛祖，西方有耶稣，森林木香，芳草鲜花，把他们联系在了一起：

> 耶和华：你要取馨香的香料，就是拿他弗·施喜列·喜利比拿这馨香的香料和净乳香。各样要一般大的，你们要以这香为至圣。（《圣经·启导本》161 页，海天基金会，1997 年 12 月再版）

耶稣所说香料，即苏合香、没药树、香肉桂树、白松香、亦称乳香树等。

> 有人声呼喊着说：在旷野预备耶和华的路，在沙漠地修平我们神的道。谁曾用手心量诸水？用手的虎口量苍天？用升斗盛大地的尘土？用秤秤山岭、用天平平冈陵呢？我要在旷野上种香柏树、皂荚树、番石榴树和橄榄树，我在沙漠要把松树、杉树，并黄杨树一同栽植……”（《圣经·以赛亚书》）

菩提梵音啊！

沙漠呼告啊！

从树木、花草、旷野与荒漠中发出的感恩与拯救的声音，是灵的声音，是造物主口吐莲花时发出的芬芳的引导——香引导——这个迷失的世界、迷失的人类啊，知否？知否？你们已经置身物质和科学主义的噩梦中了。而更可怕的是，你们乐于在这噩梦中“逍遥”于“虚拟世界”而不知警醒。何能警醒？若非一次伟大而深刻的文艺复兴运动，则无法警醒而只能“欣喜若狂”地进入人类的“白痴时代”（王蒙语），于是人类创造科技，科技毁灭人类。思想的拯救在文艺复兴“以复古为职志”,所谓复古非时代之倒退,而是回到思想和文化的“先知时代”,于蒙尘的典籍中寻找智慧与教诲,比如何谓人?“人者仁也”。又:天地人三才,人在天地之间,此人之位置也,人又何为?“人法道,地法天,天法道,道法自然”,人之所以为人,自然中人也,一切道所有法皆源于此。

树为何物?在他书及本书中,森林草木均被称为自然物,笔者却心有戚戚:树果为自然物乎?是也。树只能为自然物乎?非也。

一棵、几棵、成群结队的千百年的古树,一片茫茫的沧桑绿荫,历经多少代人的目光的爱护。同时又目睹多少孩童在树下嬉戏,树荫下是一个村子农人的聚会之地;到酷热的夏日则是乘凉处、饮茶处,至寒冬则是避寒处;有的树荫下还搭有戏台,是逢年过节、吉庆喜事的欢娱之地。这样的古树老树,经历了这个村子多少新生命的出生,多少老人的离去,集风云变幻、喜怒哀乐于根于枝叶,默默地守望着这个山村、这个山村里所有的男女老少,乃至鸡鸭猪狗,以及往复无穷的风雨晨昏。这样的树被称为“风水树”,我在踏访江西、福建、广东、广西、贵州、云南的山区森林时,屡有所见。农民告诉我:“有了这几棵风水树,村子就会吉祥平安。”我为之感动,我轻轻地抚摸过这样的树、树干上布满皱褶深沟的树皮;我拥抱过塔里木河畔上的千年胡杨,能感觉古老与新鲜的生命气息,正丝丝缕缕地飘逸,我枯槁的心灵正在被滋润,人乃万物之灵的自大自此在我心中成为碎片。树如此,何况森林?何况草原?何况群芳遍野风吹香艳?亿万斯年,又亿万斯年,林木生而灭,灭而生,再生再灭又再生;花草发后凋,凋后发,再发再凋又再发。如是如是,物质与精神两全,人类之路已经铺就,并且将要伴随人类走向未来——我们茫然不可知的未来——那温柔与芳香还会溢出,树亦为神灵所托也。

至少,我们现在无时无刻不在体验这温柔,感觉这芳香及其神性。

单纯、简约看似平淡,其实柔情万缕,请看周作人先生写的“两株树——草木虫鱼之三”:

我对于植物比动物还要喜欢，原因是因为我懒，不高兴为了区区视听之娱之一日三餐地去饲养照顾，而且我也有点相信“鸟身自为主”的迂论，觉得把它们活物拿来做囚徒当奚奴，不是什么愉快的事，若是草木便没有这些麻烦，让它们直站在那里便好，不但并不感到不自由，并且还真是生了根地不肯再动一动哩。但是要看树木花草也不必一定种在自己的家里，关起门来独赏，让它们在野外路旁，或是在人家粉墙之内也并不妨，只要我偶然经过时能够看见两三眼，也就觉得欣然，很是满足的了。

树木里边我所喜欢的第一种是白杨。小时候读古诗十九首，读过“白杨何萧萧，松柏夹广路”之句，但在南方终未见过白杨，后来在北京才初次看见。谢在杭著《五杂组》中云：

“古人墓树多植梧楸，南人多种松柏，北人多种白杨。白杨即青杨也，其树皮白如梧桐，叶似冬青，微风击之辄淅沥有声，故古诗云，白杨多悲风，萧萧愁杀人。予一日宿邹县驿馆中，甫就枕即闻雨声，竟夕不绝，侍儿曰，雨矣。予讶之曰，岂有竟夜雨而无檐溜者？质明视之，乃青杨树也。南方绝无此树……”

第二种树乃是乌桕，这正与白杨相反，似乎只生长于东南，北方很少见。陆龟蒙诗云：“行歇每依鸦舅影”，陆游诗云：“乌桕赤于枫，园林九月中”，又云：“乌桕新添落叶红”，都是江浙乡村的景象。《齐民要术》卷十列“五谷果蓏菜茹非中国物产者”，下注云：“聊以存其名目，记其怪异耳，爰及山泽草木任食非人力所种者，悉附于此，”其中有乌桕一项，引《玄中记》云：“荆阳有乌臼，其实如鸡头，迮之如胡麻子，其汁味如猪脂。”《群芳谱》言：“江浙之人，凡高山大道溪边宅畔无不种，”此外则江西安徽盖亦多有之。关于它的名字，李时珍说：“乌喜食其子，因以名之。……或曰，其木老则根下黑烂成臼，故得此名。”我想这或曰恐太迂曲，此树又名鸦舅，或者与乌不无关系，乡间冬天卖野味有桕子鸟（读如呆鸟字），是道墟地方名物，此物殆是鸟类乎，但是其味颇佳，平常所谓鸟肉几乎便指此也……

柏树子有极大的用处，可以榨油制烛，《越谚》卷中蜡烛条下注曰：“卷芯草干，熬柏油拖蘸成烛，加蜡为皮，盖紫草汁则红。”汪曰桢著《湖雅》卷八中说得更是详细：

“中置烛心，外裹乌柏子油，又以紫草染蜡盖之，曰柏油烛。用棉花子油者曰青油烛，用牛羊油者曰荤油烛。湖俗祀神祭先必燃两炬，皆用红柏烛。婚嫁用之曰喜烛，缀蜡花者曰花烛，祝寿所用曰寿烛，丧家则用绿烛或白烛，亦柏烛也。”

日本寺岛安良编《和汉三才图会》五八引《本草纲目》语云：“烛有蜜蜡烛虫蜡烛牛脂烛柏油烛，”后加案语曰：

“案唐式云少府监每年供蜡烛七十挺，则元以前既有之矣。有数品，而多用木蜡牛脂蜡也。有油桐子蚕豆苍耳子等为蜡者，火易灭。有鲸鲵油为蜡者，其焰甚臭，牛脂蜡亦臭。近年制精，去其臭气，故多以牛蜡伪为木蜡，神佛灯明不可不辨。”

但是近年来蜡烛恐怕已是倒了运，有洋人替我们造了电灯，其次也有洋蜡烛洋油，除了拿到妙峰山上去之外大约没有它的什么用处了。就是要用蜡烛，反正牛羊脂也凑合可以用得，神佛未必会得见怪，——日本真宗的和尚不是都要娶妻吃肉了么？那么柏油并不再需要，田边水畔的红叶白实不久也将绝迹了罢。这于国民生活上本来没有什么关系，不过在我想起来的时候总还有点怀念，小时候喜读《南方草木状》，《岭表录异》和《北户录》等书，这种脾气至今还是存留着，秋天买了一部大板的《本草纲目》，很为我的朋友所笑，其实也只是为了这个缘故罢了。

（选自《看云集》，开明书店，1932 年版）

1983 年台湾中正书局出版梁实秋先生《雅舍杂文》中有《群芳小记》，记海棠、含笑、牡丹、莲、辛夷、水仙、丁香、兰、菊、玫瑰十篇。《海棠》开篇称：

海棠的风姿艳质，于群芳之中颇为突出。我第一次看到繁盛缤纷的海棠是在青岛的第一公园。二十年（即1931年，下同）春，值公园中樱花盛开，夹道的繁花如簇，交叉蔽日，蜜蜂嗡嗡之声盈耳，游人如织。我以为樱花无色无香，纵然蔚为雪海，亦无甚足观，只是以多取胜。徘徊片刻，乃转去苗圃，看到一排排西府海棠，高及丈许而花枝招展，绿鬓朱颜，正在风情万种，春色撩人时，令人又忽逢绝艳之感。

然后写海棠品种花色，西府为最佳。“十余年后我才有机会在北平寓中垂花门前种植四棵西府海棠，着意培植，春来枝枝花发，朝夕品赏，成为毕生快事之一。”梁先生写道“西蜀花木素盛”，时称昌州的今大足梁县有“海棠香国”之称。一树海棠便是生长着的连接古今的历史文化，“《唐书·杨贵妃传》：‘明皇登沉香殿，妃醉酒新起，命力士从侍儿扶掖而至。明皇笑曰：‘此海棠真睡未足耶？’” 自此海棠与睡美人结缘。梁实秋给出的另外一些信息，则有：杜甫经营草堂，广栽花木。杜甫爱花木，“独不及海棠，诗中亦不加吟咏，或谓避母讳，不知是否有据？”唐朝诗人郑谷有《蜀中尝海棠》诗：“‘浓淡芳春满蜀乡，半随风雨断莺肠。浣花溪上堪惆怅，子美无心为发扬。’其言若有憾矣。”子美，杜甫也，无心发扬却不是无心海棠，所憾者何？对海棠情有独钟的是秦少游即秦观，宋释惠洪《冷斋夜话》记：“少游在横州，饮于海棠桥，桥南北多海棠，有老书生家于海棠丛间。少游醉宿于此，明日题其柱云：‘唤起一声人俏，衾冷梦寒霜晓。瘴雨过，海棠开，春色又添多少？社瓮酿成微笑，半破瘿瓢共舀。觉颠倒，急投床，醉乡广大人间小。’” 海棠何以颠倒诗人寄情抒怀？又以西府海棠“为最胜”？梁实秋写道：“其姿态在‘贴梗’‘垂丝’之上。最妙处是每一花苞红得像胭脂球，配以细长的花茎，斜欹挺出而微微下垂，三五成簇。”“海棠花苞最艳，开放之后花瓣的正面是粉红色，背面仍是深红，俯仰错落，浓淡有致。”

梁实秋写《海棠》时已身在台湾，淡淡写来，离情别绪不着一字，此文1150字，其余九文皆千字或不足千字。其中稍露怀旧文字的是《丁香》，从杜甫诗写起:“丁香体柔弱，乱结枝犹垫。细叶带浮毛，疏花披素艳，深栽小斋后，庶近幽人占，晚堕兰麝中，休怀粉身念。”丁香有结，丁香有香，香与兰麝同。丁香之美或为柔弱而香乎？何谓丁香？梁实秋解云:“丁香结就是丁香蕾，形如丁，故云丁香。”又因“丁钉同音，出出入入的碰钉子，不吉利，所以正院堂前很少种丁香，只合‘深栽小院’后了。”1935年春，梁实秋在北平寓所西跨院种了四棵紫丁香,丁香以紫色为佳。“白菡萏香,紫丁香肥”故也。“十年后重来旧居，四棵高大的丁香打成一片，一半翻过了墙垂到了邻家，一半斜坠下来挡住了我从卧室走到书房的路。”结句寥寥，平淡依然却有怀旧味：

又隔三十年了，现在丁香如果无恙，不知谁是赏花人了。

有道是：

丁香旧地发新枝，
花结曾觅浪游人。

梁实秋的《群芳小记》芳香与温柔从历史溢出，白描隽永。鲁迅先生的《野草》，发生“在明与暗、生与死、过去与未来之际”，“野草根本不深，花叶不美，然而吸取露，汲取水，吸取陈死人的血与肉，个个夺取它的生存。当生存时，还是将遭践踏，将遭删刈，直至于死亡而朽腐。”朽腐便罢了吗？不尽然，“地火在地下运行，奔突，熔岩一旦喷出，将烧尽一切野草，以及乔木，于是并且无可朽腐。但我坦然，欣然，我将大笑，我将歌唱”。

沉重的《野草》，沉重到让人窒息，能喷出地火来，是含泪带血的笑与歌：

在我的后园，可以看见墙外有两株树，一株是枣树，还有一株也是枣树。……我不知道那些花草叫什么名字，人们叫他们什么名字。我记得有一种开过极细小的粉红花，现在还开着，但是更极细小了，她在冷的夜气中，瑟缩地做梦，梦见春的到来，梦见秋的到来，梦见瘦的诗人将眼泪擦在她最末的花瓣上，告诉她，秋虽然来，冬虽然来，而此后接着还是春，胡蝶乱飞，蜜蜂都唱起春词来了。她于是一笑，虽然颜色冻得红惨惨地，仍然瑟缩着。

还记得《从百草园到三味书屋》吗？“我家的后面有一个很大的园子，相传叫作百草园。现在早已并屋子一起卖给朱文公的子孙了，连那最末次的相见也已经隔了七八年，其中似乎确凿只有一些野草，但那时却是我的乐园。”鲁迅先生的这一个开头却是含情脉脉中又带着辛酸，因为家道中落，祖屋与祖园都卖掉了，从此失落了“我的乐园”。此园何称乐园？

不必说碧绿的菜畦，光滑的石井栏，高大的皂荚树（此种树《圣经》中屡有提及，笔者附识），紫红的桑葚；也不必说鸣蝉在树叶里长吟，肥胖的黄蜂伏在菜花上，轻捷的叫天子忽然从草间直窜向云霄里去了。单是周围的短短的泥墙根一带，就有无限趣味。油蛉在这里低唱，蟋蟀们在这里弹琴。翻开断砖来，有时会遇见蜈蚣；还有斑蝥，倘若用手指按住它的脊梁，便会啪的一声，从后窍喷出一阵烟雾。何首乌藤和木莲藤缠络着，木莲有莲房一般的果实，何首乌有臃肿的根。有人说，何首乌根是有像人形的，吃了便可以成仙，我于是常常拔它起来，牵连不断地拔起来，也曾因此弄坏了泥墙，却从来没有见过有一块根像人样。如果不怕刺，还可以摘到覆盆子，像小珊瑚珠攒成的小球，又酸又甜，色味都比桑葚要好得远。

亲爱的读者，你是否感觉到了百草园中鲁迅的温柔？

但鲁迅不能常去百草园与野草虫鸣相厮混了，“我不知道为什么家里的人要将我送进书塾里去了”，要去“三味书屋”拜师念书背书了。或者当时的鲁迅也未曾意识到：

在“三味书屋”念“仁乎远哉我欲仁斯仁至矣”时，鲁迅先已在百草园由皂荚树、木莲与斑蝥、何首乌熏陶过了。泥土与自然的生机和桑葚、覆盆子的色、香、味一起留迹于少小鲁迅的心中了。

于是，我们不难理解在1930年时，鲁迅对“沙漠之逐渐南徙”的忧虑，所发出的警世恒言，并由此想及西哲所说：只有伟大的诗人和作家，才是伟大的预言家。鲁迅说：

林木伐尽，水泽湮枯，将来一滴水，将和血液等价。

思及千古，草木连绵——
森林不是精神却拥有精神。
森林不是文化却拥有文化。
森林不是灵魂却拥有灵魂。

森林不是历史却拥有历史。

亲爱的朋友，或许本章的结语让你稍费思量，可是你一定感觉到了这春夏之交，大地上芳香与温柔的溢出，于是你会感到愉悦，心灵变得柔软，盼望着雾霾消失，期待着青天白云。你不能不想起近处的小草，远方的森林，你甚至会遥接远古洪荒，默诵那芳香温柔的诗句，《诗经》之《郑风》也，郑国风俗，三月上巳之辰，采蕑水上，“蕑”兰也，全株芳香，可制香精可以入药，祛不祥。于溱水洧水，男女游乐，互赠香草，乐而不淫，爱在草木自然之中，女主动而男被动：

溱与洧，方焕焕兮。

士与女，方秉蕳兮。
女曰："观乎？"士曰："既且。"
"且往观乎？"
洧之外，洵吁且乐。
维士与女，伊其相谑，赠之以勺药。

溱与洧，浏其清矣。
士与女，殷其盈矣。
女曰："观乎？"士曰："既且。"
"且往观乎？"
洧之外，洵吁且乐。
维士与女，伊其将谑，赠之以勺药。

水啊，兰啊，勺药啊，士与女啊，乐且谑啊，大自然之怀抱啊！
亲爱的读者，本章行将结尾之际，我们何不一起诵读卢梭的一节文字呢？

乔木、灌木和花草都是大地的饰物和衣裳。没有比满目沙砾、烂泥的不毛之地更加凄凉的景象了。但是被春天唤醒的大地，身着婚礼长裙，在江河奔流，百鸟啼转中，在植物界、动物界、矿物界三界一体的和谐中，展现给人类一副充满生机、福泽和妩媚的图景，这是人的心目中永远不会厌倦的唯一图景。(《风景的哲学》，乐黛云主编，天津人民出版社，1997年）

20世纪中叶之后，木构建筑已为水泥、砖瓦、钢筋取代，就连北京的四合院也所剩无几，"平面的浪漫"不再。所幸者故宫尚在，紫禁城无恙。与此同时，中国经历了森林减少、耕地日缺、环境污染的重重困境，以及改革开放的经济大潮。历史常常有出人意料处，大地森林以何种文化形态影响社会心理？

第二十章 森林文化说

森林文化者，与森林密切相关，并由人类心能所创造的物质与精神文化之大观也。中国森林文化是以森林为载体，又视森林为审美对象的大文化，“观乎天文，以察时变，观乎人文，以化成天下”，借几千年的汉字之延续而华夏文明从未中断，独特原创的书写工具、书写方式，创造了世界上古往今来最优美的诗、书、画，成为我民族的心灵生活而流淌于血液中，其根源尽在森林之中。然则，森林文化为什么是大文化？答曰：人类之初，出自森林，衣食住行，端赖森林，此一也；随着人类心能智慧的发达，各种木器、工具出现，兴农耕文明，后人享用之广，延续之久，世无其匹，此二也；及至外延，文字发明，竹木简成为书册，又有纸张问世，奠定中国文化的诗与诸子百家经典、书画艺术得以传播；木构营造，人可安居，文明古国，由是大成。举凡社会心理、生存环境，文学艺术，虽时移势变而森林之印迹不可或缺，深刻深镂，此三也。

从生态意义上说，森林是陆地生态的中枢；而在文化意义上，称森林的功用、启迪、森林文化为人类文化中枢者，古今未有，今笔者徐刚发明之也。上述二者关系若何？互为表里，互为依存，而均与生命密切相关。区别在于：说陆地生态中枢，乃是自然状态下的表述；称人类文化中枢，则具社会性，由森林与人类的关系发生，包括生活、生产、精神心灵所需。森林文化当然不是人类文化的全部，可是没有森林文化谈何人类文化？在有关文化的种种解释中，我们总是能或显或隐地发见森林的影影绰绰，试举几例：

美国学者克鲁克洪说：“文化是指某个人类群体居住的生活方式”，“既包含显形式样，又包含隐形式样，它具有为整个群体共享的倾向”。（《文化与个人》浙江人民出版社，1986年版）

美国文明史学家威尔·杜兰称：“文明是增进文化创造的社会秩序，它包含有四大因素：经济的供应，政治的组织，伦理的传统以及知识和艺术的追求”。（《世界文明史·文明的建立》台湾幼狮文化公司，1972年版）

塞缪尔·亨廷顿在《文明的冲突与世界秩序的重建》中指出：“文

明和文化都涉及一个民族全面的生活方式，文明是放大了的文化。”“文明是一个最广泛的文化实体。乡村、宗教、种族、群体、民族、宗教群体，都在文化异质的不同层次上，具有独特的文化。”

日本学者伊东俊太郎是物质文化与精神文化的结合论者，且更重精神：“失去精神寄托和人生追求，即使有钱而物质丰富，但精神上却日益贫乏，人与人之间无法沟通，从而陷入精神孤独的境界。”（《比较文明》，东京大学出版会，1985年版）

《大英百科全书》的表述为：文化是“总体的社会遗产”，“文化是一种源于历史的生活结构的体系”，“含有语言、传统、习惯和制度”，以及含有激励作用的思想、信仰和价值，以及它们在物质工具和制造场中的体现。

近代中国，对文化的定义最为明确而精当者是梁启超：“文化者，人类心能开积出来之有价值的共业也。”（《什么是文化》，《饮冰室合集·文集》之五）

所有这些有关文化的论述与森林何干？徐刚曰：“大有干系！”然未见其明言森林也。不曾明言非无可言，文化论者知文化之广大寥廓，而急于回答什么是文化时往往来不及察其深远；不见深远，则不识根源；不识根源而不言草木也。徐刚岂好辩哉，不得已也。如克鲁克洪所言，倘无森林，何来筑巢而居及干栏居住的生活方式？如杜兰所言，人类之初，较有史时代漫长太多的无史时代，森林草木是经济的供应者。不仅供应食物，森林的高矮有序，高至参天，矮至伏地，大至合抱，小至微末，层次分明于茫然，自成群落于荒野，相生相拥，共处共生，是斯时大地唯一最为醒目、最富生机的关系政治、组织、伦理传统的启迪者，亦为精神之所出，“精神乃自然之象征”（爱默生语）。如亨廷顿所言，村乡、宗教、种族、民族等等，无不在森林的庇佑下发生。“一个民族全面的生活方式”，应指物质、精神的总括，中华民族从远古至今，关乎生活方式的诸多方面，物质的有工具、家具、建筑等，精神的有诗歌、书画等，皆离不开森林。

工业革命改变了世界。损毁了大量的森林，但任何一种新技术均无法取代森林。这个世界不缺少科技，缺失的是森林，是人类对森林文化的集体遗忘，是在追求物质财富时的无情丢弃，然后自尝恶果，如日本人伊东俊太郎所言。人类最早面对的是山脉、森林、河流，亦为人类最早的文化启蒙，老子论“水几于道”。孟子说“牛山之木尝美矣”，庄子树大樗于“无何有之乡”，文化出矣，精神见矣。“有钱而物质丰富，精神日益贫乏，人与人无法沟通”，茫然孤独，此非今日世界乎？

森林不是精神，却饱含精神。

森林不是文化，却孕育文化。

森林是人类的摇篮，森林文化是人类在对森林开发利用、仰观俯察中获得、创造的物质与精神文化之总和。森林文化首先仰赖森林的存在。森林是地球创生之后继古海洋、水的存在而屹立于大地的唯一绿色的存在。在亿万斯年的时间里，它广阔浩茫而从容寂寥地期待着，古森林的期待有时以毁灭自己的方式而存在，成为煤炭，又生出新的森林，先是动物出现，然后有开花植物，紧接着恐龙灭绝，最早的人类出现。爬树的猿成为站立的人。面对森林的原始人是茫然，还是欣喜？大约是茫然不知所措，爬树爬习惯了，站立而且行走是何等艰难？无论如何，作为自然物广布大地的森林，留给先民的第一印象，已经触及朦胧的心智和意识了。

人类以森林为实体，为依托，所创造的文化首先是物质文化。如本书所写的木器与木器时代，从借以站立、安居的木棍、构巢始，到生活、生产所需的木质器具，然后是木器的精细、分类，比如木屐、算筹、筷子、房子，不再席地而坐的凳子、木犁等等。以木为燃料烧制的陶器出现，陶器上的刻画符号，是有中国文字最初的笔画。后来又有竹木简问世，以麻、布、树皮、竹子造纸，竹管毛笔的书写，书画发明。中国山水画所写者山也、水也、树也、草也、花鸟也，而人在其中，或劳作，或冶游，摘花，择菜，听螽斯，望桃夭，泛柏舟，寻伊人，发而为声，可兴可观可群可怨，是有《诗经》，它决定了中国独特的文化走向：中国文化由诗始，《诗经》是中国文化的源头。集于先秦周代，发生之初当更早，其原始的流风余韵中，多草木鸟兽，多男女之情，中国由此而成为诗国。凡此种种均为森林供养，成为艺术又供养中国人的心灵世界，中华民族的民族精神。

以下我们要讨论：森林与农耕的关系。农耕文明，乃森林文化与人类生活、生存关系最为密切者。1911 年，中国辛亥革命起，大洋彼岸有一本题为《四千年农夫》的书出版，作者是时任美国农业部土壤所所长，威斯康星州立大学土壤学专家富兰克林·金，困扰富兰克林·金的是在新大陆开发不到一百年的时间里，北美大草原肥沃厚积的土壤大量流失，美国农耕体系面临着无以为继的巨大压力。与此同时，他又了解到中国四千年农夫、四千年小农经济，在土壤和水资源极其紧缺的情况下，却能养活四万万人！富兰克林·金于 1909 年到中国、日本、朝鲜实地调查，他对中国农民以青草、芦灰、河泥作为有机肥料印象深刻，他为中国农民对粪便的珍惜，以及上海有专司“倒马桶”收集粪便者和农人的精耕细作，有机循环以及蜘蛛网一般的农村排灌水系而倾倒。顺便说一句，富兰克林·金还专门赞扬了我的家乡崇明岛的水利网络，这一切，大约就是中国农耕的奥妙所在了。温铁军先生在该书作的序言中写道：“东亚国家的小农家庭和村社群体，实际上发挥着劳动力‘蓄水池’的作用，稳定时期为经济发展源源不断地提供廉价劳动力，困难时期则成为各种社会危机转嫁的承载底线。”此种劳动密集型的农耕模式，知有多少地，需施多少肥——青肥，草木灰肥，河沟淤泥肥，人畜粪便肥，应灌多少水，可收多少粮，该吃多少饭，即温先生所言极富“经济理性”，并且“促进着各行各业的基础设施建设的蓬勃发展，最终铸就了中华民族的整体繁荣。”为后人留下了保有足够肥力的耕地，自由流动的大河小沟的淡水资源。上述这一切与森林草木是何种关系？《四千年农夫》中所记有青肥、草木灰等，众所周知，在适宜耕种的农村，尤其是江南、岭南一带，村落、土地是被树木掩盖的，当时不可能有农田防护林之说，可是农民在宅边、路边、田头、地边，包括坟堆边，见缝插针，遍种树木花果，可谓不可胜数。这些花果树木的作用是什么？为小农家庭提供了可以盖房可以维修房屋家具的木材，枯枝为燃料，灰烬即草木灰，落叶为肥料，果实可食，花能赏心悦目。同时又涵养耕地，保护农作物。中国小农的生活，若非战乱和暴政，在漫长的封建时代，并不是一直生活在水深火热中，倘若总是水深火热，何来农耕文化的延续？他们辛勤劳碌，却能安居，有诗性。

最早的农耕发生于何处？

最早的农耕发生地，便是农耕文化发生地。

1983年第一期《农业考古》，农学家黄其熙先生著文认为，“农业的契机，可能就是在森林边缘的杂草中发生的”。更多的农学家认为，禾本科农作物与野草有更多的亲缘性。

附带说一句，森林并非只是树与竹，还包括草。知名的不知名的野草，当然你也可以称其为芳草。

农学家的设想终于得到印证，是20世纪80年代大地湾遗址发掘中一个大灰坑，口部近圆形，底部较平坦，口径为3.3—3.9米，底径为4.2米。灰坑中有两块红烧土及大量木炭，此一发现是惊人的，是7000年前大地湾先人用火的明证。还有更让考古者惊喜莫名的：灰坑中有炭化的植物种子。

7000多年前的种子啊！

这是什么种？西北师范大学植物研究所王庆瑞先生荣幸地成为这古老种子遗存的鉴定人：这些种子分属禾本科的黍及十字花科的油菜种子。迄今为止见于考古发掘报告中黍的出土地有陕西、山东、青海、新疆、黑龙江、湖南、山西和甘肃。而甘肃天水秦安县大地湾出土的黍，是国内同类出土物中年代最早，与古希腊最早发现的河尔基萨前陶期出土的黍年代不相上下。历史上的黍，在甘肃大地上再一次出现，是距今4800年的东乡林家遗址中，在1.8立方米的黍的出土物中，秆、叶、穗，乃至圆锥形花序均近乎完整、完美，是考古发掘中数量最多保存最好的黍的遗存物。《考古》1984年第7期文章报道这一发展时，感叹说：“为新时期时代考古史所罕见。”黍之于中国西北，可以说是农耕文化的佼佼者，是甘肃、河西走廊的主要粮食作物。黍对华夏民族的贡献源远流长，中国进入历史时期之后，尤其是汉代，农人及屯垦戍边的将士均种黍吃黍，在史书有载的屯兵处，如武威、居延、敦煌等均有黍出土，有的是尚未完全炭化的黍粒。

黍之秀于他物，还在于：它以自己的存在，使彩陶与黍源自西方、中国文化西来说从此噤声，不攻自破。

种植的黍与森林边缘的野草有什么关系？

大地湾所处的陇西黄土高原上，至今仍有野生黍杂生于野草丛中。甘肃省农科院以野生黍和栽培黍杂交，产生了正常的中间类型，其遗传关系由此可证，由此可证的还有农业、农耕的发生。农业、农耕的发生亦即华夏文化的发生，却因何发生在西北黄土高原？

汤因比在《历史研究》中有“挑战与反应说”，因为黄河严峻的挑战而激出中国先民的反应，终成文明起源地，在“黄河中下游”。远在汤因比之前，1922年梁启超论及黄河流域因何成为华夏民族文明发祥地时，给出的一个主要原因是，“中国黄河流域原大而饶，宜畜牧耕稼，有交通之便，于产育初民文化为最适，故能于邃古时即组成一独立之文化体系。”汤因比之后，今人汪祖荣认为：“中国文明的发祥地在黄土高原及其毗邻的平原地区，并非由于环境的恶劣，而由于土壤的肥沃，几千年来在辽阔的黄土地带几乎不靠人工施肥便年复一年的种植。”

黄土高原因何肥沃？因何不用施肥而能耕种几千年？并且“于邃古时即组成一独立之文化体系”？

黄土高原的肥沃，除了黄土本身的特性外，关键是它由森林保护，据生态学家的科学测算，时至周代，黄土高原有原始森林4.8亿亩，可以放牧的草地则不知其数，黄河流域的森林覆盖率达53%左右，当时的黄河水患百年不到一次，后文另有详述。

这一片黄土高原，这一大块黄土地能不肥沃吗？能不产生农业、农耕文明之初并成一独立之文化系吗？农业始于林地边缘的野草，至今犹存的陇西黄土高原野生黍，短小而坚强地浓缩了七千年的农耕史。我们当然可以理直气壮地说，森林边缘的野草不仅是森林的延续，而且是森林的一部分，森林为农耕之始，农耕文明是放大了的森林文化。

正是农人的劳作，农耕的发展，带来了中国古代社会一系列深刻的变化。

如同黄土高原及其毗邻的平原，因森林荒草及黄河水的灌溉，土地不断肥沃一样，为着农时而观天象，是有中国古代天文学的发达；因为劳作耕种于田间歌谣，而得诗，文化由此而厚积、博大、深广。是有后来的孔孟、老庄等可以傲视世界的先贤经文。

孟子有“五亩之宅，树之以桑”说，且要使农人有耕地，耕地，恒产也，“若民，则无恒产，因无恒心。苟无恒心，放辟邪侈，无不为已。”然后犯罪，“从而刑之，是罔民也。焉有仁人在位罔民而可为也？是故贤君必恭俭礼下，取于民有制。阳虎曰：‘为富不仁矣，为仁不富矣。’”孟子又发明井田制，农人可以“乡田同井，出入相友，守望相助，疾病相扶持，则百姓亲睦。”孟子笔下的舜是何等人物？“孟子曰：‘舜之居深山之中，与木石居，与鹿豕游，其所以异于深山野人者几希。’”舜和深山野人相差无几？深山野人何许人？山民农人，以木石为居者也，舜之不同凡响者。“及其闻一善言，见一善行”便激动无比，“若决江河，沛然莫之能御也”。

孟子好说森林与农耕，在《梁惠王·上》中说：“不违农时，谷不可胜食也；数罟不入洿池，鱼鳖不可胜食也；斧斤以时入山林，材木不可胜用也。谷与鱼鳖不可胜食，材木不可胜用，是使民养生丧死无憾也。养生丧死无憾，王道之始也。”孟子说王道与民生，多有经典之论，一曰农耕不违农时；二曰捕捞须有节制；三曰伐木不能无度，须遵时令。孟子接下来所言是小农生活可以富足的写照，而以种桑始。着衣帛，吃肉而无饥之后做什么？要办学校，让孩子们念书受教育，以孝悌为重。“谨庠序之教，申之以孝悌之义，斑白者不负戴于道路矣。七十者衣帛食肉，黎民不饥不寒，然而不王者，未之有也。”孟子又告诫梁惠王：“王无罪岁，斯天下之民至焉。”“罪岁”何解？天下有穷人，有饿死的人，为王者总是一律归罪于年景不好，用现在的话说是归罪于自然灾害，而没有检讨农桑不兴，教育不良，孝悌不遵，如为王的不去怪年景而责备自己之过，天下人便都来投奔你了。孟子的树桑、养畜、穿衣、吃肉均为了说王道之治，然王道之治，农人安居乐业，又何能离开蚕桑农耕？更可贵的是孟子所说之“庠序之教，孝悌之义”，或可说这是儒家的理想，却又在以温饱为基础并付之于实践的，中国农民无不以让子女读书为荣，千百年来乡学私塾，经训不绝，可以为证，而多少文豪名流均由此出，中华文明是在中国农耕文化中得以传承、发扬并光大的。

庄子好写树，《逍遥游》说：

> 小知不及大知，小年不及大年。奚以知其然也？朝菌不知晦朔，蟪蛄不知春秋，此小年也。楚之南有冥灵者，以五百岁为春，五百岁为秋；上古有大椿者，以八千岁为春，八千岁为秋。而彭祖乃今以久特闻，众人匹之，不亦悲乎！

庄子言小年、大年，即短命、长寿也。谁的寿命为长？楚国的名冥灵的树，五百岁为一个春季，五百岁为一个秋季。上古有大椿树，八千岁一春，八千岁一秋，这才是长寿啊。传说中活了八百岁的彭祖至今闻名于世，人们还在和他比较，岂不是可悲？庄子告诉我们，人生也有涯，人生苦短，而寿则为树、为木、为森林。

《逍遥游》之末，又有惠子说树，大樗，大而无用的故事，是有庄子“无用”“有用”之论：

> 惠子谓庄子曰：“吾有大树，人谓之樗。其大本臃肿而不中绳墨，其小枝卷曲而不中规矩。立之涂，匠者不顾。今子之言，大而无用，众所同去也。”庄子曰：“子独不见狸狌乎？卑身而伏，以候敖者；东西跳梁，不避高下；中于机辟，死于罔罟。今夫斄牛，其大若垂天之云。此能为大矣，而不能执鼠。今子有大树，患其无用，何不树之于无何有之乡，广莫之野，彷徨乎无为其侧，逍遥乎寝卧其下。不夭斤斧，物无害者，无所可用，安所困苦哉！”

庄子笔下那棵大樗的有用、无用，类于老子的无为、有为。庄子给出的实际上是一个哲学、文化学名题：其樗也，工匠以绳墨为标准，则无用，大而无用；庄子以逍遥为目标，则有用，大而有用。是树逍遥，还是人逍遥？树无不逍遥也，人难得逍遥。又究之，大而无用之树乃可逍遥，同理，逍遥之人亦大而无用也。再究之，逍遥不必止于樗，若庄子之北冥、天池，听潮音而漫步，此非逍遥乎？逍遥树逍遥人，或曰：无用者大用是也。

不必附会说，孟子、庄子时，就已经有了现代意义上的森林文化学了。可以明确肯定的只是，我们的先人在发明创造老庄、孔孟之学时，得之于天、地、水、草木的启发，以树木之美比人之美，以树木之养比人心之养；由树木的“旦旦伐之”以至濯濯，比人心自伐“犹斧斤之于木也”。而逍遥于无何有之乡，更是难于趋及的境界和情怀了。至此，亲爱的读者，你能闻见森林文化飘风于远古的气息了吗？

现在且回头再叙梁启超的“文化者，人类心能所开积出来之价值的共业也”。“共业”一词，梁启超用的是佛家语，何谓“业”？梁启超有解：“我们所有一切身心活动，都是一刹那，一刹那的飞奔过去，随起随灭，毫不停留，但是每活动一次，它的魂影，便永远留在宇宙间，不能磨灭。”此“业”之谓也，身心活动之印迹也。“共业”者，群体，人类心能开发积累之共同有价值之印迹也。梁启超进而又说：

> 文化包含人类物质、精神两方面的业种、业果而言。“种”即是种子，“果”即是果实。一棵树是由很微细的一粒种子发生出来的，但这粒种子，含有无限的创造力，不断的长、长、长，开枝、发叶、放花、结果，到结成满树果实时，便是创造力成了结晶体……那果实里头又含有种子，碰着机会，又从新发展出创造力来……如是一个种生无数个果，果又生种，种又生果，一层一层的开积出去，人类活动所组成的文化之网正是如此。(《饮冰室集·文集》之五)

梁启超以佛家语，用树、花、种、果说文化，令人耳目一新之外，也可以引申为森林文化有种有果的绝妙之论。结什么果？播什么种？长什么树？开什么花？往复如斯，人在此一赖以生存的环境中，心智渐发，开积深厚，山何以高？水何以流？树何以立？木何以香？花何以烂漫？其中，又有对林木的开发利用。比如当下极为珍贵的明清家具中的椅子，其开始却是一棵倒树砍斫下一块木头，华夏先人从席地而坐到坐在一块木头上，便成了亚洲乃至世界最早告别席地而坐者。这一块木头后来成为矮脚小凳，再成为高脚条凳，又成为有扶手有靠背的椅子，细考其变化，却有先民的心路历程、华夏民族文化发展的特色在：它不是线性的，它是层垒的，它具有高度，它所具有的高度为当时世界唯一高度。因为木块、凳子、椅子的发明，改变华夏先民的一种姿势——坐的姿势——从席地而坐到垂足而坐，成为《礼》的原始起点之一，成为我先人最初的生存状态之一，是文化的升华。从木头变成椅子的所有细节均可想象，但其中人的劳作，人有苦思，适于人坐的由低而高的过程的把握，造器之用、文化之功，非深思不得其妙了。

木凳、木椅，森林中之一木也，造器之初或只是为有一可坐之木，但这一可坐之木的变化，却又赋予了人在劳作中的思想及审美情趣，所谓思想与劳作即为“开积”，物质文化与精神文化由是而生。什么物质？板凳也，渐而改进美化之器具也。什么精神？吾民族特有的赋予木器的诗意的气质，工匠的匠心，诗性之生存也。从这个意义上说，在人类的作用下，森林与文化几可重叠。

森林为包罗万象者，森林文化亦然。森林不仅是树木，还有竹子、荆棘、花草以及飞禽走兽。森林开出了第一朵花，森林中传出了群狼嚎月、众猴鸣日，森林中产生了人类最早的自然崇拜。森林是先民可以细察既可利用又能想象的、敬之畏之的最有秩序、最丰富的自然综合体……如此等等，不一而足。但所有这一切，都只是开始，要成为源流，成为出发地，行行复行行的先民要播撒无尽的“种”，结出鲜美的“果”，赖心能开积，在为了生存的劳作中，创造烂漫的“共业”。所谓“共业”，物质与精神文化之共业也，而有赖“开积”，先民之开劈与累积也。是有今日之森林文化，中国文化之大源。

或有人言森林远矣！孔子说："仁远乎哉？我欲仁，斯仁至矣。"森林远乎哉？近在咫尺，甚或在心。青草离你远吗？守望于酷日下，严寒中的行道树，离你远吗？城市、乡村的花卉离你远吗？由森林滋养的清水使人血脉流动离你远吗？追根溯源，我们均为森林、森林文化所养育，我们还能做些什么？依孟子之言，养树也，养心也，使美善不致"濯濯"而成为丑陋、戾气，全在乎万勿"旦旦而伐之"，人伐木，即伐心，亦伐文化。草木森林之于人，声气相通者也，可以互为交接、互为印证，所产出之文化，从人类起源始，便影响、推动着文化的进程。其始也，蹒跚迟缓，步履维艰；其兴也，心能渐积，繁花灿烂；其久也，千载弥新，与时俱进。孔子云："不学诗，无以言。"言者说也，文也，圣哲所教亦可理解为不学诗，无以文，民族复兴，本在文化，文化复兴，根在《诗经》。其根也深长，其木也高广，接云连壤，开繁华，有香有色，结果。果有种，种生树，树开花；再结果……烛天照地，芬芳沁人，似能闻见人与草木鸟兽发出之共鸣和声，是为诗乎？冥想《诗经》，如颜渊说夫子："仰之弥高，钻之弥坚，瞻之在前，忽焉在后。""虽欲从之，未由也已"。略记几言，重温美妙，追远寻根，岂不快哉：

南有乔木，不可休思。
汉有游女，不可求思。
汉之广矣，不可泳思。
江之永矣，不可方思。

翘翘错薪，言刈其楚。
之子于归，言秣其马。
汉之广矣，不可泳思。
江之永矣，不可方思。

翘翘错薪，言刈其蒌。

之子于归，言秣其驹。

汉之广矣，不可泳思。

江之永矣，不可方思。(《诗经·汉广》)

“南”，即南山；诗中之“汉”，即汉水；“楚”为荆条；蒌，蒌蒿也；生于水泽。汉水之游女，可望而不可即也。

诗，既为中国文学之始，理所当然，亦为中国文化之始，是从原始和野蛮中脱颖而出的先人初民之口，向着天空开放的永不凋谢的花朵。

《诗经》在先秦时代对社会文化心理所起的作用，可以从《论语》约略得知。《论语》开卷《学而第一》15 章是子贡与孔子的对话，子贡姓端木名赐。子贡曰：“贫而无谄，富而无骄，何如？”子曰：“可也，未若贫而乐，富而好礼者也。”子贡曰：“《诗》云：‘如切如磋，如琢如磨’，其斯之谓与？”子曰：“赐也。始可与言《诗》已矣！告诸往而知来者。”因为子贡“如切如磋”的引申，孔子很高兴，“始可与言《诗》已矣！”从此可以与子贡谈《诗》了。又，子曰：“关雎乐而不淫，哀而不伤。”《关雎》，《诗》之第一篇，鸠鸟唱和，人心恩爱，却离不开“参差荇菜”，根生小河中而随水波摆动的荇菜。荇菜，水生植物也，可观可食。爱的神圣情感与雎鸠、荇菜相缠结，为比兴，再抒发，精神之发生，生活之必需，二者皆美，美美相生，诗也。此种诗句意趣，《诗经》中比比皆是，如《卷耳》《桃夭》《采蘋》《摽有梅》等等。可知，诗为食人间烟火之作也。又，子曰：“《诗》三百：‘一言以蔽之，曰思无邪’。”又：“子所雅言，《诗》《书》执礼，皆雅言也。”又：“不学《诗》无以言。”又：“子曰，兴于《诗》，立于礼，成于乐。”又，子曰：“小子何莫学夫《诗》？《诗》，可以兴，可以观，可以群，可以怨；迩之事父，远之事君，多识于鸟兽草木之名。”兴，比兴而激发情思；观，观察古代社会民生、劳作、风俗与男女之情；群，和合人群也；怨，心有不平，讥讽时政。孔子概括了《诗》的特色与功用乃至近可侍奉父母、远能侍奉君王,《诗》之大也。而且还能多识草木鸟兽的名称。仅以草木论，笔者检索之后《诗》三百中所写到木与草的为一百多首，几占一半。有胶木、桃树、梅、柏、竹、檀、杨、棠、桑、苇、蘋、卷耳、枸杞、薇等等。《诗经》中的诗歌为我们展示的，是三代以前上古社会的流风余韵，是先民对自然物的深情所寄，是华夏人类史上借着草木山泽荒野风景，发出的诗歌第一声！

这第一声意味着词语的涌现，不仅是词语的涌现，而且是诗的涌现。当诗涌现时，华夏文化之路由此开辟，这一条路与人类走出森林徘徊于水泽野草的路一起延伸，延伸在大地草木的气息中，遂使“万物向着词语聚拢”词语又沿着道路前行，词语和诗持续涌现首先涌现于草木中，“是闪光，是飞絮，是火”。三复斯言不为多也：何其幸运！何其伟大！华夏文化的累积首先是诗的累积，诗的词语的累积，是那些关乎草木鸟兽的吟唱，然后随草木而生根繁衍，随鸟兽而印迹大地，又据乾隆四十四年《草木疏校正》称：“案经义考”,《诗经》所载“凡草之类八十，木之类三十又四，鸟之类三十又三，兽之类九，鱼之类十，虫之类十有八。”诗乎！诗乎！无草木鸟兽鱼虫，有诗乎？诗之兴，草木之兴也；诗之失，草木之失也。

中国古代社会中，诗的地位至高无上，是中国文化的金字塔如宝石璀璨的顶尖，是华夏民族心性情智的象征。因为诗的流布而代有杰出的诗人、杰出的诗作,《楚辞》其一也，于芳草山鬼泽畔行吟的屈原是中国第一位伟大诗人，之后汹涌而出。中国的星空是诗的星空，中国的大地是诗的大地。神游星空，漫步大地，多少诗篇，或兴或怨，总有草木花卉的影子与芳香，是为点缀？仅作移情？非也。在诗的意境中，那些自然物是作为诗的源头存在，它本来就是诗，木非诗乎？况且有香！草非诗乎？况且有花！森林，则是山川草木之总汇，诗的完整集合。有咏者，有歌者，有号称诗人者，游走其间，亲密其间，寻根、问叶、探花，随天籁发而为声：

春眠不觉晓，处处闻啼鸟。
夜来风雨声，花落知多少！（孟浩然《春晓》）

众鸟高飞尽，孤云独去闲。
相看两不厌，只有敬亭山。（李白《独坐敬亭山》）

独坐幽篁里，弹琴复长啸。
深林人不知，明月来相照。（王维《竹里馆》）

佳节清明桃李笑，野田荒冢只生愁。
雷惊天地龙蛇蛰，雨足郊原草木柔。
人乞祭余骄妾妇，士甘焚死不公侯。
贤愚千载知谁是，满眼蓬蒿共一丘。（黄庭坚《清明》）

芳原绿野恣行事，春入遥山碧四围。
兴逐乱红穿柳巷，困临流水坐苔矶。
莫辞盏酒十分劝，只恐风花一片飞。
况是清明好天气，不妨游衍莫忘归。（程颢《郊行即事》）

水流花谢两无情，送尽东风过楚城。
蝴蝶梦中家万里，子规枝上月三更。
故园书动经年绝，华发春移两鬓生。
自是不归归便得，五湖烟景有谁争？（崔涂《春夕旅怀》）

玉露凋伤枫树林，巫山巫峡气萧森。
江间波浪兼天涌，塞上风云接地阴。

丛菊两开他日泪，孤舟一系故园心。
寒衣处处催刀尺，白帝城高急暮砧。（杜甫《秋兴》之一）

利欲驱人万火牛，江湖浪迹一沙鸥。
日长似岁闲方觉，事大如山醉亦休。
衣杵相望深巷月，井桐摇落故园秋。
欲舒老眼无高处，安得元龙百尺楼。（陆游《秋思》）

众芳摇落独暄妍，占尽风情向小园。
疏影横斜水清浅，暗香浮动月黄昏。
霜禽欲下先偷眼，粉蝶如知合断魂。
幸有微吟可相狎，不须檀板共金樽。（林逋《山园小梅》）

夫因兵死守蓬茅，麻苎衣衫鬓发焦。
桑柘废来犹纳税，田园荒后尚征苗。
时挑野菜和根煮，旋斫生柴带叶烧。
任是深山更深处，也应无计避征徭。（杜荀鹤《山中寡妇》）

渔樵同话旧繁华，短梦寥寥记不差。
曾恨红笺衔燕子，偏怜素扇染桃花。
笙歌西第留何客？烟雨南朝换几家？
传得伤心临去语，年年寒食哭天涯。（孔尚任《桃花扇》）

道是信手拈来，却拈出了一众声：啼鸟声，风雨声，花落声，荒郊草木蓬蒿声，乱红柳巷苔矾声，杜鹃枝上蝴蝶拍翅声，玉露枫树丛菊孤舟声，梧桐摇落石杵敲月声，暗香疏影粉蝶断魂声，蓬茅桑柘野菜拔根声，红笺素扇桃花落地声，树声草声心声天籁声。

我还想起了荷尔德林的诗：远景

当人的栖居生活通向远方，
在那里，在那遥远的地方，葡萄季节闪闪发光，
那也是夏日空旷的田野，
森林显现带着幽深的形象。
自然充满着时光的影子，
自然栖留，而时光飞速滑行，
这一切都来自完美，于是高空的光芒，
照耀人类，如同树旁花朵锦绣。（孙兴周译）

高焉哉！光芒与诗。

大焉哉！森林文化。

森林文化在今日中国具何种风貌？有何等态势？下章有解。

第二十一章

独立苍茫，中国自然文学之涌现

就本质而言，森林是诗性的、原创的，是天地神人间沟通和交流的独特的自然语言。它拒绝喧嚣、污浊，它喜爱宁静、清澈；它几无声息地发生，如春笋新篁、青草小树，自大地之中破土而出，有方生之气。而这一切，在当下所面临的是技术无度的扩张，扩张至几乎所有的生态领域。推土机铲除了中国一处又一处耕地、荒野，传统意义上的生机勃发的农村已经或正在消失。现代化的浪潮挟裹我们飞速地奔向经济增长，虚拟世界。人的思想和精神均已成为物质的碎片，在贪欲的黑洞中飞旋。人类所面对的断然不是可持续的未来，而是污泥浊水山崩地裂的黑暗。

有光闪烁。有拯救的声音微弱而顽强地传来：人啊，你要回到原点，这一原点只能是大地，敬畏谦恭地面对一山一水一草一木，你要代表大地“和这个世界争执”（海德格尔语），当大地隐退再隐退，人类哪有立足之地？

涌现于20世纪80年代的中国自然文学，习惯称为环境文学、生态文学，其作者被称为环保作家，其实对写作者而言，冠以何种称谓并不重要，重要的是这些作家及他们的作品从物欲横流中挣扎而出，回到大地、大地之上的森林、草原、荒漠戈壁、江河源头，探寻树何以高？根何以生？水何以流？沙何以鸣？等等。此种探寻一旦开始，便触及了本原——大地万有的本原——以及本原的神圣美妙。为什么？因为你已经认真地带着爱意去观察一块土地、一片林子、一处荒野、一根小草了。而在这之前，我们几乎从未专心地关注过这土地之上为什么有林子？这林子边沿为什么是荒野？这荒野之中的小草为什么开着不同色彩的小花？如果沿着小草的根须深入地下，会不会看见一个根的世界？那网络一般的根的世界缠结于幽暗之中，它们是有使命的吗？那使命仅仅是高大树木、支撑小草呢，还是稳固大地？

神圣、庄严和美妙就这样显现了。

中国在新的社会意识及生态环境丕然巨变的催生下，一种崭新的文学门类与书写体裁应运而生，出现了一批为森林草木、江河大地的歌者、呐喊者，所谓自然文学是也。它交织在对自然的赞美之中，其直面发展至上的怀疑、批判和呐喊，当出现之初便是不同凡响、卓然独立的。

自然文学不是时代的大合唱，也不是孤独者的浅唱低吟，它护卫大地，它守望家园，它寻找天籁，它是大地和天籁的追问者、追随者。

在生命和文学的双重意义上，自然文学正与本原渐行渐近。傲慢的人类不知自己何所出时，它找到了森林的摇篮，假如进化论可以成立，还能想象缘木而下的我们的最老的爬树的祖宗；倘若是造物造人，造物的作坊想必在傍山依水的林地中，此生命之源也。从文学而言，接续了始自《诗经》的对草木鸣禽自然物的歌颂，重现了疏离久远的人类对大地母亲的亲近感，此种亲近感的积累延续，便是敬畏。当自然文学的写作者因为虔诚与直观而走向本原时，对生的迷惘稍有释怀，虚无缥缈成为脚踏实地。地，供人践踏、耕锄，地是造物为农人专设的应允之地，播种之地，各种生命的藏身之地，生长之地，农人对地的珍爱有宗教性，地被尊为“土地公公”，有土地庙，农人得到的是劳碌之后的食粮与安居，并世代繁衍，成为一种文明、一个大族。土地的特性某种程度上就是农人的特性：任人轻贱，任人无视，我自存在，我自生生不息。农人有限而足够的安乐，如同麦子一样是从地里生长而出的，并且集合起树草杂花、鸡鸣狗叫羊群和炊烟，此即家园风景也。

自然文学重新沉思，亲吻这片土地时，人啊，会不会生出根的神圣的感觉？

中国自然文学之始，更多的不是牧歌式的赞美和抒写，而是呐喊与呼号。

当其发生的20世纪80年代后期，水污染，地下水失衡趋于严重，中国每年减少一千万亩耕地，同时每年增加一千万人口，森林倒地，草场被毁，荒漠化汹涌席卷，生态环境全面恶化。正是在中国一切以发展经济为重、为“硬道理”的历史关键时刻，中国自然文学拒不参加时代大合唱，而以怀疑及批判发出了生态环境忧患之先声，近四十年来，当中国社会沉醉于发展、崛起，乃至盛世的狂热时，不可或缺的忧患意识，莫早于自然文学，莫过于自然文学。

自然文学的出现得益于中国社会新的社会意识，是指20世纪70年代末开始的改革开放，一则经济迅猛发展，环境严重透支；另则文人的思想禁锢得到放松，题材和体裁随之扩大，在专事研究并发出生态失衡，《我们只有一个地球》《寂静的春天》《瓦尔顿湖》等著作及相关观念影响下，有一些自然文学的先行者闯入了其时中国社会少为人知的生态环境领域，从自然的高度，审视人类的行为，以全新的题材，昂扬的文字，警世的笔墨出现于文坛，具有一定的轰动效应，也可视之为中国当代社会传播比较广泛的环境教育。中国自然文学的出现在时间上具有两个特征：与中国改革开放同步，与西方尤其是美国自然文学的复兴同步。这两个“同步”体现了以发展经济为主导的中国改革开放的丰富与复杂，也是中国和世界面临着共同的生态恶化的明证。地球是圆的，世界是个整体，人类不能不在大自然的报复面前，深长思考，共同应对，而中国的特殊性在于：

> 我们有太多的人口，我们经历了太久的贫困，我们渴望着富裕，且我们已经步入以经济建设为中心的快车道，而在这历史转折的关键时刻，我们缺失了关于人与自然、发展与资源、物质与精神的国民教育。尽管提出了不走西方先污染后治理的发展道路，其实中国改革开放以来所走的恰恰就是这一条路，砍伐森林，耕地消失，江河污染等等，在发展的名义下，中国山河破碎，土崩木坏。

历史现象从来就不是单一的，它表现为矛盾并且交互。就在中国经济建设以 GDP 为中心的浪潮出现之初，甚至可以说更早震惊世界的，是当时世界独一无二的种草种树防止沙漠化扩大的“三北防护林体系建设工程”，简称“三北防护林工程”。作为陆地生态中枢的森林，它是默默地耸立于高山峡谷、荒原泽畔，它不拒绝人类，又总是和人类保持一定的距离，只有护林人知道，郁闭状态下的森林，保守的是物种多样性，是生命的秘密，与此同时，乔木高大地耸向云天，矮树和野草紧贴林地，小鸟自由鸣叫，杂花随意开放、凋零，有猿鸣狼嚎……森林为太多人忽略，而被森林吸引为之赞美的人有福了。一种有趣的意味深长的现象出现了：除去林业部门以及华北、东北、西北人民之外，中国社会对这一伟大工程还了解甚少时，林业与文学的结合已悄然开始，中国自然文学由森林、林业起步，偶然乎？非也！

> 它是中国传统文化的回归，它是中国文学寻找新的活力的开始。称其为传统的回归，若非人在草木江河之间的劳作、情爱，焉有《诗经》？若非芳草美人与命运的感叹，焉有《楚辞》？如此等等。诗也，歌也，文章也，大地所生，根在草木间也。称其为寻找新的活力，盖因我们的文学虚假空泛，重复着规定的程序和动作，距独立之人格、自由之思想，遥遥十万八千里矣！自然文学之活力，正在于真实地思考一根草一根树的生长，以及对森林从而也是对江河大地命运之忧患，忧患江河大地岂非忧患人类世界？忧患人类世界岂非忧患万类万物？忧患万类万物岂非忧患子孙万代？一则是对一草一木的赞美，一则是为子孙后代的忧虑，境界出矣！赞美为何？草木无声，禽兽不言，与人类相伴且因之可得食物、草药、肉类等等，能不赞美乎？忧虑为何？斩草除根，林木倒地，清水污染，后人何以饮？何以食？何以耕？能不忧虑乎？诗人、作家对大地的赞美及忧患，所激发的活力因为清新、因为生命而深远。

中国自然文学的另一特点是毫不留情地对人、人性的解剖与批判，力图使人回归原点——动物——万类万物之一种。人具有两重性，因为极高的灵智，人是万物之灵；因为极大的贪欲，人是万物之害。因着此一特点，自然文学的笔触在描绘大地——宇宙图景时——无可避免地涉及人从哪里来人到哪里去的终极话题，在此一话题的涵盖下是现代人正沉醉其中且乐不可支的技术话题：人类不断地发明技术，技术不断地支配人类，毁坏自然，技术已把人类世界推向了一个复制时代，一个可以复制一切，唯独不能复制美好的时代，一些发明创造的人，比如电脑和手机，在获取大量利润的同时，正在使人类的大多数变得愚笨、懒惰，人类情感的异化已达致“爹亲娘亲不如手机亲，天大地大不如网络大”的地步。人不再创造生产、生活所必需的工具，并使有这些工具时，人还是人吗？按照经典的人的定义，“我们已基本上不是人”。（《在词语的密林里》尘元著，北京三联书店，2008 年）

当有读者认为中国自然文学只是在为保护森林、防止沙漠化、水污染而呼喊时，其实写作者们已经深入到了人心深处，人与自然的深处，其深刻超过了时下所有别的文学门类，何故？只因为自然文学的出发点，不是人类设定的，而是自然设定的，具有神性，是没有左顾右盼、不为利欲所动的直观生命、直击本质的文学。但这个过程是渐进的，是在重读自然及相关经典，并逐步了解生命演变及各种事件的发生与发展中，渐次深入，综合而成。自然文学由是形成了它的最可宝贵的文本及内容的独特性：

> 它是诗，它是散文，当你以敬畏之心描述草木山川或候鸟迁徙的翎毛时，你只能用诗和散文的语言魅力为之；它是童话，它是迷幻，我们只需稍稍了解一点花的秘密或森林四季的生命气息，冬眠动物细若游丝的呼吸，便明白迷幻与童话源出何处？它是无始无终的报告文学，因为我们无法报告自然生命万类万物之始之终，而只能观察记录其循环往复的一章一节，此一章一节于人而言便是大块文章；它甚至还是小说，小草枯而复苏，江河源出点滴，大地生生不息，有多少生命的细节若根蔓游走蛰伏，便有多少生命故事，但不必虚构，人只能虚构人的故事，那些永远重复的故事；人无法虚构自然的故事，那些

从不重复的生命的故事。

自然文学的写作因为题材、内容、文本的关系，又有了它的另一特征：它只能而且必须是跨学科的写作，其跨越范围之大几乎无所不包，它是文学，涉及生态，因为生态的多样性、地域性及其进化演变的过程，写森林必须追溯至地球初创时期的古海洋，生物学家称之为“原始汤”，“原始汤”中的蓝绿藻即古海洋中的斯时地球唯一的生物，完成地球史上第一次光合作用之后的登陆（详见拙著《地球传》，山西教育出版社，1999年7月），因为生存环境的改变而生根，成为最早的草木、森林，最初的动物出现，开花植物出现，类人猿出现，等等。这是一个何等美丽而又惊心动魄的过程，然倘无地球学、古海学、古植物学、古生物学等学说的支持且深入其堂奥，怎能落笔？怎能书写？可是一旦对这些各不相同又互为交叉的学说得以掌握，并为这生命的历程感动，使我们渺小的生命附着于这一伟大的历程，而你又有相当的文字素养时，便有了史性和诗性的写作。毫无疑问，这是当今时代极富魅力且有个性的写作。尼采说过：“请不要把我和别人相提并论。”稍作修改，或可谓：

请不要把自然文学写作和别的写作相提并论。

自然文学无疑是唯物主义的写作，古海非物？物也；蓝藻非物？物也；草木非物？物也；江河非物？物也。唯物唯物，唯物而已，然造物者为谁？谁造山？谁造水？谁造草？谁造树？谁造宇宙？谁造地球？月亮和星星因何如此排列？蓝藻的登陆是谁发出的指令？又是谁让某种野兽变成人？太阳为什么照耀这一切并且分出了昼夜？如此等等，如老子说：“致虚极，守静笃，万物并作，吾以观其复。”又：“有物混成，先天地生，寂兮寥兮，独立而不改，固行而不殆可以为天下母，吾不知其名，字之曰道，强为之名曰大，大曰逝，逝曰远，远曰返，域中有四大，而王居一焉。”老子所言之大、逝、远，说的是发生之强大，发展之运行不息而几无边际，最终是“返”，周而复始也，是为“道”，生成于天地之前，其状态是“寂兮寥兮”之寂寥宁静，而人在其中，人居其一，居于其中的人只能与万物并作共存道法自然，万物并作道法自然的生存之道，是柔弱，老子给出的例证一为水，一为草，天下柔弱莫过于水，“善下之”的水，却以“天下之至柔驰骋天下之至坚”；而柔弱之草，自生自灭，生生不息也。庄子说：“天地与我并生，而万物与我为一”，我与万物相融即与天地相融，宇宙天地之本体即为“道”，为“无”，道之无，无之道，有生于无，复归道，流变永恒，往复无穷，玄乎？妙乎？其实平常，构成自然文学的元素如此简单：物质和精神，唯物与唯心，生活与生存，比如饮水，吃饭，呼吸;比如山丘、树林、草原与牧者，蓝天白云和远方极高山的雪与冰川；小路、河沟、鸡鸣、鸟叫，一只匆匆往来于乡村小道的狗，麻雀群的多少，沼泽不见以后飘逝的蜻蜓的翅膀，消失的蛙鸣和蝈蝈声；它是荒原、沙漠、田野、阡陌，农人及农人的锄头、扁担、农家的炊烟，等等，然而，正是这一切组成了自然风景，宇宙图像，人与万类万物活动其中，生存其中，居住其中，思想其中，人会发声，有思想有语言，人感恩这一切，赞美这一切，发而为歌，便是人之口“向着天空开放的花朵”（海德格尔语）。春天的鸟鸣是雄鸟的求偶之声，雌鸟也会应答，然后是筑垒爱巢，用枯枝草木，当其时也，每一棵树，每一片森林都是爱的乐园。猴何以向日而鸣？狼何以向月而嗥？其鸣声也激越，其嗥叫也凄冷；大象的集群总是把小象护卫在象群中间，当它们漫步森林时，不仅弥漫王者之气，而且散发着浓烈的母爱。我们看见过众多的兽类，但，除了被人残害之外，我们看不见自然状态下死亡的动物尸体。如大象，它们平静地走向死亡，走进象坟，它们自己掘的坟，可是就连大森林中的猎人也不知象坟何在？

动物对于死亡的平静，要远胜于人类，它们的同类肯定有自己的告别，一样悲戚，但决不大张旗鼓地开追悼会。对于它们来说，死亡只是一个过程，自然而然的过程，野生动物有各种美德，而只把独特的生机展现于天空大地，乃其最崇高者也。

上述种种直观、普通的事物及其流变，一旦进入写作者笔下，在诗性的叙述与描绘中，其笔触便不能不触及大地自身的无穷奥秘，或者说一种不可违抗的宇宙意志，唯心唯心，唯心而已。有宗教的意味，比如人之生死；草木枯荣；天上雷电；一把麦种撒播到田地，在泥土的掩没下近乎“无”，后来却长出了大片嫩苗，这是新麦，“穿上了新生命”的麦子，于是“有”。人之有思想，有精神，思想为何？所思所想也；精神为何？思想之抽象也；思想何生？精神何出？天地物象启蒙激发故。人之初见山峰，岿然迤逦，山上有草有树多块垒，不避风雨不避寒热不为所动，此何物也？有惊讶。人之初见江河，江河水奔流不息，匆匆而下，无休无止，水从何出？所向何方？大不解。猿猴缘树而下，折木为棍，蹒跚而行，站立而为人之后，回首森林，因为视野的开阔，景象已非同往昔，大木因何参天？飞鸟因何歌吟？竹子因何有节？多困惑。

面对自然物的有惊讶，大不解，多困惑，由物而心，是人类思想之始，灵智渐积而有精神，何种精神？屈原之《天问》也，老子之上善若水也，孔子之高山仰止也，爱默生之《自然之门》也，爱默生首创美国自然文学，其不朽著作中最经典者实为一句话八个字：“精神乃自然之象征。”

自然文学从思想而言努力还原的是这样一个事实：人的不少行为是天生的，如吃喝拉撒性，甚或天分高低，等等，然人之所以有高贵的思想和精神，却是因自然物象激活而生成，无数次的激活，无数次的感动，无数次的观察，无数次的模仿，相摩相荡，层垒叠加，取舍凝练，加上“学而时习之”，是有思想家，是有哲学家，是有画者，是有以语言连接人神，通天达地的诗人，是有集大成之自然文学。笔者认为自然文学是集大成者，乃指自然文学的整体气象，深美闳约，也就是说，以现代的目光视之，自然文学之所以出类拔萃，是因为：

自然文学是以天道自然为中心，联系起人以及万类万物，从而呼告着使大地成为完整集合的大地，成为家园之地。而唯有人与万类万物完整集合的大地，才是永续之地。

当第一、第二次工业革命的浪潮席卷欧美乃至世界，人们对技术的崇拜和信仰，在某种意义上超过了对宗教的崇拜和信仰，其结果是从国家到个人，除了经济的增长，物质和金钱的积累，人们缺失信仰，缺失精神，而只是无限度地追求发展，人类因为金钱和技术的傲慢，而无知且疯狂地对待自然，对待山脉、森林、江河以及各种自然物，在技术的支撑下，所有的山脉都可以劈开，或者取矿藏，或者挖隧道；所有的江河都能够筑坝，控制水流，用以发电，以三峡大坝为最。中国几乎所有的江河都不再能自由流动，在筑坝专家心目中，自由流动的江河成为被嘲笑的对象：“万里长江滚滚流。流的都是煤和油”（潘家铮《千秋功罪话水坝》清华出版社，暨南大学出版社，2000 年 5 月 1 版）。此种感慨从何而来？可惜没有早筑三峡大坝，不能发电故也，潘先生借外国专家的话宣称：“中国的工程师能够在任何江河上修建他们需要的任何类型的大坝”（同上）。技术就这样抹杀了江河是生命的本质，而自由流动是江河生命的体现。也铲除了江河存在的天赋之使命，老子说得再清楚不过了：“善下之”，“百谷王”，“利万物而不争”，损毁了老子由江河水发明的中国最古老、最优美的哲学：柔能克刚，“天下至柔驰骋天下之至坚”，老子谓，天下万物之柔莫过于水也、草也。而再浩大，再绵长的江河，如同所有自然物一样，都是有限的。丹尼尔·贝尔在《资本主义的文化矛盾》中说得好：

> 现代人的傲慢就表现在拒不承认有限性，坚持不断地扩张，现代世界也就为自己规定了一种永远超越的命运：超越道德，超越悲剧，超越文化。

世界远未在超越的狂欢中醒来。

自然文学的使命正未有穷期。

我们的怀疑、批判和追问远远没有结束，比如新农村建设和造城运动。农村，尤其是平原地区的农村不断为开发区、商品房取代，仅剩的农村已经成为空壳而徒有其表，青壮年农民远赴城市打工谋生，只剩下老人和孩子，惨淡留守。没有年轻人的农村，便是没有活力的农村，没有活力的农村，便是死气沉沉的农村。我们要责怪农人吗？不可！没有农人不爱土地的，但在一切向钱看的社会思潮下，中国社会最底层、最贫困、为中国社会做出了最无私贡献让我们有饭吃的农民走了，离开了祖祖辈辈的埋骨之地、家园之地，为什么？

谷贱伤农故也！耕地不是农民自己的土地，不能自由支配故也！在权力和利益集团的联手下，强征强拆遍及全中国，何以强？权力之强，利益之强也。而受害最深的首先是农民、其次是市民。当然，也为了 GDP 的“超越”。

新农村有了水泥路。

水泥路上鲜见年轻的脚印。

中国的 18 亿亩耕地是 13 亿人口的衣食之源，“到 2010 年底，全国耕地总数不足 18.26 亿亩”，“人均耕地不足 1.4 亩”，“中国有 600 多个县人均耕地面积低于 0.8 亩”（《中国经济周刊》，2013 年 25 期，郭芳等文）。联合国指定的耕地警戒线为人均 0.8 亩，如低于这一数字，就会发生粮食危机，高楼、金条不能当饭吃。至今，中国地方政府仍靠卖地增加收入，“土地财政”是也。此种卖地财政，滋生了多少腐败贪官？让世人惊讶的是，我们的“18 亿亩耕地红线”至今没有突破。其中不是秘密的秘密是：各地政府所出卖之地是肥田沃土，而填补数字的土地，则来自新垦、复垦或推土机匆匆推平的垃圾场，一样的数字，不一样的土地。

我们的“红线”是一条虚线。有关民生和国家命运的多少真相，仍在被遮掩之中。

大面积的地表水污染、地下水污染之后是土地污染，首先进入公众视野的是广东“镉”大米事件，为重金属污染的耕地生长出来的白花花的大米，就这样成了毒大米。耕地的减少加上耕地的污染，严重动摇的是中国的立国之基，是中国人的生息之本。2010年，我应国家林业局之邀用一年时间，采访林权改革时，先到福建再至江西，这两个省的森林覆盖率均超过60%，为满目青山欣慰时得知：江西新余市一个村为新余钢铁集团、大唐发电厂、双强化工厂三家污染企业包围，村民喝的地下水和洗矿水一样，呈红褐色，而地表水早已污染殆尽。在贵溪市苏门村，数以万吨计的重金属尾矿堆积农田，这一原本山清水秀的山村与贵溪冶炼厂仅一墙之隔，而今村子里的人病的病了，死的死了，跑的跑了，剩下的老人无奈地问我：“为什么是这个样子？”土地污染的警讯其实早有先声，2007年南京环境科学研究所对苏门村土壤检测后证实：“大多数取样点的铜、锌、铅、镉、砷的含量均高于寻常，部分地区镉超标了30倍”（《南方周末》2013年6月27日《绿色》版）。于是就有了中国史无前例的“重金属污染土地移民”——江西全省共9个市18个县41个自然村约2.2万人。

这是工业化驱逐并毁灭农村的典型。江西的耕地污染还揭示：漫山遍野的林木，超过60%的森林覆盖率，所产生的涵养水土等生态效应，不足以抵消也无法取代重金属污染所带来的、足以损毁家园的危害。这是森林文化尚未深入人心故？或者是对自然文学所发出的更迫切的呼唤？如此等等，其实我们必须承认在当下世界一体化的经济大潮面前，所有经典意义上的哲学、文学和艺术都有一种无奈和茫然。守望者的可贵则在于：他在无奈茫然中仍可看见并且传扬大自然的风景永远是神造的最美的风景。

从直面生态的挑战，发而为声，与世界争执，到寻寻觅觅，冷冷清清，矢志不渝地赞美江河流水，山花荒草，大漠胡杨，这是中国自然文学的一个重大转折，也是作者在“思的事情上”（海德格尔语），期望自然文学有更多形而上的力量。思、沉思，似乎是肃穆的、静止的，甚至有发呆状，其实沉思具汹涌澎湃的力量，有穿透性，沉思者总是在摒弃什么，追问什么，当沉思者一无所有却穷极天地而沉思时，沉思者抚慰的很可能是通常被人认为的无用之物，比如荒野、荒草、荒沙等这是沉思和为了金钱财富而算计的根本区别。我们这个世界总是“算计”者更多，“沉思”者太少，但正如海德格尔所言：

> 沉思的贫困是对一种富足的允诺，它的宝藏在那些永远无法清算的无用之物的光芒中闪烁。

海氏所说的“无用之物”很容易使人想起前文已写的庄子说樗，大而无用之樗，何不树于无何有之乡的樗，一棵虬曲而不能成为梁木的大树，路人可以歇凉可以仰望而成为风景之树，以此类推，还可以想到老子的“无用之用”，“有生于无”，“道”即无也，道生万物，等等。不能不想起现代人的困境，因为对技术和物质的无限追求，无限追求造成无限依赖，无限依赖生出无限孤独，其根源即在于：我们对无用之物的忽视、抛弃乃至践踏、破坏，当生命只是人，当只有人才是这个星球唯一的主人，并且占领了地球所有生态场落时，傲慢冰冷的技术把本应谦恭的人异化成傲慢冰冷者，傲慢冰冷者视一切自然物为无用，天有何用？云有何用？雷有何用？雨有何用？虹有何用？山有何用？树有何用？草有何用？花有何用？鸟有何用？虫有何用？唯金钱有用！于是天生雾霾，江河污染，物种灭绝。当走出贫困的一部分中国人拥有房产，屋子里堆放金条而思想精神荡然无存时，不知道是否感觉到：这才是真正的赤贫，赤贫到除了金钱已经一无所有。

可是“沉思的贫困”却为多少“无用之物”的光芒照耀！这些无用之物或已灭绝，或在锐减，当我们在沉思之中勾勒、回想并以沉重的美文记录这一切时，“无用之物”即是生命之物，“沉思的贫困”成为沉思的荣耀。自然文学所散发的光芒，便成了这个世界的亮点。

人类正在走向孤独，走向孤独便是走向偏狭、执拗、抑郁的不归路。

2012年，我在西双版纳为凤凰卫视《大地寻梦》做嘉宾主持时，常想寻找一个梦境：西双版纳热带雨林闻名的萤火虫大群，若明若暗，游走飘移，成群结队的萤火虫，曾经是多少西双版纳人心中的风景。当地的朋友告诉我：萤火虫已经很少了，梦境不再。在我们的沉思中，有多少身影和声音正成为绝唱，或者只在冥想时闪过，你有多少年没有看见蜻蜓了？近年夏日你听见蛙鸣了吗？你看见小青虫飞过吗？夏日变天时还有成群结队的蚂蚁吗？蝉鸣还有，但已稀落，集群的麻雀已经寥落，北京曾经黑压压的乌鸦不知何往？仅剩的喜鹊在高楼的空调架子上筑巢，还有蜜蜂第六次大灭绝说（《参考消息》2013年5月10日12版转引美国《新闻周刊》），文章写道：在过去四年中，美国的养蜂人无奈地发现了“一种令人不安的变化”：工蜂出走后不知去向何方而不归巢，幼蜂惶惶不安，蜂群传统的日常劳作完全停止，蜂卵因得不到照料而死去。每年蜜蜂的数量减少30%。中国的蜜蜂群，则因为环境污染，农药泛滥而或者死亡或者逃亡，用不了三十年，天生的蜜蜂，天然的蜂蜜，将要成为地球上罕见的奇物，生态学家的假设是：

> “我们是否处于一次大规模灭绝的序幕之中？而这一过程最终将导致地球上数以万计的动植物物种——包括人类自身的消亡？”此一假设的支持者认为，“这个问题的答案是肯定的。”笔者进而联想到，人类是地球上已经发生的五次大灭绝的幸存者，真正的悲哀在于：我们不知道自己是幸存者，而每一次大灭绝除了自然以报复发出警讯外，都为人类的生存减少了本来共生的伴侣，增添了一层生命孤独的阴影。而人类所取的却是在空前消耗自然资源的前提下，以加速的增长加速第六次大灭绝的到来。

谁能阻挡这最后的灭绝？人类会不会在大自然愈来愈严厉的报复中醒来？让我们祈祷苍天保佑。笔者还深信，仁慈的自然与造物仍然为人类留下了足够的忏悔与改过的时间和空间，尽管越来越紧迫。而在我的沉思中将会繁华、清晰的是西双版纳的萤火虫，它们会以微弱的游动的光如烟如雾闪烁在我的梦里，这光还有蜻蜓的翅膀伴随，周遭是树林和草地。即便是残存，中国大地上仍有多少风景如此迷人。大地上的风景总是以森林的挺拔、小草的悠闲展开，草木无声，大地上的所有植物皆无声，无声而有色而有芬芳而千姿百态。植物以无声面对这喧嚣的世界，植物以宁静守护、孕育这片土地，让蜜蜂、蜻蜓、鸣蝉有安居之地并歌之吟之。植物在供人砍伐践踏时也让人欣赏，如同我们赞美水时水有愉悦的波动一样，井冈山的护林人告诉我：你偎依一棵树，你会感到树的温度，你赞美映山红时，你能觉得花叶的颤动。护林人走过林间小路会有藤蔓缠结，“那是想留住我的脚步呢”。

植物是站着的风景。

江河是流动的风景。

自然文学把这一切风景看成为心目中的风景，从而化生出大爱和精神，何为大爱？天地万物、众生共荣之爱也；何种精神？自强不息，厚德载物之精神也。

> 到那时便有风生水起，便有祥云飘动，是谁能使风生水起、祥云飘动？天上有风了，雾霾消散了，人们可以自由呼吸了。什么时候，造物设定的人人可以得而享之的阳光、空气和水，重新归于人人呢？

自然文学的这一追问，是世界经历了一次又一次工业革命之后的忧患与追问。正是这一追问的涵盖，显示了自然文学的如下特色：

> 1. 中国自然文学是对“文学是人学”的突破，文学不仅是人学，还是大地自然之学，追根溯源，甚至可以说首先是大地自然之学，是对人类中心说在文化上的反动。
>
> 2. 中国自然文学彻底否认人定胜天说，自然文学对自然的敬畏，使其得到了老子之“道”及爱因斯坦所言之“宇宙宗教”的境界。

3. 中国自然文学因使命使然，遂成为中国传统文化自觉的追随、继承、弘扬者，并指向源头，即《诗经》《易经》《老子》《庄子》《楚辞》等等，且汲取了美国爱默生、梭罗及俄罗斯普里什文等自然文学的精髓，具有东西文化交融的气象。

4. 自然文学是科学主义的反对者，并且指出：技术的泛滥正成为人类的噩梦。自然文学不反对科学与发展，但认为一切皆有限度，人类必须“小心翼翼地接近辉煌”。

5. 中国自然文学以山水、草木、虫兽、田园作为直接的书写对象，柔软地显现生命的广大和美丽，探求人只能处于天覆地载之一的位置的同时，虔诚地捍卫着大地的尊严。

6. 中国自然文学在文本的意义上，先是以报告文学的形式出现于文坛，然当其出现之初，便不同于传统意义上的报告文学，即人的故事成为人与自然的故事，并在大地的背景上展开。随着自然文学创作从初始阶段的单一而走向综合，叙事方式为之丕变，中国自然文学集生物学、地理学、环境学、历史考古学乃至哲学、人类文化学于一炉，成为大跨度的跨多种门类的诗性写作，使其有了词语的特色及文本意义上的革命，亦是当下中国宏大叙事的典范。

中国自然文学立足中国大地，关注世界和地球，表现出强烈的大地意识，在呼唤中华民族伟大文化复兴的今天，不能不提及梁启超先生在《清代学术概论》中所言，即有清一代二百多年的文化思潮，“绝类欧洲的文艺复兴”，其特征为“以复古为职志”，这里的所谓“复古”仅指文化，指趋向本原。指离开传统渐行渐远的粗鄙文化，必须批判之校正之使其“复古”，亦即今言之复兴也。倘若中华民族的复兴必以文化复兴为先导，而文化复兴必须得溯源、“复古”，那么有此气象的在当今文坛，首推中国自然文学了。

与中国时下的各种“好声音”“达人秀”及出版业日益高涨的数字

相比，中国自然文学处文坛之一隅而思接千古，其笔触所及，或云卷云舒，或花开花落，或大漠荒野，或根缕交织，如江河之水有源而流长。得天地风气之先，开门户立范于后。文坛一隅者边缘也，边缘者接续大地也，大地者日月阴阳、万类万物集合之地也。此中国自然文学所以能独立苍茫者也。

中国自然文学历经短短的近三十年，仍处于发生之初的发展期。在社会大众环境意识不断增强，环境灾难接踵而至的双重现实中，自然文学正渐渐地为社会心理所重视，其影响广及文坛和社会，其生命力已显露思潮端倪。笔者躬奉其盛，自1987年写《伐木者，醒来》后远走西部写三北防护林，大漠胡杨，《沉沦的国土》《守望家园》《大坝上的中国》《绿色宣言》《地球传》《长江传》《大山水》《江河八卷》《荒门》等，实录二十八年间笔者之作，我最想告诉读者的，实为中国传统文化饷我之厚，山川草木赐我之爱，此二十九年为毕生收获之最，有再生之感，在诗与生命之本源的追溯中，渐近本源的喜乐无以言表。同时也明白了自己本为动物、本为尘埃的渺小，而此种渺小一旦融进大地，就会获得守望的荣耀，如我在《守望家园》中所写：

给你自由，可是，你没有跟。

给你树木和森林，你要倚靠它们，并且在祷告后沉思默想，怎样稳固自己。

给你树木和森林，就是给你大地，给你高山上流下的清水了。

但，你要劳作、耕耘、播种与灌溉。

你守望家园，这林子里便会结出果实，土地上便会有收获。

《森林文化学简论》（苏祖荣、苏孝同著，学林出版社，2004年5月版）认为："社会主义市场机制的建立，极大促进生产力的发展和社会物质的丰盛。但其负面影响如环境污染、生态破坏，使人类面临生存危机，农业社会那种田园牧歌式的山水诗、花鸟诗早已隐退，代之以关注人类生存状况的生态文学的出现，这是对当代森林文化的另一种标志，最早对生态文学关注的当推徐刚，从《伐木者，醒来》《守望家园》到《长江传》，徐刚的创作发中国文坛生态关注之先声。此外还有相当一批作家从事生态文学创作，如陈桂棣的《淮河的警告》、陈建功的《放生》、张箐箐的《沙漠风云》、李青松的《林区与林业人》、哲夫的《环境文学选》、刘贵波的《中国水污染》、郭雪波的《大漠狼孩》、方敏的《大绝唱》、沈孝辉的《雪山寻梦》，生态文学专集《碧波蓝天文丛》等。”而少有人提及的沙青 1986 年的《北京失去平衡》在时间上实为所有此类作品的发轫之作。自然文学以诗人、报告文学作家的笔墨始，当代中国优秀的小说家亦已参与其中；如阿来笔下从容惟妙的花与草，陈世旭富有山野气的风物景致；张炜的长篇小说《九月寓言》其实可以当作极富诗性和宇宙宗教的美文去读，其中最激动人心的文字与小说的虚构无干，是大地意识的叩问张扬：“当贪婪和攫取的狂浪拍碎了陆地，你不得不划一叶小舟时，怀中还剩下什么？无非是一份热烈和忠诚，饥饿和死亡都不能剥夺的东西才是真正珍贵的。多少人歌颂物欲，说它创造了世界，是的，它创造了一个邪恶的世界，它也毁灭了一个世界，那是一个宁静的世界”，张炜渴望着回到生养他的野地，那是他心灵的存放处，那一处已经变化甚至无存的野地——大地——因此在张炜心中成为永恒。也因此回到本原的张炜便有了不一样的文字：

> 滋生万物的野地接纳了艺术家，野地也能够拒绝并且做到毅然彻底。强加于它的东西终不能立足。泥土像好的艺术家，看上去沉静，实际上怀了满腔热情……作家就是天生与大自然保持紧密联系的人……从大自然中汲取和培植而来，所以他能保持一腔柔情和自由的情怀……我的声音混同于草响虫鸣，与野地的声音整齐划一，这里不需要一位独立于世的歌手……人和万物合为一个优美的舞蹈，人在这样的世界中才真正地自由欢畅。

回到大地本原，指向生活、生存以及人类心理深处的文字，正涌现在中国自然文学作品中，我说它是“涌现”而不是“出现”“诞生”，并非以为自然文学已有茂盛奔腾之势，而是指回到大地本原的自然文学，如同草木、农人播种的麦子一样，是从地里生出的，涌现于世界。世界以冷漠视之，文坛以边缘置之，而大地则以母亲的怀抱拥吻之。把关注的目光投向荒野荒草，把自己的声音“混同于草响鸟鸣”时，由此生成的词语必然区分于它种词语，成为不一般的词语，却往往为粗疏低劣的别的文字所淹没。当中国的诗歌与哲学日渐平庸，当我们这个最讲究“推敲”词语的悠久民族文化传统，被“文山会海”中的标语、口号、文件、无数准确的废话包围并异化，“碎片阅读”已成为时尚时，自然文学的写作，依然坚守诗性的写作，并给出了对当下而言陌生的词语。此种陌生来之于探求古典，优游本原，结合中西，问道天地，与万类万物共生共荣。一个路过海滩发出“芦苇出土于春日”的词语，和那些匍伏于滩涂，眼见芦芽出土时周遭爆裂的细小碎土并思及生命的词语能是一样的吗？

倘若我们用心灵去感觉这一片因新芦出土，而被挤裂、细小地破碎的荒野，那是多少如泣如诉、如歌如诗的生命感觉？我跪下，吻着那地，挤出生命裂缝游走的地，那不就是生下我的娘吗？吻着那芦苇，那不就是初到人世的我吗？

这一段文字中用来叙写新芦和我之初生的词语，均是从我故乡崇明岛东滩荒野裂缝游走之地中生成的，我跪在那片野地，目睹新芦时，我想起并且看见了我的出生，我的已经作古的母亲。那是一个油菜花开的早晨，我收获了关于词语的美妙之思：

当心灵发出词语，亦为大地涌出的词语时，大地便成了词语的安居之地。

想起了尼采所言："一切文学，余爱以血书者"。心灵也者，红血涌动流出之地也。认为"词语，犹如花朵"，"因为它使大地和天空，深处的涌动和高远的力量相互遭遇"的是诗人荷尔德林和大哲海德格尔。海德格尔认为人们对语言仅仅是"从生理学上把表达和声音解释为音响的产生过程"，"单单把声音与生理学所见的肉体挂起钩来，并且把它归入形而上学所说的感性领域，是否就够了呢？"显然不够，因它远离了语言的本质，并且没有对语言"做出恰当的沉思"。甚至连"因地而异的说话方式称为方言这样一回事情，也几何未曾得到思索"。对因地而各不相同的方言之思，所得到的启发是什么呢？

海德格尔说：方言的差异不单单而且并不首先在于语言器官的运动方面的不同。在方言中各各不同说话的是地方，也就是大地，而口不光是在某个被当作有机体的身体上的一个器官，倒是身体和口都归属于大地的涌动和生长——我们终有一死的人就成长这大地的涌动和生长中，我们从大地那里获得了我们的根基的稳靠性。如果我们失去，我们也就失去了根基。

海德格尔此说类似于老子的道、道生万物，海德格尔只是更具体地指明：身体和口均归属于大地的涌动和生长，"语言是口之花朵"，"在语言中，大地向着天空绽放花蕾"。然此种语言来自于诗，然后才有"诗与思"，如歌特弗里德·伯恩的"一个词语"：

一个词语，一个句子——从密码中升起
熟悉的生命，突兀的意义，
太阳驻留，天体沉默
万物向着词语聚拢。

一个词语——是闪光，是飞絮，是火，
是火焰的迸射，是星球的轨迹，
然后又是硕大无朋的幽暗，
在虚空中环绕着世界和我。

海德格尔引用更多的是荷尔德林的诗，在这些引用中，我们甚至看见了诗与哲学以及大地涌现词语之花朵的无比美妙：《日耳曼人》中荷尔德林写道：

因为你的梦想，在中午离别之际，
隐秘地，让我留给你一个信物，
留下口之花朵，让你寂寞地说。
而你，有福的人哪，
沿着河流，也赠送
大量金子般的话，它们
不息地流入所有地带之中。

《乡间行》的第一节：

因此，我甚至盼望，
当我们开始心有所愿，
我们的舌头一旦启动，
词语已经被寻获，心灵已开放，
从额头涌现出崇高的沉思，
于是天空花朵吐艳，
恰如我们的花朵，
闪亮的天空才向我们的眼睛敞开。

《哀歌·面包和酒》第五节：

这就是人，假如那里有财富，
如同神亲自用礼物照料着它，
人依然盲目，浑然不觉，
他首先必得遭受痛苦，
但现在他命名他的无上珍宝，
于是必然生成词语，犹如花朵开放。

格奥尔格：

词语破碎处，无物存在。

笔者尽力从海德格尔的哲思中拔出，对“词语”的理解大致有如下心得：诗与思是词语——当然不是一般化的词语——生成的前提；词语出现在命名之时，词语有命名力；词语汇聚美好与神圣；词语成为花朵向着天空开放；假如词语破碎——低俗平庸，不再由诗与思生成——美好与神圣随即飘逝而去——无物存在也；最后，词语“归属于大地的涌动和生长”。

大地的涌动和生长啊！
大地涌动生长而出的词语啊！
命名无上珍宝生成“天空花朵吐艳”的词语啊！

当我们赞美词语并寻根溯源时，我们所处的却是可以随便胡言乱语的词语破碎的所谓网络时代。但这一个时代又恰恰给出了中国自然文学之所以存在并必将大行于世的理由：它在写作中乃至观念上，改变了不可一世的人的位置，使人成为物种之一，把人类置于被批判的状态下；它具有急迫的使命感并告诫人类：倘无自然，倘若离开了山水草木虫鸟百兽，人不会有精神和思想，人无从安居；它以为人之所以是万物之灵，是万类所赐，在自然文学中出现的人是普通、真实而又是特立独行的人。以上前提一旦确立，仅从词语而言，为大地故，中国自然文学便会自然而然地拒绝一般化；拒绝人世间不绝于耳的大合唱；它只以随大地万物的涌现而涌现的词语写作；它因着万类万物的千姿百态而千姿百态；它敬畏造物的神奇而带有神性；它在和草木的亲近中注入诗性；它为着花开花落而喜乐、忧愁；它把人类之仁爱推向大地的边界；它的词语是向着天空开放的花朵，抚慰着业已污浊破碎的天空大地。

笔者1987年写《伐木者，醒来》中有：

这一天的傍晚夕阳特别鲜红，在晚霞雾霭之中，他依偎着这棵松树不想离去，他说：武夷山还经得起多少把斧子砍伐？武夷山，巨大的岩石骨山，所谓土层其实是厚不过一寸的一层地衣，长一根草尚且艰难何况一棵大树？摘一片树叶尚且心痛何况砍伐？为什么我们有一些中国人在金钱和良心面前，就这样落落大方地选择了金钱践踏了良心？这样的以破坏生态毁灭文化为手段的富裕，实质上是以子孙的贫穷为代价的。当未来的穷山恶水展现在他脑海中的时候，太阳落山了，月亮出来了。

引文中的“他”即自称为“看山狗”的武夷山陈建霖。

又：

天目山的枫叶开始红了。满山遍野的冷杉、落叶松、毛竹、雪松，在阳光下是深浅不一的墨绿、翠绿、嫩绿，红叶相间星星点点。随着天气的转冷，这红叶将会扩大但并不是取绿叶而代之，雪花飘飘的时候红叶将要凋零柔弱如温床一般的清香的林地上，做一个堆雪人的梦。远远地，我被这枫叶迷住了，当我走向深秋，无论山重水隔，我都要回头。

我曾经踏访过的武夷山、天目山，后来便成为印迹于我心中的风景，块垒在胸，溪流有声，有草木藤蔓牵挂，也会回想当年的文字——那些不同于我以往的词语——并且发生在不同的地域，这些词语也在悄然变化。那是因为：不同之地均有非凡之处，显示着不一样的神性。我要去西部大漠戈壁了，我倾听着大荒凉中的沙与草：

> 我已经置身河西走廊了……我还来不及捡拾历史的碎片……荒沙地里的路坎坷不平，终于被一道沙梁挡住，汽车无路可走时便下车步行。荒漠是真正辽阔的……起伏的沙丘像海里的波浪一直推向远方，在这里，什么样的生命之船不会搁浅？有细小的绿色，梭梭与沙米，还有固定了沙丘的那些沙柳、沙蒿，细小的叶片上积淀着沉重的沙土。枯死的裸露在沙地中的胡杨的根是灰黑色的，一种典型的绝水死亡状态。

我第一次踏访风沙线的惊讶与无知，历历在目。我向农人请教沙的特性：沙子是洁净的，流动的沙丘会淹没家园，固定的沙丘是一种风景。在一个高大沙丘，有一株红柳便会生出无数根蔓，把沙丘拥抱入怀，于是沙丘安然而宁静，所有的沙生植物都是沙漠的至爱亲朋，比如花棒：

> 花棒是一种奇异的沙生植物，它需要的水分极少，哪怕在最旱的沙地也能存活，不仅活着，一干绿色，还开花。长长的花枝上花儿一朵挨一朵。花有各色，或白或红或紫，轻盈而艳丽。

农人告诉我：花棒也叫“沙姑娘”，没有比农人更接近更熟知大地的涌现了，我在腾格里沙漠中所写的有不少是记录农人的词语。

梭梭是野生的沙生植物，其根茎坚硬有力地阻挡着流沙的推进，20世纪七八十年代，沙生植物被大规模破坏时，高大的刀砍斧斫，而梭梭，成片缠结的梭梭是用炸药炸取的，胡杨、红柳、梭梭为缺水和人力所毁者，十之七八矣。农人与林业科技工作者发明了梭梭的人工种植，在河西走廊民勤县，我曾目睹梭梭的播种与萌芽：

> 播种时只需稍稍给一点水，梭梭种子在紧张地汲取水分之后，四个小时便开始发芽，生命的进程是那样迅速，却不是昙花一现，靠着这一点点水艰难地生长，漫长的路啊干旱的生命之路。

四个小时多一点的期待，我仿佛坠落进思的深渊。在不同的地域因为沙漠的干旱，梭梭的种子是怎样神奇地汲取水分？是怎样改变了种子的习性？极旱之地以梭梭的迅即发芽昭示着大地的涌现，推动大地之涌现的又是何种力量？何种神迹？什么时候人之思能及于神？但，我看见了：凡是地，必涌现：凡是涌现，必离不开种子和水；在大幅度的空间，涌现是大自然的事情；人参与涌现是有五谷粮，是为种草种树，农人是真正参与涌现的人，并涌现词语。我们对农人所涌现的伟大迄今无睹，无睹农人便是无睹大地、无睹涌现、无睹词语、渐失境界灵性，不思涌现之神奇美妙，实为中国文化之一大悲哀。

从腾格里沙漠边缘，沿河西走廊西行，阳光如此充沛地照耀戈壁，是夜有风，呼啸的风，风吹古阳关，不同于江南和煦的风，也不是北方凛冽如刀割的风。

> 风从大戈壁吹过，我静听着那磨砺的声音，像戈壁滩一样宽阔而粗狂啊，不知道是风在磨砺石头还是石头在磨砺风？或者竟是连岁月的时光之箭也一起磨砺了。今夜这风又要去穿透什么？我刚刚抚摸过山丹的明长城，长城沙化了，大漠遗留的那个城堡是汉武帝时代的，只是半垛老墙，还有一个歪斜的门框。在墙的角落里寻找，只有一堆沙子，谁知是今沙还是古沙？

沙，沙是什么？佛门又称沙门者为何？恒河，大河也有大水，人们为什么说恒河沙数？我的故乡崇明岛是世界第一河口沙岛，我曾写过“我的岛是一粒沙子 / 后来成了长江入海口 / 意味深长的叹息 / 凝固着 / 沧海桑田的时刻 /”我的少小时代便是与沙子芦荡江滩厮混度过的。但儿时只听母亲说崇明上下八沙，不少地名均以沙命名，不断有新涨出的沙。我在堤上举目可望，状若扁担的叫扁担沙，状若黄瓜的叫黄瓜沙，状若野鸭窝的叫鸭窝沙，还有西沙、东沙、南沙、北沙等。儿时不解的是，我家的茅屋不是建在地基上吗？农人种花地不是种在地里吗？长着马斑草、花被单草的田埂路不是地吗？沙是地吗？沙何以成地？如今想来，我在荒沙荒野中的少小时光何等幸运！

我曾目睹沙的涌现，小小沙洲涌现时，芦苇野草螃蟹等随之涌现，农人为其命名的词语亦涌现。因着我从小为涌现包围、不解、惊讶，生出了对沙洲芦荡一探究竟的欲望，以及潮来时被淹没，潮去后仍屹立的敬畏。当我参与农人的垦拓后又得知：农人的辛劳耕耘，长江水灌溉之后荒沙成为地。沙是大地的基础，地球形成之初先有山、水、森林草木，分崩的山石沙粒与落叶渐而成土，成为人类家园。形成一厘米的表土需要四百年！

当词语向着天空开放花朵时，人当铭记：大地需要休养生息，而农人是命名者，是最初的也是最好的词语涌现者，腾格里沙漠种树的农人告诉我：

沙是大山的粉碎，在风的磨砺下，有渴望重新高大的悬崖陡壁已经成为梦影，成为沙漠中的沙丘沙山。沙是风与水的杰作，谁能想象风是怎样把山石揉搓成如此细小而浑圆呢？按照国际惯例，被称为沙的一个颗粒，其直径介于 0.05 毫米到 2 毫米之间，这样的沙粒可以在地球上保存几百万年之久……高大的倾塌了，粉碎了；细小的得救了，有福了……我想把我的心铺开，沾满沙子，然后揉搓，所有的荒凉都是一样的。

我在喧嚣和光怪陆离的“繁华”中回到故乡、芦荡荒野——我的本原之地、回想之地：

只有风声、雨声、夏夜的虫鸣声，还有便是涛声了。儿时，涛声仿佛就在枕边流过，我常做的一个梦就是我的那张小小的床，我们家的两间茅草屋都变成了船，在长江里漂流着，一个船队，还有我折叠过的承载着梦幻的几只芦叶船。我的故乡我的岛，我总是以这样的回想走进你的梦想中，回到我的童年，回到我童年时就已经为我守寡的母亲身旁。只是在此时此刻，我才明白并参加了我的诞生：生命、孤独和诗的萌芽的诞生，寻找已故去的父亲而从小为自己编织梦想的诞生。因着母亲劳碌愁苦的感激之情的诞生。我是这梦想之岛的农人的儿子。

前文曾写过新芦出生，在儿时的记忆，别有一种趣味：

清明前后，田园皆绿，小河水满，游鱼相逐，牵挂着芦苇怎样生芽葆青，我与小伙伴们一次又一次地搜寻河畔。一个早晨，看见出土的芦芽了，羞怯、茫然地面对地上的世界。新芦出土，对于这块土地及其上的乡村而言，如同节日一般。老人叮嘱小孩：“小心踩了芦芽。”狗用它们的鼻子捕捉春的气息时，在芦芽周遭嗅个不停，偶尔，伸出舌头舔一下。而大公鸡一身盛装地巡视时，会啄食芦芽，于是我们便轰赶，有一次把鸡轰到了小河里，无计可施时，它又湿淋淋地扑到了岸上。

我曾梦游迷失于崇明岛海边的大芦荡：

我走进芦荡，便迷失于芦荡，便消散于芦荡，我急着想认识自己，却不认识自己，找不到路……有一根芦苇如影随形，摇曳于前，我并没有带走它，可是我已经把它带走了，或者竟是它把我带走了。我在大芦荡中迷失时，已把大芦荡摄入心中，我摄入的是一个完整的大芦荡，然后从心里吐出，却成了一根芦荡……古希腊德尔斐神庙有言：认识你自己；哲人克尔凯廓尔谓：选择你自己；尼采说：完成你自己；在梦游大芦荡后我说：迷失你自己。

在大芦荡汹涌如海潮的激情中，在没有路的泥泞中，在远离了通常的借舟车或步行始而出发继而达到的行旅中，当行走只是成为行走，目的地与能否走出这片大芦荡皆为迷惘时，迷失的最佳状态是：

你要为在大自然中的迷失喜乐，因为造物主让你脚不离地，让你脚不离地就是让你把迷失变成体验，体验大芦荡底层的野草、野生的贝类，体验那种不为人知的存在，不是为着我的存在它们存在，而是因为它们存在我存在。从泥泞中的脚到我全部的肉身，我被芦苇包围，无声的植物的情感向我涌来，用清香湿润的风，锐利如手术刀似的苇叶，修补我这个残缺的人，我的残缺是心灵的残缺，苇叶剖开我的胸膛，我看见心上的沙子还在，有风语：你仍需要揉搓。梦的好处是可以蔑视理性，太多的理性正把人变成经济增长的工具，世界如流水线。我在清醒时迷失了，我在迷失时清醒了，谁能断言今日之所谓荒谬，不是来日之真理呢？

在梦中我还见到一个拾海的慈祥老者，就连步态也是慈祥的，他是拾海者：

老者给我带来了一盒火柴，夜深梦冷，可以枯枝杂草为篝火取暖，“但，你不要企图去点燃大海。”“火不能太旺，悠然燃之，可得长久。”老者还说：“你写了很多书，打动我的有三句话：‘雨吻和雪吻，哪个更销魂？’‘假如告别，心灵微笑，拈一朵野菊花’；‘星空啊，你因为忧郁而美丽。’”诧异时，老者已不知去处。

在乡间小路，在西部荒野，在林中小屋，在雾霾笼罩中国之前，对于我来说，享受这漫漫长夜的最美妙的时刻，莫过于望星空了。夜的黑色弥漫着，崇明岛河沟边的芦苇带影影绰绰，在田野上漫步，能听见稻花开放的声音，繁星闪烁，繁星闪烁着天上不为人知的秘密，月亮从一朵乌云穿进一片白云中，大地被暗夜笼罩如一幅神韵别具的水墨画，星空是光的输送者，又是大地暗夜的留白处，在塔克拉玛干大漠深处仰望星空时，沙漠和我一起被倾泻的星光月色包裹，我被莫名地感动，我似乎看见星空下有多少梦交织重叠蠕动，爬行在夜空的帷幕上，宁静而美丽。可是我又该怎样言说内心的苍凉呢？我又怎么能看见那些星星的变化？正在发生的星和正在寂没的星？还有星坟和黑洞——太初黑洞——大爆炸的余音——随星光月色洒向大地——我看见：

> 当大地涌现，天空也在涌现，星空以坠落的方式涌现，大地以升华的方式涌现。大地涌现的万物及词语，无不遥向天空，而天空的眷顾绵绵垂落，若雨若风，使大地本身成为家园之地。

大地还是每一个必死的人的墓地，不知道天上的星坟中会不会有地上探索星空者的目光？可以肯定的是，地上所有死者不再睁眼的瞳仁里，都留着月色或者星光，假如有灵魂，假如灵魂有亮色如光倏忽而过，那不是星光的光又能是什么呢？我常常默诵康德墓碑上的词语：

> 有两种东西使我们愈经常反复思想时，它们就给人灌注了时时更新、有加无已的惊赞和敬畏之情：头顶的星空与内心的道德律。

在中国自然文学写作中，苇岸是一个纯粹和宁静的写作者，也许正因为他的更加纯粹和宁静，苇岸写作《大地上的事情》（广西师范大学出版社，2014 年 5 月 1 版）时的笔触，是如此简朴、细微而迷人。他把大地涌动而生者称为“事情”——“大地上的事情”——连接起了人与自然。苇岸选择了近乎白描却又极富诗意的词语。而苇岸又是一个富有童心的观察者，一个对蚂蚁、雨雪、蜂类的观察细致入微者。甚至能体察它们心灵的人，他的心灵该是何等富有，可是苇岸淡泊着，直至平静地离开人间。《大地上的事情》第一则写蚂蚁营巢：

> 我观察过蚂蚁营巢的三种方式。小型蚂蚁筑巢，将湿润的土粒吐在巢口，垒成酒盅状、灶台状、坟冢状、城堡状，或松疏的蜂房状，高耸在地面；中型蚁的巢口，土粒散得均匀美观，围成喇叭口或泉心的形状，仿佛大地开放的一只黑色花朵；大型蚂蚁筑巢像北方人的举止，随便、粗略、不拘细节，它们将颗粒远远地衔到什么地方，任意一丢，就像大步奔走撒种的农夫。

苇岸笔下，蚂蚁营巢的情状，使我们看见了同为生命，而在万类万物之中很容易被忽略、实际上早已被人类忽略的一种渺小生物的营巢状态，且有同有异。营巢——蚂蚁之营巢，亦即人类之筑造，人类之筑造为什么？为栖居也，蚂蚁亦然，万类皆同，蚂蚁的栖居为什么不能是“诗意地栖居”？或者至少在人类看来本该如此。苇岸写蚂蚁，实质是在写栖居，“诗意地栖居”仅仅是营巢筑造吗？荷尔德林《万恶之源》的节录有解：

> 如果生活纯属劳累，
> 人还能举目仰望说：
> 我也于世存在？是的！
> 只要善良和纯真，尚与人心同在，
> 人就不无欣喜，
> 以神性度量自身。
> 神莫测而不可知？
> 神如苍天昭然显明？

我宁愿信奉后者，
神本是人之尺度，
充满劳绩，然而人诗意地
栖居在这片大地上，我要说
星光璀璨的人之阴影，
也难与人的纯洁相匹。
人乃神性之形象，
大地上可有尺度？
绝无。

“诗意地栖居”源于善良、纯真，苇岸写营巢的蚂蚁，最感动人的应是善良纯真的苇岸饶有兴味地写善良纯真的蚂蚁，到达了“诗意地栖居”的本质，因而苇岸是喜乐的，他笔下的蚂蚁也是喜乐的，虽然辛勤劳累，但“只要这种善良之到达持续着，人就不无欣喜，以神性度量自己。这种度量一旦发生，人便根据诗意之本质而作诗，这种诗意一旦发生，人便人性地栖居在这片大地上”（《海德格尔选集》）。苇岸为蚂蚁营巢写作时，很可能没有想那多，使苇岸从单纯到达栖居之哲理堂奥的只是一种品质：善良纯正，这就使苇岸的写作有了一个前提：浓厚如大地的爱的前提。在《大地上的事情·我的自述》中，他说：

我希望我是一个眼里无历史，心中无怨恨的人。每天，无论我遇见了谁，我都把他看作刚刚来到世界的人。我曾经想，这个世界生活过无数的人，在我之后，这个世界还将有无数的人生活；那么在人类的绵延中，我为什么就与我同时代的这些人相遇，并生活在一起了呢？我不用偶然来看这个问题，我把它视为一种亲缘。

苇岸的对人类之爱是和大地之爱相融相洽的：

下雪时我总想起夏天，因成熟而褪色的榆荚被风从树梢吹散。雪纷纷扬扬，给人间带来某种和谐感，这和谐感正来自纷纭之中。雪也许是更大的一棵树上的果实，被一场世界之外的大风刮落。它们漂泊到大地各处，它们携带的纯洁，不久即繁衍成春天动人的花朵。

苇岸笔下“世界之外”的天上的涌出，“也许是更大的一棵树”，雪花是其果实，会和大地之上风中的榆荚相遇吗？在雪繁衍成“春天动人的花朵”之前，先已由诗人口吐莲花般的词语，向着天空开放了。同是花朵啊，孰在先？孰在后？孰为引领者？

苇岸对雪情有独钟，体察苇岸的雪之情，却不同于中国文人传统的踏雪寻梅，苇岸如农人、土地、庄稼以及孩子一般对雪的期盼，有时代的印记也有神性：

进入冬天，便怀念雪。一个冬天迎来几场大雪，本是平平常常的事情，如今已成为一种奢求（谁剥夺了我们这个天定的权利？）。冬天没有雪，就像土地上没有庄稼，森林里没有鸟儿。雪意外地下起来时，人间一片喜悦。雪赋予大地神性；雪驱散了那些平日隐匿于人们体内、禁锢与吞噬着人们灵性的东西。我看到大人带着孩子们在旷地上堆雪人，在我看不到的地方，一定同样进行着许多欢乐的与雪有关的事情。

智者的思想会穿越时空隧道不期而遇，且相得益彰。海德格尔说各地不同的方言是从土地中涌出的，且看苇岸写“俗名”：

俗名是事物的乳名或小名，它们是祖先的、民间的、土著的、亲情的，它们出自民众无羁的心，在土地上自发地始代相沿。它们既体现事物自身的原始形象或某种特性，又流出一地名众对故土百物的亲昵之意与随意心理。如车前草，因其叶子宽大，在我的故乡，称作“猪耳朵”；地黄，花冠钟状、甘甜，可摘下吮吸，故称“老头喝酒”。俗名和事物仿佛与生俱来，诗意，鲜明，富于血肉气息……它们的蕴意丰富、动人，饱含感情因素。无论什么时候，无论走到哪里，只要我们听到这样的称呼，眼前便会浮现我们遥远的童年，故乡与土地，那里是我们的母体和出发点。

苇岸以自己的词语阐述了西哲所言的“本原之地”——“我们的母体和出发点”。苇岸的“俗名”之说遍布大地，我写过崇明岛乡间的“马斑草”“花被单”草，生长于田埂路旁，前者匍匐于地有斑纹状，后者开细碎杂花不动声色，却均能稳固埂岸。如果再加追问，这些花草俗名最早的命名者是谁？当它们被命名又意味着什么？我想说大地上最初的命名，是农人和土地一起完成的，大地涌现，农人名之，大地不断地涌现，农人不断地命名，命名是大地的节日，是词语的最早涌现，如粟，如麦，如稻，如谷，如各种树木之名，如各种虫鸟之名，如山，如水，等等。利奥波德所说的“大地的完整集合”是万类万物的集合，是把人间的伦理推向大地边界，但因为农人的命名，“大地的完整集合”是被命名者的集合，是词语的集合。倘若把大地缩小成一片土地，一处家园之地，崇明岛江海边缘与大芦荡相邻的耕种之地，它的景象使我回想起：

崇明岛的农人称庄稼农活为“种花地”，当一个严冬过去，春风吹拂时岛上，农田里最早涌现的是荠菜和一些别的细小的杂草，很快当春夏之交，一年一度岛上最盛大而繁忙的花事将要到来，桃花、杏花、梨花以及田埂边上的黑蝴蝶似的蚕豆花，轻盈的豌豆花，还有那些野生的小黄花小紫花都是这一盛大花事的前奏，是油菜花开的铺垫。600多平方公里的沙地上除去大半麦苗，至少有100多平方公里的油菜花开。辉煌与芳香便厚积在我儿时的记忆中（崇明岛土地面积1954年实测为600多平方公里，因泥沙淤积现为1200平方公里）。为什么说繁忙呢？农人在劳作，大队的蜜蜂飞来飞去，“嗡嗡”之声不绝于耳。有老人在田埂上喃喃自语，没有粪肥，哪有花香？就连成群的麻雀，似乎也为闻香而来。农人家的狗来回巡视在田埂路上，它们是在守护这一片开花的土地吗？

于今想来，家乡的这一片土地岂不是向着农人集合，向着俗名“种花地”的词语集合，向着天空开放花朵的土地？

北方的土地要辽阔得多，北方所多的是麦田，我从未见过如苇岸这样写麦子的，这是苇岸的麦子：

> 麦子是土地上最优美、最典雅、最令人动情的庄稼。麦田整整齐齐地摆在辽阔的土地上，仿佛一块块耀眼的黄金。麦田是五月最宝贵的财富，大地蓄积的精华。风吹麦田，麦田摇荡，麦浪把幸福送到外面的村庄。到了六月，农民抢在雷雨之前，把麦田搬走。

苇岸的麦田。苇岸的词语。苇岸把麦田和词语搬到了天堂。惜哉，苇岸英年早逝！

中国自然文学写作，在比较广泛的层面上，又是何种态势呢？2013 年，应国家林业局之邀，我参与了“美丽中国”的征文评选。这是由“中国林业网”“国家生态网”发起以森林、湿地、荒漠和生物多样性为主题的网络征文。使我惊讶的是，厚厚的两大本征文作品有 1400 多篇，作者 1000 多人，绝大多数来自最基层，整整一个夏天挥汗读完喜出望外，其中不少篇章格调高尚，文字优美，可以一读再读。文坛的无名者，大地的写作者，就文风、词语而言，已经不仅仅是中国自然文学希望之所在了。“返以实”，返以美也。后精编而成《美丽中国》一书。正是在他们的笔下，是中国各地风姿别具的大地的故事，词语的涌出，是道之无形不可名却为天下本始的朴素叙述。如内蒙古大兴安岭森林公安局杨波的《醉熊记》，说的是大兴安岭林中，一头棕熊在夜间撞进了一辆运木材的车头上，只把硕大的屁股露在车外，碰见了巡夜者杨波等，木材车的司机大声呼救，需救的是一头黑熊，因为夜间开车车速慢，黑熊还活着并无大碍，问题是怎么救？“固然可用千斤顶支出的方法把熊解救出来，但棕熊一旦被放出来后必定野性大发”，如之何？一番商议后决定以十多个白馒头泡在十斤52度白酒中，外加一瓶香油喂熊，一则喂饱它，增其体力，使棕熊不再委顿；更主要的是让棕熊一醉方休以施救，作者写道：

> 起初，棕熊还蛮警惕，扭扭捏捏地不肯就范，但最终还是没有抗住馒头的诱惑，甩开腮帮子可劲儿造。眨眼之间，七八个馒头进肚，但棕熊却丝毫没有昏昏欲睡的样子……待吃完第十二个馒头后，棕熊的眼神开始迷离，嘴里还断断续续地发出类似婴儿呻吟般的嘤嘤声。谢天谢地，棕熊终于埋下头，进入了沉沉的梦乡。

解救棕熊的事情还在继续，确立了这一只力大无穷的熊已是“醉熊”之后，“当即用千斤顶将汽车顶了起来。尔后，六个大老爷们喊着号子，用九牛二虎之力把棕熊拖了出来，为防止再生意外，将两辆车横在棕熊两侧，并打亮车灯，以防万一有车路过时误撞。”然后是静候棕熊醒来。

> 翌日二时许，醉熊终于醒来，脚步踉跄，仍留余醉的棕熊已凶态全无，倒像是躲避狗仔队偷拍的明星似的，跌跌撞撞直往道边的草窠里钻，其憨态逗得我们乐不可支。目送着棕熊缓缓消失在密林中，所有人才不约而同地长舒了一口气：不平静的夜晚总算圆满结束了。

《醉熊记》文末，作者写道：“在看完了一则西藏保护藏羚羊的电视新闻后，那只醉熊又从记忆深处突兀地跳了出来……内心不禁默默念叨：祈祷动物世界的众多成员们，在属于它们的世界里，健康，快乐，平安。”

我为这个发生在大兴安岭之夜的故事，以及写作故事的词语感动，这是北国森林中的别一种涌现，是木材车的两个司机和四个森林公安共同完成的一次拯救。这是一次极富温情的拯救，有馒头和酒，有人守候着醉熊的梦，再目送其隐入山林。令我感动的还有作者的词语，“棕熊的眼神开始迷离，嘴里还断断续续地发出婴儿般的嘤嘤声”。

多么好啊！“婴儿般的嘤嘤声。”

谁不是森林的婴儿？

拯救棕熊的时候，也唤醒了人的灵魂，夜沉沉中的大兴安岭的草木低吟浅唱：这是好的，美的，善的。

谢春卉《笔意额尔古纳》的文字，随额尔古纳风景的变化流淌而出：

当三月正枯瘦成一种心情，春风掀起北纬52度的一角，积攒了一冬的雪，在阳光的拥抱下，泪流满面。

在额尔古纳的冬天，在额尔古纳冬天向着春天的过渡中，作者自己就是额尔古纳，并且和额尔古纳一起“枯瘦成一种心情”，当冰消雪融又泪流满面。谢春卉笔下额尔古纳的春天，是有节奏、有韵律，因而格外迷人的。先是，冬之已去，“已经正在褪去雪被的额尔古纳突然又漫天飞雪，让人觉得，冬天其实不想走。”及至“冰雪即将融尽，大地现出了本来面目，这时的额尔古纳又是位雄浑粗壮的蒙古族汉子，褐色的草原是他辽阔的胸膛，深褐色的山峰是他隆起的肌肉，而平静如斯的额尔古纳河水，正是它睿智深邃的眸子，他就这样屹立于天地之间，任凭凛冽的风和岁月雕塑，把千百年前的喧嚣宠辱与金戈铁马，全部揽进自己不卑不亢的怀抱。山岗上，大捧大捧火红的兴安杜鹃正在盛开，这些在冰雪中燃烧的花朵常常会灼痛人的眼睛，而不起眼的火柴花与耗子花也不甘示弱，呼啦啦地一起全都怒放了”。

作者使我们听见了一种声音，呼啦啦地鲜花怒放的声音，这声音是借着词语传输的，传输花开有声的词语，同着杜鹃、火柴花、耗子花一起开放。开放在天空，也开放在字里行间，读这样的词语，就是在读一种烂漫。

这样的烂漫并非昙花一现，在额尔古纳，烂漫的延续意味着这一片传奇的蒙古高原的土地本身，就是富有文化积淀的，它必然有诗意的涌出，诗意的涌出必然是历史的涌出，历史的涌出必然是时间的涌出，时间深处的涌出则服从于造物的指令，季节的更替。生长在这片土地上的人，比如谢春卉，感受着这一切，感受就是由感而受，就是心灵体验，在长久地被感动之后，当很多人以为额尔古纳的一切通常而平淡无奇时，作者却在这通常平淡的思与诗中，寻获了涌现而出看似平淡无奇的词语：

种子和树叶因为一年前的约定蓄势而发。森林里，仿佛一夜之间，新绿挂满枝头；草原上的小草，一忽儿间已遍地葳蕤；河套间，欺霜赛雪的山丁子花、稠李子花正铺天盖地开放；娴静的额尔古纳河水，一如千百年前的深邃与明净……

自然文学的写作，离不开诗与思，诗与思的发生和延续、深入，总是指向大地风景。在大多数情况下，风景的描述，已被教科书归入某种环境的衬托点缀的景物描写，如是，风景便失去了神性，风景成为可有可无的闲笔。我们或可说，人固然处于风景的中心位置——这是由人类自己确定的——但实际情况是：人只能在大地上立足，人只能在风景中生存，自然文学的写作便以此为鹄的，为使命，所得的往往是匪夷所思的心灵体验，比如：我们在大地上行走、观察时突发奇想，季节与季节之间有没有分界线？倘说花开花落、下雪下雨便是分界，为什么一花开时它花未开？一花落时它花未落？又为什么严冬时无雪、小雪，开春后却偶或有鹅毛大雪？气象学、生物学给出了种种科学的解释，诗人和探询自然的作家却另有发现：那是造物的过渡，所有的过渡因为在过渡之中而略显模糊，但过渡是进行式的，它指向清晰澄明，也许它的全部意义在于：它为诗人为讴歌大地者，提供了一种情绪或者思考。《笔意额尔古纳》说：

额尔古纳的夏天和春天没有太明显的分界线。大概在六月中旬，当枝头的新绿被太阳染成墨绿，额尔古纳的夏天就来了。

从兴安杜鹃始，火柴花、耗子花出现，额尔古纳的花，在同一块大地上的不同季节涌现的花，渐次闪烁。它们是：山丁子花、稠李子花、格桑花、鸢尾、秀红菊、报春花、百里香、金莲花、金银花、金针菜、芍药又分白芍、赤芍等等，然后是七月的油菜花以及无名小草。回到文前所记，海德格尔所称的各地的方言，说出方言的地方，词语的涌动，在《笔意额尔古纳》中变得丰富了，笔者以为：

方言中最具神韵的是命名力，是对植物、花卉的命名，命名者一旦命名，词语涌现，那词语是诗，富有神性，比如火柴花、耗子花、格桑花、芍药等。所有这些从大地中随着花朵涌现的命名，便成了另外一种花朵，词语的花朵，诗的开始、文化的开始。当世界以“虚拟”为创造，为光荣，当人们越来越远离大地和词语的涌现，自然文学作品还在“与世界争执”追寻着隐退的大地荒野的涌出，守护着花朵和词语，以及“诗与思的事情”。

自然文学的笔触向着山川大地荒野草木的探索，其词语除了诗性、神性之外，还必然带有史性，因为：天地及天地之间的一切事物都是历史，宇宙是历史的，山脉是历史的，原始森林是历史的，江河是历史的，就连嫩绿如茵的小草也是历史的，谁能度量根的深邃？谁能告诉我最早、初始、草木的种子是谁撒向大地？我们说每一块土地都有自己的历史、自己的故事，都是生命的秘密，但土地不说话，植物是万类万物中最安详的沉默者。当我们翻开历史的记载——

即便是浅近的记载——大地的涌出往往伴有了历史的源流，增添了词语的多样性及丰富性感，谢春卉告诉我们：

《蒙古秘史》记载：12 世纪，蒙古部（蒙兀室韦）子孙繁衍，其中著名的“弘吉剌”部落就放牧在额尔古纳河畔。“弘吉剌”部，意为出美女的部落，是当时蒙古各部落为首领和贵族选妃的部落，成吉思汗的母亲、妻子、儿媳都出自“弘吉剌”部。

《穿行在观音山古树的天空里》，是《美丽中国》这本书中又一篇如歌如诗的美文。作者文霖在东莞樟木头观音山古树博物馆与古树牵手，穿越生生灭灭，感觉岭南大地上的“原住民”——森林树木古老灵魂的仁慈伟岸而泪流满面：

一棵古树的灵魂是可以涅槃的……我的神思徜徉在古树的天空，时间看到了我的存在。历史的生命从未远去，它就在我的身边。

那些古树，那些在岭南大地上伴随着风雨、农人几千年的古树，那些不再青枝绿叶的古树，它们仍然在涌现，涌现着历史的某个章节，涌现着兴衰更替，置放于博物馆的古树本身仿佛就是时间和历史，它显示了时间和历史因为苍凉而粗糙，因为苍凉粗糙而可以打磨人的灵魂，让“思与诗”走向遥远。文霖写道：

我怀念在大山里度过的日日夜夜，我听见了古老的歌谣，还有林涛在汹涌。我想那里定然有着古树的惆怅和缅怀……森林孕育了一切生命之根，一切水乳之源，我们生命的甘泉，莫不是从震撼心灵的森林里潺潺而来，树，才是地球上的“原住民”，森林才是人类的真正家园。

作者写了一棵青冈乌木，在沉积的河床里挖出来时已经炭化，树龄在两千年以上。青冈乌木是大可追问的：当它屹立时树上飞临过多少鸟？树下行走过多少人？两千年风雨摧折雷电劈打，摧折了多少青枝绿叶？劈打出多少伤痕斑驳？是一次什么样的风狂雨骤、洪水暴发、地动山摇把这一棵青冈乌木深深埋没？在大地的历史上有过多少次这样的埋没啊，而人类视之为灾难的埋没，却是造物的美意：埋没意味着保存，

保存意味着保有存在，而大地是最好的保存者，大地也因着它所保有的各种各样的存在而成为最浩瀚辽阔的存在，作者了解森林，并赋以林木生命，文霖说：

> 青冈乌木具备了化石般的古雅神韵，透彻着“瘦、透、漏、皱”的特性，被尊为“东方神木”。

文霖的笔触正伸向历史深处，历史深处就是大地深处，伸向深处的同时便是孑遗和词语的涌出：

> 像这样的“东方神木”还有很多，作为古生树种之一的水松，始生于距今一亿多年前的中生代，距今七千多万年的白垩纪冰川期后期，气候变化、地壳运动导致水松渐趋灭绝。我国仅剩的天然水松林，在福建屏南县山下乡上楼村。这些生活在沼泽地的水松，枝繁叶茂，挺拔遒劲。作为地球上的孑遗植物，这片七十三株的水松树世界罕见，树龄均在千年以上。

作者生活在少数民族聚居区，那里的习俗是“刚出生的婴儿满月期间，要在山村中寻找一个干爹或干娘，如果找不到，那么就会认一棵树为自己的干爹或干娘”。这样的习俗，把一个生命自婴儿时代起，便与树木相系相连接，笔者曾踏访屏南，睹水松而昂扬，闻民俗而动容。昂扬者为何？虽孑遗却依然挺拔；当孑遗成为珍贵，独立一隅又平淡无奇。我在心里问水松：何能保存？造物之赐也；何以保存？大地共荣也；能不昂扬？动容者为何？一树为爹，一树为娘，

山石块垒间，流泉亦如奶，能不动容？与少数民族聚居处仍然含辛茹苦的山民相比，作者以下的文字能让我们警醒吗？

> 一棵古树的生命终结，并不意味着一种文化的终结，失去生命力的古树仍在引导我们走向新生，让一个城市活着，让文化活着，这是现代人应该清醒地警示和鼓舞的。为什么到处都是路网？为什么到处都是隧道？为什么人类总是有千万种理由去追求瞬息万变的幸福，而那些所谓的幸福却又在稍纵即逝的时光里消失？

什么时候当人类在发展和追求幸福的漫漫长途中，顾全到山石块垒、江河流水、一草一木的感受及命运时，人啊，因为大地稳固，你就会得到安全，你得到安全了，你就得到幸福、喜乐了。

2000年春地球日的前一天，北京团结湖寓所，一位有点忧郁的年轻人造访，我们谈及宗教、哲学和诗，人类的生态困境，无穷的物欲，哪里是科学和技术的极限？他的言谈中能感觉到，当时年轻人中难得的从生态忧患中发出的反思，对诗性、诗学及追寻大地的新的文学的渴望。他问我在西部风沙线的见闻，他认为荒野是清醒而又迷人的，他忧心忡忡地说人类不仅面对着生态危机，同时也面对着沉醉于物欲和享受的精神危机，“我们沉浸在后现代主义浪潮的风雨飘摇中”。

这是一次发人深思的谈话，我和一个素不相识的青年人的无阻碍的心灵的交流。他叫李文波。

2000年底，新世纪即将来临时，我收到李文波的著作《大地诗学》（2000年11月陕西人民出版社）。书的前言说：

> 自然正在被一丝一毫地抽离而去，日益成为书本上一个美丽而苍凉的词语，不再是我们呼吸与共的家园。

他还指出了包括自然与人文的一个永恒的叙述的主题：大地；同时大地也是所有这些宏大叙事的出发之地、启示之地、涌现之地：

在那些永恒的文学和艺术作品中，所有的自然物象和人文物象都有同一个归依，都隐含着启示性的一个元叙述：大地，这是一个最牢固的叙述主题。

李文波对生态文学的理解，实际上给出了生态文学——自然文学——的理论界说和展望：

生态文学史源于生命和自然的一种创造性活动，一种沉思和神游，一种忧患和呐喊……从我们脚下这片土地抵达人类灵魂深处，并从这里跃起，以一种清新而充沛的力量，将我们从机械的消费的高速发展的世界中引领出来，一直追寻到至上的澄明的高度。

李文波认为，此种叙写自然生态的文学，在现时最为明显的存在理由是：

它包含着与发展的抗衡、提醒和牵制，包含着基本而深刻的怀疑精神。这种自我省察和自我批判，是人类精神及智慧中的精髓。真正的艺术都是缓慢的，甚至是迟疑的，都有充足的人类存在的细节和永恒的终极关注，与飞速发展的时代相比，它确实有一种看似保守的态势，但它从荒杂的社会现实中脱身而出，变成纯粹的精神力量，并在当代平庸委琐的文化格局中立起自己玉树临风般的身影。

笔者曾一再写到朱光潜先生记阿尔卑斯山导游牌名言：“慢慢走，欣赏啊！”并非一切都需提高速度，任何一国绝无可能永远处于高速增长的状态中，当整个世界为增长和速度焦虑时，人类实际上已经失去了方向，人活着的唯一目的就是为了金钱财富，由此生成的是社会教化的日益物质化，是道德诚信的失落，我们已经看见了此种失落之后的趋势是何等可怕：礼仪之邦，成为腐败之邦；诚信大国，成为骗子大国。华夏子孙啊，情何以堪？

予岂好辩哉！予不得已而一言再言：

人啊！国啊！你要小心翼翼地接近辉煌！

《大地诗学》是中国自然文学的第一部理论著作，作者不仅高瞻远瞩，贯通中西，而且文笔灵动。其生不当时乎？生正当时乎？在这“娱乐至死”，“梦想”“幸福”与“美”被彻底庸俗化，“达人”遍地，“大师”辈出，“筑梦造梦”的年代，《大地诗学》鲜有人提及，作者今在何方？如同树和草，所有的植物，无不静默地涌出，谁的目光眷顾它？但《大地诗学》因为大地而存在，因为诗与思而存在，当蒙尘的岁月过去，它必将与中国自然文学共烂漫。

虽然中国文化同出一源。当诗歌、小说、戏曲在不同历史时期先后达至全盛，自然文学却蛰伏蓄势久远不发。写山水、田园、风景之歌诗文章，自陶渊明开一代风气以生命的体验使之辉煌后，再无第二个陶渊明，自然成为景物描写，成为点缀陪衬之闲笔。只是到了近现代工业革命发生，技术飞跃进步，人类物欲横流，为获取资源，压迫大地自然至伤痕累累，生态恶化，环境丕变，社会心理始有警觉，自然文学由蛰伏蓄势，发而为声。先是呼告，继之代大地发言，其词也悲壮，其心也愁苦，其声也激越。面对汹涌的经济大潮，知其不可为而为之，却也为中国文坛及森林文化坛添了一种沉思、一抹清新，于独立苍茫中，有无限风情：

仿佛是一株孑遗而重获新生的水杉，提醒世界那灭绝的日子，仿佛是深山青苔荒野小草启迪人间，哪里是拯救之地？

何言无限？人寿有限天地有限，宇宙有限，歌之咏之思之，始得无限。自然文学之辽阔自由它学不及也。可洋洋洒洒亦可三言二语，惟渊源有自，其词语必如花朵向天空开放，如我在《伐木者·醒来》中写到的陈建霖——他一辈子就做了一件事——为武夷山看山护树——一辈子就写了一首诗——我有幸读到：

所有的故事都在身边长出了青苔
所有的日子都在脚下流逝
花自开落鸟自来去草自枯荣
平静地期待平静地成为永恒
执着地坚持执着就是胜利
多少年以后石头也会苍老吧
只要沧桑无恙
纵然只剩下一具骸骨
也会有满树迷人的风光
开出我骨骼里感恩的笑容
别说我无情
我早就和武夷山生死相许。

青苔和词语，骨骼里的笑容，陈建霖的武夷山！

如前文已述，中国写草木虫鱼的历史可推至《诗经》，其后绵延不断，已记龚自珍、鲁迅、周作人、梁实秋，乃近代之代表。对植物的关注和写作，周作人着墨更多，如《吃茶》《园里的植物》《知堂集外文·四九年以后》，其中的《爱竹》，短文也，而其中写到的“竹的用处”种种，以及"乡愁"等，实在有趣得紧，是今已无存的一种书写，一种格调。

我对于植物的竹有一种偏爱，因此对于竹器有特别的爱好。首先是竹榻，夏天凉飕飕的顶好睡，尤其赤着膊，唯一的缺点是竹条的细缝会夹住背上的“寒毛”，比蚊子咬还要痛。有一种竹汗衫，说起来有点相像，用长短粗细一定竹枝，穿成短衫，衬在衣服内，有隔汗的功用，也是很好的，也就是有夹肉的毛病。此外竹的用处，如笔，手杖，筷子，晾竿，种种编成的筐子，盒子，簟席，凳椅，说不尽的各式器具。竹的服装比较的少，除汗衫外，只有竹笠。我又从竹工专家的章福庆（“闰土”的父亲）那里看见过“竹屐”，这是他个人的发明，用半截毛竹钉在鞋底上，在下雨天穿了，同钉鞋一样走路。不见有第二个人穿过，但他的崭新的创意，这里总值得加以纪录的。

这时首先令人记忆起的，是宋人的一篇《黄冈竹楼记》。这是专讲用竹子构造的房子，我因小时候的影响，所以很感到一种向往，不敢想得到这么一所房子来住，对于多竹的地方总是觉得很可爱好的。用竹来建筑，竹劈开一半，用作“水溜”，大概是顶好的，此外多少有些缺点，这便是竹的特点，它爱裂开，有很好的竹子本可做柱，因此就有了问题了。细的竹竿晒晾衣服，又总有裂缝，除非是长久泡在水里的“水竹管”，这才不会得开裂。假如有了一间好好的竹房，却到处都是裂缝，也是十分扫兴的事，因此推想起来，这在事实上大抵是不可能的了。

不得已而思其次，是在有竹的背景里，找这么一个住房，使永远与竹为邻。竹的好处我曾经说过，因为它好看，而且有用。树木好看的，特别是我主观的选定的也并不少，有如杨柳、梧桐、棕榈等皆是，只是用处较差，柳与桐等木材与棕皮都是有用的东西，可是比起竹来，还相形见绌，它们不能吃，就是没有竹笋。爱竹的缘故说了一大篇，似乎是很“雅”，结果终于露出了马脚，归根结蒂是很俗的，为的爱吃笋。说起竹谁都喜爱，似乎这代表“南方”，黄河以南的人提到竹，差不多都感到一种“乡愁”，但这严格地说来，也是很俗的乡愁罢了。将来即使不能到处种竹，竹器和竹笋能利用交通工具，迅速运到，那么这种乡愁已就不难消灭了。

周作人提到的《黄冈竹楼记》，宋人王禹偁作，《古文观止》有载：

黄冈之地多竹。大者如椽，竹工破之，刳去其节，用代陶瓦；比屋皆然，以其价廉而工省也。

子城西北隅，雉堞圮毁，蓁莽荒秽，因作小楼二间，与月波楼通。远吞山光，平挹江濑，幽阒辽夐，不可具状。夏宜急雨，有瀑布声；冬宜密雪，有碎玉声。宜鼓琴，琴调虚畅，宜咏诗，诗韵清绝；宜围棋，子声丁丁然；宜投壶，矢声铮铮然。皆竹楼之所助也。

公退之暇，被鹤氅衣，戴华阳巾，手执《周易》一卷，焚香默坐，消遣世虑。江山之外，第见风帆沙鸟、烟云竹树而已。待其酒力醒，茶烟歇，送夕阳，迎素月，亦谪居之胜概也。

彼齐云、落星，高则高矣！井干、丽谯，华则华矣！止于贮妓女，藏歌舞，非骚人之事，吾所不取。

吾闻竹工云："竹之为瓦，仅十稔；若重复之，得二十稔。"噫！吾以至道乙未岁自翰林出滁上，丙申移广陵，丁酉又入西掖，戊戌岁除日有齐安之命，己亥闰三月到郡。四年之间，奔走不暇。未知明年又在何处。岂惧竹楼之易朽乎？后之人与我同志，嗣而葺之，庶斯楼之不朽也。

丰子恺先生的《护生画集》，1929年在上海出版发行，其时先生已在1927年从弘一法师皈依佛门成为居士，依弘一之教，"去除残忍心，长养慈悲心"而作护生画。弘一法师曾致信丰子恺谓："此画集为通俗之艺术品，应以优美柔和之情调，令阅读者生起凄凉悯之感想，乃可不失艺术之价值。……更就感动人心而言，则优美之作品，似较残酷之作品感人较深"（《北京青年报》2015年8月16日B4版，从涛）。后丰子恺又作《续护生画集》，与前集相比，因着弘一的教诲，所得的变化是"从'斥妄戒杀'，到'显正护生'"，1949年《护生画集》第三集出版，其序言说："残杀动植物的这种举动，足以养成人的残忍心，而把这种残忍心移用于同类的人。故护生实在是为人生。”此其时也，弘一法师已圆寂六年，留给丰子恺的是“护生即护心”的慈悲高尚之无限精神财富。因此故，丰子恺用四十六年时间，写六集《护生画集》，其笔墨之高雅、清淡、简约、天真、宁静、平和，所包含之慈悲心、悲悯心，至今读来，能不为之动情？

已故当代作家汪曾祺先生写四季月令，写《梧桐》：

一叶落而知天下秋，梧桐是秋的信使。梧桐叶大，易受风。叶柄甚长，叶柄与树枝连接不很结实，好像是粘上去的。风一吹，树叶极易脱落。立秋那天，梧桐树本来好好的，碧绿碧绿，忽然一阵小风，欻的一声，飘下一片叶子，无事的诗人吃了一惊:啊！秋天了！其实只是桐叶易落，并不是对于时序有特别敏感的“物性”。梧桐落叶早,但不是很快就落尽。《唐明皇秋夜梧桐雨》证明秋后梧桐还是有叶子的，否则雨落在光秃秃的枝干上，不会发出使多情的皇帝伤感的声音。据我的印象，梧桐大批地落叶，已是深秋，树叶已干，梧桐籽已熟。往往是一夜大风，第二天起来一看，满地桐叶，树上一片也不剩了。

梧桐籽炒食极香，极酥脆，只是太小了。

我的小学校园中有几棵大梧桐，大风之后，我们就争着捡梧桐叶。我们要的不是叶片，而是叶柄。梧桐叶柄末端稍稍鼓起，如一小马蹄。这个小马蹄纤维很粗，可以磨墨。所谓“磨墨”,其实是在砚台上注了水，用粗纤维的叶柄来回磨蹭，把砚台上干硬的宿墨磨化了，可以写字了而已。不过我们都很喜欢用梧桐叶柄来磨墨，好像这样磨出的墨写出字来特别的好。一到梧桐落叶那几天，我们的书包里都有许多梧桐叶柄，好像这是什么宝贝。对于这样毫不值钱的东西的珍视，是可以不当一回事的么？不啊！这里凝聚着我们对于时序的感情。这是“俺们的秋天”。(《岁朝清供》，三联书店，2010 年 1 月版）

删定书稿时，读到了高旭国、闫慧霞著《改革开放以来，生态文学创作研究》（中国农业出版社，2015 年 12 月）。这是一本社会和我本人期待已久的书，历时五年，精心研究而成。集生态文学理论与创作实践于一书，“上篇”从生态文学的称谓与界定为导论开卷，如剥笋一样层层深入至生态文学创作概观，而报告文学，而小说，而散文，而诗歌。“下篇”则写八个生态文学作家的作品个性，其为：徐刚、李青松、王治安、哲夫、迟子建、张炜、李存葆、华海。华海的诗让我震撼而惊艳：“我的前身一定是株植物 / 生活的这座城市不是我的城市 / 我想回去 / 回到我幻想的树林里”……该书作者指出了生态文学的文学史意义。作者认为：

在多元化文学格局中，最富有新质，最没有重复性和最具有开拓意义的主题和声音，即是出现于 20 世纪 80 年代的生态文学创作。百年文学史，唯有生态写作首次把“人与人”和“人与社会的思维模式”，转化为“人与自然”的思维模式……生态性写作对于中国当代作家和当代文学的深层意义，是价值观和世界观层面上的……到了 20 世纪 90 年代以后，特别是新世纪以后，渴望摆脱人类中心意识，渴望人与自然和谐相处，渴望由社会型的价值观转向自然型的价值观等生态主义诉求，已经不再局限于生态写作本身，而扩散到、渗透到文坛的各个角落，已经对中国当代文学创作现状和走势，发挥了潜移默化的作用。也正是从这个意义上，我们可以把生态文学创作看作中国现当代文学史上出现的第五次大的文学思潮和文学现象，它把中国现当代文学的发展和走向带入了一片新的天地，因此说，这是一次有着重要的文学史意义的转向。

善哉！此言。

信哉！斯论。

第二十二章 大森林

何言大森林？本书开篇“引子”已道明，森林之大一为水平分布之广，所占空间之大；一为山区即林区，又有垂直分布之妙，具体言之，2014 年《中国林业年鉴》第八次全国普查的森林之面貌如下：

中国森林面积 20769 万公顷，活立木总蓄积量 164.33 亿立方米，森林蓄积量 151.37 亿立方米，森林覆盖率 21.63%，比 1949 年的 8.6% 净增 13.03 个百分点。森林植被总碳储量 78.11 亿吨。中国森林面积居俄罗斯、巴西、加拿大、美国之后，列世界第五位；森林蓄积量居巴西、俄罗斯、美国、加拿大、刚果民主共和国之后，列世界第六位。中国人工林保存面积 6933 万公顷，蓄积量 24.83 亿立方米，人工林面积列世界第一位。

除香港、澳门和台湾地区外，全国有林地面积 19117 万公顷。按林种划分，公益林、商品林面积分别占 53.14% 和 46.86%，其中公益林面积中防护林 8720 万公顷、特种用途林 1440 万公顷；商品林面积中用材林 6724 万公顷、薪炭林 177 万公顷、经济林 2056 万公顷（其中油茶林 236 万公顷）。按土地权属划分，国有林 7377 万公顷，集体林 11740 万公顷，分别占 38.59% 和 61.41%。按林木权属划分，国有的 7244 万公顷，集体经营的 3500 万公顷，个体经营的 8373 万公顷，分别占 37.89%、18.31% 和 43.80%。全国现有天然林面积 12184 万公顷，占有林地面积的 63.73%；蓄积量 122.96 亿立方米，占全国森林蓄积量的 83.2%。全国现有人工林面积 6933 万公顷，占有林地面积的 36.27%；蓄积量 24.83 亿立方米，占全国森林蓄积量的 16.8%。

中国野生动植物资源十分丰富。全国有脊椎动物约 6500 种，约占世界脊椎动物种类的 10%，其中：兽类约 580 种，鸟类 1300 多种，爬行类约 410 种，两栖类约 300 种，鱼类 3800 多种。其中大熊猫、朱鹮等 400 多种野生动物为中国特有。全国约有高等植物 3 万多种，居世界前三位，其中特有植物种类约 1.7 万余种，如银杉、珙桐、银杏、百山祖冷杉、香果树等，均为中国特有的珍稀濒危野生植物种类。为保护这些珍稀濒危野生动植物，中国先后颁布了国家重点保护野生动物名录和国家重点保护野生植物名录，将 341 种陆生野生动物、246 种野生植物，确定为国家一级或二级保护对象，予以重点保护。中国现有古树名木323.2万株，其中国家一级古树14.43万株（树龄500年以上）、国家二级古树107.27万株（树龄300~499年）、国家三级古树199.6万株（树龄100~299年），国家级名木1.89万株。林木良种资源收集保存库面积1000万余公顷，收集保存林木种质资源约5万份。

中国林业系统共建立各类自然保护区2150处，总面积1.25亿公顷，约占国土陆地面积的13.01%，其中国家级自然保护区286处，面积7713.82万公顷。林业系统建立的自然保护区中，森林生态系统类型自然保护区1336处，面积3345.3万公顷；湿地生态系统类型自然保护区369处，面积3173.9万公顷；荒漠生态系统类型自然保护区33处，面积3727.91万公顷；野生植物类型自然保护区116处，面积131.58万公顷；野生动物类型自然保护区287处，面积2075.83万公顷。此外，中国还建立了4.86万个自然保护小区，41处被列入国际重要湿地名录。这些自然保护区，有效地保护了中国90%的陆地生态系统、85%的野生动物种群和65%的高等植物群落以及20%面积的天然林群落。调查结果显示，中国50.3%的自然湿地，85%以上的珍稀野生动植物物种，特别是大熊猫、朱鹮等物种的野外种群，都依靠自然保护区得到了有效保护。中国共有28处自然保护区加入联合国教科文组织“人与生物圈”保护区网络，37处被列入国际重要湿地名录，18处被列为世界自然遗产名录，相当一部分自然保护区是全球生物多样性保护的重点地区。

中国共有国有林场4855个，职工总数75万人，其中在职职工48万人、离退休职工27万人。全国国有林场总经营面积7667万公顷，其中林业用地面积5804万公顷，在5804万公顷林业用地面积中，商品林面积1804万公顷，公益林面积4000万公顷，其中重点公益林面积2667万公顷。国有林场有林地总面积3704万公顷，疏林地面积200万公顷，灌木林地面积1000万公顷，宜林荒山荒地面积900万公顷。森林面积4500万公顷，森林蓄积量23.4亿立方米，分别约占全国森林面积和森林蓄积量的22%和15%。

全国共建立各类森林公园2932处，保护森林风景资源1755万公顷，其中国家级森林公园779处、国家级森林旅游区1处，保护森林风景资源1214万公顷，中国世界遗产中有14处以森林公园为主体，中国世界地质公园名录中有17处是森林公园，国家级森林公园全部纳入国家禁止开发区域，省级及以下森林公园全部纳入省级层面禁止开发区域。26处森林公园被命名为“国家生态文明教育基地”，森林公园在传播弘扬生态文化方面发挥了重要作用：近900处森林公园免收门票，每年1.6亿人次享受到森林公园的生态福利。

以上数据告诉我们。中国森林虽然历经“大跃进”“文革”十年及“文革”结束之后一度盗伐成风的劫难，却能得以保持可持续的增长。这一增长在很大程度上得益于改革开放伊始便进行的“三北防护林体系工程建设”，及之后的一系列森林生态工程，在资金缺乏、环境艰困下，林业系统、中国农民以献身精神做出的奋斗结果，包括了农民首创、政府支持的集体林权制度改革（下称“林改”），使25亿亩权属不清、日渐凋敝的集体所有制管辖的森林重现生机。

这些数据中，读者当特别留意者为：1949年中国的森林覆盖率仅为8.6%，说明在漫长的战乱之后，中国的森林生态属于极不安全的濒临崩溃的系统，大面积的国土几无森林覆盖。从1949年至今，中国社会虽然历经屡次大的政治运动，天灾人祸，却总是得享和平的65年，打下了经济发展、建设基础的65年。森林覆盖率提高至21.63%，来之不易啊！

回首65年，关于中国森林和林业笔者以为不妨分两个阶段作一透视。从20世纪50年代初到80年代中，为第一阶段，那是建国之初，百废待兴，百业待举之时，又加上美国的经济封锁，我们不得不以木材换取外汇。在东北，俄国人、日本侵略者大肆砍伐之后的残余的原始森林中，以及全国各大林区，相继建立的国有林场均以伐木为业，林业即砍树业，林业部即伐木部，中国原始森林于是彻底破败，但，治史者又必得注意以下几点：其一，建国之初毛泽东主席即发出了“绿化祖国”的号召，造林绿化从未停止，虽有成活率低下，层层虚报数字的弊端，但，人工造林，全民造林已成传统。其二，中华人民共和国建立，一改中国历史上改朝换代之后大兴土木的恶习，除去人民大会堂等必需的代表国家形象的建筑之外，几无楼堂馆所，有俭朴之风。其三，当时的砍伐，以小兴安岭为例，笔者于2000年在伊春采访了十多个林业退休工人，他们的满是老茧乃至扭曲的手指告诉我，那就是砍树砍的，百年红松，砍之不易，“顺山倒”的声音曾响彻林区。当时小兴安岭的砍伐所取的是德国的先进理念，即：以推光头的方式，伐净树木，伐光之后当即种树，我们今日所见小兴安岭仍绿色广大，乃人造林所赐也，作为森林功能，人工林远非原始森林可比，然比起荒秃，有林胜于无林，却无可争议。其四，第二阶段已为改革开放之初，曾有过“要想富，上山去砍树”的对集体林的破坏，但“三北工程”兴起，随着环境意识的渐渐增强，中国自然文学对生态忧虑的呐喊，林业思路从砍树向护林转变，“天然林保护”“退耕还林”“长江中上游防护林工程”等相继发动，中国森林艰难曲折地走上了可持续发展之路，森林覆盖率从1949年的8.6%，65年净增13.03个百分点，为21.63%；中国人工林保存面积名列世界第一。中国的生态灾难仍时有发生，但在不断减少。中国是世界上荒漠化最严重的国家之一。2009年的数据为全国荒漠化土地为262.37万平方千米，沙化土地面积为173.11万平方千米，分别占国土总面积的27.33%和18.03%，与2004年的监测数据相比较，5年间，沙漠化面积、沙化土地年平均分别减少2491平方千米、1717平方千米。植物种类明显增加，植被群落趋于稳定。重点治理的科尔沁沙地、毛乌素沙地、浑善达克沙地、呼伦贝尔沙地、京津风沙源的森林植被明显改善。2000年，我曾踏访毛乌素沙地种树种草的农人，当时荒沙连绵，2008年再去，已是绿色成片，明沙难见了。

北京正被雾霾困扰，而每年春天曾经天昏地暗，飞沙扬尘的沙尘暴明显减少了。

森林作为自然综合体、陆上生态中枢的生态功能，始终是第一位的，是过去、现在和未来的物种保守地，是中国大地生态安全的重要保障，除此之外，在实际生活中，森林甚或是一片小树林、一处小竹园、与一家一户、百家千户的经济生活密切相关。《中国的森林》（商务印书馆，丁建民，徐延弼著，1995年）称丰富多彩的经济林木，为“中国绿色宝库的第二大类宝藏”实在相宜。“民以食为天”之食不仅来源于耕地，亦来源于森林，中国农耕文明的悠久历史中森林具有的无耕可得、无耕可食的自然功效，曾被长久地忽略。在耕地日益紧缺且被污染，人口和牲口增加，人们对生活水平的需求不断提升的可见之未来，林地，中国数量远大于18亿亩耕地的洁净的林地，以及可以食用的经济林果，将是我们的“救命稻草”，其前景之远大未可量也。

今述其要者：油茶树，中国特有之木本油料林，食用油之上好者。人工栽培后的油茶树3—4年即开花结果，寿命通常为70年，环境适宜处树龄可达150年仍硕果累累，油茶树与其他油料树不一样的是“抱子怀胎”旧果未摘，新花已开，新旧一木，花果同枝，别有一番气象。二十多年前，我曾在广东广宁县见过红花油茶树，其中一棵最高大者高达15米，胸径50厘米，一只红花果重约1市斤。

油茶的种仁含油率为37%—52%，茶油色清味香。

1992年，中国油茶树林为366万多公顷70多个品种，至2013年，全国14省区共培育油茶林种苗木7.94亿株，其中嫁接苗7.15亿株，占苗木总量的90%，可出圃苗木4亿株，其中二年生苗木3.2亿株，占出圃苗木的80%。两年生苗木比例较2012年提高31个百分点，提高了油茶林的存活率、保存率。仅2013年新造油茶林332万亩，油茶林及油品质量不断提高，价格攀升，2008年毛油千克8元，现为千克30元。（2014《中国林业年鉴》）

中国的核桃树原产地为新疆，汉之西域也。张骞“凿通西域后”，引种至内地，其栽培历史已有两千多年。核桃树为落叶大乔木，二三百年的大树仍然茁壮结果。中国核桃同扁桃、腰果、榛子称为四大干果，且名列其首。

核桃生吃、炒吃味道均佳，在中国古代因其稀有、美味，非平常人家可得而食之。若榨油，出油率高达70%，100克核桃仁中含蛋白质15.4克，脂肪63克，碳水化合物 10 克，粗纤维 5.8 克，并有核黄素等多种营养物质，又是名贵中药，就连果壳、果皮、树皮均可大有作用。核桃木，坚韧之美木也。核桃之一种还可作为“文玩”，盛于清，近些年有复兴之势，一对核桃贵至十几万元。比起油茶树之茶油，核桃更多地已为寻常人家享用。

其他可食用的林果如文冠果、巴旦杏、椰子、舌框、油渣果、腰果、板栗、红枣、柿子、荔枝、龙眼等及各种林地中的食用菌：香菇、黑木耳、白木耳、猴头、松蕈等均为山珍美味，天赐佳品，又经过人工培植，如今已成为广大山区、林区的林副产品，山民农人的主要经济收入来源。因此，我们不能不回到一个古老而又新鲜的话题：植物是人类最亲近、最友好、最奉献其所有，而又沉默无语的至爱亲朋。人类倘若对森林、对植物怀有敬爱感恩，慎施斧斤，以时培育，则人类之富有无可形容。对于当今为财富、为经济增长、为“谁来养活中国人”而焦虑的启发是：

你错误地只把金条、美元当作财富了；你错误地只把 GDP 和高楼大厦，当作经济发展了；你错误地在整个中国的拆迁运动中，把农村、土地以及人伦之情几乎拆迁殆尽了。且让我们把目光专注于森林草地荒野——多么幸运啊，我们的森林还在而且是可持续的，那是中国大地上唯一的铺展开高举着绿色的拯救之地，前文已记的草木种种美妙、保守生命等等不再重复。森林、林地、林果给我们的另外一种启示是：我们将不得不改变我们的关于土地和粮食的观念，即林地也是土地，且是更洁净的土地，各种可以食用的果实——尤其是其中的坚果和树上的菌类——已经发现的，未曾发现的，已经培植的，未曾培植的，不可胜数。倘若未雨绸缪，继续发展中国的森林，林下经济之繁荣可期，中国人何愁养不活中国人？我曾在《守望家园·最后疆界》中说过，中国人因为耕地缺失而在未来只能退守至近海，以开辟新天地。近三十年，我们已经污染了所有近海海域，那么退守之地只能是森林了、森林边缘的荒野草地、人工种植的经济林，因为那里有水有食。

台湾岛的森林，因其所处的独特的地理位置，山脉陡峭，温差剧烈，因而森林资源丰富，从热带雨林的榕树到寒带森林的冷杉均有分布，全岛有林地面积186万多公顷，为台湾地区土地总面积的52%。台湾森林中阔叶林、高大乔木占60.55%，针叶林占23.24%，针阔混交林占8.76%，竹林占7.45%。在森林质量中重要的数据是成过熟林面积，台湾为76%，蓄积量为98%，其中阔叶林蓄积量占58%以上；中国大陆乔木林中、幼龄林面积远大于成过熟林为64.66%，蓄积量为38.81%。台湾孤悬海外，东临太平洋，西接台湾海峡，北连东海，南至巴士海峡，每年都为台风暴雨海潮扑打，淹没乡土城镇，倘无台湾的森林防护，台湾危哉！

台湾地区也曾经历过不合理的采伐，森林生态系统遭到严重破坏，但就环境意识的觉醒而言，台湾地区早于中国大陆，台湾的森林中其树木的高大粗壮教人感佩，胸径为100厘米以上的占蓄积量的20%，可为一叹。4年前，我曾游台湾地区，踏访了淡水一处红树林保护区。保护区边沿架设木质长廊小道，长廊有栏杆，栏杆上有各色卡片，介绍红树林的生长、功用及其中的各类生物，凭栏俯视，有介壳类的小动物悠然爬行，红树林地找不见一点杂物垃圾。

据《中国的森林》称：中国森林中“珍贵树种和稀有树种之多，居世界首位”。

1988年，当我采写《伐木者，醒来！》时便流连忘返于武夷山、天目山、海南等地的林木间，以后又陆续到了西双版纳、河西走廊、陕北榆林、川西北、小兴安岭、长白山、秦岭等地，一枝一叶，一根一须，常常使我驻足不前。

为一些我曾仰望，我曾感动的树木、花草素描，久有此愿，如果它们在以后的岁月里消失了，但愿我的这些文字算作是不可忘却的纪念，却远非中国美木之全部。

银杏：金色的化石树

银杏是地球上现存树木中最古老的种类，它的最早祖先可以上溯到2.7亿年前的古生代二叠纪。到中生代时，银杏家族极其繁盛，不仅种类繁多，而且遍布全球。中生代晚期，由于地球气候和地质的变迁，或者因为在这地壳仍然不稳定的地球上，银杏太高大了，银杏的高大出现太早了，这个家族开始衰落。距今大约二百万年的新生代第四纪冰期，银杏家族遭到毁灭性打击，仅遗存银杏一种散落在亚洲东部。

在裸子植物门中，银杏举目无亲，成为银杏纲中掌门独纲单传的孑遗植物。1987年10月，我从武夷山匆匆赶往浙江西天目山。天目山最高峰大殿一带的原始森林中，参天银杏竟使我不敢再往前走，我不知道该怎样向它的古老以及看不出古老的生命力，致以一个人的问候。春夏时节翠绿无瑕的树叶已经开始变成金黄色，那是满树金黄啊，载着西下的太阳的亮点晃动着。叶片如同缩小的扇面，也似鸭掌，没有两片叶子是完全相同的，而银杏树的所有的叶子却又都是大致相仿的。

> 这高大的晃动，已晃动一千年了。
> 这高大的晃动，就这样晃动着。
> 晃动着典雅、纯洁、古朴，晃动着寺庙、书院、老屋。

银杏实在是太古老了，叹世风日下，人心不古，便特立独行，坚守着过去，艰难地生长，人称“公孙树”。树分雌雄，多情凝重，期盼着孑遗之后的不能灭绝，有很强的“生儿育女”的能力。一般情况下雌雄两树间距不远，可以声气相通；倘若两地分居，异常细小的雄花粉也能飞出5公里之遥，与雌株交配繁育后代，也称“夫妻树”。银杏果去掉肉质外种皮后就能见到坚硬如杏核者，内有味道鲜美益中补气的白色果仁，又称“白果树”。

银杏的精子长有鞭毛，会游动，保持了2亿年前其祖先的特性，倘不，为什么叫它金色化石树呢？

你已经发现了，树木凭借着土地的深厚，冷静地旁观着人世间的万象更新而丝毫不为所动。

银杏树是长寿树。

山东莒县定林寺前的古银杏树高24米、胸围宽15.7米，三千多岁，依然披风沐雨而开花结实。

人工栽植银杏树的历史，早在汉末三国时期就开始于江南了。宋朝以后扩展至黄河流域。

18世纪时，不知是商人还是传教士把银杏从中国引种到欧洲，以后又出现在美国的园林中。

你知道银杏的历程，就知道银杏的宝贵了。

银杏告诉我们：从漫长的地质年代过来，生根结果谈何容易。

关于银杏的价值人们说的总是从树叶到白果的功用，或者认为浑身都是宝，但笔者却以为，银杏树虬曲的根蔓深埋在地底下的教训是：古老的便是最美的。古老的才是历史的。而且，古老或者历史永远都是鲜活的。

苏铁：使人不能不想起恐龙

苏铁便是我们通常说的铁树，树形奇特，主干圆柱形，粗壮、坚硬，叶丛生在茎的顶端，羽状叶长达2米，叶片可达百对以上，坚挺有力。从干到叶唯有坚硬可以誉之，遂有铁树之称。苏铁是雌雄异株植物，雌花雄花分别生在雌株和雄株的茎顶部，苏铁的种子形如鸟蛋，成熟时现朱红色，民间称为凤尾蛋。

如今，苏铁已经成为盆栽了。

但，苏铁却是心有不甘的。

苏铁的家族史可以追溯到中生代，这是一个非常有意思的时代——那是动物中的恐龙称霸地球的时代——也是植物中的苏铁兴盛一时的岁月。

古植物学家认为，当时地球上的每三种植物中，必有一种是苏铁家族的成员，中生代地球上的绿色有三分之一的荣誉和林冠应该属于苏铁。

恐龙巨兽出没于海边、林中之时，想必见得最多的是苏铁，而苏铁也一样目睹了恐龙的兴衰。更有意思的是，到中生代晚期，恐龙南衰落而灭绝，显赫于地球之上的苏铁家族也同时破落。延续至今的只有苏铁纲中的一目、一科、十属、一百一十余种，自然分布在热带、亚热带的一些狭小地区。

地球当时发生了什么巨变？

时间留下了宽阔的空白。

这是自然界中命运注定的高大的悲剧呢？还是生生不息的另一种方式？

或者竟是各种生物都有自己的使命？

恐龙的使命结束了，只留下骸骨和恐龙蛋。

苏铁的使命似乎也到此为止，但，植物界为自己保存一个种类的机会似乎要多一些，对阳光、土地和水的竞争也比动物的互相撕咬、流血拼命要温和得多。

苏铁不再荣耀了。但，苏铁还在。

在中国，苏铁类植物只有一属十种，四川渡口市曾发现过攀枝花苏铁。湖南省东安县井头圩乡的苏铁是明朝崇祯年间栽种的，植株比一般的苏铁要高大，茎多分叉，历尽世纪沧桑依然守望着山野和家园，当地农民称之为“大喜铁树”。

云南苏铁茎很短、基部膨大，像一个其大无比的萝卜，含淀粉，味鲜美，有“神仙米”之称。

默默的苏铁告诉我，在大自然中，只有曾经荣耀的家族，没有繁华始终的家族。于是，那些荣耀者的后代如苏铁，便默默地散布在大地上，心甘情愿地成为植物世界的流浪者，却保持着先祖的基因，坚硬如铁。

它们曾经回想吗？

松树：北温带森林之母

松树，泛指松科植物的松属种种。

松科是裸子植物门中最大一科，有十属二百三十多种，其中仅松属就有九十多种，是松科也是裸子植物门中最大的一属。

松树飒飒，松林岿岿，松涛滚滚……

也许是见得多了，熟悉以后带来的了解使人和松树有一种格外的亲近感，更何况松树也确实是地球北半球最重要的森林物种。除苏门答腊松别出心裁地居然分布到南纬 2 度以外，其余各种全都自然生长在由赤道到北纬 72 度的山川原野上。其浩茫、其风度实在不是同一地区的别类树木可比。尤其在温带地区，松属植物除了种类繁多外，大约跟不冷不热的气候有关，松树往往形成深不可测的林海，因而有“北温带森林之母”的隆誉。

松树的性格比较随和，对陆生环境的适应性之强，终于使自己跻身名门成为望族。它们在零下 60 摄氏度或高温 50 摄氏度时均能生存，能在裸露的矿质土壤、沙土、火山灰、钙质土、石灰岩土及由灰化土到红壤的各类土壤中生长。耐于旱、抗贫瘠、喜阳光、不娇嫩，这些特点使它成为著名的先锋树种。

松树的叶子为针状，油松、马尾松、黄山松的叶为二针一束；而白皮松是三针一束；红松、华松、五针松则是五针一束。不知道这微小的区别是怎样创造或演化而来的，但共同的伸向阳光风雨人间的针叶，却告示它们为同一种族。

松树雌雄同枝，能不能说这也是松树生命力极强能够形成众多林海的原因之一？松树的球花一般于春夏季开放，但花粉传到雌球花上后，要到第二年初夏才萌发，使雌花受精，形成球果，林中人称之为松塔。球果于当年的秋后成熟，种鳞张开，每个种鳞有两粒种子。

松属植物中不乏栋梁之材。

北美洲西部有广为分布的可以高达75米的西黄松，原产于美国加州沿海之松，美国东南部的湿地松，以及加勒比松、欧洲赤松等，都是一时名松。

中国东北的红松被称为“木材之王”。

红松分布在我国小兴安岭、长白山天然林区，为常绿大乔木，树干圆满，高达40米，胸径可达2米左右，松龄达三五百年以上。根据花粉分析，东北红松选择小兴安岭和长白山为自己家园的生长历史，可以追溯到一千万年以前。当我们为这个笼统而模糊的年代欣喜时，更多的却是遗憾，因为谁也说不清楚初始条件下红松如何立地生根，何况，小兴安岭红松，除去东北林业大学作为教育基地得以保存的五营一处外，已经砍伐殆尽，伊春这个北国小城的基础便是红松树根。

中国目前特有的松科孑遗树种有金钱松，而珍稀的黄枝油杉也已罕见。已知的世界上最长寿的树，为美国西部白山上的刺果松，已经在地球上生活了八千多年。中国松树中，黄山松别具一格：松墨，唯黄山松可制，景德镇烧制瓷器的最佳燃料亦为黄山松，倘若你有元、明、清、民国的青花，你能闻见黄山松的清香。

冷杉与银杉：最珍贵的松科树种

中国是世界上裸子植物种类最多的国家之一，仅从松科来看，在深山密林中还隐藏着一些极为珍贵稀有的树种。国家公布的第一批重点保护珍稀濒危植物中，松科植物占三十九种，为总数的十分之一，其中银杉被列为一级重点保护植物，百山祖冷杉列为二级重点保护植物。

二十年前，不要说世界，就是中国也很少有人知道东南沿海有座名叫百山祖的山峰。1976年，一个默默无闻的小人物——浙江省庆元县林科所的吴鸣翔发现了百山祖顶峰的冷杉树——并由他命名为百山祖冷杉。从此，百山祖与吴鸣翔便为世界植物学界所关注。现在认定：地球上仅剩的五十种冷杉中，百山祖冷杉仅存于中国，中国也仅有百山祖顶峰的四株。

四株，这对于一个物种来说，绝对是苟延残喘之末了，离开灭绝不过半步之遥。

1987年，国际物种保护委员会将百山祖冷杉列为当年公布的、世界最珍稀濒危的十二种植物之一。

银杉是一种被普遍认为早在地球上灭绝了的植物，人们于心不甘的寻求也只是从西伯利亚、法国西南部的第三纪地层中，发现了球果化石而已。

1938年，中国植物学家杨衔晋在四川金佛山采集到了银杉的枝叶标本，但莫大的遗憾是没有花与球果，按照惯例，这份标本没有被鉴定，更不会认定。兵荒马乱中，银杉树有可能存活于中国深山老林中的希望，始终吸引着植物学家们。1955年，钟济新教授带领的科学考察队，终于在广西龙胜县花坪林区采集到了带球果的银杉标本，才由陈焕镛、匡可任定名发表。

活银杉的发现震惊了世界植物学界。目前，世界上只有中国的几千株，分散在四川金佛山、广西花坪和大瑶山、湖南界福山、八面山等地。

银杉姿容优美、高贵典雅，却又远离尘嚣、寡合索居。

银杉对环境的选择十分苛刻，也可以说银杉是典型的富有浪漫色彩的理想主义者，它喜欢冬无严寒、夏非酷暑、降水丰富、空气潮湿的深山野岭。

银杉是可望而不可求的。

银杉可以生存的环境是如此优美，但，人类主要是为了它的优质的木材，千方百计试图让它们走出山林成为人的财富。

银杉拒人于千里万里之外。

人当然可以走近银杉。一般来说，只要人走近银杉的时候，便是银杉的蒙难之日。

1979年，湖南省城步县境内发现了五十八株银杉，这个从一亿年前保存下来的植物王国“活化石”的小小群落的被发现和认定，使一些中国人的丑陋与凶残暴露无遗。事缘这五十八棵银杉所在地的权属纠纷，城步县和新宁县都认为是在自己的地界之内，当地区判定银杉所在地的8200亩山林归城步苗族自治县管理后，新宁县竟一次出动一百三十多人，砸毁管理区，在9株银杉上剥皮、挖洞，并将一株同属国家一类保护植物的长苞铁杉活活烧焦使之倒伏、压在另一株银杉树上。如此野蛮摧残之后仍不解恨，呼啸而去时还拔走野生的银杉苗，剪断结有果实的银杉枝，甚至连银杉树下的表土也扒拉一光。

新宁县的破坏一直延续到1986年7月，在银杉保护区内剥光了一百五十株桂树的桂皮，一百二十株桑树被连根挖出，五株樟木惨然倒地！

剥皮打洞之后的银杉，你冷吗？你疼吗？你还在吗？

第四纪大陆冰川在一亿年前的突然袭击，银杉蒙受了灭顶之灾，而独独残留于中国的又被人们刀砍斧削火烧，有人说为银杉计，与其如今屈辱地被剥皮。还不如当初高贵地死绝。我祈愿银杉无恙。

巨杉：世界最大的活生物

地球上仍然生活着的几百万种生物中，最大者便是巨杉了。实测美国加利福尼亚州红杉公园中的一株巨杉，震惊世界。忙碌而惊讶的测量者在巨大坚定的巨杉之前，很像是一群不知所措的蚂蚁。这株巨杉高83米，树干直径10米，根据木材密度计算出的重量为2800吨。

巨杉树2800吨的重量，是地球上最大的动物蓝鲸的15倍，与466只陆地上最大的非洲象的重量相等。

这株巨杉据测算已经在地球上度过了三千五百个春秋。

不可测算的是巨杉之根，它的根蔓、根尖、根毛在人类测量它们之前，是不是已经把加利福尼亚的土地都丈量完了？

美国人为了表示对巨杉的敬爱，用了一个美国南北战争中的英雄将军谢尔曼的姓氏为它命名，称之为“谢尔曼将军树”。

松杉纲的南洋杉科、松科、杉科和柏科四科中，杉科种类最少，只有十六种，隶属于十个属。杉树的属多种少、分布有限的现象，显示了杉科植物在亿万年的地质演变中由盛而衰的历程。

杉科植物最早出现在1.8亿年前的中生代侏罗纪，到距今6000万—1亿年的地质时期，杉科树种在北半球也曾以种类多分布广而风光一时，甚至在北极地带都能见到。一次无情的冰期使杉科植物的绝大多数相继消失，个别得以幸免的种类纷纷后退到了纬度较低的地区。中国南方由于地形复杂，冰期影响相对较小，便成为灭绝逃亡之后众多孑遗植物的避难之地，杉科的一些种类也得以保存。

中国历来有北松南杉之说，和红松一样，杉木是中国人最喜爱的树种之一。高大挺拔、材质坚硬、傲岸千古、超然物外的杉树气质，与松树的风格可说互为伯仲，相得益彰。

有多少有历史的树，要到地底下去找。

1972年长沙马王堆出土的一号汉墓中，那具在地下埋了两千多年依旧尸身完好的女尸，所用的棺木即是杉木。

因为杉木不烂，女尸才有可能不烂。

假如棺木分崩，那女尸能够不烂吗？

柏树：百木之长

柏树是柏科树木的总称，全世界有一百五十种，中国有四十多种。柏木、侧柏、福建柏、剑阁柏、圆柏等为中国特有。

柏树四季常绿，枝繁叶茂，寿命长，分布广，人见人爱，千树万木各有特色，人独称柏树为百木之长。

中国人对柏树情有独钟，在公元前3世纪的《禹贡》中，就有了经营管理柏树的记载。

陕西黄龙县黄帝陵前的“轩辕古柏”，相传为轩辕皇帝亲手所植。山西芮城县大禹渡山坡上的古柏下有石碑，所刻文字表明大禹当年治水曾在这一株柏树下察看黄河水情。山西太原晋祠有“周年齐柏”，据说为周代所种，柏龄三千岁矣！四川梓潼的张飞柏是三国时蜀将张飞手栽，人行其间，扑面而来的是苍凉深幽的历史气息。1974年在西藏雅鲁藏布江流域发现的巨柏，高45米，已阅览人间沧桑一千多年！台湾阿里山有一种叫红松的柏木，被尊为“神木”，最高的一株达57米，树干直径6.5米，材积504立方米，为阿里山守望二千七百年了。

柏树是最佳的绿化树种。

北京中山公园里的辽代古柏，是故都的一处胜景，举凡有历史陈迹的宫殿、庙宇、公园，便有更多的机会见到古松、古柏。中国民间也有种在坟地上的，先人已去，古风长存之意。东岳泰山岱庙内有古柏数百株，较之迎客松似乎更加老于世故且精神矍铄。笔者在这些古柏下徘徊许久，再回想古柏的根，它竟然立足并且以根尖在顽石的缝隙间游走，岂止是泰山？还把一块巨大的历史一起拥到了怀里。

有道是：一代精神看翠蔼，千年物色在苍林。

珙桐：中国鸽子树

被子植物有了色彩鲜艳、形美味香的花朵，所以这种发展最高阶段的植物也称有花植物。被子植物与裸子植物一样均能产生种子，被子植物只是在裸子植物胚胎裸露的基础上，又出现了子房，使胚胎包裹其中，发育成果实。

珙桐是中国特有的珍稀被子植物，也是第四纪冰期的幸存物种，而且仅存于中国的川、鄂、湘、黔、滇等地。

珙桐为落叶大乔木，树形端庄，枝叶典雅，尤其是珙桐花奇特无比。当珙桐繁密的树枝向上斜插、交叉，好似一个极大的鸽笼，而每年四五月间，珙桐树便开白花，由许多雄花和一朵两性花组成紫色球形花序，酷如鸽子的头部；而两片或三片初为淡绿色后为乳白色的大如手掌的白色苞叶生在基部，像正在伸展的鸽子的翅膀。当山风吹来，枝摇叶动，“鸽子们”在“鸽笼”里点头振翅，跃跃欲试，实在是一种奇观。

有欧美的游客艳羡不已，称这种花事繁忙时如白鸽落满枝头的珙桐树，为“中国鸽子树”。

冰期凛冽、海陆交替之时，不知道埋葬了多少美丽的树木。

木兰：美丽的落伍

木兰科是被子植物门中最原始的目——木兰目中的一员——尽管木兰科在地球上种类与数量均很稀少——中国却仍是木兰科植物分布最集中的国家。

木兰科植物是绝对谈不上声势浩大的，它以另外一种魅力吸引着人们，即它的美丽的花木。你看中国园林中常见的玉兰和木兰便心领神会了。

玉兰是一种落叶乔木，最高可达二十米，春季先叶开花，花朵硕大，香气袭人，九枚花被片白里透碧，如玉盏高擎。百年以上的玉兰树开花时千朵万蕊，冰莹玉洁，玉树高耸，八方飘香。

木兰，又称紫玉兰、辛夷、木笔，为落叶灌木，也在春季开花，花为紫色或紫红色，俏丽动人，秀色可餐。

木兰植物以花朵美丽著称，但最使植物学家感兴趣的是，此种美丽是与被子植物的原始特性相关联的：花朵单生，花被没有分化成萼片与花瓣，雌雄蕊多数且分离，螺旋状排列在伸长的柱状花托上，子房上位等。

这就是美丽的落伍。

也有论者谓，在原始与进化之间的过渡地带，总是美不胜收的。

自然界漫长的淘汰和选择，都是一种偶然，从来不以美丑为标准，或者说自然中的一切植物都是被一视同仁的，只是机遇使它们或者走向繁荣或者走向死亡。同时繁荣与毁灭也不是绝对的，繁荣之后面临的往往是新的灭绝；而若非彻底灭绝，从毁灭之中孑遗的因为经历过毁灭，反而不再畏惧毁灭。不过以上所述均是纯就自然演变而言的，如果加上人的因素，那么人控制下的技术，以及人无法控制的人的贪欲，可以毁灭一切。这一点我们已经看见了，林木凋敝，黄沙滚滚，人类正走在毁灭一切最后毁灭自己的穷途末路上。

我要再说一遍，在自然界有美丽的落伍。而在人日益不知道人为何物的人的世界上，则充满了时髦与包装的技术先进的丑陋。

樟树：芳香之木

它用芳香迎接你。

这是天然的芳香，你知道那一定是樟树或楠木，但，你不知道这芳香是从枝叶上垂下的，还是树皮散发出来的，就连这一片土地也是芳香的，那是芳香的根系缠结在地底下时把土地浸润在芳香中的吗？

你闻到这芳香，便明白什么是芳香。

中国有樟科植物二十属四百余种，多为珍贵的经济树种，其中最重要的是樟树与楠木，它们都是常绿大乔木，高可达三十米以上，这两类树材质细腻，纹理美观，芳香四溢，耐湿、耐朽、抗腐、抗虫。樟树广布江南各地及台湾岛。

湖南芷江县岩桥乡的古樟树高 16 米，胸围 11.5 米，树龄二千多年。二千多年芳香不断，不知这芳香如何创造、源出何处？

北京十三陵中的长陵一殿由六十根楠木巨柱支撑，历经四百五十多年，这四百五十多年是被伐下运到北京成为栋梁的岁月，如今仍然香气袭人。

几千年来为求万世不朽，森林学家已经无法估算在中国用于帝王将相生前殿阁楼台、死后陵寝棺椁的楠木共有多少！但，因为楠木生长缓慢，经过历代砍伐之后，目前中国几无成材的楠木大树，便足以说明一切了。

我在浙江西天目山还踏访过山上的另一名木：天目山木姜子，它是楠木的一种。闻到芳香走近之后，我被它如此匀称细密的树皮吸引住了，你能感觉到它的湿润和弹性，山野美丽的肌肤啊！

栎树：阔叶林的望族

欧洲、北美及亚洲东部的阔叶林中，壳斗科树种到处可见，而中国有三百多种。栎属是该科中最重要的一属，通称为栎树或橡树。

栎树在欧洲是和文化紧密联系在一起的。

古老的欧洲大地上，栎树林一望无际，即便在草原和田野中，也常常有栎树的小小群落，它们并不孤独，在它们望得见的阿尔卑斯山和更接近的地方，栎树林正连片地展开着。诗人常常以栎树为歌颂的对象，称它们为“风中的簧片”，“梦里的情人”。俄国托尔斯泰笔下的老橡树，瑞士画家卡拉姆的油画《狂风中的橡树》，都具有极为强大的生命感召力或不可捉摸的象征意义。更别出心裁的是第十一届奥运会的组织者，把栎树画作为奖品的一部分，颁发给冠军们。

文化中的栎树，是由人们从生活中和栎树朝夕相处品味而来的。

栎树在中国广泛分布在南北各地，长在北方的冬季落叶，长在南方的四季常绿，有辽东栎、栓皮栎、蒙古栎等著名树种。

栎树木质坚硬。楳木木炭经久耐烧、火力强劲，为一时名炭，栎子粉和栎叶可饲养家畜，脱涩处理后是营养丰富的食品，栎树朽木可培养香菇、木耳。

壳斗坚果还是人类想象的一个出发点。我们的始祖巢居树上时，这坚果伸手可摘，采集生涯应是从树上从坚果开始的，不过第一个第一次吃坚果的艰难也可想而知。伸手摘，用牙咬，实在咬不开的设法砸开，采摘时不小心落到树下的便下树捡拾，捡拾时碰巧遭遇了一只野兽惶急之下再爬回树上，倘若遇见的是同类，可能还会“呀呀”一声打个招呼，或者挥挥手之类。总之人的一切变化的开始是为了生存，不是兴邦立国，也不是争强斗狠，但，可谓文化之始。

造物主最初给人类准备的，都是最好的。

最好吃的，最好看的。

有的已经吃不到了，有的至今还在吃，比如壳斗科中最主要的食用坚果板栗，有“木本粮食”“铁杆庄稼”之称。

黄连、乌头：山花药草世家毛茛科

毛茛科植物绝大多数是矮小的草本，寻常普通而不引人注目，如是在一片森林中，绝对处于森林的最低一层，既不是栋梁之材，也并非名门古木。读者当会记得，前文写到的有记载的人类历史是在森林中鲜花盛开之后，我们有理由判断，迎接人类历史的诸多色彩中，至少会有毛茛科的花朵在。

毛茛科植物，以艳丽的山花和治疗百病的药草而跻身绿色世界。

海德格尔说，存在的本质是时间。

以笔者之见，存在的内容是特色。

毛茛科植物便因为不同于别种别类的特色而存在着，并且有了作为本质的时间，即山花药草的历史。

当造物主决定让花展示给人类时，也让药草或者说野草生长着了，你可以赏花，你也得吃药治病，一门举世无双的伟大的医学就是从山花野草间诞生的。因而，人们称民间最早的用草药治病的人为“草头郎中”。

三月，东北的冰雪还没有消融，鲜黄娇嫩的侧金盏花便纷纷怒放了，这是迎来春天的花，也是送走残冬的花，它要目睹冰河开冻，听融雪之后的山泉流水声。三四月间，从四川到华北、东北，山坡上干燥而单调，但一夜之间钻出地面的白头翁花就绽开酒盅似的蓝紫色花朵，让山野立显高贵。春天到夏天的过渡其实很短暂，可是从华南到北国的山溪旁的湿润草地上，伸出五枚黄色花瓣的毛茛花，却会给你准确无误的季节的提醒。然后是白色的银莲花，金色的金莲花……

夏天是属于山花野草的。

它们各自的奇特使它们出类拔萃。

华北楼斗菜紫色的花朵上，有五个长长的顶端弯曲如钩的长距，形似五爪；飞燕草蓝紫色的花朵后部，一距斜出，状如轻燕；乌头的花朵上，有形似古代武士头盔的大萼片；而中国珍稀植物紫斑牡丹、野生黄牡丹、二乔牡丹，笔者只能遗憾地说其情其姿其雅其色实在无法形容……

最著名的药草是黄连和乌头。黄连的有效成分是生物碱，乌头入药则是以毒攻毒，它的块根——中药名为附子——含有乌头碱，此外，白头翁、唐松草、天麻、金莲花、侧金盏花等均可入药。如此等等，记不胜记。

但，我们不能陶醉，陶醉于那些美木良材。

《2014·中国林业年鉴》指出，中国森林在取得长足之进后，“仍存在总量不足、质量不高、分布不均衡的问题”。具体表现为：

中国的森林覆盖率远低于全球31%的世界平均水平。

人均占有森林面积仅为世界人均水平的1/4。

人均占有森林蓄积量只有世界人均水平的1/7。

造林良种使用率仅为51%，林业发达国家的为80%。

在中国现有的森林中，中、幼龄比重较大，面积占乔木林面积的64.66%，蓄积量占森林蓄积量的38.81%。

从地域分布上看，中国东北的大、小兴安岭和长白山，西南的川西、川南、云南大部、藏东南、东南华南低山丘陵区，以及西北的秦岭、天山、阿尔泰山、祁连山、青海东南部等区域，森林资源分布相对集中。而地域辽阔的西北地区、内蒙古中西部、西藏大部，以及人口稠密、经济发达的华北、中原及长江、黄河中下游地区，森林资源分布较少。

上列种种不足，有的是积重难返，如成熟林、过成熟林的比重之少，中幼龄比重之大，源起上百年、几十年的过量采伐，被采伐的是树龄长的大木、老树，乃至古树，除去人迹难至的深山峡谷之林，我们所见的成熟林稀少、孤单。而在有古树、大树的林区，如江西、云南，不断被连根挖掘，成为与房地产商或有钱人的交易物，如此等等，森林管理的失控——尤其是集体所有制林地——亟须既保护森林，又保护林农利益的林业改革。这一改革的重要性和艰巨性是互为叠加的，国有林场因为属国家所有，新中国成立以来向以买木头为生，自从实行林木保护，改变林业思路转而以种树护林为主业后，国家下拨的经费就连林场职工的工资也发不出，甘肃高台县面对巴丹吉林沙漠的三个国营林场，1993年之前的财政窘迫到只给管理人员即场长、副场长、会计、技术人员发放工资，林业工人呢、护林员呢？一律义务劳动，1993年起，财政不给一分钱，给的是自谋生路的政策。林场职工自己从农村家里背来包谷、面粉，在林地边缘种上几畦青菜，一边土里刨食，一边种树护林，“自谋生路？说这句话的人有良心吗？巴丹吉林沙漠正等着我们散伙，林场散架呢”！林场工人对我如是说。国有林场的林地为19亿亩，但它的所有制性质决定了改革之难，可谓举步维艰。出乎意料的是，集体所有制的林业改革却脱颖而出：

中国林业改革，因着农民的智慧，以及他们对改变林业现状和脱贫的强烈愿望，以“倒逼”的方式出现了。何称“倒逼”？即是次集体林权制度的改革是自下而上的，是农民先行并代表山林土地发出声音，制定方法，进而得到国家和政府首肯，并逐步完善的。一个从不知名的福建山区小村全体村民自觉地对森林的关爱及林权改革，不仅改变了人的面貌，不仅使农人从贫困走向富裕，而且使满山的森林草木郁郁葱葱，不再有盗伐滥伐，影响所及，全国震惊。

第二十三章 林中路

中国林业改革，对中国经济发展、生态安全、社会稳定乃至森林文化意味着什么？2010年，笔者走遍中国的主要林区，所得的感想、所见所闻实录如下：

我国是个多山国家，960万平方公里的国土面积中，有69%的山区，13亿人口中的56%生活在山区，中国2100多个县（市）中山区县为1500个。中国90%的林地、84%的森林蓄积量、77%的草场、76%的湖泊、98%的江河水能集中在山区，山区实际上就是中国山林、草木、湖泊及江河源头的完整集合，五十多年来，中国的林业改革之路一直在探索之中，历经从解放初期的分林到户、农业合作化时的山林入社、人民公社的集体所有、统一经营，到20世纪80年代的稳定山权林权，划定自留山和确定林业生产责任制的四个阶段。因为产权不明晰，农民没有成为山林的主人，同时还要负担名目繁多的税费，所谓集体林，往往成了“干部林”“书记林”，农民只有种树育林的付出，没有经营买卖的权利。结果是偷砍盗伐屡禁不止，兴林富民成为一纸空谈。全国500多个国家重点扶持的贫困县中，有490个在山地林区，为什么？为什么贫穷落后如此顽强地与青山绿水相缠结？从国家林业局局长贾治邦到我采访过的数以百计的林业干部、农民都给我算过这样一笔账，那是大森林之所以让人心有不甘处了：中国的18亿亩耕地使13亿人口得以温饱，而我们拥有的43亿亩林地既没有解决国土生态安全，也不能满足13亿人对木材和林产品的需求，更别提山区农民的脱贫致富了。在这43亿亩林地中，19亿亩是国有林地，25亿亩是管理不善、产权不明、偷伐不断、纠纷不绝的集体林地。林改，即专指25亿亩林地的集体林权制度改革。

25亿亩，这是一个隐藏着多少潜能、多少财富的数字，这是多大一片原本充满希望的可持续的森林和土地。

2003年6月25日，中共中央、国务院颁发了《关于加快林业发展的决定》，首次提出推进集体林权制度改革的总体要求。2003年9月27—28日，国务院召开全国林业工作会议，指出要深化林权制度改革，实现“务林有其山，山林有其主，林主有其权”。2008年6月8日中共中央、国务院颁发《关于全面推进集体林权制度改革的意见》，提出用5年时间基本完成集体林地明晰产权、承包到户的改革任务。2009 年 6 月，新中国成立以来首次中央林业工作会议在北京召开，会议全面部署推进集体林权制度改革工作，将集体林权制度改革提高到全党全国工作的重要位置。

2006 年 1 月 13 日，国家领导人到福建省永安市考察林改，指出“林权制度改革意义重大”，2008 年 10 月 29—31 日，又来到安塞县视察，关切地叮嘱群众“林权到户了，你们要把林地经营好，既要争取有更好的收益，也要考虑到生态保护的要求”。2007 年 2 月 17 日，春节期间国务院领导到辽宁省清原县，倾听乡亲们对林改的意见，指出“林权制度改革是土地承包经营在林地上的实践，一定会受到农民的欢迎”。2010 年 4 月 9—11 日，国务院领导在安徽考察，对地方干部说：“我特别重视集体林权制度改革这件事，因为它给山区农民开辟了一条致富的路子。农民有了经营权，就可以在林地上做大文章，不仅可以种植林木，还可以发展林下产业，不仅有经济效益，还有生态效益和社会效益。我们要加强制度建设并给予技术指导，把这件事情办好。”

国务院领导还对林业做了“四个地位”的概括：在贯彻可持续发展战略中具有重要地位，在生态建设中具有首要地位，在西部大开发中具有基础地位，在应对气候变化中具有特殊地位。

回首林改不平凡的历程，时任国家林业局局长贾治邦说，我们唯有肩负职责，不辱使命，才能不辜负中央赋予我们的光荣任务，不辜负人民群众对我们的衷心期待。2006 年 3 月，贾治邦到改革先行省福建调研。福建的林权改革给他留下了深刻印象。两个月后，国家林业局举办全国集体林权制度改革高峰论坛。8 月，全国集体林权制度改革讲演交流现场会在江西省井冈山市召开，回良玉出席会议，并做了重要讲话，集体林权制度改革开始在全国拉开帷幕。进入 2007 年，国家林业局连续在辽宁抚顺、陕西西安、云南普洱等地召开北方、西北、南方、西南片会，分地区、分类型地总结经验，指导推进。

林改，开始从祖国东南一隅，迅速扩展到长城内外、大江南北。

林改第一步是基层农民群众的实践和创造。

福建省林业厅的老厅长黄建兴告诉我：“农民有足够的智慧，农民是真正的林改先行者。”黄建兴何出此言？2001 年，闽江一个库区因为征地发生群众性事件，时任省委办公厅副主任的黄建兴发现，库区周边 20 多个村子中只有一个村格外平静。农民告诉他，“村里把林子分到各家各户了，育林护林忙着呐，一年收入五六千元，还闹什么呢？”黄建兴又问：“分了以后林子长得好不好呢？”“好啊！自家的林自家的银行，里边存着钱哪！”这是黄建兴第一次偶然地听到分山分林，以及农民的拥护，生出不少感慨：在山区，林地是农民的安身立命之本，没有林子没有土地，人心怎么安定？生活何以为继？

1998 年就已经分山分林的永安市洪田村，被称为“林改第一村”。洪田树现有 18908 亩林地，除少量自留山和经济林外，原先均由村集体经营。全村森林覆盖率 81.4%，有九山半水半分田之称，然而在 1998 年前却是满山疮痍，1995—1997 年偷砍滥伐集体山林达到高峰，胆子大的白天砍，胆子小的晚上砍，甚至雇了民工砍，三年来，林木蓄积量减少两万立方米。公路沿线的山头一直砍到成为荒山为止。书记和主任满山追，哪追得过来啊，砍伐的人带 BP 机上山，每个路口有人望风，如果看到村干部去抓就发讯息“444”，没有动静就发“666”。不仅是洪田村，当时福建省每年林业刑事案件及行政案件高达 4 万起，平均每天 10 多起。如此下去，洪田的林子、福建的青山还能保持吗？

农民，一个福建山村的二百多户农民决心要改变集体林的现状，而此种改变实际上是对林权制度的改革，触及了一个禁区：分山到户，分林到户。分山分林曾经在 20 世纪 80 年代出现过，随之而来的是大规模的乱砍滥伐，上级部门随即叫停。邓文山、赖兰亭召集村委会、村民代表开了二十多次的会，有村民代表说：“我们把山分了，但不能一分了事，订出村规民约，不准乱砍滥伐，让农民富了，树更多了，山更青了，上头不就高兴了吗？”邓文山说：“这个主意好。”还补充了一点，“一定要大多数同意分，才分。”从 1998 年 7 月到 8 月，开了二十多次会，村民们各抒己见，涉及每个人的切身利益，把心里想说的话全部说出来了。

眼看九月份就要过去了，村两委召集小组长和村民代表集中开会，“分还是不分，要讨论出个名堂来！”邓文山从笔记本上撕下几张纸，再撕成纸条，分发给26个与会者：“同意分山的写‘同’，不同意的写‘不’！”在老旧吊扇的吱嘎作响声中，无记名投票的结果是21人写下了一个字：同，并签上了自己的名字。5人写“不”。时间定格在9月29日下午5时30分。邓文山掐掉烟头，和赖兰亭交换了一拿眼色，几乎同时脱口而出：“分了吧！”这是个历史性的时刻，山作证，树作证：又一个小岗村——洪田村——中国林改第一村诞生了。

分山分林分田，山有肥瘦，林子的品种不一价值也不同，上没有红头文件，下没有经验参照，洪田村的做法是：农民的事情由农民来决策，经过全体村民反复讨论，农民创造洪田林改“六字经”：“均山、均权、均利。”具体步骤是先踏山勘界摸清家底，确定应分的山林面积、林木蓄积量，按在册的人口均分。在分山分林的过程中，为了尽可能做到公平，分成三步走：第一步把山林均分为三大片，林木茂密的山与杂生灌草的山搭配；第二步把每一片分成若干组，最后形成16个经营小组，村民自愿组合;第三步，“抓阄”决定各自所有的山林。

夕照下的洪田村层林尽染，染成了金黄，白色的炊烟在无风的傍晚袅袅而上，有挖笋的农民荷锄而归，竹区便道上，不时有摩托车下山，一群群林下养殖的公鸡、母鸡在呼唤声中回窝……这个平静的山村历经十年有余的林改岁月之后，现在人心安定，丰衣足食，而从山上杉木林中、竹林中吹来的风带着杉木味、翠竹香，主妇们端到饭桌上的是鲜笋汤、山野菜、红烧肉，灶台上刚刚出笼的是冒着热气的馒头与蒸红薯。“人辛勤劳碌，但诗意地安居”这不正是洪田的写照吗？正是在洪田“均山、均权、均利”的六字经以及村民代表大会说了算的林改实践基础上，才有了福建省的林改思路：要使福建林业走出困境，必须从明晰产权入手，真正确立林农的经营主体地位。分林不是林业私有化，也不是简单地把集体山林一分了之。有恒产者才有恒心，山地所有权仍归集体，但山上林木的所有权和山地的使用权，要完完整整地还给农民。明晰产权是林改第一步，配套改革包括交易市场、流转、转让、买卖和变现及林权证抵押贷款等，是林改真正见效的第二步。有了洪田村的实践，有了林改的一系列思路，继洪田村之后，武平县成为林改的试点县。2003 年 4 月，福建成为第一个全面推行林改的省份。三年后，福建的森林覆盖率达 62.96%。

怎样的广泛而深刻？广泛至八闽山水，深刻到林木的根、农民的心中了。在洪田村，一位老农把红纸包了一层又一层的林权证捧在手里说："我一生经历两件事，第一次铁树开了花，土地回了家。第二次铁树开了花，林地回了家。"我从老人的红纸包里接过绿色封皮的林权证，国徽及中华人民共和国字样赫然在目，老人一脸庄重地对我说："看清楚了，国字头的！"

林改是要把利益的天平彻底倾向农民。

江西是我国重点林业省，国土面积 2.5 亿亩，其中林地面积 1.59 亿亩，2/3 国土是山地，2/3 人口在山区，2/3 的县是重点林业县。这三个 2/3 曾经是江西经济的负担，农民穷，林农更穷，林地权属反复变迁，林农与山林的拥有感、安全感、靠山感渐行渐远。税费高达 63%，多达三十几项。老表有个形象的比喻："砍一根竹子，农民得一根筷子；卖一根木头，农民得一个板凳。"市县、乡镇、村收费项目有：育林基金、防火基金、能源基金、乡镇提留、竹木特产税、村委会提留、副食品价格调节基金、设计费等等，实在想不出名目的"其他"还有三四项。农民种地不交税了，林农的身上如此之重的税负，怎么和谐？怎么发展？

革自己的命是痛的，很痛。江西林业部门 80% 的人靠收费养活，工作经费及事业费均来自收费，重点林区的村一年可收 30 万元左右，多的 100 万元左右，县至少几百万元。现在除了《森林法》规定的育林基金外，全部免除，不能收了。育林基金也减去一半，过去收多了，现在的税费约占总收入的 11%。武宁县长水村林农卢位国说："税费一减免，拿到林权证，我就往山上跑，那山那竹那树是我的了。从没有这样轻松、开心过！"林业税费改革还破解了一个打破垄断的难题，以武宁县为例，第一年减免税费之后，财政收入较上年少了1000万元，其中700万元是林业公司的，过去说的“林老大”就是收木头的，它独家进山收购，大刀阔斧赚林农的血汗钱。林改放活经营，进山收木头是几家、十几家，“林老大”不得不改制，得利的是林农，过去一方杉木最便宜时180元，现在改成直销，卖到850元。长水村的老百姓林改前年人均收入2000元，林改后的2007年为5500元，这5500元中一半以上来自林业。长水村的山上年产毛竹30万根，每根至少10元，树支书余锦冰告诉我：“过去偷着砍，大的小的一起砍，现在农民舍不得砍，留在山上的竹和树，就是存在山上的钱；不断长多的钱。”

江西的林改，是举全省之力的林改，是“五级书记抓林改”，在明晰产权还山还林的改革过程中，先扫除林农负担过重的税费拦路虎，林业行政事业管理人员的工资以及过去由育林基金拨付的办公经费，全部由财政支列，包干使用。2004年，省林业厅向财政厅申请到的第一笔林改资金为3000万元。继之，省财政又拿出4000万元对重点林业县转移支付。因为很多收费关系到乡和村的行政运转，省财政再拿出3.88亿元给每个行政村补1万元，每个乡镇补10万元。江西省为林改安排的财政转移支付资金达6.66亿元。江西不是广东、上海，江西是经济欠发达的一个内陆省，但江西为林改“买单”却毫不含糊。江西省时任林业厅厅长刘礼祖说，当他为林改资金愁得夜不能眠的时候，时任省委书记的孟建柱告诉他：“想到老百姓就有钱，宁可少盖几栋楼也要把老百姓的事情办好，到农民头上收钱是最没有本事的干部，不能在老百姓身上打主意。”刘礼祖传达孟建柱的意见后，对干部们说：“我们到底最缺什么？缺钱还是缺精神？林改确实需要钱，但林改的路不是金钱铺成的，还需要精神，为农民、为青山绿水献身的精神！”江西全省共有5万多名干部上山下乡参与林改实践。省、市、县林业部门抽调2300多名干部，组成1128个督查组深入林改第一线，举办林改培训班800多期，抽派3700多名技术员翻山越岭、勘界制图。在具体操作中，把决策权交给村民大会或村民代表会议，从分山分林到各家各户以及流转、采伐指标等一律公示，必须经村民大会或村民代表会议2/3以上多数通过，方可执行，否则推倒重议。

2006年5月份，江西对全省林改检查验收，全省集体林地分山到户率为82.5%，群众满意率达95%。仅2005年冬至2006年春，江西省投入造林的社会资金为4.99亿元，造林总面积330万亩。2008年、2009年造林面积突破500万亩，森林覆盖率为60.05%。实行林改后，有28万多外出打工的老表回乡务林。已颁发林权证613万本。迄今为止，江西省有64个县建立了林木产权交易中心，林农有了走向市场的平台，在这个平台上可以办理山林评估、产权流转以及林权证抵押贷款，以遂川县为例，2009年用林权证抵押的小额贷款达6000多万元，惠及几百户林农，并享有江西财政贴息2%的优惠。

2010年5月20日下午，笔者到江西武宁县罗坪镇长水村采访。村口有红豆杉大树14棵，全村有上千棵。村支书余锦冰告诉我，集体林权制度改革后，“最大的变化是山定权，树定根，人定心。林改后，林农致富，生态得保护，林区更加和谐”。长水村人均耕地7分，人均山地却有70亩，林地是长水村的命根子。林改前体制不顺，林农的境遇是“我山不能我种，我种不能我砍，我砍不能我卖，我卖不能我得”。偷砍偷伐屡禁不止，造林难，防火难，护林难，都说是集体的，集体是谁的？森林火灾时，山上着火，干部扑火，百姓观火，领导发火。林改后清明节上山祭祖烧纸，林农随身带着水桶、灭火拖把。“树上的叶子，就是家里的票子”，长水村民卢位宝在南昌打零工、摆地摊，家里分到320亩山林后，卷铺盖回家当林场主了。2006年靠木竹销售收入近10万元，翻修房子，还清欠债，还买了一辆“长安之星”小车，成为山村里的有车族。卢辉在外打工10年，回家了，“家有绿山青山，那是有我一份的金山银山，不走了”。在沿海漂泊10年的卢辉把打工的积蓄投入到自家山场上，从浙江请来技术人员改造低产毛竹林。原先村里的“赤脚医生”孙隆泰，因为诊所生意不景气，1991年举家买了城镇户口搬到武宁县城。2007年向村委会申请，迁回长水村。余锦冰说，山分了，树多了，村里“农转非”的12名村民在村民大会通过后，办理了“非转农”。村民们扛着锄头上山挖坑，不说去种树，说是到山上办“绿色银行”。2008 年、2009 年两年中，64 岁的村民卢世炎一个人造林 50 多亩，成活率为 98%，不仅是卢世炎，长永村家家户户上山造林，林改后三年的育林面积相当于前 20 年的总和。“找不到空地了，都变成绿色银行了！”

江西是“有了绿水青山，才有金山银山”的典范。

2010 年，全国 31 个省区市对集体林权制度改革做出了全面部署，福建、江西、辽宁等 12 个省市基本完成了明晰产权、承包到户的改革任务，其他省区市正在深入推进。全国集体林地确权面积达 19.5 亿亩、发证面积 14.7 亿亩，分别占总面积的 71.3% 和 53.7%。

井冈山黄坳乡，李镇阳站在即将落成的三层新楼前，指着井冈山上郁郁葱葱的森林说:“那自然保护区里还有我的插花林呢。”“你怎么去管护？有路吗？”“树林下有小路。”想起了海德格尔所言:“路是树的古名，林中有许多路，这些路多半隐没在人迹不到之处，叫林中路。每个人各奔前程，但都在同一处森林中。只有从事林业的人及护林员认得这些路，他们懂得什么叫误入歧途。”走在林中路上的中国农民，向世界发出了这样的信息：森林是友善的，有了森林就有了地和水，除了森林，还有什么能拯救地球？拯救人类？

从福建至江西而浙江，从广西、云南至海南岛而东北，乃至内蒙古鄂尔多斯而祁连山而新疆塔里木河畔的胡杨林、天山雪松，在任一林区或某个国家森林公园，所见的总是无边绿色，可以大口地呼吸，大声地呼喊：大地之上的森林啊，集善良、美好、大爱于一身，没有你，世界还有文化吗？世界还是世界吗？人类及别的万类万物又将如何生存？李镇阳告诉我，眼见的无边绿色其实是有限的，无草无林处，流沙汹涌处，水土流失处，我不在场，但它们存在着，那是中国大地的心腹之患。荒漠化，石漠化，水土流失的心腹之患依然存在。

森林问题、环境恶化，依旧在困扰中国。报纸上说是制约了中国经济的发展，其实恰恰是不顾及环境生态的几十年高速发展致有今日。森林的增加，林业的发展，远远跟不上资源的损耗，环境的破坏，两相消长，最令人有感慨并忧患的是中国坚硬的水利思路：

没有一条大江大河的上游不是在大兴土木修筑高坝大库，金沙江的梯级开发恰在中国西南地震带上，金沙江两岸又是长江上游生态脆弱区，虎跳峡一带只有零星野草，流沙滚石，几乎看不见一棵树。金沙江梯级开发的这些年，云南连年大旱，这个富水之省严重缺水，而最后一公里流向家园土地的水道总是阙如。其中另一个原因是长江不再能自由流动了。何止长江，所有的大江大河都被层层拦截，高坝霸峙，大库深深，如果说江河是大地的血脉，我们正不断制造人为心梗阻塞，然后迫使江河水流进发电机发出电来，水，生命之水先变成电，再卖给老百姓，江河之水本来人人可以得而享之，现在为权力集团、利益集团控制。在某种意义上，江河已不再属于大地，不再属于人民。森林蓄水养水，可是草木先要有水的滋润，没有一处高坝大库不是以毁坏环境为代价的，人人可得而享之的天赐之水，怎么就成了利益集团的黄金美钞呢？

四川山清水秀，四川连年的地质灾害究竟与改变了三峡水文状态的三峡大坝有什么关系？我们听到的是专家们解释说“没有关系”，怎么可能没有关系？“众水会涪万，瞿塘争一门”，众水者，长江之水也，集合于涪陵、万县，从三峡第一峡瞿塘峡相涌而入，激流险滩，呼啸奔突而直下中游，涌流之水和囤积于大库之水，对河床及周边地质没有影响？断无此理。

太多的解释一定是为着隐藏某种真相。

同时我们看见三峡大坝两岸猿声啼不住的年代早已过去，没有森林，没有大树和小树，唯乱石杂草，已经并将更多引发泥石流。

所有人造的大坝从根本上说都是不稳固的。三峡大坝和葛洲坝到底有多少裂缝？库区沉积了多少泥沙？被隔断的长江灭绝了多少鱼类？下游为什么一直缺水？洞庭湖、鄱阳湖为什么湖底朝天？长江之水会不会冲出一个缺口来？

水，到处都在呼唤缺水，淡水，洁净的水。

中国的森林已经在竭尽所能地奉献了：全国第八次森林资源调查中另一组数据说：

全国植被总碳储量84.27亿吨，年涵养水源量5807.09亿立方米；年固土量81.91亿吨，年保肥量4.30亿吨，年吸收污染物量0.38亿吨，年滞尘量58.45亿吨（《中国绿色时报》2014年2月26日头版）。

森林做出的贡献，森林绝对无私地呵护水源地、蓝天、土地的大爱，已经一目了然。可是，中国大地上面临的却是无休止的污染排放，垃圾堆放，开山筑坝，挖地掘煤，森林只能太息：如之何？如之何？

2010年，我以一年时间应国家林业局之邀做林改调查时，基层林业局局长、护林员，对中国森林一则以喜，喜其持续发展；一则以忧，所忧者何？大致是：

若干省份林改的表面化、形式化，而忽略了林改的实质：均山、均权、均利。使山区农民有山有林有权。有官员用大手一挥：这座山也分了，林木密密，连上山的路也没有去寻觅怎么分？林改的不彻底可忧；林改的不能坚持更可忧！

中国的森林，隐藏着绿色覆盖下的危机：大树太少，古树、过成熟林少。大树与古树在一片森林中是灵魂的集中，是引领者。大树古树不断地被挖掘移栽，权力与利益集团仍在吞噬中国的森林。

在广西、海南、云南大规模种植的造纸产业的桉树，正在替代并驱逐乡土树种。而千百年来生于斯长于斯的乡土树种与当地环境已融为一体，此种驱离后患无穷。

新疆大规模的棉花种植，耗去了塔里来河大量的水资源，使胡杨林的生存面临危机。

花木产业、竹产业、林下经济的发展使一些林区的农民得以致富，这是中国林业史上具有开创意义的里程碑。农民穷则林穷，农民富则林富。但同时极需防止：一切只为钱，金钱财富使当今中国传统尽弃，人伦尽失的教训若不引以为戒，则必走向反面。武夷山到处是茶山，“大红袍”不是大森林。

森林多了以后禽兽来归，猎杀野生动物时有发生，尤其是捕捉洞庭湖、鄱阳湖候鸟，然后活杀、烹煮，此一点突显我民族性中残忍的一面。若无万类万物，人何以生存？人类将会在孤独中灭亡。

作为森林文化中的物质文化，如花木业、坚果业、油脂业，尤其是蓬勃发展的竹编业已经走向世界，大有欣欣向荣之势。作为森林文化精神产品的自然文学，也随之呈现出新的气象，除了专业写作者之外，出现广大业余作者书写的《美丽中国》之佳作，然与大地之辽阔深厚，江河之绵远流长，以及它们正在隐退，正在经受的苦难相比，我们的作品仍缺少直面现实的批判，缺少人与自然的哲学思考，仍需要更多激活吾民族忧患意识的扛鼎之作。从大地之上的种种现象进入“诗与思”，漫漫矣！崎岖矣！

治理雾霾与森林关系如何？

20世纪90年代至21世纪初，沙尘暴依然张狂，总有读者问：“徐先生你一直在写森林，你的文章说风沙线上一直在种树，为什么挡不住沙尘暴呢？”风沙稍平息，雾霾又兴起，先是为害北京、天津、华北，进而笼罩了中国1/3的天空，读者之问成为：“如有更多的森林，雾霾会消散吗？”

森林的不可承受之重啊！大森林之所以为大森林啊！

雾霾是中国环境深度恶化的又一标志，是改革开放以来几十年工业污染、经济高速增长的积累，同时又与我们每一个人的生活方式尤其是消费方式密切相关。消除雾霾远非森林能独当其任，但森林可以为之做出独特的贡献。何为独特？清新空气能离开森林吗？医学研究表明，一个人若要保持呼吸畅通，身体健康，则必需生活在每立方厘米空气中负氧离子含量不低于500个的环境中，这是一条生命健康的红线。如果负氧离子含量只有200个左右，那就是亚健康状态。倘若负氧离子少至50个左右（北京严重雾霾污染时不足50个），则会导致心血管疾病、心理性障碍，甚至诱发癌症。因为PM2.5颗粒可以直接进入肺泡。

负氧离子从何而来？森林学家告诉我，此物之产生森林为第一，其次是河流、瀑布、湿地和草原。每一亩森林每年吸附的灰尘为4.2亿吨，每立方米森林蓄积量每年平均释放氧气1.62吨，固碳1.83吨。每一亩森林约7立方米蓄积量，它对大地、人类的贡献，每年除吸附粉尘4.2吨之外，释放氧气11.34吨，固碳12.81吨。除此之外，每一棵树、每一个植物的叶片，都在默默无闻、循环不息地工作着，它们通过树叶、草叶的气孔吸收二氧化碳、氯气、氟化氢等气态无机污染物和重金属。亲爱的朋友，你当看见一草一木天然、自觉，从无止息地为这个世界，为人类及万类万物过滤空气，使之清新，使之美好。可知，森林、草原，江河关乎人们的呼吸，人活一口气，哪有比呼吸问题更大的问题呢？如果这个国家、这一片土地上的人们，连自由呼吸新鲜空气都求之不得，又谈何幸福？谈何梦想？中国政府有力地提出治理污染的政策措施，深得民心，笔者想要建议的是除了减排，慎用煤炭等，何不以国家的名义，还江河自由流动的生命，把植树造林作为治理雾霾的重要手段之一，加大投入，全民奋斗，十年八年必见成效。则中国有幸，子孙有福！

中国人呼吸清新空气之路，依旧艰难而漫长。联合国公布的清新空气的标准为：每立方厘米空气中负氧离子含量为1100—1300个。经过几十年的奋斗，中国21.63%的森林覆盖率仍然远低于31%的世界平均水平。我们的城市是水泥丛林，有林木葱郁处则是人民不得其门而入的楼堂馆所。各级政府的豪华办公楼占去了多少土地？况且还有荒山荒地，以及等待治理的荒漠。假如在综合治理雾霾中，中国有更多的树更多的草，中国的江河能够自由流动，仅剩的湿地得到切实保护，那么清新空气不可能独远中国。我眼见的现实却不能不让人忧心忡忡：

在“发展是硬道理”的尚方宝剑下，多少河口湿地、自然保护区，以保护之名行破坏之实，巧取豪夺，屡见不鲜。农村的衰败，荒野的飘逝，很可能是我们这块土地根本的衰败，最后的飘逝。

亲爱的读者，你有没有时不我待的感觉？

那么，就跟着张炜“融入野地”吧：

我走进野地的时间选在了九月，一个五谷丰登的季节。这时候的田野上满是果实，由于丰收和富足，万千生灵都流露出压抑不住的欢喜，个个与人为善。浓绿的植物、没有衰败的花、黄土黑沙，无一不是新鲜真切。待在它们中间，被侵害和伤害的忧虑空前减弱，心头泛起的只是依赖和宠幸。

我在写《守望家园·根的传记》时，第一次随护林员走进冬日的森林，没有鸟叫，没有虫鸣，只有红松的巨大，白桦的宁静，沉默寂寥。护林员的提示使我知道并且能感觉到：这里是冬眠的梦想，这里有缓慢而自由的呼吸，这里是一种妙不可言的平衡：

倘若你再细细地感觉冬季的森林，感觉一个沉沉的冬眠世界，感觉那些虎虎有生气的森林动物的缓慢的呼吸，你仿佛走进了生与死的临界点，所有的无声无息，都是冬眠者在生存与死亡之间保持的神奇到一根纱线般脆弱的平衡。

生死存亡之间的平衡。

那些为了生态平衡而艰辛劳作的农人。

2012年我为凤凰卫视主视《大地寻梦》从西双版纳、普洱到陆良县，采访了“陆良八老”。八老之最老者为王家云，87岁；最年轻的是王小苗，73岁。三十一年前这八位老人正当盛年时，为陆良连绵的喀斯特地貌所造成的荒山秃岭，农人贫困而心有所动，决定上山种树，种华山松，据王家云的观察，华山松的松子落地之后有雨水就可出苗，出苗后40天的移植成功率高达90%，但是要在乱石丛中挖坑，挖足够大的坑，不知道挖断了多少把锄头，就连买新锄的一点钱也求告无门，八条汉子，八个家庭，省吃俭用，“只要有锄头，我们就能挖出坑来，就能种上树。”如今这一座7400亩的荒山已经绿树成荫，华山松满山挺拔，松下山花野草连绵，他们为这座原先无名的荒山取名“花果山花木林场”。三十一年间他们又累计承包荒山造林13.6万亩，我走进82岁的王开和的家门，这是三十年前盖的土坯房，隔成两间，一间煮饭，一间养鸡、鸭、猪，对面另一间土坯房是老两口的卧室，室中除了一台14寸的黑白电视机外，家徒四壁，王开和的老伴与王开和同岁，小脚，知道电视台要来，特地着了一双绣花鞋。

我在摄像机前手足无措，不知道说什么好，一路走来，高楼、小楼比比皆是，这是奢华的年代呢，还是贫困的年代？八老之中有一老读过三年小学，余皆不识一字。

我面对的是文盲？是林草专家？还是集传统美德于一身的尊者？想

起了在花果山上的一个细节：王开和捡起一个松果球，去年的松果，从一层一层已经干枯依然精美完好地包裹着的萼片中抠出一粒松子，这就是种子，“要是牙口好，咬开里边是仁，可以吃，能发芽”。想起康有为说仁“仁者生也”。想起梁启超的种、果树之文化说，一切历历在目了。我甚至想到“仁”的最早发现者，很可能是深山野老，他们目睹、亲历了种、果、树与仁的关系及微妙，并口口相传，然后是孔子的归纳传扬，仁、义、礼、智、信，其根脉在山林土地野老中。“陆良八老”，何不称之为“陆良八贤”？

当八老步履维艰时，政府每人给两千元钱打发下岗了，《人民日报》报道“陆良八老”的事迹后，又补发一人六万元，他们口口声声感谢政府，究竟谁应该感谢谁？为什么种树的农民总是身处贫困之中？在我足迹未到的更加边远的深山老林间，还有更多的土房柴寮，甚至食不果腹者，森林并没有改变一些山区的贫穷落后。

贵州山区多林多树，农民的房子盖好了，甚至水泥路也铺好了，可是几乎所有青壮年、中年男女都外出打工去了，孩子留给爷爷奶奶，爷爷奶奶老了，子女不仅不能尽孝，还要抚养子女的子女，所谓“留守老人”“留守儿童”的孤苦、孤独、心理以及精神的折磨，大山知道，森林知道，可是它们无能为力，有小哥哥带着更小的妹妹自杀了……

森林草木参与了人的创造，文化的创造，而在人的贪欲、刚硬、战争等种种罪恶泛滥之后又参与了灵魂的拯救——其中的一个榜样是中国人陆征祥。他曾两度出任民国国务总理，九任民国政府的外交部部长。1915 年日本提出“二十一条”条约，陆征祥在谈判中与日方反复交涉较量 84 天，但，在日本政府的强权之下，最后仍由陆征祥签字。陆征祥“直到晚年，已入修道院成为修士的他还耿耿于怀，曾特向访客出示了一张‘二十一条’签字后的报纸，并说：‘这是一件碎心的事，每年我们都有一纪念日，在这一天我常要流泪。”（《外交总长陆征祥》，福建教育出版社，2015 年 1 月版，石建国著）为了赎罪，为了灵魂的得救，陆征祥于爱妻培德在 1926 年 4 月 16 日去世后，五月即辞去驻瑞士公使职，走进比利时圣安德诺隐修院成为修士，1949 年 1 月 15 日辞世，享年 78 岁。隐修期间，日日为中国祈祷，为抗战胜利祈祷，为世界和平祈祷。去世后，圣安德诺“慕庐”中有陆征祥修士像，在他的头顶上方刻有他时时念及、心中不朽不灭的五棵树：“慕亲树”“中华树”“许师树”“培德树”“父母树”。“慕亲树”，敬畏上帝也；“许师树”，其师许景澄也；“培德树”，爱妻培德也；“父母树”，骨肉之由来也；“中华树”，天佑中华也。

亲爱的朋友，用我们的口传扬这五棵树吧，在我们的心里培育这五棵树吧。当我们传扬，天空会开放出绿叶与花朵；当我们培育，心中便生出了森林及野草的无限之爱。因此故，大地的绿色，又岂能以数字计？人类的灵魂，或不必以善恶分，战争、贫富以及雾霾，都将渐次消弭。阳光下和月光下，是和平与吉祥。生命广大而美丽的歌吟，将由大森林的树冠、百鸟、小草及地底下的蚯蚓们，传遍宇宙。那就是新天新地吗？可是，我们还有很长的路要走，假如人类不改变经济增长的方式，人的生活方式，所有的传扬都是口号；假如只为财富而缺失敬畏的心灵日益贫瘠，又谈何培育“五棵树”？

天地大森林，人心五棵树。

想起了第一次工业革命时狄更斯所言。

> 这是一个最坏的时代，
> 这是一个最好的时代。
> 这是一个令人绝望的冬天，
> 这是一个充满希望的春天。
> 我们面前什么都没有，
> 我们面前什么都有。

狄更斯之后，今日之时代，徐刚如是言之：

这是一个跨越的时代，
这是一个迷惘的时代，
这是一个科技昌明的时代，
这是一个大地沉沦的时代，
这是一个数典忘祖的时代，
这是一个怀想森林的时代。

《参考消息》2015 年 9 月 4 日第 10 版转载，美联社 9 月 2 日的文章说，“地球上目前生长着 3.04 万亿棵树。”这是一个好消息，美国耶鲁大学林业研究人员“托马斯 · 克劳瑟和同事们利用陆基测量以及卫星测量和计算机模型而得到的更精确的数字”。“此前根据从太空俯拍的卫星图像的估算为 4000 亿棵树。”“但地球曾被远多于此的树木覆盖，利用计算机模型，克劳瑟估计，在人类文明之前，地球上生长着约 5.6 万亿棵树。”

但愿克劳瑟的测算是大体靠谱的。

依上述统计，人类文明史倘以 5000 年计，消耗的树木即为近 2 万亿棵，不妨说 2 万亿棵树木造就了人类文明的辉煌。

同一天的《参考消息》在第 12 版以“全球森林面积损失惊人，热带国家成重灾区”为题说：“总部位于华盛顿的世界资源研究所 2 日发布报告指出，2014 年全球损失了超过 1800 万公顷林地，相当于两个葡萄牙的国土面积。”而热带国家占 900 万公顷，“2014 年全球的森林损失面积为 2001 年以来最大的一年”。世界瞩目的被称为“地球之肺”的巴西的热带雨林“在过去十年中亚马孙树木砍伐率下降了 70%，被认为是林地保护的成功案例。”可是，“2014 年巴西的森林损失率，出现显著上升”。

2015 年 9 月 11 日《参考消息》第 6 版，转载英国“物理网”9 月 9 日文章：中国沙漠绿洲的最后机会。文章说：中国新疆地区生产的棉花占全球总产量的十分之一。慕尼黑理工大学教授马库斯 · 蒂斯的团队，经多年研究、考察后认为：极旱的、每平方米降雨量只为 50 毫米且大部分被蒸发的，塔里木盆地之冰川融水汇集塔里木河周边的水，“对沿岸生活的约十万居民，当地动植物及河流周边的土地而言，是至关重要的资源”。当地农民却把大量河水用来浇灌棉地，“过去五十年中，这里的自然土地和水资源被无情地利用”。土地盐碱化，棉花收成下降一半，塔里木河的水仍在被挥霍之中。其实提出新疆棉花与塔里木河水环境安全的，中国早有人在，笔者便是其中之一，但新疆处于两难之地，中国棉花 40% 产自新疆，既是国家重要的棉纺织原材料，又是地方政府及棉农经济收入之大部分。但地表水缺失威胁胡杨林生存，“当地棉农正砍伐越来越多的胡杨树，以扩大棉花种植”。马库斯·蒂斯认为，“减少棉花的种植，使塔里木河有更多的水滋养胡杨林，是中国沙漠绿洲的最后机会”。

没有比一棵树更贴切、生动地象征生命的了，广泛的意义上的生命，物种的演变和关联、各种形态，从根到枝叶，大小细微，包罗万象。此种不时活跃于我心中的想象，又惶惑于这样一棵树具象还是抽象？或者再加上符号？《参考消息》2015 年 8 月 23 日转载《美国每日科学网站》文章说：超级生命树问世，“囊括 230 万物种，追溯到 35 亿年前”。35 亿年前，那就是地球的婴儿时代，有古海洋的所谓“原始汤”，创生之初，“在 11 个机构的通力合作下，生命树描绘出生物间的关系。一直追溯到 35 亿年前，地球上生命起源之时”。“包括 230 万种已命名的动物、植物、真菌和微生物的‘生命树’草图问世。”其实生命科学家和研究人员，一直在绘制一些生命起源、生物种种相关的“枝干”“小树”，数以千计，“这是人类真正尝试将生命所有的节点联结起来”。“生命树”的初稿是根据之前发布的小型生命树绘制已成，“将不同的树与百万计的物种”归入单棵超级树的枝丫中，“使之成为巨大的超级‘生命树’”。

多么好啊，“生命树”！

这不是一棵真正意义上的树，这是一棵集大森林自然综合体、文化综合体之起源、物种发生、进化、流变的“超级生命树”。

我在书里写过，人是树的枝节，更确切地说，人是树的一个细微而又特殊的节点。研究者说，这棵生命树“只是我们迈出的第一步”。徐刚愚陋，我该怎样去读这棵今天的、未来的生命树？人生有涯而知无涯，蓦然间，浩茫庞杂变得明晰细小，想起了高金素梅所说的台湾卑南族人见面时的问候语：

你还在呼吸吗？

你愿意倾听我的声音吗？

结语

植物记

《植物名实图考》《植物名实图考长编》以下简称“图考”，作者为有清一代官员与士大夫中举世无二的吴其濬，嘉庆二十二年（1817年）殿试一甲第一名，高中状元，时年28岁。授翰林院编修。吴其濬饱读经文，却一反当时的习俗，不去注解、诠释儒家经典，不以封建社会普世相求之“立德、立功、立言”为追求，而以大半生的宦游经历写作“图考”三十八卷，记录植物1708种，并亲手绘图1800幅，且加以分类为：谷草、蔬类、隰草、石草、水草、蔓草、芳草、毒草、群芳、果类、木类等12类。《植物名实图考》（中医古籍出版社2008年第1版）研究者称，图考“主要论述每种植物的形态、颜色、性味、用途和产地、品名等。同时附有插图，尤其重点介绍了植物的使用价值，特别是药用植物的药用部分、治疗功能。该书绘图精致，注释简明扼要，对于同名异物或同物异名的现象，都做了一定的考订工作……更可贵的是吴其濬亲自‘耳治目验’，以实物观察为依据，然后以文字记载相互印证。该书是一部专门记载植物，又集中反映其生物学特性的植物学专著”。

笔者读完后，感慨良多：

> 这是中国植物学自相对简略的《南方草木状》之后，在科学意义上的开始，“图考”的主要特征并且具有科学意味的是以下几项：综合、分类、求证、图文并茂。吴其濬行万里路，读万卷书，使无量之植物从《神农本草经》的中药学中脱颖而出。陆应谷在《植物名实图考叙》中说，草木“岂徒入药而已哉！”又称植物一名始于《周礼》，“其实载在《本经》”（即《神农本草经》笔者附识），之后，代有著作，吴其濬综合而发扬之，还植物之本来面，彰显植物与人类生存之关系，陆应谷有论：“衣则桑麻，食则麦菽，茹则蔬果，材则竹木，安身利用之资，咸取给焉。群天下不可一日无，则植物较他物为特重。”

陆应谷何许人？吴其濬（1789—1847）殁于山西巡抚任上，“图考”已成而尚未刊刻，陆应谷继任山西巡抚，于1848年初刻于太原府署。吴其濬生前没有看到《植物名实图考》及《植物名实图考长编》，但撰文、图录均已完成，或者忙于公务，或者吴其濬58岁匆匆辞世始所未料？总之是生前身后名，成了生前身后书了。“《植物名实图考》的影响绝不仅在国内，在世界植物学界颇具影响，受到国际学术界的高度评价。德国、日本、美国先后翻译此书，并在该国应用。”

吴其濬自觉地站到了植物面前。

明确地指出，世间万物之于天下人类不可一日无之，“则植物较他物为特重”者，是陆应谷，他为前任吴其濬及“图谱”感动，所发之声便有了非同一般的意义：至今以植物为重，以森林草木经纶天下者，世有几许？细读《植物名实图考》，所得到的信息是，任京官十年出入内廷的吴其濬，对植物的爱好研究，似乎连道光皇帝也略有所闻，如“图考”十五卷“仙人掌”条目下，吴其濬称“道光乙未（即道光十五年，笔者附识），供奉内廷，上命内侍出此草示臣，（此草，仙人掌也）。敕臣详考以补《群芳谱》所未备，惜彼时未检及《吴志》，深惭疏陋”。是次未能详解“仙人掌上玉芙蓉”，却也明言仙人掌开花亦为常理，不应以异象视之：

向阳花木，雨露曲承，舒葩献媚，物理常然。

“图考”的关于“王瓜何物”之问，则是道光帝与吴其濬的直接对话了，“图考”二十二卷“王瓜”条目下：“小臣侍直，曾蒙天语询及王瓜何物，臣以所闻见具对。上复问黄瓜始于何时？具以始于前汉，改名原委对。上曰：诸瓜多始于后世，古人无此多品。俗人乃以王瓜为黄瓜，失之不考。”

吴其濬作“图考”，却不仅是为了应对皇帝之询，其深意所及，陆应廷谓，吴其濬“具希世才，宦迹半天下，独有见于兹，而思以愈民之瘼”。一草一木，一性一味，亲识亲辩，“先生于是区区者，且决疑纠误，毫发不少，假等而上之，有关于人治之大，其综核当如何耶？”这里的“综核”可作“综合”解，综而合之，“窥先生之学之全，与政之善，将所谓医国苏民者莫不咸在”。吴其濬观察、辨识、绘写植物，“仅目为炎黄之功臣，则犹浅矣”。为什么？吴其濬目光所及，关爱所至，乃是人以及草木万类生命之微了。“若夫登草木，削昆虫，仿贞白（即陶弘景，其谥为贞白先生，笔者附识）、《千金翼方》之作，为微生请命，则尤其发乎至仁，而以天地之心为心也。然则是书之益，又可量哉？”

吴其濬在书中时以雩娄农自号而议论发挥，比如“葛”在尽述葛之记载，产生、用途、分类后，结语是：

> 雩娄农曰：葛者上古之衣也。质重不易轻，吴蚕盛而重者贱矣；质韧不易柔，木棉兴而韧者贱矣；质黄不易白，苎麻繁而黄者贱矣。乃治葛者与丝争轻，与棉争软，与苎争洁。一匹之功，十倍于丝与棉与苎。于是治葛者，能事毕而技尽矣，而受治者力亦尽矣。褐之寿以世，帛之寿以岁，麻之寿以月，今是葛也，日之焦，风之脆，浣之懈，藏之折，其寿几何？圣人尽物之性，而不尽物之力：因其重与韧与黄，而葛之寿于是次于褐，均于帛，逾于麻。

以上所录雩娄农即吴其濬所言不足200字，却是中国上古以来服饰史中之材料史的一个章节。先葛而丝而棉而麻，其中有轻重韧脆，黄白质地之比较，“圣人尽物之性，而不尽物之力”尤为精妙，读《植物名实图考》，读到了千种草物，还读到了文质彬彬。

吴其濬写“图考”引述文献400多种，从历史文献中钩沉，从现实生活中取证，引历史为今用，视草木为友朋，以民生为至重，“发乎至仁，以天地之心为心”，大哉！善哉！吴其濬之用心良苦。“草薢”条下，吴其濬从李时珍之说：“叶大如碗。”“南安谓之硬饭团，屑粉食之。”硬饭团是何等物？山民何以食之？何以艰困若此？吴其濬在江西为官时，始知其详，绘为图说，“使为民上者”，知民生艰困：

雩娄农曰：余按试赣，闻山中人有掘硬饭团为粮者，令人采视之，则即药肆所收，以代土茯苓，而李时珍以为草薢者，坚强如本石。山人之言曰，赣山瘠田少，苦耕谷不蓄，虽中人产，不能终岁粒食，则仰给于薯，薯不足则靡草木之根荄而粉糍之。若葛，若厥及此物，皆贫民果腹是赖。余观范文正公使江淮，取民所食乌昧草以进，乞宣示六宫戚里以抑奢靡。前贤欲朝廷知民间艰难如此。然此犹值俭岁耳，若赣之民，虽丰岁亦与上古食草木之实同，而不获奏庶艰食，比之豳地苦寒，获稻烹葵，其苦乐为何如耶？世有报痌瘝（怀疾苦意笔者附识）者，取瘠土之民之生计，讲求访咨，绘为图说，使为民上者，知风雨时节，而无告穷黎，尚有葵藿不糁，茹草啮木而甘如黍稷者……而一切偷安纵欲坐待流民之徒，于心忍乎？

古代儒家谓："一事不知，士之耻也。"吴其濬由草木之"事"出发认为"天之生物，皆以为人"，(《植物名实图考》二十五卷·莎草）大地山川为什么独生草木？独多草木？草木寂寥，草木无言，草木任践踏，草木自生灭，草木为人知者鲜，为人尊者无，所谓宠辱不惊者，唯山川草木当之无愧，却亿万斯年伴苍茫、柔坚石、发生机，然后不弃不离于人类，何以故？如同地球，古海、蓝藻之渐而演变为草木森林，造物有美意。吴其濬先知先觉者也，尽管古人类一直在与草木为伴，以草木为生，但从理论上认为，植物是为人尽其用，为万类所用，乃吴其濬也。此造物赋予草木之使命乎？天既生草木万物，"然天不能以笔舌示人"，笔舌者文章言说之谓也，"则生圣人制作，以前民用"。"圣人亦不能遍观而尽识也，时时见于鬼神寤寐而流传焉"（同上）。实际上吴其濬已经写到了神话传说之观乎天地，以察时变，古人类所发明的文化之大源，在"莎草"条目下，雩娄农有阴阳之气，造物天启之哲学妙论：

夫未尽假托也，且不独鬼神矣，含生负气之伦，有知觉则有疾苦，有疾苦则有拯济。鹿得草而蹶起，蛇捣药而傅疮、黄鼠以豆叶愈虺毒、蜘蛛以芋根涂蜂螫，凡此皆天之所为，非物之能自为也。是以圣人观蛛螫而结网、见飞蓬而制车，其师万物也，乃师造物也。故曰：天时有生，地利有宜，人官有能，物曲有利。

人师万物，乃师造物，造物者神也、天也，若非神与天，谁能告诉我，最初的树与草、森林和万物，是谁人撒的种？谁人浇的水？谁人锄之扶之广之于大地？由此得出的结论，当是对植物，人类应珍之宝之利用之，否则便是对神与天的不敬和冒犯。吴其濬写植物耶？写植物之分类耶？特性耶？可资民生耶？然，也不尽然。吴其濬是在做古代中国相关本草、农书文献的集成、综合、辨诬，科学性与实用性的结合，史无其匹。就科学性而言，与乾嘉考证学一样，均为中国近代科学之萌芽，而较乾嘉考证更为广博深厚；就实用性而言，吴其濬全书 1236 千字，无一言空谈，写植物而证实物，考实地，验性能，征文献，说阴阳，论造物，资民生，历史上及千古，哲思概及儒道，全书图文并茂可作美文研读，自清以降，无第二个吴其濬也，或可说：

吴其濬之植物观，其系统，其深刻，其朴厚，清代士大夫所仅见。是颜习斋“文返以实”的不朽之作，惜乎今人少有知之者。有此经典而被遗忘，文山会海，劣书泛滥，中华民族之悲哀也。

第一个印行“图考”的陆应廷自谓“颇识其用意所在”，其叙录于后，陆应廷之后曾国荃主政山西时重刻并序，1915 年云南图书馆又有石印本，日本人伊藤圭介为之序，民国八年阎锡山重印《植物名实图考》并序，1957 年商务印书馆重印，1963 年再版之后，便是 2008 年的中医古籍出版社了，其间四十又五年，黄钟废弃也。

陆应谷《植物名实图考叙》录于后：

《易》曰：“天地变化草木蕃”明乎？刚交柔而生根荄，柔交刚而生枝叶，其蔓衍而林立者，皆天地至仁之气所随时而发，不择地而形也。故先王物土之宜，务封殖以宏民用，岂徒入药而已哉！衣则麻桑，食则麦菽，茹则蔬果，材则竹木，安身利用之资，咸取给焉。群天下不可一日无，则植物较他物为特重。其名昉于《周礼》，其实载在《本经》。采其实斯著其名，三百六十品中殆无虚列。嗣是《别录》《图经》，代有增益，《纲目》晚出，称引尤繁。顾其书，类皆旁及五材，兼收十剂，胎卵湿化，纷然并陈。求其专状草木，成一家言，如贾思勰之《要术》、周宪王之《救荒》，殊不易得。岂其识有所短，而材力有未逮欤？抑拘于其业，囿于其方，未尝游观宇宙之赜、品汇之庞，而知其切于民生日用者，至利且便也。瀹斋先生具希世才，宦迹半天下，独有见于兹，而思以愈民之瘼。所读四部书，苟有涉于水陆草木者，靡不剬而缉之，名曰《长编》。然后乃出其生平所耳治目验者，以印证古今，辨其形色，别其性味，看详论定，摹绘成书。此《植物名实图考》所由包孕万有，独出冠时，为本草特开生面也。夫天下名实相副者尠矣，或名同而实异，或实是而名非。先生于是区区者，且决疑纠误，毫发不少，假等而上之，有关于人治之大，其综核当何如耶？读者由此以窥先生之学之全、与政之善，将所谓医国苏民者莫不咸在，仅目为炎黄之功臣，则犹浅矣。若夫登草木，削昆虫，仿贞白、《千金翼方》之作，为微生请命，则尤其发乎至仁，而以天地之心为心也。然则是书之益，又可量哉？余不敏，尝传言焉，颇识其用意所在，故序刻之以广其传。

道光二十有八年岁次戊申三月清明后五日蒙自陆应谷题于太原府署之退思斋

我生长在崇明岛，自幼所见，大芦荡也，芦、芦苇、芦荻、蒹葭之种种称谓区别何在？“图考”给出了答案，其书十四卷“芦”条目下有详解。芦、荻本非一物，然《梦溪笔谈》有一解：“药中宜用芦，无用荻理，然今江南之荻，通呼为芦，俗方殆无别也。”如是观之，芦者荻也。引毛晋《诗疏广要》，雩娄农谓："强脆而心实者为荻，柔纤而中虚者为苇，泽国妇孺，瞭如菽麦。但南多荻，北多苇。北人植苇于污凹曰苇泊，掘其芽为蔬，曰苇笋；织其花为履，曰苇絮；纬之为帘，曰苇薄，缕之为藉，曰苇席；以藩院，曰花障；以幕屋，曰仰棚。朽茎则以炒栗，新叶则以裹粽，提之为笼，围之为囤，覆墙以御雨，筑基以避碱，皆芦之功也。大江之南，是多荻洲，为柴，为炭、则灶窑所持也；其灰可煨、可烘、为防、为筑、则堤岸所亟也；其芽可食、可饲。幽燕以苇代竹，江湖以荻代薪，故北宜苇而南宜芦，又苇喜止水，荻喜急流，弱强异性，固自不同。"吴其濬这一段关于苇与荻的不同个性、不同特点的论述可称精美，芦灰止水，有女娲补天证，自不待言，各种功用，若芦笋，若芦席，若仰棚，若裹粽，均是我儿时生活的一部分，为筑，为防，崇明农人冬日之必务，余亲见者也。也有不解者，吴其濬称："南多荻北多苇。"江南多芦荡，其芦"柔纤而中虚"，"岂非苇乎？且吾乡另有芦竹，高大且粗壮，其为荻乎？大约只能"通呼为芦"了。

吴其濬1847年积劳成疾病故，《植物名实图考》之全部文图均已完稿，吴氏卒后第二年，即道光二十八年（1848），"山西巡抚陆应谷初刻于太原府署"。1879年法布尔之《昆虫记》第一卷出版。

19世纪中后期，第一次工业革命以瓦特的蒸汽机为代表，轰隆之声已在欧美渐传渐远，唯中华帝国在世界东方仍以牛、马、人力耕耘，养活了一亿多人口，而不觉欧风美雨之东渐，船坚炮利之将至。与此几乎同时，东西方的两个伟人却悄无声息地证实，这个世界的另外一种荣耀将与大地共存，即吴其濬之《植物名实图考》、法布尔之《昆虫记》是也。一为植物，一为昆虫，各种野草野虫，各有特色个性，没有两片草叶是相同的，没有两只昆虫是一样的，他们记录和描绘的草木与昆虫的个性，使人性变得温柔，也预兆着：人的个性解放的时代必将来临。

个性解放是欧洲文艺复兴"复古"并重要的主题之一，也是文艺复兴的一大功绩，"在中世纪，人类意识的两方面——内心自省和外界观察都一样——一直是在一层共同的纱幕之下，处于睡眠或半醒状态，这层纱幕是由信仰、幻想和幼稚的偏见织成的，透过它向外看，世界和历史都罩上了一层奇怪的色彩。人类只是作为一个种族、民族、党派、家族或社团一员——只是通过某些一般的范畴，而意识到自己”。（布克哈特语，转引自《我知道什么呢——蒙田随笔记》上海三联书店，辛见、沉晖译）

16 世纪的法国人蒙田认为“每个人都包含了人类的整个形式”“每个动作都表现性格”，四百年后蒙田魅力依旧，“只在于他选择了人类这个永恒的主题：人的个性的解放。”蒙田隐居独处，但并不妨碍他“我到处寻找自然的足迹”，他认为“自然是温和的向导，却并不因温和而缺乏智慧和正义”。

我甚至猜想，正是在自然的“温和的向导”之下，森林草木所有植物当然也包括昆虫的个性，大自然所包容的所有自由地生长、发挥、显露的天生个性，启发了先哲的“运思”：当人成为人类、人民，有“类性”“民性”而渐失人的个性时，开始呼唤个性的解放，尽管此一永恒的主题仍是永恒的主题，但当树木成为森林，森林中一树一叶一草一虫的个性，岂非永恒之启迪哉！

谓予不信，请读《植物名实图考》。

亲爱的读者，请记住：

吴其濬以毕生心血著作的《植物名实图考》，即是《植物记》也，由此，野草丛生并芬芳于一本大书，开启中国植物学前所未有之景象。野草之招摇与？植物花卉之芳香与？东西文化之彼此呼应与？有树必有草，有草必有虫，野草野虫，生命大观，三十一年后，法布尔之《昆虫记》问世。

草也，虫也，大森林之微末，生机也。

罗丹说：“自然总是美好的。”

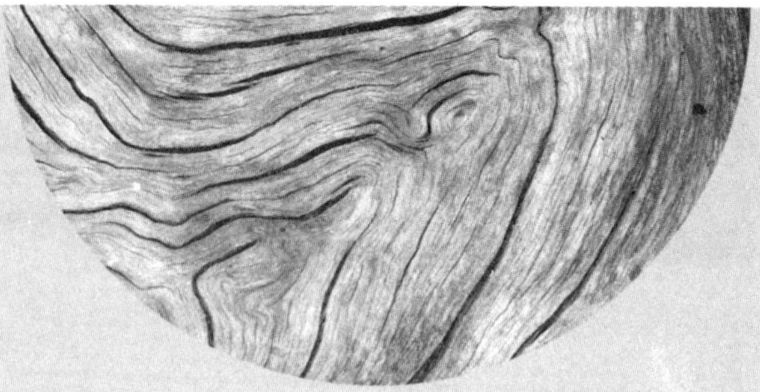

后记

我心有风景

《大森林》的写作始于2010年，囊括了从史前到历朝历代乃至当下森林草木，体制沿革之种种及文化流变，年代久远，资料繁累，涉及植物、地理、气象、文学、历史、考古及文化人类学等多种学科。徐刚不自量力，以七年中的大部分时间，钩沉拣选，从书名到内容到文字力求诗性兼稍具史性的写作，反复删定，乃有此书。所得的体会是，我自认为熟识了解的森林题材，其实所知者表象居多。森林的历程，在某种意义上即是社会发展的历程，也是文化的历程。我只能边写边学，边学边写。谓之艰难，并不为过，然在这过程中，天地草木赐予我的美妙、享受，无可言喻！

本书是我对森林草木之沉默而高贵的心灵倾诉。君见草木乎？或屹立山石，或隐于陵谷，或在荒野，或在大漠，又或显现于城市的水泥丛林，人山人海间。其高，其伟，可望天，可蔽日，可撩云，可拨雨。唯野草细微，虽小，有大美，有大用。结籽也，鸟雀可食；开花也，招蜂引蝶；鸟雀食之而鸣，人得闻天籁也；蜂蝶绕之而飞，人得见天姿也。放眼自然，树无声，草不言，它们参与人类的生存和生活，却不以奉献为奉献，存乎天地之间，只以温柔面世，沉默而高贵也。

人类对植物利用最广，受益最多，而轻视忽略亦最久，以国家保护动物大熊猫为例，倘无箭竹，大熊猫吃什么？不得食即不得活也，谈何保护？可是箭竹之类，包括数以千万计的可食可药之野草，尚未得到国家法律意义上的保护，为拯救我们自己计，我相信在广泛的意义上，为野草立法，当非痴人语。中国是野草大国，野花大国，但较之非洲的荒野草原，其野性仍逊色不少。当世界人类作为大自然的关注者，为大型哺乳动物狮、虎、豹、象、角马等种群和数量的锐减而忧心忡忡时，电视屏幕上展现的非洲马赛马拉的稀树、荒草以及蛰伏于河流中的巨大鳄鱼，荒草丛中款款而行的大象，疾速奔行的虎豹，无不显现着风生草动，浩然霸气，野性张扬，惊心动魄的生命时速。还有弱肉强食的牺牲和智慧，此大地之生机也。

但愿这不是最后的野性。

高扬理性的旗帜，被理性重重包裹的人类却不知：野性即天性，野性的缺失，便是天性的缺失。那么，要回到野蛮吗？非也，倘若人类不为无休止的发展与财富困顿，多一点温情的目光关爱森林草原，并和那些野生动物们的美丽的目光相交接，在心里说，“你是我的风景，我爱你！”斯时也，人性中便油然而生出人间已难得的天真，这天真中就包含了野性，或可说，天真即野性也。天真或者野性离我们遥不可及吗？不是，思之行之，即可。如孔子说仁：“斯仁远乎哉？我欲仁，斯仁至矣！”又：“唐棣之华，偏其反而，岂不尔思？子曰：‘未之思也，夫何远之有’？”

仿佛我是在偶然间，由写诗而写自然文学的，20世纪80年代中，大兴安岭大火烧灼我心头：森林与人类是何种关系？中国的森林现状如何？又恰逢我敬重的一位朋友从武夷山归京，找我说：“武夷山有个人物叫陈建霖，为保护树木立‘毁林碑’，身处困境而不屈不挠，你可一写。”其时我已从《人民日报》调往《中国作家》编报告文学，于是请了一个月创作假，直奔武夷山与陈建霖彻夜长谈，采访山民，踏遍山上毁林处。陈建霖少小时在福州的一所教会学校求读，课本之一便是《昆虫记》，那时从福州回武夷山可以坐船，山上合抱粗的大树、古树数不胜数，在草莽间寻找、识别昆虫，那是陈建霖对武夷山至珍至爱之始？与陈建霖朝夕相处了半个月，从此草木摇曳于心中，《伐木者，醒来》由此开始。

武夷山和陈建霖还唤醒了我从小便与农人、田埂、田埂路上野草及大芦荡为伍的记忆，野草中有蒲公英，白色花絮会随风而飘；有马斑草，板结稳固田埂路；还有开着碎花点的花被单草，而马兰头、荠菜则清香可食……曾与几个小伙伴在芦荡中捉蟛蜞，几乎迷失，找不到回家的路。问过母亲：“芦苇是谁种的？”“天生的。”天怎么生？天何以生？见过涨潮时芦荡被淹没，潮退后，芦苇有的折损，有的伏地，几天后大芦荡伟岸依然。其奋不顾身，迎面大潮，为护岸也。大堤内外便是农田、炊烟、鸡鸣、狗叫，芦苇以纤纤风骨成群结队连片成荡守望于长江边沿的荒野湿地中。我的《守望家园》的书名，即为孟子“守望相助”及大芦荡启发而得。

我庆幸自己身为崇明岛人。

我少小年代为崇明岛荒野湿地浸润而湿漉漉的心灵，后来一直伴随我浪迹天涯。

20世纪80年代中国环境文学、生态文学，我称之为自然文学兴起，其背景为：在文学为政治服务而笔墨远离草木之后，适逢改革开放及思想解放，又因中国生态环境的恶化，而有一些作家开始以人与自然为题材，呼告荒漠化之迫近、水污染及保护森林，《大森林》中有专章记述。我想多说几句的是，这一今时崭新文学门类的出现，是有根有源的，其根源即为中国传统文化，即为《诗经》《道德经》《孟子》《庄子》等。所谓崭新是指现代而言，其实是接续传统、经典和先贤之作。同时它也受到了西方诸多自然文学作家，如爱默生、梭罗、卡逊、莱奥波尔德，俄国人普里什文，乃至歌德、惠特曼、大哲海德格尔等人的影响，还有罗马俱乐部的一系列作品。中国自然文学与差不多同时复兴于八十年代的美国自然文学有异曲同工、中西合璧之妙。中国此一时期自然文学之特点：因为似乎是突然面临的环境恶化——在这之前我们被告知凡生态灾难，唯资本主义国家才有——事实上当时中国荒漠化、水污染已经威胁到了国土安全，家园生命。因此故，中国自然文学大多以呐喊开始，苇岸例外，他笔下的村庄麦田和雪等等，笔触已入自然之堂奥了。稍后，中国自然文学渐次深入至家园土地，草木虫鸟，渐富诗性，于中国传统经典中汲取营养，其格调及语言文字有极强的汉语文化特色，而在中国当今文坛上独辟一径，自成一格，读者或谓：此徐刚说徐刚乎？然，亦不尽然，书中自然文学一章所记中国林业出版社出版的《美丽中国》一书，作者皆无名者也，因为生活在山林草木，荒野僻壤，受大自然的启迪更加直接深刻，目睹山花野草的涌现，有着地方特色的语言随之涌现，其中有美文，如《笔意额尔古纳》，徐刚不及也。

本书的书名从最初的《林中路》，到《中国森林文化史》，到最终定名为《大森林》，颇费周折，伤透脑筋，《林中路》是我应国家林业局之邀，于2010年上半年采访中国集体林权制度改革后写成的报告文学，发表于2010年7月31日《人民日报》八版，见报时题目改成《林海苍茫，路在哪里？》限于篇幅只写了福建、江西两省。整整一年踏访了广东、广西、云南、海南、浙江、东北等几大林区，所采访收集的资料记满了八个笔记本，足可成书，问题是“林改”过程大致相同，行文难免重复；其二，林改是中国林业的一次伟大变革，但如略去森林本身的丰富多彩，就成了某项政策的宣传品，非文学也；其三，森林从发生到毁灭又重生，使原始地球变得温柔，又生出各种植物、动物乃至孕育人类，进一步的探询和追问，便是随人类出现之后文化的发生了，人类生存、生活、创制之全部，孰能离开草木？况树皮成纸，竹子为简、竹管毛笔问世、“板屋”即木构建筑大行其道，如此等等，便由《林中路》改名为《中国森林文化史》，书中有从三皇五帝的神话传说到历朝历代的森林状况、体制沿革，文字与文化的发展，其非史乎？史也。删改第二稿清样时，再综观全书，森林草木，我所依托者，森林文化亦为森林之延续以森林为载体。与一位朋友谈及书名，有同感，不如改名为更能包容的《森林》。几经推求，定名为《大森林》。

《大森林》中各历史时期的森林史料，均采自陈嵘先生所著《中国森林史略》，史念海先生的《河山集》《南方草木状》《植物名实图考》及竺可桢先生大著等，上述人物皆为吾师也。

关于草木，我还能说些什么呢？

写草木之沉默而高贵，亦因观察倾听而得，察乎草，听于木，皆无声，却能感觉到大地高贵之涌出。高贵者必非喧哗者也，大沉默有大高贵。读者万勿以为写沉默而高贵者，其亦沉默而高贵。40多万字，沉默乎？喋喋不休，谈何高贵？我爱草木，心向往之却真实不虚。那大约也是因为造物主把我的生命，置放于江海沙岛大芦荡中，兴趣使然。少小时除了玩耍，还别有所好，跟着种地的母亲在田边地头，看棉花、稻秧、麦苗、油菜等庄稼，以及别的青草（乡人从无野草说）。甚至会在早春时节，趴在小河沟沿上看芦芽出土，两天后三天后长高了几许？如此等等，不知道是什么样的种子落进了我心里，驱使我牵挂着大地的秘密——比如油菜——它必须在严寒时栽下秧苗，然后等待小雪、大雪。雪花纷飞，野田皆白；冰消雪化，油菜挺拔；清明前后，菜花金黄；乡野弥漫着油菜花香，大地芬芳。人在田间走路，人便与蜜蜂同行，然后结实，细长的油菜荚，细小的油菜籽，榨菜籽油，起油锅炒菜，油香袭人。那油香即花香吗？那花香是在冬日严寒雪被下大地孕育出产的吗？油菜花香的牵挂，实为书中“芳香与温柔”一章构想发端，却书之后记，私心留为《大森林》之余香也。

我试着在《大森林》的写作中，以史笔和诗笔相融相间于不同章节，使生动繁多的大森林中富诗意和知识、神性的细节，鲜活于无史至今的空际和时际，与读者诸君同呼吸共嘘叹，可焉哉？

想不到《后记》也有记不胜记时，正要搁笔，却读到了 2016 年 5 月 11 日《参考消息》七版头条的一篇文章，不能不记：“首份《世界植物状况》报告称：五分之一植物种类面临灭绝风险”，由伦敦皇家植物园牵头，八十位专家执笔的《世界植物状况》说，科学界已知的植物种类总类共为 39.1 万种，小到兰花，大到红杉树。有 21% 的植物面临灭绝。文章称这一趋势为“巨变”。“皇家植物园科学部主任说：巨变正在发生，主要是农业变化和城市化用地。”还包括“热带森林被砍光”，“全球变暖”。不断增长的已超过七十亿的世界人口需要食物和住所，因此，我们只能“确定最需要保护的地区”，也就是说开拓耕地，建造房屋是不可避免的。但物种保护研究者史蒂夫·巴克曼提出疑问：“如果我们彻底砍掉森林清理出土地，种植单一作物，那么当一种新的植物疾病出现，把作物全部毁掉时，将发生什么？”植物世界也有出人意料处，每年全球“约有两千种新的植物种类被发现”，在巴西发现的是“茅膏菜属植物，是目前已知最大的食虫植物”。

这份《世界植物状况》的令人不解处是“省略了诸如水藻和苔藓

这样的植物”。

总之，就在我们眼前、脚下，有多少植物沉默而高贵地飘逝了。

写不尽林木葱郁，写不尽芳草萋萋，更何况地下根蔓，树上叶子，天空翎毛，落叶虫蝶，飞鸟走兽？有多少生命的美好，在《大森林》之外，亦在我心中，不时冥想，不时抚弄，我何德何能，竟自觉如此幸运：我心有风景。

感谢北京十月文艺出版社，及我的同门章德宁女士，给了我充裕的时间屡写屡改，而从未催促。六年弹指而过，我一笔一画的书写是在刻画光阴吗？我把岁月化成一页一页堆砌的稿笺，那也是生命树吗？

2015 年中秋近于北京

一苇斋

2016 年 5 月删定

图书在版编目（CIP）数据

大森林／徐刚著．—北京：北京十月文艺出版社，2017.6

ISBN 978-7-5302-1655-2

Ⅰ．①大… Ⅱ．①徐… Ⅲ．①林业经济—经济体制改革—成就—中国 Ⅳ．①F326.22

中国版本图书馆CIP数据核字（2017）第014103号

大森林

DA SENLIN

徐刚 著

出　版　北京出版集团公司
　　　　　北京十月文艺出版社
地　址　北京北三环中路 6 号
邮　编　100120
网　址　www.bph.com.cn
发　行　新经典发行有限公司
　　　　　电话（010）68423599
经　销　新华书店
印　刷　三河市三佳印刷装订有限公司
版　次　2017 年 6 月第 1 版
　　　　　2017 年12月第 2 次印刷
开　本　700 毫米 ×1000 毫米 1/16
印　张　33
字　数　477 千字
书　号　ISBN 978-7-5302-1655-2
定　价　46.00 元
质量监督电话　010-58572393